COLLECTION
FOLIO DOCUMENTS

Florence Hartmann

Milosevic

La diagonale du fou

Nouvelle édition révisée et augmentée par l'auteur

Denoël

Cet ouvrage a été précédemment publié dans la collection Impacts aux Éditions Denoël.

L'auteur est, depuis octobre 2000, porte-parole du procureur des tribunaux internationaux de l'ONU pour l'ex-Yougoslavie et le Rwanda. Pour relater les événements ayant conduit à la « chute de Milosevic », elle ne s'est appuyée que sur des sources publiques ou personnelles, toutes citées. La description et l'analyse de l'auteur ne reflètent en outre que son opinion et n'engagent en rien les Nations Unies et ses organes.

À Emil, Stéphane et Andréa

Mes remerciements à Gérard Toulouse et à la Fondation La Ferthé ainsi qu'à tous ceux qui m'ont soutenue et encouragée.

« Terribles sont les masses quand elles sont menées par des dirigeants pervers. »

EURIPIDE,
Oreste, vers 772

La Yougoslavie avant le conflit

États issus de l'ex-Yougoslavie
Situation en septembre 1999

PROLOGUE

Le fragile équilibre yougoslave

La Yougoslavie, née au lendemain de la Première Guerre mondiale, ne fut pas le produit d'un lent processus d'intégration politique, économique et sociale comme celui auquel on assiste aujourd'hui en Europe. Elle fut créée dans l'urgence, sur les débris de deux empires et par la volonté des grandes puissances, sans que les peuples qui la composent puissent vraiment discuter de leurs intérêts respectifs et jeter les bases d'un accord faisant du nouvel État une union de peuples libres sur un pied d'égalité. Ainsi la Yougoslavie fut dès le départ tiraillée entre deux conceptions antinomiques de l'État que trois quarts de siècle de vie commune ne réussiront pas à rapprocher.

La Yougoslavie n'en était pas pour autant une erreur de l'Histoire. Elle correspondait au souhait des peuples qui vivaient dans cette région, à la charnière des grands empires, de s'unir pour se débarrasser du joug de leurs oppresseurs austro-hongrois et ottomans. L'idée d'une union des peuples slaves du Sud, synonyme de yougoslave, était née au XIXe siècle en Croatie et reflétait le besoin d'émancipation des Serbes et des Croates, qui étaient en nombre à peu près égal dans l'Autriche-Hongrie. Elle fut reprise au milieu du XIXe siècle par le « Parti national » que dirigeait l'évêque catholique Josip Strossmayer, fondateur à Zagreb de l'Académie yougoslave des sciences et des arts, et ardent défenseur de la thèse selon laquelle les différences linguistiques ou religieuses séparant les peuples slaves du Sud (Serbes, Croates et Slovènes) sont si minimes qu'elles ne doivent pas empêcher une vie commune. Mais lorsque le royaume des Serbes, des Slovènes et des Croates fut fondé le 1er décembre 1918, jamais les différents territoires qu'il englobait n'avaient été réunis dans un même ensemble étatique et jamais jusque-là ses habitants, aux destins historiques très divers, n'avaient eu le sentiment d'appartenir à un seul et même peuple, ni même à une seule et même communauté de destin. L'État yougoslave arrivait en quelque sorte trop tard dans un monde de nations trop vieilles et trop attachées à leur identité particulière.

Pour la Serbie indépendante depuis 1878, la création de la Yougoslavie permettait de réunifier tous les Serbes divisés depuis des siècles entre les deux empires défunts. Le gouvernement serbe avait d'abord souhaité la création d'un État grand-serbe formé par l'annexion à la Serbie de tous les territoires de l'Empire autrichien peuplés de Serbes. Depuis la fin du XIXe siècle, la Serbie envisageait l'intégration du peuple serbe disséminé à travers l'espace yougoslave dans un cadre politique qui lui soit propre. Mais elle y renonça provisoirement et accepta l'union au royaume serbe de tous les Slaves du sud de l'Empire austro-hongrois, selon la formule proposée par les grandes puissances qui voulaient ainsi éviter un nouveau morcellement des Balkans. Les Croates et les Slovènes demandèrent leur rattachement pour garantir leur liberté face aux ambitions autrichiennes, hongroises et italiennes. La première Yougoslavie naquit alors sur une équivoque : la Serbie, qui avait combattu aux côtés des Alliés, hérita du pouvoir et se crut investie du droit de dominer. Le nouvel État fut alors placé sous la houlette de la monarchie serbe, représentée par Pierre Ier Karadjordjevic, auquel succéda en 1921 son fils Alexandre Ier. Le royaume des Serbes, des Croates et des Slovènes n'était pas la concrétisation de l'idéal de Strossmayer, mais un État unitaire dominé par les Serbes qui représentaient alors 40 % de l'ensemble de la population.

Dès le début, le pays fut le théâtre d'oppositions incessantes entre les partisans du fédéralisme et de l'unitarisme. Les Croates et les Slovènes demandaient une structure fédérale qui répondrait à leurs aspirations d'avoir une entité nationale au sein du nouvel État, tandis que les Serbes préféraient appliquer le modèle français d'un État centralisé et fort. L'imposition de la seconde solution par la Constitution de 1921 fut ressentie par les autres peuples yougoslaves comme le début de l'hégémonie serbe. L'antagonisme entre Serbes et Croates culmina le 20 juin 1928, lorsque Punisa Racic, un député serbe (du Monténégro), tira sur huit de ses collègues croates en plein hémicycle. Cinq moururent, dont Stijepan Radic, leader du parti paysan croate et fervent opposant au centralisme serbe. Les députés croates quittèrent le Parlement de Belgrade, et les plus extrémistes fondèrent un groupuscule oustachi [1]. En 1929, le roi Alexandre, ayant dissous le Parlement, instaura une dictature. L'État qui prit alors le nom de Yougoslavie n'était plus que la continuation du royaume de Serbie. La domination serbe avait encouragé l'émergence du nationalisme croate, qui fut à l'origine de l'assassinat du roi Alexandre pendant sa visite officielle en octobre 1934 à Marseille [2]. Sous la régence du prince Paul, la Yougoslavie se rapprocha de l'Italie, de la Bulgarie et de l'Allemagne, et octroya en août 1939 une large autonomie à la Croatie qui englobait la Croatie actuelle, un morceau de la Voïvodine et une partie de la Bosnie-Herzégovine. L'armée yougoslave, dont le corps des officiers était constitué principalement de Serbes [3], protesta violemment, aux côtés de l'Église orthodoxe serbe qui voyait dans les aspirations croates l'expression de la volonté conquérante du catholicisme, inspirée par le Vatican. La première Yougoslavie s'acheva sur un constat d'échec qui généra deux nationalismes revanchards. Du côté serbe, les nationalistes revendiquaient « la Serbie partout où il y a des Serbes », réclamaient la Bosnie-Herzégovine, où les Musulmans ne seraient que des Serbes islamisés, et promettaient de protéger les Serbes de Croatie : « Jamais la Serbie n'a abandonné ses fils, ce n'est pas aujourd'hui qu'elle changera. » En face, les nationalistes croates revendiquaient également la Bosnie-Herzégovine, affirmant que les Musulmans n'étaient que des Croates de confession différente. Les Serbes de Croatie étaient quant à eux considérés comme des Croates orthodoxes ou des Vlachs.

Le rêve yougoslave s'effondra instantanément devant l'Allemagne nazie. En 1941, Hitler envahit la Yougoslavie et démembra totalement le pays.

L'occupation et la création d'un État indépendant croate oustachi, inféodé à Hitler, exacerbèrent les antagonismes. La Yougoslavie sombra dans une guerre fratricide. Cette période horrible, dont on n'a pas encore objectivement évalué les entre-assassinats, semblait exclure toute reconstitution yougoslave. La Yougoslavie renaîtra pourtant, de la main de Tito, un communiste d'origine croato-slovène qui dirigea une armée de partisans réunissant Serbes, Croates, Slovènes, Musulmans, Monténégrins et Macédoniens. Le Parti communiste, qui organisa cette résistance en vue de prendre le pouvoir et d'accomplir la révolution, posa en 1943 à Jajce le principe d'une autre Yougoslavie, où chaque peuple devait jouir de la plénitude de ses droits nationaux dans le cadre d'une fédération de six républiques (Slovénie, Croatie, Bosnie-Herzégovine, Serbie, Monténégro et Macédoine) disposant chacune du droit à l'autodétermination. Cet État est institué à la Libération.

Pendant les vingt premières années (1945-1965), la dimension fédérale du pays resta subordonnée à l'autorité absolue du centre. Le centralisme du Parti devait contenir et atténuer les tendances centrifuges inhérentes à un État multinational, et était justifié par l'effort de reconstruction dans l'après-guerre et, à partir de 1948, par l'isolement international provoqué par la rupture avec Staline. Les intérêts spécifiques de chaque république n'en commencèrent pas moins à se manifester au niveau de la direction du Parti-État fédéral. Les partis des républiques, qui étaient au début des branches régionales dépendant du même noyau dirigeant, profitèrent des réformes des années 60 pour renforcer leur autonomie. Ce phénomène centrifuge se poursuivit en 1974 avec l'adoption d'une nouvelle Constitution fondée à la fois sur la décentralisation du territoire et la centralisation politique. Celle-ci cherchait à concilier des principes contradictoires : le centralisme du Parti et l'autonomie des républiques, la démocratie autogestionnaire et le pouvoir absolu du Parti et de Tito à l'intérieur de celui-ci [4]. Elle instaura la souveraineté des unités fédérales, des six républiques mais aussi des deux provinces autonomes au sein de la Serbie, le Kosovo et la Voïvodine. Les décisions au sein du Parti et du gouvernement fédéral étaient désormais prises à l'unanimité, ce qui donna un droit de veto aux républiques mais aussi aux deux provinces autonomes. On assista alors à la fragmentation progressive en communautés. Le dogme officiel de la fraternité et de l'unité ne pouvait plus masquer la réalité politique d'élites communautaires et républicaines concurrentes.

La mort, le 4 mai 1980, de Tito, dernier symbole de l'autorité centrale, laissa le Parti et la population dans un grand désarroi et révéla plus que jamais les dysfonctionnements du système yougoslave. On découvrit l'ampleur de la dette, la stagnation industrielle, la montée du chômage et l'inflation. Le Parti empêtré dans ses contradictions fut incapable de trouver des réponses à la crise économique ni à la crise des institutions suscitée par le vide politique créé par la disparition de Tito. La survie de l'unité yougoslave nécessitait une redéfinition des règles du jeu de leur vie en commun. La Yougoslavie se trouvait à la croisée des chemins : changer de fond en comble ou exploser, selon l'expression du très lucide dissident titiste Milovan Djilas. Le débat sur l'avenir de la Fédération qui s'engagea alors fit resurgir le conflit latent entre décentralisateurs et centralistes. Pour les Serbes, la décentralisation opérée depuis la Constitution de 1974 était à l'origine de tous leurs problèmes (retard économique, dispersion du peuple serbe et division de la Serbie en deux provinces sur lesquelles elle n'a plus prise). Les Slovènes et les Croates remettaient également en cause le système fédéral hérité de la Constitution de 1974, mais pour revendiquer davantage de décentralisation afin de mettre fin au rôle du Parti et de sortir le pays du communisme. De toute évidence, les enjeux et les buts n'étaient pas les mêmes dans tout le pays.

Introduction

Jeudi 27 mai 1999, La Haye. — Louise Arbour, le procureur du Tribunal pénal international, annonce dans une salle de presse comble : « Le 22 mai, j'ai présenté un acte d'accusation pour confirmation contre Slobodan Milosevic et quatre autres personnes les inculpant de crimes contre l'humanité, comprenant la déportation, la persécution et le meurtre. » Jamais jusqu'à ce jour aucun chef d'État en exercice n'avait été inculpé par la justice internationale. Slobodan Milosevic, président d'une Yougoslavie qui ne comptait plus désormais que la Serbie et le Monténégro, était accusé d'avoir, à partir du 1er janvier 1999, « planifié, provoqué, ordonné, engagé, aidé et encouragé une campagne de terreur et de violence contre les civils albanais du Kosovo ».

« Les opérations ont été engagées avec l'objectif de déplacer une partie importante de la population albanaise hors du Kosovo. [...] Les forces de la République fédérale de Yougoslavie [1] et de la Serbie agissant sous la direction, avec les encouragements et le soutien de Slobodan Milosevic, Milan Milutinovic [président de la Serbie], Nikola

Sainovic [premier ministre adjoint de la Fédération yougoslave], le général Dragoljub Ojdanic [chef d'état-major de l'armée yougoslave] et Vlajko Stojilkovic [ministre de l'Intérieur de Serbie], ont de manière systématique expulsé par la force des centaines de milliers d'Albanais du Kosovo. [...] Elles ont pillé les biens privés et commerciaux appartenant aux Albanais chassés de leurs habitations. Elles ont pratiqué en série les fouilles, usé de menaces et d'actes de violence pour dépouiller les Albanais du Kosovo de l'argent et des objets de valeur en leur possession. [...] Elles ont harcelé, humilié, avili les civils albanais. [...] Elles ont engagé partout au Kosovo une campagne systématique de destruction de biens appartenant aux civils albanais. [...] Elles ont systématiquement détruit les papiers d'identité et les permis de circulation des véhicules appartenant aux civils albanais afin d'effacer toute trace de leur présence au Kosovo et de leur refuser le droit de rentrer chez eux. [...] Elles ont perpétré contre des civils des meurtres à grande échelle et de façon systématique dans toute la province. [...] Elles ont [ainsi] exécuté une campagne de persécution contre la population civile kosovare albanaise, sur la base de motifs politiques, raciaux ou religieux [2]. »

Pendant huit longues années, Slobodan Milosevic a défié le monde entier, pratiquant impunément le nettoyage ethnique et les massacres. Il a porté le fer et le feu en Slovénie, en Croatie, en Bosnie-Herzégovine puis au Kosovo sans être inquiété. Huit ans pendant lesquels les Occidentaux ont fermé les yeux sur son rôle dans les exactions perpétrées sur le territoire de la défunte Yougoslavie. Il était l'homme indispensable avec lequel il fallait traiter, négocier, signer des accords. Il aura fallu quatre guerres, des millions de déplacés, des centaines de milliers de morts, des villes détruites, des villages disparus pour que la communauté internationale, à travers le Tribunal pénal installé à La Haye, ne voie plus en Slobodan Milosevic l'interlocuteur privilégié dont elle avait assuré l'impunité, mais un tyran sanguinaire prêt à sacrifier des centaines de milliers de vies sur l'autel de ses ambitions.

Après Vukovar atrocement bombardée, tombée en novembre 1991, d'où toute la population non serbe avait été déportée et une partie massacrée, après Sarajevo, assiégée pendant plus de trois ans, après les vallées de la Drina et de la Save entièrement purifiées par les massacres, les déportations et le viol, après l'infamie de Srebrenica, les diplomaties occidentales continuaient à traiter en partenaire le maître du régime le plus meurtrier d'Europe depuis Hitler. 800 000 déportés albanais et des milliers de morts plus tard, Slobodan Milosevic était enfin reconnu comme l'instigateur de cette tragédie.

Le 15 juillet 1999, le TPI balayait une autre imposture et démontrait que la guerre en Bosnie-Herzégovine, jusqu'ici définie comme un conflit interne afin de justifier l'impunité de ses agresseurs, relevait bien du conflit armé international. Rien désormais ne pouvait empêcher Slobodan Milosevic d'être poursuivi pour les crimes qu'il avait commis auparavant en Bosnie-Herzégovine et en Croatie. Deux années et quelques semaines plus tard, l'incendiaire des Balkans était mis en accusation pour avoir « ourdi, planifié et mis en œuvre un projet criminel » de nettoyage ethnique dont le but était « de chasser par la contrainte et de façon permanente la majorité des populations non serbes, de larges secteurs de Croatie et de Bosnie-Herzégovine ». Ce même projet qu'il avait ensuite poursuivi au Kosovo.

Pour son rôle en Croatie en 1991, Slobodan Milosevic était, le 9 octobre 2001, inculpé de crimes contre l'humanité. Mais pour sa responsabilité dans la guerre en Bosnie-Herzégovine entre 1992 et 1995, il était, le 23 novembre de la même année, accusé de génocide. Pour la première fois de l'histoire de l'humanité, un ancien chef d'État était inculpé de génocide par un tribunal international, le crime suprême sur l'échelle des crimes de guerre n'ayant pas encore été forgé à l'époque des procès de Nuremberg.

À l'automne 2001, Slobodan Milosevic se trouvait déjà en détention à La Haye. Son éviction un an plus tôt, le 5 octobre 2000, avait précipité son arrestation et sa remise à la justice internationale.

La vérité et la justice rattrapaient celui qui, pour assouvir sa soif insatiable de pouvoir, avait, par le mensonge et le meurtre, plongé les Balkans dans le malheur.

1

« *Personne n'a le droit de frapper ce peuple* »

« Les communistes en Serbie sont aujourd'hui devant une véritable gageure. La situation au Kosovo ne connaît pas les progrès rapides qui ont été promis, hélas, à la légère. Au contraire, elle continue de se détériorer, créant une atmosphère où toute dénonciation du nationalisme serbe est interprétée comme un signe de faiblesse à l'égard du nationalisme séparatiste albanais. [...]

« Le peuple serbe ne doit pas être entraîné dans un combat qui ternirait l'image qu'il s'est forgée à travers l'Histoire et qui fait de lui un peuple aux traditions démocratiques. Les paroles enflammées que l'on a pu entendre ces derniers temps ne servent qu'à mettre le feu aux poudres et à déclencher une hystérie qui empêchera toute solution et nous conduira au pire.

« Notre marge de manœuvre dans le règlement de cette crise est aujourd'hui si réduite que la moindre erreur serait tragique pour les Serbes et les Monténégrins du Kosovo, pour le peuple serbe dans son ensemble mais aussi pour la stabilité de toute la Yougoslavie. Ceux qui se prévalent de la situation au Kosovo pour se permettre n'importe quel excès suscitent aujourd'hui des applaudissements mais leur attitude irresponsable provoquera demain des drames bien plus graves.

« Les Serbes et les Monténégrins qui battent des mains sont déjà en train de montrer leurs poings. Ils nous poussent au bord de l'abîme. Qui peut avoir aujourd'hui intérêt à régler le problème dans le sang ?

« [...] Le nationalisme serbe ne se nourrit pas seulement de la situation au Kosovo, il s'abreuve de tous les excès qu'elle a encouragés et que répercutent nos médias et certaines de nos institutions.

« Seules une Serbie et une Yougoslavie stables et fortes peuvent apporter une solution aux problèmes des Serbes et des Monténégrins au Kosovo. Or certaines solutions énoncées publiquement conduisent justement à la déstabilisation de la Serbie et de la Yougoslavie, parce qu'elles sont porteuses d'une idéologie nationaliste. Le nationalisme serbe doit être dénoncé sans relâche car les nationalistes serbes essayent de prendre les choses en main au Kosovo [1]. »

Lorsque Dragisa Pavlovic, le jeune président des communistes de Belgrade, prononça ces mots devant un groupe de journalistes, la Yougoslavie commençait tout juste son compte à rebours. C'était le 11 septembre 1987, l'orage pointait déjà à l'horizon mais rares furent ceux qui le pressentirent. Dragisa Pavlovic savait que le fragile équilibre yougoslave mis en place par Tito était déjà menacé et qu'il ne résisterait pas à une poussée nationaliste. Surtout si elle trouvait des relais au sein même de l'appareil. Sans le nommer, Pavlovic s'attaquait ouvertement à Slobodan Milosevic, le chef des communistes de Serbie. En avril, cet apparatchik modèle et un peu terne, si prompt d'ordinaire à dénoncer le moindre écart doctrinal, avait subitement embrassé la cause de la minorité serbe du Kosovo et violé ainsi l'une des règles d'or yougoslaves.

Dans cette petite province déshéritée du sud de la Serbie, les Serbes se disaient menacés et s'insurgeaient contre la majorité albanaise mais aussi contre l'immobilisme du régime de Belgrade. Leur révolte n'avait pas laissé indifférente une opinion serbe en rupture avec un Parti incapable de régler la profonde crise économique et sociale qui frappait alors le pays. Moins par conviction que pour servir une folle ambition personnelle, Slobodan Milosevic avait choisi d'exploiter ce mécontentement afin de relégitimer le Parti et sa direction. Jusqu'ici, la question du Kosovo ne l'avait guère intéressé. Mais il avait compris que celui qui parviendrait à canaliser à son profit cette fièvre nationaliste renaissante s'assurerait le contrôle de la Serbie.

Depuis, la situation n'avait cessé de s'aggraver au Kosovo, et la croisade identitaire de la minorité serbe menaçait de déborder les frontières de la province, portée par une presse aux ordres qui avait répondu à l'appel du chef des communistes serbes en attisant les préjugés, voire la haine, envers la communauté albanaise. Dragisa Pavlovic souhaitait mettre en garde les médias et, du même coup, la direction politique serbe contre les dangers d'une dérive nationaliste. Son franc-parler lui valut cependant d'être la première victime de la nouvelle ligne politique adoptée par Slobodan Milosevic. Aussitôt publiées, ses paroles déclenchèrent un règlement de comptes au sein de la direction communiste serbe où deux courants s'affrontaient depuis déjà quatre mois.

Slobodan Milosevic ne pouvait négliger une aussi belle occasion d'éliminer ses détracteurs et de renforcer son pouvoir au sein du Parti. Dragisa Pavlovic appartenait à cette ligne émergente de réformateurs favorables à l'ouverture du système et à la démocratisation du Parti, à qui Slobodan Milosevic voulait barrer la route. Il profita du week-end pour préparer soigneusement la « mise à pied » de son rival et de ses alliés. Dans leur maison de Pozarevac, où les époux Milosevic aimaient à passer leur fin de semaine, il réunit Dusan Mitevic, Zivorad Minovic et Slobodan Jovanovic [2]. Directeur adjoint de la télévision de Belgrade, Dusan Mitevic était un ami intime de Slobodan et de son épouse Mirijana. Les deux autres invités dirigeaient les quotidiens les plus influents de Belgrade, *Politika* et *Politika Ekspres*. Assuré du soutien des principaux médias serbes, Slobodan Milosevic affina sa contre-attaque. Le comité central du Parti, qu'il présidait, serait convoqué pour examiner « le cas Dragisa Pavlovic ». D'ici là, les médias prépareraient l'opinion. *Politika Ekspres* serait chargé de publier dès le lundi un commentaire incendiaire dans lequel Dragisa Pavlovic serait accusé de soutenir le séparatisme albanais pour briser l'unité de la Serbie et de la Yougoslavie. Le texte devait également lui imputer la volonté de renverser Milosevic, avec l'aide d'Ivan Stambolic, le président de la Serbie. Signé de la main de Zivorad Minovic, le commentaire fut écrit par Mirijana Markovic-Milosevic [3]. Professeur de sociologie marxiste, elle défendait activement la carrière politique de son époux depuis l'université de Belgrade où elle présidait le comité local du Parti.

Slobodan Milosevic venait de désigner ses

futures victimes. Ivan Stambolic, son mentor et ami de vingt-cinq ans à qui il devait l'essentiel de son ascension sociale et politique, figurait sur la liste. En tant que président de la Serbie, il avait les moyens de stopper Milosevic mais il ne le fit pas. Son entourage affirma qu'il ne croyait pas son ancien protégé capable de parricide. « Beaucoup de gens m'avaient mis en garde, mais je ne les ai pas crus. Tout au long de ma carrière, j'avais évité plus d'un piège, mais Milosevic n'était pas un piège que quelqu'un m'aurait tendu, je l'avais choisi moi-même comme bras droit », reconnaîtra plus tard Ivan Stambolic. Il avait préféré éviter un conflit ouvert avec celui qu'il croyait encore son ami, persuadé qu'un compromis serait possible. Son erreur fut fatale pour le pays.

Le 25 septembre, Slobodan Milosevic remportait une victoire politique qui allait le porter au sommet du pouvoir. Le bras de fer dura deux jours dans une atmosphère surchauffée. Milosevic avait tout préparé pour la grande confrontation au sein du Parti : allié aux conservateurs qui lui avaient confirmé leur soutien, il se posa en défenseur de « l'œuvre de Tito » et de l'unité du Parti face à une aile libérale présentée comme antititiste et antiyougoslave, à laquelle appartenait Dragisa Pavlovic [4]. Il parvint à détourner le cours du débat et à éviter la question du nationalisme serbe et de son apparition dans les rangs du Parti. Le tour était joué. Mis en minorité, Dragisa Pavlovic était destitué, l'aile libérale renversée, et Ivan Stambolic frappé d'un blâme pour avoir choisi le « mauvais » camp. Le président serbe qui n'avait pas vu le danger venir assista, impuissant, à son propre assassinat politique.

Le 14 décembre 1987, il était officiellement

écarté du pouvoir et disparaissait à tout jamais de la scène politique serbe. Sa chute marqua la victoire définitive de Slobodan Milosevic. Celui-ci imposait à la tête de la Serbie un général à la retraite sans aura. Il avait désormais le champ libre pour poursuivre son ascension.

Prise de pouvoir

La « huitième session » eut un immense retentissement. Pour la première fois de l'histoire du Parti, les communistes avaient accepté d'exhiber leurs dissensions en public en retransmettant en direct les débats à la télévision. Pendant quarante-huit heures la Serbie tout entière resta les yeux rivés sur le petit écran pour assister au spectacle. Génie de la propagande, Dusan Mitevic avait mesuré l'impact psychologique d'une prise de contrôle en direct de l'appareil politique serbe dans un système qui ignorait la transparence. À l'issue des débats, le nom de Slobodan Milosevic était sur toutes les lèvres. L'homme qui venait avec tant de brio de renverser Ivan Stambolic, l'un des plus puissants et des plus redoutés dirigeants serbes, forçait l'admiration de ses concitoyens. L'opinion publique ne se souciait guère de le voir agir selon la plus pure tradition stalinienne. Il était le vainqueur et tout le mérite lui en revenait. Dusan Mitevic avait gagné son pari : Milosevic était couvert de gloire.

Le directeur adjoint de la télévision serbe avait organisé ce « coup » médiatique sans prendre le moindre risque : la victoire de Slobodan Milosevic était assurée d'avance. La huitième session, que regardèrent des millions de téléspectateurs serbes, n'était en fait que la reconstitution édulcorée du règlement de comptes organisé quelques jours plus tôt, à huis clos, par le comité central et dont Milosevic était sorti gagnant [5].

La fraction déchue parla de putsch. Mais Slobodan Milosevic s'était emparé du contrôle de l'appareil du Parti avec le soutien de la majorité de ses membres. Il avait bénéficié de la neutralité des représentants de Voïvodine et du Kosovo, les deux provinces autonomes au sein de la Serbie, qui pour la plupart s'étaient abstenus, refusant de prendre parti dans ce qu'ils considéraient alors comme une simple querelle « serbo-serbe ». La direction du Parti communiste yougoslave ne lui étant pas opposée, il avait, en outre, obtenu l'appui des représentants de l'armée fédérale. Ainsi la prise de pouvoir de Slobodan Milosevic en Serbie fut saluée par la plupart des dirigeants yougoslaves. Son profil d'apparatchik conformiste, allié aux conservateurs serbes, rassurait Zagreb et Sarajevo. Les dirigeants bosniaques voyaient en lui un défenseur des valeurs du titisme. Et les têtes du Parti en Croatie, tel Stipe Suvar, le rangeaient parmi les « communistes cosmopolites » à l'inverse d'Ivan Stambolic qu'ils qualifiaient volontiers de « national-communiste [6] ». Il est vrai que le président déchu avait lancé une réforme constitutionnelle qui devait permettre la réunification de la Serbie, divisée en une république et deux provinces autonomes dont les prérogatives avaient été élargies par la Constitution yougoslave de 1974. Fort de son poids politique au sein de l'appareil communiste yougoslave, il avait déjà obtenu au début de l'année 1987 le feu vert de la Présidence yougoslave et du Parlement fédéral. Il ne lui restait plus qu'à faire avaliser les amendements qui ne visaient pas à modifier le statut du Kosovo et de la Voïvodine mais à réaffirmer l'ascendance de la Serbie sur ses deux provinces[7]. Ceux qui s'opposaient à toute réforme pouvant contribuer à rétablir une prééminence serbe sur la Yougoslavie pensaient trouver en Slobodan Milosevic un partenaire plus facile à contrer que son prédécesseur.

Jusqu'ici, le jeune dirigeant serbe ne s'était pas particulièrement illustré sur ce front. Il se préoccupait surtout des problèmes économiques. Celui qui avait dirigé la Beogradska Banka, l'une des plus grosses banques du pays, avant d'entrer en politique à plein temps, n'invoquait une réforme constitutionnelle en Serbie que pour pallier la décentralisation, à l'origine, selon lui, du dysfonctionnement de la Fédération, du blocage de l'économie serbe et du retard de son industrie. Le Croate Stipe Suvar appréciait « l'homme énergique et ouvert, décidé à faire avancer les choses au lieu de faire de la figuration comme la plupart des dirigeants ». À la même époque, bien des diplomates occidentaux reconnaissaient en lui un rénovateur « intéressant », capable d'engager son pays dans la voie de l'économie de marché. Son expérience à la tête de la grosse firme pétrochimique Teknogas puis de la Beogradska Banka, qui l'avait conduit en France et aux États-Unis, lui valait cette réputation qu'aucun de ses discours ne venait pourtant corroborer[8]. La victoire de Slobodan Milosevic reposait donc sur une tragique équivoque.

Les dirigeants yougoslaves n'avaient pas prêté attention aux propos de Dragisa Pavlovic. Ils ne furent pas les seuls. Tout l'appareil n'y vit que l'expression d'une rivalité entre les deux poulains de Stambolic, et en la huitième session un juste retour de bâton. Les conservateurs communistes avaient plébiscité celui qu'ils considéraient comme le meilleur rempart contre le nationalisme serbe. Dans la rue en revanche, les nationalistes serbes voyaient déjà en Slobodan Milosevic l'allié qu'Ivan Stambolic s'était refusé d'être. Ils n'avaient pas oublié que Milosevic était apparu quelques mois plus tôt sur le devant de la scène politique en prenant la défense de la minorité serbe et monténégrine du Kosovo. Les tensions entre Serbes et Albanais avaient transformé la province autonome en une véritable poudrière. En 1981, des Albanais avaient manifesté et revendiqué le statut de république pour la province du Kosovo. Le mouvement avait été violemment réprimé par l'armée yougoslave puis la province placée sous contrôle policier. Mais lorsque le système s'assouplit, les Serbes demandèrent une reprise en main de la province par Belgrade. Au nombre de 180 000 face à une écrasante majorité d'Albanais (1,7 million), ils avaient le sentiment d'avoir perdu cette terre sacrée qu'était pour eux le Kosovo. L'exode lent mais continu des jeunes qui partaient, principalement pour des raisons économiques, accentuait leur inquiétude. Alors pour attirer l'attention de la lointaine Belgrade, ils accusèrent les Albanais de les forcer à l'exode. Ils affirmèrent être victimes de multiples pressions, voire d'exactions. Face à l'immobilisme des dirigeants communistes serbes, le mouvement de protestation s'amplifia pendant l'hiver 86-87. Inquiet, Ivan Stambolic demanda à Slobodan Milosevic de se rendre sur place pour discuter avec les responsables locaux de la situation.

« Personne n'a le droit de frapper ce peuple »

Le 24 avril 1987, vers 17 heures, la colonne de voitures officielles s'engageait dans les rues désertes et poussiéreuses de Kosovo Polje, un faubourg serbe de Pristina, le chef-lieu du Kosovo. Elle se dirigeait vers la Maison de la culture où devaient se réunir les dirigeants du Parti. Aux abords de la place et dans les rues adjacentes, quinze mille personnes attendaient. La colonne fut vite submergée par la foule. Impassible, Slobodan Milosevic ouvrit la portière et sortit. Des milliers de voix s'élevèrent scandant : « Nous voulons la liberté ! » Milosevic paraissait stupéfait. Depuis les manifestations albanaises de 1968 et de 1981, et celles des étudiants en 1968, la Serbie n'avait pas connu de tels mouvements de masse.

Pour rejoindre la salle, Slobodan Milosevic fut littéralement porté par la police. Les fonctionnaires qui l'accompagnaient se frayèrent tant bien que mal un passage jusqu'à l'entrée du bâtiment où tentaient de pénétrer les Serbes contestataires. Le cordon de police céda rapidement sous la pression de la foule. Les forces de l'ordre brandirent leurs matraques puis frappèrent. Les manifestants commencèrent à jeter des pierres, sur la police, sur le bâtiment. Des vitres volèrent en éclats. Les dirigeants locaux du Parti demandèrent à Milosevic de sortir pour calmer la population. Ils craignaient « que le sang ne coule ». Les journalistes qui suivaient la réunion se souviennent d'un Slobodan Milosevic mal à l'aise. Il était pâle, perturbé, comme paralysé. Il tremblait et ne savait que faire. Dehors, la foule criait : « Ils nous frappent, ils nous frappent, dites-leur d'arrêter. » Poussé par ses collègues, Milosevic finit par rejoindre le balcon qui surplombait la place.

Il improvisa un bref discours. Il avait l'habitude de parler sans lire la moindre note. La rhétorique communiste était devenue pour lui un simple réflexe. Il pouvait sans crainte affronter la foule. Il appela alors les manifestants au calme et leur proposa de désigner des représentants pour venir exposer leurs problèmes. Ses paroles n'eurent guère d'effet sur une foule survoltée, venue provoquer des incidents avec la police pour contraindre les dirigeants serbes à s'intéresser à leur sort. Les leaders de la contestation avaient garé sur la place un camion rempli de pierres que les manifestants jetaient contre les policiers. Milosevic descendit sur la place, s'avança, hésita quelques instants en regardant la foule puis prononça la phrase qui allait changer le destin de la Yougoslavie : « Personne n'a le droit de frapper ce peuple. » La foule se calma subitement et l'ovationna. Il insista : « Plus jamais on ne vous frappera. » La police rangea ses matraques et les leaders du mouvement de protestation furent autorisés à entrer dans la salle.

De 18 heures jusqu'au lendemain à 6 heures du matin, des centaines de Serbes du Kosovo se succédèrent à la tribune de la Maison de la culture devant un parterre de dirigeants communistes. Des femmes vêtues de noir racontaient comment leurs époux ou leurs fils avaient été assassinés par des voisins albanais, des pères parlaient de leurs filles violées, des agriculteurs de leur récolte brûlée, des ouvriers de leur licenciement. Ils accusaient les Albanais de vouloir un Kosovo ethniquement pur, réclamaient la suppression de l'autonomie ou exigeaient l'instauration de l'état d'urgence. Slobodan Milosevic affichait un air grave, il semblait profondément touché par ces récits de drames personnels et collectifs. Insensible aux mises en garde de son voisin, Azem Vllasi, chef des communistes du Kosovo, qui lui chuchotait dans l'oreille : « Ce sont des mensonges ! »

Au petit matin, il prit la parole : « Camarades, vous devez rester ici. Ceci est votre terre. Ce sont vos maisons, vos champs, vos potagers, votre mémoire. Vous ne devez pas abandonner votre terre parce que la vie y est difficile, parce que vous y subissez l'injustice et l'humiliation. Reculer face aux obstacles, se démobiliser lorsqu'il faut lutter, se démoraliser lorsque la situation est trop dure ne fait pas partie du caractère des Serbes et des Monténégrins. »

Après de vifs applaudissements, il poursuivit : « Vous devez rester ici au nom de vos ancêtres et de vos descendants. Pour ne pas faire honte aux premiers et pour ne pas décevoir les seconds. Mais je ne vous propose pas de rester ici en souffrant et en endurant une situation qui ne vous satisfait pas. Au contraire. Vous devez la changer de concert avec tous les esprits progressistes de Serbie et de Yougoslavie.

« Le retour des Serbes et des Monténégrins au Kosovo est un processus. Nous ne pouvons promulguer un décret et forcer les gens à vivre là où ils ne le peuvent pas. Mais nous pouvons mettre en route une campagne politique visant à créer les conditions matérielles, économiques, professionnelles et culturelles qui permettraient à ceux qui sont partis, poussés par le mécontentement ou par l'injustice, de revenir [9]. »

Des milliers de Serbes du Kosovo avaient passé la nuit sur la place. Au petit matin, ils scandaient le nom de leur nouveau héros, « Slobo, Slobodo », qu'il faisait rimer avec liberté. Slobodan Milosevic ne tremblait plus, il était désormais à l'aise, pleinement satisfait. Il n'était pas homme à se laisser griser facilement mais, galvanisé par la foule, il s'était laissé porter par la fièvre qui envahissait la place poussiéreuse de Kosovo Polje. Lorsqu'il monta dans sa voiture, les manifestants lui demandèrent de revenir rapidement au Kosovo. Ce qu'il s'empressa de promettre. C'était la première fois qu'un dirigeant communiste proférait des thèses aussi ouvertement nationalistes. Certains avaient déjà dénoncé le sort réservé à la minorité serbe dans la région et promis de combattre les « séparatistes » albanais, mais pour conspuer l'idéologie nationaliste d'où qu'elle vienne. Slobodan Milosevic, lui, prenait la défense des Serbes en excitant leur sentiment national et en faisant appel à l'irrationnel collectif. Lorsqu'il invoquait leurs droits historiques — sur cette « terre », celle de leurs « ancêtres » — et leur tradition guerrière (« l'esprit du peuple »), il ne pouvait pas ignorer que ces mots enflammeraient la foule et favoriseraient la logique de la confrontation dans une région où depuis des siècles Serbes et Albanais vivaient ensemble. Slobodan Milosevic avait été envoyé au Kosovo pour désamorcer la crise. En invoquant le droit historique de l'une des deux communautés aux dépens de l'autre et en exacerbant la question serbe, il rendait impossible tout compromis au Kosovo.

Un autre homme

Milosevic venait de se découvrir un destin de meneur. Il avait pris d'un seul coup conscience de l'emprise qu'il pouvait exercer sur les foules. Son discours, diffusé et rediffusé pendant plusieurs jours à la télévision de Belgrade par les bons soins de Dusan Mitevic, faisait de lui l'homme le plus populaire de Serbie et l'idole des nationalistes serbes. Ceux qui le côtoyaient observèrent un véritable changement psychologique après son séjour à Kosovo Polje. Ils disaient qu'il était devenu un autre homme, qu'il avait changé même dans son comportement. « Il était transformé, enflammé par le Kosovo », admettra Ivan Stambolic. Dans ses Mémoires, Dragisa Pavlovic écrira : « En le regardant et en l'écoutant, j'avais moi aussi l'impression que tout ce qu'il disait devenait vérité. C'est alors que j'ai compris comment le mythe du Kosovo se transformait en réalité [10]. » Mais Ivan Stambolic de conclure : « Dès lors les dissensions au sein du Parti se sont accrues. Il n'y avait plus deux courants mais deux idéologies à l'intérieur d'un seul et même parti [11]. »

On le croyait assoiffé d'idéologie, il était en fait avide de pouvoir. Même Ivan Stambolic ne décela pas en son homme de confiance un opportuniste prêt à tout pour prendre sa place. Rien ne le prédisposait à un tel revirement, ni psychologique ni idéologique. Slobodan Milosevic était à l'origine un exécutant zélé et efficace, un bourreau de travail sur qui Stambolic pouvait compter. Mais il n'avait pas une carrure de chef.

Ceux qui le croisèrent lorsqu'il était enfant à Pozarevac se souviennent d'un garçon taciturne, sans amis, sans passions. Il détestait le sport et il ne jouait jamais avec les autres enfants de l'école. Il préférait converser avec ses professeurs plutôt que se mêler à ses camarades de classe. Il était bon élève mais pas par souci d'être le premier de la classe. Sa mère était enseignante et en faisait simplement un point d'honneur [12]. Et il voulait lui faire plaisir. Ses parents l'avaient appelé Slobodan, « Libre », parce qu'il était né le 20 août 1941, quelques semaines après l'appel à la résistance de Tito. Sa mère, Stanislava, était déjà une ardente communiste, initiée à la politique par son frère qui venait de rejoindre le maquis. Le père de Slobodan, Svetozar, avait choisi une autre religion. Il avait étudié la théologie, une voie sans avenir dans la Yougoslavie titiste. Au sortir de la guerre, il dut gagner sa vie comme enseignant. Le couple ne tarda pas à se séparer et Svetozar repartit pour son Monténégro natal. Slobodan grandit auprès de sa mère et de son frère aîné, Borislav.

Mirijana

Sur les bancs du collège, il s'éprit de Mirijana, une jeune fille brune au visage sans charme. C'était en décembre 1958, lors des préparatifs de la fête du Nouvel An. Elle reconnut en lui un garçon sérieux et responsable. Ils devinrent inséparables. Six mois plus tard, ils entraient en même temps au parti communiste après plusieurs années dans les jeunesses communistes. Elle aimait la poésie, la littérature en général. Elle rêvait d'être un jour écrivain. Lui n'aimait pas lire. Alors elle lui racontait ses lectures. En particulier, le drame d'Antigone qu'elle connaissait dans les moindres détails. Mais elle reprochait à Slobodan de ne pas être assez ambitieux[13]. Ses compagnons de lycée l'imaginaient tout au plus « chef de gare ». Il était bon en mathématiques. Mirijana l'encouragea à choisir une voie scientifique. Elle aurait voulu qu'il soit architecte. Lui choisit le droit. Elle trouvait cela banal. Ce fut la seule fois qu'il ne l'écouta pas.

En première année de droit à Belgrade, il rencontra Ivan Stambolic, de quelques années son aîné. Le secrétaire de la cellule du Parti au sein de la faculté, Nebojsa Popov, future figure de proue du militantisme antiguerre, cherchait un adjoint. Ivan Stambolic lui suggéra Slobodan Milosevic, « un étudiant studieux, actif au Parti ». « L'autre candidat était plus intelligent, c'est lui qui aurait dû avoir le poste mais nous étions de la même région. Je ne voulais pas être accusé de favoritisme clanique, même si je pensais que Milosevic ne convenait pas pour ce poste », dira Nebojsa Popov. Il regrettera son choix. « Pendant l'année universitaire 1961-62, nous nous voyions tous les jours mais nous n'avons pas lié amitié. Je fréquentais son frère, nous étions copains. Mais Slobodan Milosevic, lui, ne ressentait aucun besoin de nouer des relations intimes. Mirijana Markovic, sa petite amie, lui suffisait. Elle l'appelait à la cellule. Il restait toujours longtemps au téléphone mais il ne disait rien, juste oui ou non. » Il ne brillait pas par sa personnalité. Mais il sut s'adapter parfaitement à l'appareil. Mirijana le lui avait demandé. C'était elle qui l'avait poussé à s'engager en politique dès sa première année d'études. Ivan Stambolic, qui se préparait à une grande carrière politique, en fit son ami et son factotum.

Slobodan Milosevic avait vingt et un ans lorsqu'il apprit le suicide de son père. Le vieil homme, apparemment gagné par la folie, vivait depuis plusieurs années en reclus. Il se tira une balle dans la tête, dans un cimetière où il avait pris l'habitude de venir prêcher devant un parterre de stèles. Slobodan n'assista pas aux funérailles d'un père qu'il n'avait pas revu. Il était alors en Russie, en voyage d'études. Dix ans plus tard, sa mère Stanislava se pendait. Elle vivait en recluse depuis le départ de ses deux fils. L'oncle de Slobodan Milosevic, qui avait gagné dans le maquis ses galons de général, s'était lui aussi tiré une balle dans la tête en 1948, l'année tragique de la rupture entre Staline et Tito. Il était alors officier du contre-espionnage.

Mirijana l'épaula dans ces moments difficiles. Elle pouvait comprendre le sentiment d'abandon et de trahison qui le minait. Elle portait, elle aussi, une tragique hérédité. Sa mère, Vera Miletic, l'avait mise au monde dans le maquis près de Pozarevac. C'était le 10 juillet 1942. Le lendemain, elle l'abandonnait pour poursuivre le combat. Confiée à un paysan qui la cacha jusqu'à la fin de l'été, Mirijana fut élevée ensuite par ses grands-parents. Aînée d'une famille de partisans, Vera Miletic, Mira de son nom de résistante, rejoignit Belgrade pour y organiser clandestinement le parti communiste. En mars 1943, elle était arrêtée par la Gestapo et livrait son réseau sous la torture. La version officielle de l'après-guerre prétend qu'elle fut fusillée par les Allemands le 7 juillet 1944. Il semblerait que les partisans se chargèrent de son exécution à la libération du camp de Banjica où elle avait été internée. Mirijana consacrera sa vie à réhabiliter cette mère qu'elle n'avait pas connue et qu'elle tenait pour une martyre. Son père, Moma Markovic, membre de l'état-major de Tito pendant la guerre, lui donnera son nom mais peu de tendresse. Elle le vit pour la première fois en 1946. Plus tard, elle passera ses vacances avec lui sur l'île de Brioni, la résidence d'été de Tito et des dignitaires communistes. À dix-huit ans, elle coupait les ponts. Dans ses Mémoires, *La Guerre et la Révolution*, Moma Markovic ne consacrait qu'une ligne à sa première compagne pour rappeler sa trahison. Un outrage pour celle qui déjà se faisait appeler Mira, diminutif de Mirijana et nom de guerre de sa mère. Étudiante à Belgrade, elle ne demanda pas l'hospitalité à son père mais à sa tante maternelle.

Leur histoire personnelle ne fera que souder ces deux êtres déjà inséparables et qui allaient devenir indissociables. Slobodan Milosevic et Mira Markovic se marièrent le 14 mars 1965. Ils prirent un appartement au dernier étage d'une HLM sans ascenseur, aux confins d'une périphérie de Belgrade, avec vue directe sur les champs. Le premier arrêt de bus se trouvait à vingt minutes à pied. Ces débuts difficiles ne firent qu'accroître l'ambition de cette jeune femme aux cheveux de jais qui avait connu l'éclat de Brioni et le confort de l'appartement de sa tante. Slobodan Milosevic se révéla un mari modèle. Chose peu courante dans les Balkans, il participait aux tâches ménagères. Elle se vantera même de ce qu'il repassait tout seul ses chemises et passait l'aspirateur. Elle n'avait guère de temps. Elle était en quatrième année de sociologie. Et à la fin de l'été 1965, elle donnait naissance à une petite fille, qu'elle appela Marija. Quand, en 1968, Slobodan Milosevic partit pour l'armée, elle lui écrivit chaque jour. À son retour du service militaire, il entra à Teknogas, une firme pétrochimique dont Stambolic convoitait la direction. Il gravit tous les échelons dans l'ombre de son mentor. Stambolic lui céda son fauteuil de directeur en 1973. Slobodan Milosevic n'avait alors que trente-deux ans. À trente-sept ans, il dirigeait la plus grosse banque de Serbie, Beogradska Banka. L'ouverture de filiales à l'étranger le conduisit à Paris mais surtout aux États-Unis. Il ne s'y installa pas mais y fit de nombreux voyages. Sa femme ne voulait pas qu'il s'absente plus de quinze jours. Il apprit l'anglais en quelques mois. « Il aimait le pragmatisme et la simplicité des Américains. Ils lui ressemblaient. Il n'a jamais eu l'âme slave [14] », dira sa femme.

Au Parti

Au printemps 1984, Slobodan Milosevic entrait à plein temps en politique. Il venait d'être élu au comité central de la Ligue des communistes de Serbie, et son mentor lui cédait sa place à la tête de la Ligue des communistes de Belgrade. Il laissa alors le souvenir d'un apparatchik toujours prompt à se lancer dans de longs sermons idéologiques, qu'il prononçait en affectant un air autoritaire pour masquer son visage inexpressif, charnu et maussade, ses yeux petits et éteints, son absence totale de charisme. Difficile de comprendre ce qui pouvait lier Ivan Stambolic, play-boy menant grande vie, toujours très entouré, souvent de belles femmes, et Slobodan

Milosevic, un homme terne et froid auquel on ne connaissait ni frasques ni aventures extraconjugales. Sans doute Ivan Stambolic voyait-il en lui un serviteur empressé, un de ces technocrates-nés dont les puissants aiment s'entourer. « Stambolic avait formé une équipe efficace. Il était le capitaine, au centre parmi les attaquants. Slobodan Milosevic était à sa gauche, dans le rôle de coup de poing. À sa droite, à l'antipode de Slobodan Milosevic, il avait placé Dragisa Pavlovic qui, lui, se chargeait de l'analyse politique », résumera le sociologue Slobodan Inic dans la préface des Mémoires d'Ivan Stambolic [15]. Stambolic et son entourage l'appelaient d'ailleurs « le petit Slobo ». Ils disaient toujours « le petit Slobo va nous régler ça », « le petit Slobo va nous préparer ça ». Au grand dam de l'ambitieuse Mirijana qui avait, entre-temps, décroché un doctorat en sociologie, une chaire à l'université, et qui se faisait désormais appeler docteur Mira Markovic. Elle voulait « un grand Slobo » qui forcerait le respect. Pas l'ombre de Stambolic. Derrière ses airs de petite fille fragile à la voix fluette, romantique et rêveuse, se cachait une femme implacable. Qui déjà préparait sa vengeance.

Sans attendre, Mira Markovic reprit du service dans le Parti et se consacra entièrement à la carrière de son mari. Marija était adulte et partait s'installer au Japon ; Marko, leur fils, avait dix ans. Elle était disponible. En juin, deux mois après la nomination de son époux, elle se fit élire à la direction du Parti au sein de l'université et devint présidente de la commission idéologique dont elle avait déjà été membre pendant ses études. Le titre était pompeux mais il lui conférait un certain pouvoir. Suffisamment, en tout cas, pour entreprendre de consolider l'emprise de son mari sur le Parti avant qu'il ne succède à Ivan Stambolic à la tête de la Ligue des communistes de Serbie et de là, normalement, à la Présidence de la Serbie. Mirijana était une meneuse, directive, volontaire. Elle n'était pas solitaire comme son époux. Elle aimait être entourée de sa petite cour et « être la seule fille du groupe ». Les amis du couple étaient généralement ses intimes à elle. Il en fut ainsi en politique. Depuis l'université, le docteur Mira Markovic constitua un noyau dur de fidèles. Dusan Mitevic, déjà directeur adjoint de la télévision de Belgrade, Miodrag Zecevic, déjà nommé à la Banque franco-yougoslave à Paris, Zoran Todorovic, le jeune président de l'Alliance socialiste, une émanation du Parti, et toute une pléiade d'apparatchiks comme Milos Aleksic, Rados Smiljkovic, Slobodan Unkovic, tous destinés à devenir la nouvelle élite communiste serbe lorsque Slobodan Milosevic serait à la tête du Parti en Serbie.

En 1986, c'était chose faite. Mirijana exerça alors une influence de plus en plus grande sur les choix politiques de son mari. Et elle réveilla l'ambition qui dormait en lui. Il avait fait une belle carrière. Sans fautes. Le pouvoir était à portée de main. Mais il était censé l'exercer au nom d'Ivan Stambolic qui, à cinquante ans, ambitionnait un fauteuil à la direction yougoslave et souhaitait conserver toute son autorité sur la Serbie. Mirijana Markovic donna à son époux les moyens de s'affranchir de son protecteur.

La cause des Serbes du Kosovo

Le rêve de Mira Markovic, qui devenait petit à petit celui de Slobodan Milosevic, risquait toutefois de se briser sur l'écueil de la profonde crise que traversait la société yougoslave. Six ans après la mort de Tito, l'appareil communiste était sérieusement discrédité aux yeux d'une population confrontée depuis à une baisse incessante de son pouvoir d'achat et au chômage qui touchait, en 1986, plus d'un million de Yougoslaves. Frappée de plein fouet par ce fléau, la Serbie, la plus grande et la plus peuplée des républiques de la Fédération, comptait 300 000 chômeurs, la plupart au Kosovo. Slobodan Milosevic avait lié son avenir à celui d'un parti en déclin. Il devait trouver une nouvelle légitimité s'il voulait consolider son assise politique en Serbie et poursuivre son ascension au sommet du pouvoir. Or les promesses de relance économique par « le développement du système de production » ou grâce aux « progrès technologiques », dont il truffait ses discours depuis qu'il avait pris les rênes du Parti, avaient laissé la population de marbre. S'il continuait sur cette voie-là, il serait un président sans véritable pouvoir et resterait dans les mémoires comme l'insignifiante créature d'Ivan Stambolic.

Mira Markovic comprenait, en revanche, qu'en se saisissant du mécontentement populaire Slobodan Milosevic pouvait obtenir un large soutien de l'opinion serbe et apparaître comme la seule personne capable en Serbie de résoudre les problèmes. Elle savait aussi qu'en s'engageant en faveur des Serbes du Kosovo, qu'Ivan Stambolic et le Parti avaient jusqu'ici négligés, il canaliserait un mouvement nationaliste qui ne s'était pas encore retourné contre le pouvoir communiste mais ne tarderait pas à le faire. Lorsqu'en avril 1987 Stambolic dépêcha Milosevic au Kosovo, Mira Markovic lui avait déjà dicté son choix. « Il m'a consultée. Il voulait savoir jusqu'où il devait aller. Je lui ai dit que le moment était venu de prendre le parti des Serbes du Kosovo », confiera quelques années plus tard celle qui s'était toujours réclamée d'un communisme pur et dur, celle que tout le monde tenait pour une marxiste intraitable. Sur la place poussiéreuse de Kosovo Polje, Slobodan Milosevic était venu chercher la force qui le porterait au sommet du pouvoir. Il l'avait trouvée. Malgré ses hésitations, ses angoisses, rien n'avait été le fait du hasard. Il avait parfaitement interprété son rôle. Il ne quitterait plus ce personnage. Et plus rien n'arrêterait la dévorante ambition que sa femme lui avait transmise. Désormais, seul le pouvoir l'intéresserait.

Quatre jours avant de lancer la petite phrase qui allait changer le cours de l'histoire de la Yougoslavie, Milosevic avait effectué une visite éclair à Kosovo Polje pour y rencontrer les chefs de file du mouvement nationaliste serbe. Le programme de sa prochaine tournée officielle dans la province avait été vivement critiqué. Serbes et Monténégrins lui reprochaient d'aller à Pristina, où il n'entendrait, une fois de plus, que les bavardages de la direction communiste locale, inféodée, selon eux, à la communauté albanaise. Dans une lettre, ils sollicitaient un détour par Kosovo Polje, estimant qu'il devait entendre les griefs serbes s'il souhaitait réellement s'enquérir de la situation actuelle dans la province. Mira Markovic lui conseilla vivement d'aller les rencontrer. Il arriva en hélicoptère le 21 avril, sans que la presse fût informée. Les leaders du mouvement l'attendaient. Alertés par le vrombissement de l'appareil, ils se précipitèrent dans la rue, entraînant avec eux quelques milliers d'habitants. Slobodan Milosevic entonna un couplet dans sa langue de bois habituelle, qui suscita une vive déception dans les milieux serbes. Il reconnaissait la gravité de la situation mais insistait sur la nécessité de régler les problèmes du Kosovo en s'appuyant sur la politique de fraternité et d'unité entre les peuples et les minorités de Yougoslavie. « Un nationalisme exclusif qui se fonde sur la haine des autres nationalités ne fera jamais avancer les choses », lança-t-il à l'assistance. « Camarade président, vous venez de prononcer un monologue. Ce n'est pas pour cela que nous vous avons demandé de venir. La population souhaite un dialogue. Je vous suggère de revenir et d'écouter les représentants que les Serbes et Monténégrins du Kosovo auront désignés pour vous exposer ce que nous ressentons et ce qui nous tracasse », rétorqua Miroslav Solevic, l'un des principaux activistes serbes. Devant la détermination de ses concitoyens, Milosevic accepta de revenir le vendredi suivant.

Le soir même, il réunissait chez lui, à Belgrade, ses plus proches conseillers. Il avait désormais un cinq-pièces dans le centre de Belgrade, un appartement modeste, dans l'un de ces innombrables blocs de béton de la capitale, mais suffisamment grand pour ces conciliabules nocturnes. Son épouse n'hésita pas une seconde. Il devait modifier le programme de sa visite officielle au Kosovo et rencontrer les dirigeants locaux non pas à Pristina, le chef-lieu de la province, mais dans ce faubourg, place forte de la contestation serbe. Dusan Mitevic lui assura que la presse et la télévision serbes couvriraient l'événement. Que son geste en faveur des Serbes du Kosovo aurait ainsi un écho immense et immédiat. Puis ils préparèrent leur plan dans les moindres détails. Le lendemain, deux hommes de main travaillant pour la police serbe, Drasko Milicevic et Ljubinko Markovic, partirent pour Kosovo Polje. Ils mirent au point avec Miroslav Solevic et ses amis l'incident avec la police locale — le camion, les pierres —, qui devait servir de prétexte à Slobodan Milosevic pour faire entrer les représentants serbes dans la salle. Les deux émissaires les autorisèrent à amplifier comme bon leur semblerait les récits d'exactions dont la population serbe se disait victime mais leur demandèrent de s'abstenir de toute revendication nationaliste. Car, déjà à cette époque, certains activistes appelaient à un « rééquilibrage » ethnique de la province, de manière que chacune des communautés représente 50 % de la population [16].

Double jeu

La légende de Slobodan Milosevic était bâtie sur un mensonge. Une manipulation en coulisses, un incident planifié, de faux discours inspirés par Miroslav Solevic, qui se vantera de son exploit lorsque la folie nationaliste qui allait s'emparer de la Serbie aura fait ses premiers ravages. Au lendemain de son discours de Kosovo Polje, Milosevic s'empressait de récupérer la protestation au profit de son parti et de son pouvoir. À l'insu d'Ivan Stambolic, il nommait un émissaire spécial auprès des activistes serbes du Kosovo. « Le comité de défense des Serbes du Kosovo eut dès avril 1987 des contacts permanents avec les hautes instances politiques serbes. Après la victoire de Milosevic sur Stambolic, la collaboration fut encore plus étroite », confiait, quelques années plus tard, Dusan Ristic, le haut responsable de la police secrète serbe au Kosovo, désigné par Slobodan Milosevic pour encadrer le mouvement [17]. Milosevic prenait ainsi dans son giron un mouvement ouvertement nationaliste qui ne demandait pas mieux que d'être chapeauté par la puissante structure du Parti. Conscients de leur impuissance, les activistes serbes misaient sur l'appui de l'appareil d'État pour réaliser leurs objectifs nationalistes [18]. Ivan Stambolic les avait méconnus. Slobodan Milosevic leur tendait la main. « Voilà comment tout a commencé, dira Stambolic. Les nationalistes l'ont pris dans leurs bras et ne l'ont pas lâché. Il n'aimait pas vraiment ça mais il savait que politiquement il en tirerait un immense profit. »

Milosevic se fera dès lors le champion d'un double langage ou plutôt d'une double politique, l'une officielle, l'autre menée parallèlement dans l'ombre, avec l'appui de sa femme. Pour ne pas éveiller les soupçons de la direction politique yougoslave, il continua à dénoncer, devant le Parti, les nationalistes serbes et à appeler à la construction d'« un socialisme sans intolérance ni haine ». Le 27 juin 1987, devant le comité central de la Ligue des communistes de Yougoslavie, il déclarait : « Tout le monde en Yougoslavie doit savoir qu'aujourd'hui comme pendant la guerre l'idéologie tchetnik ancienne ou nouvelle, le nationalisme serbe sous sa forme ancienne ou sous une nouvelle expression ne passera pas en Serbie [19]. » L'instance suprême du Parti ajouta foi à ses propos et soupçonna Ivan Stambolic d'avoir tout manigancé. Après tout Slobodan Milosevic n'était que son bras droit. Nul ne pouvait soupçonner qu'il avait agi sans le feu vert de son tout-puissant patron. « Tout le monde pense que tu es derrière toutes les actions des Serbes du Kosovo et donc que tu es le seul à pouvoir les stopper », lui souffla dans l'oreille Lazar Mojsov, qui présidait la séance [20]. Stambolic protesta. En vain. Et lorsqu'il découvrit la forfaiture de Milosevic et la dénonça par la voix de Dragisa Pavlovic, il était déjà trop tard. La huitième session qui couronnait le plan tactique des époux Milosevic était gagnée d'avance. « À vous écouter, on dirait que vous avez tout organisé et que vous m'avez juste averti du lieu et de l'heure de la huitième session », avait lancé Slobodan à sa femme qui l'attendait le 25 septembre 1987 en compagnie de Zoran Todorovic, Nebojsa Maljkovic et Miodrag Zecevic, venu à dessein de Paris, pour célébrer leur victoire [21].

Au lendemain de sa visite au Kosovo, la fièvre nationaliste s'empara de la Serbie. L'opposition de Slobodan Milosevic au nationalisme serbe n'était que superficielle et tactique. Dans les coulisses, il exaltait le sentiment national serbe afin de libérer les énergies batailleuses. Les médias, sous son contrôle, épousèrent la cause des Serbes du Kosovo, gonflant et dramatisant la violence dont ils se disaient victimes afin de susciter un ralliement massif de la population aux thèses nationalistes et de créer autour du Kosovo un idéal collectif. Dusan Mitevic et sa télévision lui avaient forgé ce nouveau destin en métamorphosant la petite phrase insignifiante qu'il avait lancée à Kosovo Polje dans la seule intention de stopper l'intervention de la police. « Personne n'a le droit de frapper ce peuple » était déjà devenu une promesse solennelle de défendre et de protéger le peuple serbe tout entier. La situation des Serbes du Kosovo occupait une place de plus en plus importante dans les journaux. À partir de l'été 1987, le quotidien *Politika*, qui faisait autorité dans tout le pays, devint un instrument de manipulation destiné à réveiller dans la population des sentiments de rejet, voire de haine à l'égard des Albanais. Les articles sur le Kosovo devinrent franchement partisans, leurs auteurs pratiquant systématiquement l'exagération pour mieux inciter l'opinion serbe à la vengeance et donc à la violence. Le journal commença à relayer les rumeurs les plus effroyables qui circulaient alors dans la province, les présentant comme des faits avérés. Chaque jour, il rapportait de nouveaux meurtres, de nouvelles maisons ou récoltes incendiées, de nouvelles familles serbes forcées de quitter leur terre et rejoignant le flot imaginaire de réfugiés déferlant sur la Serbie. L'image que donnait *Politika* de la situation au Kosovo n'avait plus rien à voir avec la réalité. En revanche, elle réveillait la mémoire collective d'un peuple qui avait été forcé à l'exode sous l'Empire ottoman. L'affaire de la caserne de Paracin, petite ville au cœur de la Serbie, illustra bien cette dérive.

Le 3 septembre 1987 au petit matin, une recrue albanaise de dix-neuf ans, Aziz Kelmendi, déchargeait son arme sur sa chambrée, tuant sur le coup quatre de ses camarades. Parmi les victimes se trouvaient deux Musulmans, un Croate et un Serbe. La presse belgradoise se saisit du drame pour exalter le sentiment antialbanais des Serbes. Le crime fut qualifié, contre toute évidence, de politique sous le seul prétexte que l'auteur était albanais et l'une des victimes serbe. Srdjan Simic devenait au fil des pages un martyr. Son enterrement à Belgrade se transforma en une véritable manifestation antialbanaise, au grand regret des parents de la victime [22].

Surenchère nationaliste

Si Slobodan Milosevic facilita l'émergence puis l'affirmation du nationalisme serbe, il n'en fut toutefois pas l'inspirateur. Tout au long de sa carrière, il détournera et corrompra les idées des autres pour servir son propre pouvoir. Même sa petite phrase célèbre n'était pas le fruit de son imagination. Ivan Stambolic l'employait en privé pour marquer son opposition à tout recours à la force contre la population en général, et appeler à un règlement pacifique de la crise au Kosovo afin que nul n'ait plus jamais besoin de faire appel aux chars [23]. L'état d'urgence, qui en 1981 avait imposé deux années d'occupation militaire au Kosovo, n'avait en rien calmé la situation. Il avait marqué les consciences albanaises en baptisant dans le sang l'idée naissante d'une République du Kosovo souhaitée à l'époque au sein de la Fédération yougoslave [24]. Et cette répression violente contre les Albanais n'avait pas empêché le réveil national serbe, qui se cristallisa dès lors autour de la question du Kosovo. Nombre de Serbes contestaient le statut d'autonomie élargie accordé en 1974, estimant qu'il cautionnait la prééminence albanaise sur la province. Le Kosovo avait alors son Parlement, ses institutions, son identité propre. Et même son université en langue albanaise. Les Albanais, plus nombreux que les Slovènes, les Macédoniens, les Musulmans bosniaques ou les Monténégrins, voulaient s'affranchir de la tutelle de Belgrade et obtenir comme les autres peuples yougoslaves une république ; les Serbes minoritaires souhaitaient au contraire que Belgrade reprenne en main la province [25]. Les relations, déjà difficiles depuis des siècles, entre Albanais et Serbes s'envenimèrent [26]. La minorité serbe commença à se rassembler autour du credo : « Ceci est notre terre. Si le Kosovo et la Metohija ne sont pas serbes, nous n'avons plus de terre à nous. » Des intellectuels belgradois, décidés à se servir de la colère serbe au Kosovo pour propager leurs théories nationalistes, encouragèrent les Serbes à constituer des comités de défense. Dès lors, le mouvement se radicalisa. Des manifestations furent organisées à travers le Kosovo, où l'on pouvait entendre des slogans incendiaires : « Nous ne voulons pas d'Albanais en Yougoslavie », « Pendez Fadil [27] », ou encore : « C'est dans le sang que le peuple serbe a pu recouvrer sa liberté. Ce fut toujours ainsi et ce le sera encore aujourd'hui. »

À l'automne 1985, toujours pilotés par leurs mentors de Belgrade, 2 000 Serbes du Kosovo signaient une pétition où ils se disaient menacés de « génocide » et réclamaient la protection de Belgrade contre les « fascistes » albanais. Début janvier 1986, l'Union des écrivains serbes s'emparait du texte ignoré par les médias et le publiait dans une revue littéraire de Belgrade [28]. Commença alors une croisade nationaliste à travers la Serbie, orchestrée par le célèbre romancier et académicien serbe, Dobrica Cosic, l'instigateur de la pétition. Proclamé « guide spirituel de la nation serbe », cet ancien protégé du maréchal Tito, autrefois membre du comité central du Parti, avait redonné aux Serbes le sentiment d'exister en écrivant, en trois volumes, la saga d'une famille originaire d'un village qui symbolisait, durant la première moitié du siècle, les souffrances endurées par le peuple serbe pendant les deux guerres mondiales. En 1968, il avait été exclu du Parti pour nationalisme après avoir accusé les Albanais de séparatisme parce qu'ils demandaient la concrétisation du statut d'autonomie de la province inscrit dans la première Constitution yougoslave de 1946. L'homme au profil d'épervier et au regard de hibou entrait alors en dissidence et se fit le chantre de la nation serbe. Six mois après son exclusion du Parti, il rêvait de dépecer le Kosovo. Dans son journal intime, à la date du 29 novembre 1968, il écrivait que le partage de la province serait sans doute « la meilleure solution » si les Serbes, en raison de leur infériorité numérique, ne pouvaient plus être maîtres du Kosovo. Dobrica Cosic garda son projet secret. Il savait que l'opinion serbe n'était pas disposée à renoncer au moindre arpent de cette terre sacrée. Et surtout, il nourrissait encore l'espoir de voir les Serbes soumettre les Albanais et restaurer leur domination sur l'ensemble de la province. Il avait salué la répression contre les Albanais du Kosovo, dirigée, entre 1953 et 1966, par le sinistre chef de la sécurité yougoslave, le Serbe Aleksandar Rankovic, et qui avait contraint à l'exil 200 000 d'entre eux. En 1977, Dobrica Cosic se fit remarquer à l'occasion de son discours d'investiture à l'Académie des sciences et des arts de Serbie. Celui que la presse appelait le « Tolstoï serbe » avait alors affirmé que le peuple serbe avait toujours « gagné la guerre et perdu la paix ». Il avait exalté le mythe du peuple serbe martyr, toujours prêt à se sacrifier pour la liberté mais finalement « toujours perdant et soumis en temps de paix ». Ses propos remettaient implicitement en cause la Yougoslavie, qui venait trois ans plus tôt de promulguer une nouvelle Constitution qui réduisait l'ascendance de Belgrade sur le Kosovo, établissait une véritable autonomie et améliorait sensiblement le sort de la population albanaise. À mots couverts, Dobrica Cosic regrettait que le peuple serbe ait dû sacrifier sur l'autel yougoslave le rôle hégémonique que la géographie, la force numérique et les immenses sacrifices consentis pendant les deux guerres devaient lui octroyer [29]. À soixante-cinq ans, le prolifique romancier n'avait pas perdu son ardeur nationaliste. « Est-il possible qu'un État qui se dit libre et démocratique interdise depuis des décennies tout débat sur la terreur du génocide perpétré à l'encontre des Serbes par les chauvinistes grand-albanais et leurs leaders au sein du Parti ? » lançait-il en mars 1986 à la tribune de l'Union des écrivains de Serbie, devant un auditoire désormais gagné par la ferveur nationaliste.

Dobrica Cosic agitait la menace du génocide pour exalter le sentiment national et élargir à toute la Serbie le réveil serbe qui s'opérait au Kosovo. Depuis plus d'un an les petits groupes d'activistes montaient en épingle le moindre incident au Kosovo. La presse serbe avait commencé à se faire l'écho « des pressions albanaises » et de « l'exode forcé des Serbes et des Monténégrins du Kosovo », et à répercuter les informations des organisations serbes du Kosovo sur les profanations de sépultures orthodoxes, les agressions physiques et les viols de femmes serbes dont se seraient rendus coupables les Albanais [30]. L'opinion serbe n'était pas restée indifférente à ces premiers articles. Dobrica Cosic espérait, en poussant la surenchère, susciter un vaste mouvement d'opinion pour obtenir la suspension de l'autonomie provinciale, premier volet d'un projet bien plus ambitieux et dont les objectifs seront révélés quelques mois plus tard dans le Mémorandum de l'Académie serbe. Le statut accordé au Kosovo en 1974 avait donné à la majorité albanaise un pouvoir réel dans la région, qui contribua à marginaliser la minorité serbe. Mais si les Serbes vécurent parfois cette marginalisation comme une forme de discrimination, jamais ils ne furent victimes de la répression dont avaient fait l'objet les Albanais lorsque les Serbes contrôlaient le pouvoir au Kosovo, pendant la première ou la deuxième Yougoslavie, ou encore en 1912 lorsque le Kosovo fut rattaché à la Serbie. Les représailles qu'évoquaient Dobrica Cosic et ses amis s'apparentaient à celles dont furent effectivement victimes les Serbes sous l'Empire ottoman. Et le monopole de la souffrance au Kosovo qu'il revendiquait pour le seul peuple serbe occultait une autre vérité que ne pouvait ignorer ce membre du Comité des droits de l'homme : en 1986, 55 % des prisonniers politiques de la Yougoslavie étaient albanais, pour beaucoup incarcérés depuis les émeutes de 1981. Mais Dobrica Cosic ne se souciait guère de la réalité de la situation au Kosovo.

Après la publication de la pétition des 2 000 Serbes du Kosovo, Dobrica Cosic s'efforça de faire entendre leur voix dans toute la Serbie. Il intercéda à plusieurs reprises pour qu'ils soient reçus à Belgrade par les dirigeants serbes. Dobrica Cosic était un chef spirituel et savait comment mobiliser les foules. Mais en ancien homme de l'appareil, il savait que son programme national serbe, que ses amis académiciens étaient en train de jeter sur le papier, ne pourrait être réalisé sans la complicité du pouvoir. Et il croyait avoir trouvé son homme en Ivan Stambolic, le maître de l'appareil serbe qui incarnait le retour d'une Serbie forte au sein de la Yougoslavie.

Au printemps 1986, l'Union des écrivains se transforma en véritable quartier général de la croisade identitaire serbe. Elle appela à la signature de la pétition et organisa des soirées de protestation où écrivains et académiciens de renom se succédaient à la tribune pour faire renaître tous les mythes passéistes de la nation serbe. Après la mort de Tito, en mai 1980, nombre d'intellectuels belgradois s'étaient penchés sur l'histoire nationale serbe, bannie au nom du dogme communiste et du yougoslavisme comme l'histoire individuelle de chacune des communautés fédérées par Tito. Mais cette réévaluation de l'histoire serbe déborda vite du terrain scientifique pour sombrer dans la propagande nationaliste. Au nom de la réhabilitation d'une mémoire étouffée, romanciers et historiens serbes se mirent à écrire des ouvrages avec pour thème central le Kosovo, qui contribueront également à réveiller les passions nationalistes chez les Serbes. L'engagement des intellectuels serbes à la tribune de l'Union des écrivains permit en quelques jours de recueillir à travers la Serbie plus de 50 000 signatures au bas de la pétition dénonçant le « génocide » contre les Serbes du Kosovo. En septembre 1986, elle en comptait le double.

Un Mémorandum « fratricide »

La Serbie tout entière commençait à se mobiliser lorsque Dobrica Cosic décida, début septembre 1986, de présenter dans le plus grand secret les grandes lignes de son projet politique aux dirigeants serbes. Ivan Stambolic venait d'être nommé président de la Serbie. Et le romancier pensait avoir reconnu en lui le « guide » susceptible de redresser l'État serbe « anéanti par la Yougoslavie et le titisme » et de s'engager dans la réalisation d'un programme national. D'autre part, le document dressant le bilan de la situation des Serbes en Yougoslavie, et proposant une série de solutions à la crise dans laquelle se trouvait la Serbie, serait bientôt prêt. En mai 1985, l'Académie serbe des sciences et des arts, la plus prestigieuse institution culturelle de Serbie et l'une des rares à ne pas être entièrement soumises aux diktats du Parti, avait accepté de se charger de cette tâche. « Le 23 mai 1985, plusieurs académiciens évoquèrent avec inquiétude la grave crise économique qui sévissait dans le pays et la position de la Serbie au sein de la Fédération. » Le conseil entérina la proposition de l'académicien Ivan Maksimovic, stipulant que « les problèmes sociaux, politiques, économiques, scientifiques et culturels les plus brûlants doivent être consignés dans un Mémorandum, lequel devra être adressé à tous les responsables de la direction des affaires publiques en Serbie et en Yougoslavie [31] ». Instigateur de ce Mémorandum, Dobrica Cosic n'avait pas participé à sa rédaction. « Connu à cette époque comme dissident politique, Dobrica Cosic n'entra pas à la Commission [chargée de rédiger le Mémorandum] pour ne pas discréditer à l'avance ce document aux yeux des dirigeants politiques auxquels il était destiné [32]. » Seize académiciens s'étaient chargés de le rédiger à sa place, en s'inspirant toutefois de ses idées tout en les formulant de manière à ne pas choquer les dirigeants politiques [33]. Dobrica Cosic n'avait plus de temps à perdre. Début septembre donc, il sollicita des intermédiaires en qui il avait une entière confiance pour présenter aux principaux dirigeants politiques les grandes lignes du Mémorandum et recueillir leurs premières réactions. « Si le peuple serbe espère avoir un avenir dans la famille des peuples civilisés, il doit pouvoir retrouver son identité et redevenir un sujet de l'Histoire, regagner la conscience de son être historique et spirituel, respecter ses intérêts économiques et culturels et parvenir à un programme social et national qui animera les générations actuelles et futures. » C'était l'idée de départ du Mémorandum. Mais les émissaires de Cosic avaient un autre message en quatre points : la Yougoslavie n'a pas permis de régler définitivement la question nationale serbe ; les Serbes sont en position d'infériorité en Yougoslavie, ils sont exploités et n'ont aucun droit en dépit des sacrifices consentis pendant la Seconde Guerre mondiale ; les Serbes hors de Serbie sont privés de leurs droits nationaux ; et la Serbie a perdu la souveraineté sur son territoire depuis la Constitution de 1974 [34]. Trois hommes furent alors contactés : Stambolic et ses deux bras droits, Dragisa Pavlovic et Slobodan Milosevic. Les deux premiers répondirent à leur interlocuteur : « Cela signifie que nous devons détruire la Yougoslavie, il n'en est pas question même au prix de notre carrière politique [35]. » Dobrica Cosic s'était trompé. Stambolic voulait une Serbie forte, pas une Yougoslavie à sa botte ou, pire, en lambeaux. Slobodan Milosevic, quant à lui, consulta son épouse et confidente.

L'affaire du Mémorandum éclata quelques semaines plus tard sans qu'on sût jamais qui en était l'origine : la direction serbe, qui souhaitait une condamnation en règle de ce document avant qu'il ne soit publié, ou les académiciens eux-mêmes pour répandre leurs théories nationalistes sans en porter la responsabilité dès lors que le président de la Serbie, Ivan Stambolic, s'y était farouchement opposé. Le 24 septembre 1986, le quotidien belgradois *Vecernje Novosti* révélait l'existence « d'un document secret » critiquant la politique et les institutions héritées de Tito et mettant l'accent sur la discrimination politique, économique et culturelle du peuple serbe non seulement au Kosovo mais dans toute la Yougoslavie. La publication de quelques extraits de ce cahier de doléances serbes, rédigé par un groupe d'académiciens dont les noms ne furent pas divulgués, fit l'effet d'une bombe non seulement en Serbie mais dans tout le pays. Pour Zagreb, Sarajevo, Pristina et Novi Sad, le Mémorandum valait preuve de la persistance des idées grand-serbes dans l'intelligentsia belgradoise. La classe politique yougoslave tout entière y voyait l'une des plus violentes attaques contre le système communiste titiste et le dogme de la fraternité et de l'unité entre les peuples yougoslaves. Dans son article intitulé « L'offre du désespoir », le journaliste belgradois Aleksandar Djukanovic qualifia d'emblée le document dont il livrait les premiers extraits d'anticommuniste et de nationaliste [36]. Il estimait qu'il s'agissait d'« un nouvel appel à la guerre fratricide et à un nouveau bain de sang ». Cette condamnation fit l'unanimité dans les médias de toute la Yougoslavie. Ivan Stambolic, lui, dénonça ce « requiem pour la Yougoslavie ».

Une politique « grand-serbe »

Le Mémorandum n'était ni un manifeste en faveur de la démocratisation du pays, ni une réflexion sur la crise économique et sociale qui sévissait alors, comme le prétendit l'Académie serbe [37]. Il ne s'agissait pas non plus d'un réquisitoire contre quatre décennies de communisme, puisqu'en appelant tout au long de ses 73 pages à « la défense du peuple serbe menacé », il s'attaquait moins à l'idéologie qu'aux fondements même de la Yougoslavie titiste. Le Mémorandum, qui établissait les principes idéologiques d'une politique grand-serbe, préconisait le maintien de l'économie planifiée et ne prônait pas la fin du monopole du Parti. À la même époque pourtant, les intellectuels slovènes réclamaient déjà des élections libres. Le Mémorandum était une réflexion paranoïaque qui accusait les autres républiques de la Fédération yougoslave de former une coalition antiserbe, la Croatie et la Slovénie de conspirer contre la Serbie. Il dénonçait « la discrimination du peuple serbe » dont se seraient rendus coupables les Slovènes et les Croates et particulièrement Josip Broz Tito (croate) et Edvard Kardelj (slovène), l'idéologue du communisme autogestionnaire yougoslave. D'après le document, la Constitution yougoslave de 1974 valait pour preuve de cette politique antiserbe puisqu'elle procédait à la confédéralisation de l'État yougoslave en redonnant aux six républiques et aux deux provinces autonomes toute leur souveraineté. Cette Constitution, la dernière qu'ait connue la défunte Yougoslavie, aurait ainsi placé le peuple serbe et la Serbie dans une position foncièrement inégale et subordonnée. « En moins de cinquante ans, deux générations successives ont été exposées à l'extermination, à l'assimilation forcée, à la conversion, au génocide culturel, à l'endoctrinement idéologique, à l'avilissement et au reniement de leur propre tradition, sous le poids du complexe de culpabilité qui leur a été imposé », affirmait, contre toute évidence, le Mémorandum. En d'autres termes, la deuxième Yougoslavie n'aurait eu de cesse de se venger des Serbes qui avaient imposé leur domination sur la première Yougoslavie.

Le Mémorandum de l'Académie serbe contenait déjà toutes les thèses nationalistes qui nourriront les haines puis le conflit yougoslave. Il appelait au démantèlement de la Yougoslavie en tant qu'État commun des peuples slaves du Sud. Le document martelait que la Yougoslavie, née au sortir de la Seconde Guerre mondiale, ne satisfaisait pas les intérêts serbes et contribuait à « la destruction totale de l'unité nationale du peuple serbe ». En clair, la Yougoslavie n'était pas la solution de la question serbe. Les Serbes devaient donc réaliser leur aspiration à vivre dans un seul et même État dans un autre cadre. Dans un nouvel État capable de mettre fin à « la domination croato-slovène ». Ainsi la Yougoslavie devait redevenir un instrument de la domination des intérêts particuliers serbes ou ne pas être. Le Mémorandum n'était pas un appel à l'épuration ethnique, mais un appel à l'unité des Serbes dispersés au sein de la Yougoslavie, qui n'excluait pas le recours à la force et remettait ouvertement en cause les frontières internes entre les six républiques yougoslaves.

L'apparition de ce document mit en difficulté la direction serbe, tant les réactions dans les autres républiques furent vives et nombreuses. Pour apaiser les tensions, elle exigea de l'Académie serbe qu'elle se désolidarise du Mémorandum et de ses auteurs. Sans renier publiquement les idées qui y étaient défendues et que partageait finalement une bonne partie de l'opinion serbe, l'Académie déclara qu'elle ne cautionnait pas un Mémorandum qui n'existait pas. Selon elle, le texte qui avait été dérobé et dont des extraits avaient été publiés dans la presse n'était qu'un texte inachevé, un projet à l'état d'ébauche, qui n'avait pas été soumis à l'avis du conseil de l'Académie [38]. Les dirigeants communistes serbes acceptèrent cette pirouette qui permettait à la prestigieuse institution culturelle serbe de sauver la face et au pouvoir de ne pas déclencher les foudres de la population serbe qui se serait sans doute soulevée si l'Académie, qui incarnait l'identité nationale, avait été sanctionnée plus sévèrement. Ils jetèrent leur opprobre sur les intellectuels serbes dont ils dénoncèrent sévèrement la dérive nationaliste. Réunis d'urgence, Ivan Stambolic, le président de la Serbie, Slobodan Milosevic, le chef du Parti, et Nikola Ljubicic, le représentant de la Serbie au sein de la direction collégiale yougoslave, décidèrent de dénoncer le Mémorandum comme un texte incitant à la désintégration de la Yougoslavie et à la violence.

Les silences de Milosevic

Pourtant, malgré une participation de façade à la dénonciation, Slobodan Milosevic garda ses distances. Si prompt d'ordinaire à fustiger le moindre écart doctrinal, il avait refusé d'organiser la campagne contre le Mémorandum, charge qui lui incombait en tant que numéro un du Parti. Il laissa Ivan Stambolic et Dragisa Pavlovic conspuer en public le texte des académiciens. Ivan Stambolic martelait que « le Mémorandum défend des thèses contraires aux intérêts serbes. Car ce n'est qu'au sein de la Yougoslavie que les Serbes peuvent réaliser leur unité nationale. Sans la Yougoslavie, le peuple serbe est condamné à être divisé et dispersé. Ceux qui prétendent pouvoir réunifier les Serbes après avoir détruit la Yougoslavie poussent la Serbie et les Serbes dans un conflit qui les opposera à tous les autres peuples yougoslaves et au monde entier[39]. » Slobodan Milosevic, lui, ne monta au front que dans les huis clos du pouvoir. Au sein du Parti, il défendit la ligne officielle et ne manqua aucune occasion de condamner le nationalisme des milieux intellectuels serbes.

Le mutisme de Milosevic surprit le président serbe. Mais il ne s'en inquiéta vraiment qu'après l'épisode de Kosovo Polje. En juin 1987, Ivan Stambolic l'apostrophait, en réunion, sur son silence sans toutefois parvenir à ébranler la confiance que lui accordaient le reste des dirigeants serbes. Convaincus de sa droiture, ils ne s'étonnaient pas qu'un homme qui considérait comme tellement évident le caractère nationaliste du Mémorandum n'éprouvât pas le besoin d'en parler publiquement. Et ils pensaient que ce n'était pas tant à Slobodan Milosevic qu'à Ivan Stambolic de fustiger le manifeste nationaliste puisqu'il était soupçonné par la direction yougoslave d'être derrière l'agitation nationaliste en Serbie. Pendant ce temps, Slobodan jouait les bons élèves, multipliant ses prestations contre l'idéologie « antisocialiste ». Devant un parterre d'officiels et de généraux réunis à l'Institut de la sûreté de l'État, il déclarait le 2 juin 1987 : « Le développement du nationalisme dans une communauté multinationale, telle que la Yougoslavie, est le poison le plus dangereux que l'ennemi intérieur et extérieur tente d'introduire dans notre pays... L'apparition du Mémorandum de l'Académie serbe des sciences et des arts n'est autre qu'une sombre manifestation de nationalisme puisqu'il préconise la destruction de la Yougoslavie à laquelle aucun des peuples yougoslaves ne survivra [...]. Tout rapprochement des communistes avec le nationalisme ne favorise pas les progrès pour lesquels se bat le Parti. Au contraire, il les freine, les bloque tout comme il entrave la politique de fraternité et d'unité dont dépend la survie de la Yougoslavie [40]. »

Mais pour Dobrica Cosic, les silences de Slobodan Milosevic valaient consentement. Après Kosovo Polje, les intellectuels nationalistes et l'opinion serbe virent en lui un homme prédisposé à prendre en main les intérêts du peuple serbe. Le fait que la campagne contre le Mémorandum s'arrêtât définitivement après la huitième session de septembre 1987 ne fit que les conforter dans ce sentiment [41]. Pour les intellectuels nationalistes, Slobodan Milosevic incarnait désormais l'homme providentiel qu'ils attendaient pour transposer leurs idéaux nationalistes exposés dans le Mémorandum en un programme politique. Tous les apprentis sorciers que comptait la Serbie s'étaient rencontrés.

En s'emparant de l'idéologie du manifeste inachevé, Milosevic n'allait pas servir ses convictions mais une folle ambition personnelle. Sa prise de pouvoir en 1987 et la victoire de l'aile conservatrice en Serbie allaient rendre impossible tout compromis démocratique sur l'avenir de la Yougoslavie. Sa politique s'articula d'abord autour de la formule dichotomique Tito-Kosovo. Au sein du Parti, il s'imposa comme le garant de l'unité yougoslave, celui qui assurerait la pérennité du socialisme et de l'idéologie titiste. À l'extérieur, il enfourcha la cause du nationalisme serbe au Kosovo. Ce double jeu lui vaudra d'une part le soutien de l'appareil dont il deviendra le maître absolu et, d'autre part, celui de la dissidence intellectuelle et du mouvement populaire émergeant, ce qui le propulsera au rang de leader national. Dès lors, Slobodan Milosevic disposait des leviers les plus puissants pour asseoir son pouvoir : l'appareil du Parti, l'armée, les médias et la légitimité populaire. Son ascension fulgurante éloignera pour longtemps la Serbie de la voie dans laquelle s'engageaient les autres pays de l'Est. Déterminé à conserver le monopole du pouvoir, il empêchera l'amorce d'un processus de démocratisation du système sans émouvoir l'élite intellectuelle, qui avait choisi la nation plutôt que la démocratie. Pour avoir excité les rancunes millénaires de la Serbie et soufflé l'appel guerrier à l'unité des Serbes dispersés en Yougoslavie que Milosevic mettra en pratique, les intellectuels nationalistes serbes furent coresponsables du désastre qui allait suivre. Le choix de la Serbie allait encourager l'émergence de nationalismes obsidionaux dans toute la Yougoslavie et accentuer les vieux clivages entre les peuples, faisant ainsi éclater au grand jour toutes les contradictions internes de la Fédération.

2

La montée en puissance

« Il y a six siècles exactement qu'en ce lieu, au cœur de la Serbie, sur le Champ-des-Merles, fut livrée l'une des plus grandes batailles. [...] Si nous perdîmes cette bataille ce fut à cause de la tragique discorde qui régnait à la tête de l'État serbe. La discorde et la trahison du Champ-des-Merles ont poursuivi le peuple serbe comme une malédiction tout au long de son histoire.

« [...] Depuis six siècles, l'héroïsme du Kosovo alimente notre orgueil et nous interdit d'oublier qu'il fut un temps où nous étions courageux et dignes. Six siècles plus tard, il nous faut livrer de nouvelles batailles ou nous y préparer. Ce ne sont plus des luttes armées, bien que celles-ci ne soient pas exclues. »

Slo-bo !

Il descendit du ciel. À midi précis, l'hélicoptère le déposa au pied d'un million de Serbes. De la foule massée à perte de vue dans cette grande plaine du Kosovo, jadis baignée du sang de l'armée serbe vaincue par l'envahisseur turc, monta une clameur : « Slo-bo ! Slo-bo ! » « Slobo, slobodo [1] ! » Sans un sourire sur son visage, sans un signe de connivence avec la foule en extase, le président de la Serbie gravit les marches de la tribune ornée d'oriflammes rouges [2]. Puis il prit place aux côtés des dignitaires yougoslaves. Sur l'estrade, le président en exercice de la Fédération, le Slovène Janez Drnovsek, le premier ministre, le Croate Ante Markovic, le général serbe Veljko Kadijevic en ministre de la Défense, le chef du Parti, le Macédonien Milan Pancevski, et des représentants de chacune des six républiques fédérées contraints, au nom de l'unité yougoslave, d'assister à cette cérémonie officielle.

Le patriarche orthodoxe serbe, German, et une rangée de popes en soutanes noires et barbes blanches étaient de la partie, autorisés pour la première fois depuis cinquante ans de communisme à célébrer la liturgie pendant une cérémonie officielle. Le président yougoslave prit le premier la parole dans l'indifférence générale. Les orateurs se succédèrent, applaudis sans conviction par une foule impatiente d'entendre son idole. Puis Slobodan Milosevic se leva, avança sur le devant de l'estrade. La foule trempée de sueur dans la chaleur moite et les flots de rakia se mit alors à vibrer. Son verbe puissant galvanisait cette multitude d'hommes et de femmes accourus de partout pour célébrer l'homme providentiel qui « avait rendu au peuple serbe sa dignité ». À pied ou en voiture, en autocar ou en trains spéciaux, ou encore en avion, ils étaient venus des villages les plus reculés de Yougoslavie ou des grandes villes européennes. Parfois, ils avaient traversé les océans, depuis l'Australie, les États-Unis ou le Canada.

Tous chantaient le nouveau Messie :

« Ô Slobodan, si tu n'étais pas là, le nom des Serbes s'éteindrait. »

« Tsar Lazar, tu n'as pas eu la chance d'avoir Slobo à tes côtés. »

En ce 28 juin 1989, les Serbes acclamaient celui qui leur promettait de prendre leur revanche sur l'Histoire et de gagner la bataille perdue six cents ans plus tôt. En ces mêmes lieux, au Champ-des-Merles, le roi serbe Lazar et ses 70 000 hommes essuyaient le 28 juin 1389 une retentissante défaite qui mettait fin à l'empire médiéval serbe et inaugurait près de cinq siècles de domination ottomane. Depuis, les Serbes commémoraient ce jour tragique. Plus que leur défaite, ils célébraient le « sacrifice » héroïque d'un peuple qui se battit « pour la liberté et la croix », qui versa son sang pour défendre le dernier rempart du christianisme face à l'expansionnisme musulman vers l'Europe. Pendant des siècles, l'épopée chanta « la jeune fille de Kosovo » allant sur le champ de bataille reconnaître les cadavres des siens ou la « mère des neuf Jugovic » qui perdit tous ses fils dans le carnage. De cette déroute glorifiée était né le mythe fondateur de la nation serbe : peuple héroïque qui tout au long de son Histoire se battit du côté du bien et de l'honneur, peuple maintes fois victime, condamné à de longs calvaires mais toujours prêt à se sacrifier pour sa liberté et celle des autres. Mais cette image inscrite dans la mémoire collective serbe omettait un fait pourtant bien connu des historiens : aux côtés de l'armée du tsar Lazar se battaient d'autres peuples, parmi lesquels des Albanais. Puis la légende, soucieuse de justifier la perte de l'État médiéval serbe, développa le thème de la trahison et de la discorde. Elle éleva aussi la mort au rang d'exploit permettant d'accéder à la vie éternelle, comme le prince Lazar qui choisit le royaume céleste pour sauver sa foi et préserver l'identité du peuple serbe.

Six cents ans plus tard, Slobodan Milosevic apparaissait en sauveur, unificateur et vengeur du peuple serbe, dépositaire de ses valeurs sacrées. Il promettait de nouvelles batailles, pour le laver de cette défaite. La politique qu'il menait depuis deux ans ne laissait guère planer de doute sur ses ambitions. Il avait fait sienne l'idéologie du manifeste inachevé des académiciens de Belgrade et avait placé son règne sous le signe du Kosovo. Il s'était lancé dans un nationalisme débridé et promettait de restaurer sur les Balkans l'imperium serbe qui, à en croire la propagande nationaliste de l'époque, aurait été balayé par l'armée ottomane, escamoté au moment où il renaissait par la Yougoslavie de Versailles (1918), puis anéanti par Tito et sa Constitution de 1974, qui en octroyant un statut de très large autonomie au Kosovo et à la Voïvodine aurait réduit la Serbie à la portion congrue, dépossédant un peu plus le peuple serbe de ses droits. En mars 1989, il avait fait plier le pouvoir fédéral et imposé l'hégémonie serbe sur les deux provinces à l'autonomie supprimée. Mais il avait attendu ce jour anniversaire de la bataille de Kosovo pour fêter sa victoire. La direction yougoslave et les dignitaires des cinq autres républiques de la Fédération étaient ainsi contraints d'assister au couronnement de la reconquête serbe du Kosovo et au sacre de Slobodan Milosevic comme guide de tous les Serbes. La plupart des diplomates occidentaux en poste en Yougoslavie refusèrent de cautionner par leur présence cette revanche nationaliste. Ils n'oubliaient pas que la révolte des Albanais contre la suspension de l'autonomie de leur province avait été réprimée dans le sang. Vingt-cinq d'entre eux avaient été tués et des centaines d'autres arrêtés. Depuis, 15 000 soldats quadrillaient la région, aux côtés de milliers de policiers spécialement dépêchés sur place en renfort.

Ce même 28 juin, les 1 800 000 Albanais du Kosovo restèrent cloîtrés chez eux. Les rues et les places d'ordinaire animées étaient désertes, les minarets silencieux même à l'heure de la prière. La province renvoyait une image apocalyptique. Pendant ce temps, devant le Mémorial de Gazimestan, où se dressait un monument aux héros serbes flanqué des deux dates désormais historiques, 1939-1989, des centaines de drapeaux aux couleurs serbes, plus souvent frappés de la croix orthodoxe que de l'étoile rouge, flottaient au vent. Des gens entonnaient des chants nationalistes. D'autres brandissaient des posters à l'effigie du nouveau père de la nation. Ce déchaînement de ferveur nationaliste laissait mal augurer de l'avenir. Sur l'estrade, les dignitaires yougoslaves ne dirent rien. Les symboles, le discours de l'un, le silence des autres, étaient éloquents. La Yougoslavie n'existait pas. Seule la Serbie était célébrée.

La résurrection serbe

Tous les médias serbes avaient été mobilisés pour couvrir l'événement. Depuis bientôt deux ans, ils distillaient à loisir une propagande hystérique en faveur du nationalisme. Le 28 juin était l'apothéose de ce que la presse avait appelé le

« réveil national [3] ». Le « grand rassemblement de la nation serbe » fut donc filmé par la télévision de Belgrade comme un spectacle. Le grand manitou du petit écran, Dusan Mitevic, avait déployé des moyens inhabituels pour faire de cette cérémonie un événement historique. Le résultat fut probant. Les téléspectateurs serbes eurent l'impression de vivre en direct « la résurrection » de la Serbie, tandis que ceux des autres républiques s'inquiétèrent du triste présage que leur donnait cette grandiose mise en scène. Tous les médias de Belgrade chantaient le nouveau leader qui avait rendu au peuple serbe sa « dignité collective » en récupérant « sa terre sacrée ». Et la population envoûtée répétait en chœur : « Grâce à Slobodan Milosevic, en qui le peuple croit sans réserve, les Serbes ont retrouvé leur union, réalisant enfin après six siècles que seulement unis ils pourront aller de l'avant. » À la veille de la cérémonie, le quotidien *Politika* écrivait : « Depuis six siècles le Kosovo attend que ses fils reviennent et disent : cette terre est à nous et le restera pour toujours. » Le lendemain, il disait : « Des milliers et des milliers de personnes convergent vers les routes qui mènent en pente douce au Grand Champ... Le peuple avance et rien ne peut l'arrêter. » La machine de propagande du régime jouait sur les émotions, glorifiait le passé, manipulait la mémoire collective pour préparer les esprits à la guerre que Slobodan Milosevic venait d'annoncer.

Le rassemblement du 28 juin 1989 était l'épilogue de la « question du Kosovo ». Le mythe du Kosovo débordait les frontières du berceau historique de la nation pour s'étendre désormais à toutes les terres marquées de tombes serbes. Le martyre des Serbes était agité en prévision de nouvelles conquêtes. Sur la plaine de Gazimestan, Slobodan Milosevic ne s'était pas adressé aux seuls Serbes de Serbie mais à l'ensemble des Serbes de Yougoslavie. Le mythe du Kosovo qu'il glorifiait unissait les Serbes dispersés à travers les Balkans au fil des exodes qui succédèrent à leur défaite de 1389 et à l'avancée ottomane. L'apparatchik métamorphosé en tribun n'appelait plus à l'unification de la Serbie qu'il avait accomplie mais à celle du peuple serbe dans son ensemble. La reconquête du « berceau de la nation serbe » achevée, l'autonomie des provinces jugulée, la Serbie réunifiée, la situation des Serbes et des Monténégrins au Kosovo, exploitée pendant plus de quatre ans par les nationalistes puis par le Parti, allait sombrer rapidement dans l'oubli. Les médias allaient désormais se focaliser sur les Serbes vivant hors de Serbie que le Mémorandum considérait tout autant menacés par la discrimination que leurs frères du Kosovo... La question serbe se déplaçait en dehors de la Serbie, vers l'ouest d'une Yougoslavie dont les jours étaient déjà comptés.

Dans sa folle chevauchée, la Serbie entière le suivra. Pour avoir décidé de conduire la croisade identitaire serbe, Slobodan Milosevic jouissait du soutien de l'élite intellectuelle de l'Église qui venait de retrouver pleinement son droit de cité en Serbie, et des masses serbes littéralement envoûtées. Le culte que lui vouait la quasi-totalité des Serbes, toutes classes sociales confondues, faisait frémir. Médecins, écrivains, artistes, chercheurs, retraités, étudiants, ouvriers, paysans, estimaient dans leur grande majorité que Slobodan Milosevic avait rendu au peuple serbe sa fierté. Même les plus fervents anticommunistes lui pardonnaient volontiers ses attaches idéologiques. Dobrica Cosic mais aussi l'écrivain et académicien Matija Beckovic, le peintre Mica Popovic, et tant d'autres qui avaient été empêchés durant de longues années par le régime communiste de s'exprimer en public, usaient de leur liberté retrouvée pour défendre le nouveau leader serbe. « Le premier politicien serbe depuis 1945 à avoir posé clairement la question nationale serbe », comme le disait dès 1988 Dobrica Cosic. À l'étranger, la diaspora serbe faisait bloc derrière lui. L'émigration économique mais aussi les émigrants anticommunistes de l'après-guerre l'acclamaient. En 1989, Slobodan Milosevic était au zénith de sa gloire. Sa photo était partout. Sur papier glacé ou simplement découpée dans les journaux, elle trônait dans les vitrines, dans les voitures et les autocars, dans les cafés et les restaurants, dans les usines et les bureaux. Peu à peu, son portrait remplaçait celui de Tito dans les bâtiments officiels. En 1989, Josip Broz, fondateur de la deuxième Yougoslavie, avait pour ainsi dire disparu de la Serbie.

Slobodan Milosevic avait utilisé la mobilisation populaire autour du nationalisme serbe comme levier pour conquérir le pouvoir au sein de l'appareil serbe et devenir le maître absolu de la Serbie. En remplaçant une idéologie de masse à l'agonie par une autre en pleine expansion, il était parvenu à sauver le système. Le mythe du Kosovo, qui élevait au rang de valeur sacrée l'unité derrière le chef et stigmatisait la trahison comme la cause du plus grand malheur national, s'était prêté à merveille à la pratique autoritaire du pouvoir. Dès 1987, Milosevic s'appuya sur ces croyances et ces stéréotypes qu'avait fait renaître l'élite intellectuelle, pour éliminer tous ses contradicteurs et unir les masses au nouveau chef.

Au lendemain de la huitième session, il brandit la prétendue volonté du peuple comme une arme fatale contre tous ceux qui ne l'avaient pas soutenu. Il exalta le ressentiment du peuple serbe, offensé dans son sentiment national, et parvint à coups de mensonges et de manipulations à retourner à son profit l'énorme somme de frustrations et de rancœurs accumulées depuis quarante ans. La population protestait avec de plus en plus de véhémence contre le sort réservé aux Serbes du Kosovo mais aussi contre l'inefficacité absolue du Parti face à la crise sociale et économique. Début 1988, des milliers d'ouvriers en colère défilaient dans les rues de Belgrade aux cris de « Nous voulons du pain et des changements ». Le malaise social n'était pas propre à la Serbie. Toute la Yougoslavie était aux prises avec une vague de grèves, réaction à la cure d'austérité du gouvernement fédéral de Branko Mikulic. La rue tançait le pouvoir communiste, dénonçait les privilèges de la nomenklatura. Slobodan Milosevic, qui cultivait alors l'image du fonctionnaire modeste habitant un cinq-pièces ordinaire et conduisant une vieille Zastava, s'empressa de soutenir leurs revendications. Il s'emparait ainsi de cette contestation comme il avait accaparé quelques mois plus tôt l'agitation nationaliste. Ce double rapt politique ouvrit la voie au pire des populismes.

L'opportuniste

Slobodan Milosevic n'avait pas de programme politique, pas de vision d'avenir. Mais il faisait déjà preuve d'une habileté toute particulière à se servir de ce qui s'offrait à lui. Son opportunisme, que jamais le moindre scrupule ne viendra réprimer, lui tiendra lieu de stratégie. Et son génie politique ne reposera que sur sa parfaite connaissance de l'appareil et de son fonctionnement. Slobodan Milosevic, en chef du Parti, feignit de frapper contre son propre camp en fustigeant les instances politiques existantes, qui ne jouissaient plus d'aucun prestige auprès de l'opinion serbe. Il les qualifia de ramassis d'opportunistes et promit à la Serbie d'importants changements. Il s'engagea à « lutter contre les privilèges de la nomenklatura, le gaspillage et la corruption de la bureaucratie ». Et pour satisfaire les aspirations nationalistes que partageaient également ceux qui réclamaient du pain, il proposa une réforme constitutionnelle qui devait permettre à Belgrade d'exercer ses pleins pouvoirs sur les provinces autonomes de Voïvodine et du Kosovo.

Slobodan Milosevic déclencha alors une véritable « révolution culturelle ». Il fit des manifestations de rues l'une de ses armes les plus efficaces pour accomplir ses desseins. La réforme constitutionnelle qu'il promettait ne pouvait être réalisée de manière légale. Contrairement à Ivan Stambolic qui avait reçu l'aval des dirigeants de Voïvodine et du Kosovo, Milosevic, qui revendiquait la suppression pure et simple de l'autonomie des deux provinces, ne pouvait miser sur le blanc-seing de Pristina et Novi Sad. Au nom de la reconquête du Kosovo, il savait que la rue le suivrait. Début 1988, il annonçait qu'il imposerait sa réforme « hors du cadre institutionnel ». À l'été, il déclenchait les premiers mouvements de masses, les « meetings spontanés » comme s'empressa de les baptiser la presse aux ordres. Il opposa la légitimité du peuple à l'illégitimité des institutions pour masquer un véritable coup d'État. En quelques mois de meetings et d'émotion populaire, il parvint à éliminer tous ses ennemis dans ses propres rangs et à purger de fond en comble l'appareil d'État.

La Voïvodine, province du nord de la Serbie peuplée à parité de Serbes et de non-Serbes, principalement des Hongrois, des Slovaques, des Croates et des Ruthènes, était aux mains d'une direction farouchement attachée à l'autonomie. Slobodan Milosevic s'employa à l'éliminer. Dès le mois de juin, les têtes de file du mouvement nationaliste serbe au Kosovo avaient appelé à une marche sur Novi Sad, le chef-lieu de la Voïvodine. Le 9 juillet, ils mirent leur menace à exécution. Quelque 1 500 Serbes du Kosovo déferlèrent dans les rues de Novi Sad, acclamés par la population qui battait des mains et tendait des bouquets de fleurs. « Ici c'est la Serbie, le Kosovo c'est la Serbie, tous unis nous sommes plus forts », lançaient les manifestants. Des voix s'élevèrent contre les dirigeants locaux. Le Serbe Bosko Krunic, qui représentait la Voïvodine au sein de la direction du PC yougoslave, se précipita dès le lendemain chez Slobodan Milosevic pour dénoncer le caractère nationaliste de la manifestation et le convaincre de ne pas réduire l'autonomie de sa province, faisant valoir que, contrairement au Kosovo, les Serbes n'y étaient pas menacés. C'était bien mal connaître le leader serbe.

Cette première manifestation conduite par Miroslav Solevic et ses amis de Kosovo Polje était un test réussi. Les dirigeants de Voïvodine avaient tremblé. Slobodan Milosevic érigea ce modèle en système et chargea le tout nouveau ministre de l'Intérieur de Serbie, Radmilo Bogdanovic, un homme acquis à sa cause, d'organiser et d'encadrer secrètement une série de rassemblements dans toute la Serbie, qui seraient appelés « meetings de la vérité ». La police recruta des meneurs. « Nous sommes alors devenus les troupes de choc de Slobodan Milosevic », confiera Miroslav Solevic [4]. Outre la police, Slobodan Milosevic se servit des médias sous contrôle. La presse belgradoise lança aussitôt une offensive contre les dirigeants de Voïvodine qui furent accusés de « velléités séparatistes visant à briser l'unité de la Serbie et du peuple serbe ». Mensonges et manipulations fleurirent dans les journaux qui empêchèrent tout débat en le réduisant à un affrontement entre forces démocratiques, concentrées à Belgrade autour de Milosevic, et forces antidémocratiques, représentées par les opposants à la réforme constitutionnelle donc à toute réforme. Des dizaines de manifestations furent alors organisées pendant l'été dans toute la Voïvodine. Chaque fois, les manifestants exprimaient leur « soutien sans réserve » à la direction serbe et au numéro un du Parti, Slobodan Milosevic. La presse ne tarda pas à baptiser ce mouvement « révolution antibureaucratique », destinée comme l'avait promis le maître de l'appareil à écarter du pouvoir l'« élite corrompue ». À ceux qui lui reprochaient d'encourager la vague de nationalisme, il rétorquait pour la première et la dernière fois de sa carrière : « Les gens ont le droit de se rassembler et de protester si l'État fonctionne mal ou ne fonctionne pas du tout. [...] Les rassemblements ne sont que des réflexes démocratiques, honnêtes et prévisibles, d'une population qui se sent menacée.

Pour qu'ils cessent, il suffit d'en éliminer les causes. »

En septembre et octobre 1988, la vague populiste submergea la Serbie tout entière. Aucune ville n'échappa aux « meetings de la vérité ». Des dizaines, parfois des centaines de milliers de personnes de tous les âges envahissaient les places. Officiellement pour clamer « la vérité » sur la situation du peuple serbe au Kosovo. « Le Kosovo c'est la Serbie », scandaient-ils en dénonçant l'atomisation de la Serbie, voulue par « le Croate Tito pour affaiblir » leur république. Les médias serbes couvraient chaque rassemblement, n'hésitant pas à gonfler le nombre de manifestants pour donner l'impression d'une véritable révolution populaire. Textes, photos, discours emplissaient quotidiennement les journaux serbes tandis que la télévision consacrait la plus grande partie de son journal aux événements. Les médias étaient devenus une des pièces maîtresses de l'arsenal politique de Slobodan Milosevic pour homogénéiser l'opinion serbe.

À chaque étape, la foule chantait l'homme providentiel, brandissait sa photo, lui consacrait des vers : « Le peuple se demande maintenant/Qui dans son cœur remplacera Tito/On sait désormais qui sera le second Tito/Slobodan est son nom et nous en sommes fiers. »

Un culte de la personnalité succédait à un autre. Le nouveau chef était vénéré mais aussi défendu. « Qui s'avisera, qui s'avisera/De s'en prendre à notre Slobodan/On lui fera, on lui fera/Voler la tête de sur les épaules. » Ou encore : « Slobo, appelle-nous à la rescousse/Nous accourrons aussi vite que le faucon. »

Slobodan Milosevic avait soigné son image et

s'était fait tribun. Il ne rechignait plus à apparaître en public et avait appris à galvaniser les foules avec des phrases plus courtes, plus fortes. Mais plus que ses discours, la télévision avait fait de lui un chef charismatique. Et lorsqu'il apparaissait à la tribune, la foule en liesse l'acclamait et redoublait d'ardeur pour réclamer la destitution des dirigeants trop tièdes pour la cause serbe. Rien toutefois n'était laissé au hasard. La mise en scène des « rassemblements spontanés » était soigneusement préparée. Les organisateurs décidaient de la date, du lieu, des discours, du déroulement de l'ensemble de la manifestation. Les manifestants étaient déversés dans les villes par des autobus et des trains spécialement affrétés par le pouvoir et les directeurs d'entreprises d'État. Et les employés étaient autorisés à s'absenter toute la journée pour participer aux meetings, parfois ils étaient ouvertement incités à s'y rendre. « Nous n'avions pas de problème avec la police fédérale. En revanche, Petar Palkovljevic-Pinki, le chef de la police de Voïvodine, nous a donné du fil à retordre. Il menaçait d'arrêter les manifestants et même mes policiers s'ils venaient à Novi Sad », raconta le ministre serbe de la Police, Radmilo Bogdanovic [5].

En octobre 1988, un Hongrois de Voïvodine, Mihalj Kertes, petit fonctionnaire zélé et surtout opportuniste, prit la tête des ouvriers de Backa Palanka qui marchaient sur Novi Sad. Avec Nedeljko Sipovac et Radovan Pankov, il avait été chargé par Belgrade d'organiser la mise à pied des dirigeants de la province. Arrivés à Novi Sad, les manifestants — « dans un élan démocratique dirigé contre la bureaucratie et l'oligarchie corrompue » — jetèrent des pierres et des yaourts sur le Parlement local. Ils venaient de déclencher ce qu'on appela non sans ironie « la révolution des yaourts ». Affolés, les dirigeants réclamèrent l'intervention de l'armée yougoslave. Belgrade s'y opposa. Dans la nuit du 6 au 7 octobre, la direction de la Voïvodine présenta sa démission collective. Elle fut immédiatement remplacée par des hommes acquis à Milosevic, qui déclenchèrent une immense purge dans toute la province. Plusieurs milliers de cadres du Parti furent limogés, plus de 6 000 membres furent exclus. En janvier de l'année suivante, Nedeljko Sipovac dirigeait une Ligue des communistes de Voïvodine purgée et Radovan Pankov était membre de la direction.

Le 18 octobre 1988, Slobodan Milosevic exigeait devant le Comité central yougoslave, l'instance suprême du Parti, l'éviction des dirigeants du Kosovo. Ces derniers étant soutenus dans leur refus de renoncer à l'autonomie par la totalité de la population albanaise, il ne pouvait pas invoquer « la volonté démocratique » pour les renverser. « Camarades, il faut que je vous dise immédiatement, la Serbie, comme cela est connu, n'a pas de prétentions sur les territoires des autres républiques mais elle en a sur son propre territoire », lança-t-il devant le Comité central en accusant la direction du Kosovo d'être responsable de la détérioration de la situation dans la province [6]. Le Comité central yougoslave, qui dès l'été 1988 avait demandé que soit mis un terme aux « réunions de protestations et aux écrits euphoriques et non objectifs de la presse » serbe, proposa un compromis. Le représentant de la Serbie et celui du Kosovo au sein de la direction yougoslave du Parti devaient démissionner. L'Albanais Kol Shiroka obtempéra. Mais Milosevic s'insurgea contre la motion de censure votée contre son allié Dusan Ckrebic. Le Comité central finit par céder aux injonctions de Slobodan Milosevic qui menaçait d'agiter la rue. Nombre de dirigeants communistes reconnaîtront ensuite avoir fait preuve de faiblesse et laissé passer, ce jour-là, « l'ultime chance » qu'ils avaient de le stopper [7].

L'avènement du peuple

Renforcé, Slobodan Milosevic poursuivit son offensive nationaliste. La vague populiste déborda alors sur la république voisine du Monténégro où les ouvriers en colère, encouragés en sous-main par Belgrade, s'insurgeaient contre « la bureaucratie, la corruption et les privilèges ». Le 17 novembre 1988, le leader serbe obtenait l'éviction du numéro un du Parti au Kosovo, Mme Kaqusha Jashari, et de son prédécesseur qu'elle venait de remplacer, le très populaire Azem Vllasi. La direction du Parti était confiée à Rahman Morina, un ancien chef de la police du Kosovo, de souche albanaise, mais qui avait fait allégeance aux Serbes. Le jour même, trois mille mineurs albanais du complexe minier de Trepca arrivaient à Pristina pour protester contre le limogeage de leurs leaders. Le lendemain, plus de cent mille Albanais de souche, venus des quatre coins de la province, les rejoignaient. Pour la première fois depuis les troubles de 1981, les Albanais s'emparaient de la rue. La contestation dura cinq jours mais Slobodan Milosevic ne s'inquiéta pas. Une unité spéciale de la police fédérale, quatre cents hommes environ, avait été déployée dans la province. Il savait aussi qu'un million de Serbes répondraient à son appel et se rassembleraient le 19 novembre à Belgrade pour réclamer le retour du Kosovo dans le giron serbe. « Le plus grand meeting de tous les temps », préparé depuis plusieurs semaines, avait nécessité la mobilisation de la moitié des trains et des autocars de la république. La marée humaine qui déferla dans la matinée sur l'immense pelouse située au confluent de la Save et du Danube, non loin du centre de Belgrade, devait légitimer la politique de Milosevic au moment où elle était critiquée dans les cinq autres républiques yougoslaves. Le leader serbe dictait sa loi aux autorités fédérales par meeting interposé. De la tribune spécialement construite pour l'occasion, il harangua la foule exaltée :

« L'immense souffrance des Serbes et des Monténégrins du Kosovo est une blessure incurable dans leur cœur et dans le cœur de toute la Serbie. Mais ce n'est pas le moment de se lamenter, il faut se battre. [...] Nous gagnerons la bataille pour le Kosovo malgré tous les obstacles. Nous triompherons même si les ennemis de la Serbie, chez nous et à l'étranger, se dressent une fois de plus contre nous. [...] Nous n'avons pas peur et lorsque nous nous lançons dans une bataille, c'est avec l'intention de la gagner. [...] Cela ne doit étonner personne que la Serbie se soit soulevée cet été pour le Kosovo. Le Kosovo restera en Serbie. »

Puis Slobodan Milosevic finit par prononcer le mot de Yougoslavie — pour rassurer ses alliés d'orientation yougoslave au sein notamment de l'armée, ou pour prophétiser l'avenir : « La Yougoslavie ne mourra pas à une table de négociation comme ses ennemis l'espèrent. Elle a été créée à l'issue de grands combats et nous la défendrons par des combats tout aussi grands. »

En regardant la foule agiter des portraits de Milosevic, des drapeaux serbes et yougoslaves, l'écrivain serbe Milovan Vitezovic déclara : « L'Histoire se souviendra de cette année comme de celle de l'avènement du peuple. » La « révolution antibureaucratique » battait son plein. La nation serbe en était le principal protagoniste, Slobodan Milosevic son principal bénéficiaire. L'avènement du peuple lui servit à régénérer un système communiste en déclin qui s'écroulait un peu partout en Europe de l'Est. L'avènement du peuple supposait que la nation serbe désunie se regroupe grâce à la foi enthousiaste en une destinée nationale commune, derrière un puissant leader. C'est ainsi que l'« avènement du peuple » conduisit en 1989 à l'« avènement d'un guide ». La plupart des hebdomadaires serbes élurent Slobodan Milosevic « homme de l'année 1989 ». À coups de purges, il s'était emparé des pleins pouvoirs sur l'ensemble de la république, Kosovo et Voïvodine compris, et avait installé une nouvelle équipe entièrement dévouée. Il n'avait plus aucune opposition. Tout individu qui ne se pliait pas à la raison d'État se voyait accuser de trahir la cause nationale. Isolés, ceux qui dénoncèrent l'hystérie nationaliste et les dangers d'une dérive totalitaire furent condamnés au silence. Comme le dira Azem Vllasi : « Le Kosovo fut pour Slobodan Milosevic l'instrument idéal pour écarter ses adversaires politiques, renforcer son pouvoir et se lancer à la conquête de la Yougoslavie[8]. »

À l'issue de trois mois de meetings orchestrés par Belgrade, les dirigeants de la république voisine du Monténégro étaient acculés à la démission et remplacés, le 11 janvier 1989, par une équipe favorable à Slobodan Milosevic. La seule erreur de la direction déchue avait été de dénoncer le caractère nationaliste « grand-serbe » des manifestations et l'attitude « putschiste » des meneurs. La Bosnie-Herzégovine échappa de justesse à ce raz de marée. Les activistes de Kosovo Polje tentèrent d'organiser en septembre 1988 un rassemblement dans la ville de Jajce où les fondements de la Yougoslavie titiste avaient été établis en novembre 1943. Mais les autorités de Bosnie-Herzégovine interdirent la manifestation. Craignant de vives réactions de la part de la direction yougoslave, Slobodan Milosevic rappela à l'ordre ses serviteurs zélés qui avaient la ferme intention d'élargir la vague de meetings aux autres républiques. « Il aurait pu rester sourd aux pressions, le temps que l'on fasse le ménage en Bosnie. On n'en aurait pas eu pour longtemps. Les Musulmans nous auraient soutenus au nom de la Yougoslavie », regretta Miroslav Solevic [9].

Répression au Kosovo

Slobodan Milosevic avait alors d'autres priorités. La direction yougoslave, qui ne savait comment calmer la ferveur nationaliste en Serbie, avait autorisé, en janvier 1989, la réforme constitutionnelle serbe. Mais pour promulguer les amendements, il devait obtenir préalablement l'aval des deux provinces. La Voïvodine était neutralisée, son assemblée inféodée à Belgrade. Le Kosovo constituait le dernier obstacle. La reprise en main de la province méridionale se fit dans la violence. Des mois durant, les médias serbes avaient exacerbé les tensions entre Serbes et Albanais en annonçant la découverte de caches d'armes ou en assurant que le Kosovo pourrait devenir « le Liban des Balkans ». Slobodan Milosevic, lui, évoquait dans ses discours « une population serbe terrorisée et barricadée dans ses foyers ». Cette campagne de plus en plus haineuse à l'égard des Albanais préfigurait la répression qui allait s'abattre sur le Kosovo. Mais les violences que suscita la suspension de l'autonomie de la province ne résultèrent pas d'affrontements entre civils serbes et albanais mais entre Albanais et forces de l'ordre.

En février 1989, les Albanais entamèrent une grève générale pour protester contre la volonté de Belgrade de supprimer l'autonomie du Kosovo. Personne ne s'attendait à une telle cohésion au sein de la communauté albanaise. La grève paralysa complètement la province. Les usines, les écoles, l'université, la circulation et l'administration, tout s'arrêta. Le 20 février 1989, 1 300 mineurs du complexe minier de Trepca à Stari Trg se retranchèrent au fond des puits. Leurs revendications n'étaient pas d'ordre social mais politique. Ils réclamaient l'abandon de la réforme constitutionnelle qui éloignait définitivement le Kosovo du statut de république dont rêvait la majorité de ses habitants. Ils exigeaient également la révocation de Rahman Morina, le nouveau chef du PC du Kosovo, et de deux autres dirigeants communistes albanais proches de la direction serbe, Ali Shukrija et Husamedin Azemi.

Slobodan Milosevic et Stipe Suvar, le chef de la Ligue des communistes de Yougoslavie, allèrent à Pristina. Mais le leader serbe refusa de se rendre auprès des mineurs grévistes. C'était la première fois que quelqu'un en Yougoslavie lui résistait par des manifestations. Il devait trouver un moyen de briser la révolte. L'accueil que lui réservèrent les Albanais fut glacial. Les quelques mots qu'il lança dans leur langue, « Shok, Shoke, mir dita [10] », n'y changèrent rien. Les Albanais le considéraient comme leur ennemi, celui qui venait leur reprendre la liberté qu'ils avaient acquise pendant la période titiste. Slobodan Milosevic ne chercha pas à les rassurer. Bien au contraire. Il ne recula pas devant l'avertissement clair aux dirigeants albanais : « Ceux qui sèment la discorde, la haine et l'intolérance entre les peuples doivent se retirer de la vie politique [11]. » La menace visait en premier lieu Azem Vllasi. Milosevic ne lui avait jamais pardonné son désaveu lors de la huitième session, en septembre 1987. En dépit de l'amitié qui les liait, le leader albanais avait refusé de prendre parti en soutenant un camp contre l'autre. Depuis, Slobodan Milosevic n'avait cessé de l'accuser d'encourager le nationalisme et le séparatisme albanais. Mais il lui reprochait surtout d'être populaire parmi les Albanais du Kosovo au point de susciter un puissant mouvement d'opinion, qui, lui, était spontané.

L'enfant chéri de Tito lorsqu'il dirigeait les Jeunesses communistes de Yougoslavie avait pris, depuis sa destitution en novembre 1988, l'envergure d'un leader national. Rien ne le destinait pourtant à ce rôle. Ce juriste de quarante ans, élevé dans l'appareil fédéral du Parti, à Belgrade, s'était toujours senti autant yougoslave qu'albanais. Lorsqu'en 1981 les Albanais descendirent dans la rue pour réclamer une République du Kosovo, il fut réprouvé comme « traître à son peuple » pour avoir dénoncé « la contre-révolution ». Ses convictions yougoslaves lui valurent d'accéder aux plus hautes fonctions après l'épuration de la vieille garde de dirigeants albanais accusés alors d'irrédentisme. Azem Vllasi regagna la confiance des Albanais en 1987, lorsqu'il s'attira les mauvaises grâces du nouvel homme fort de la Serbie. Le lynchage médiatique dont il fit alors l'objet à Belgrade, suscitant de fréquents « Mort à Vllasi » lors des manifestations nationalistes serbes, lui apporta le soutien de la population albanaise qui voyait désormais en lui le seul homme capable de s'opposer à Slobodan Milosevic et à sa politique de reconquête du Kosovo.

De retour à Belgrade, celui-ci tenta de convaincre les autorités fédérales de recourir à la force. Il affirmait que la révolte des Albanais témoignait de leur volonté de faire sécession de la Yougoslavie. L'état-major de l'armée fédérale, où il comptait plusieurs alliés, lui donna un sérieux coup de main. La direction militaire prétendit posséder le plan de « contre-révolution » en trois phases concocté par les dirigeants albanais du Kosovo. Jamais ce document ne leur fut montré [12]. Mais sa seule mention suffit néanmoins à faire basculer la direction yougoslave. Le 27 février 1989, elle ordonnait, afin de « protéger l'ordre constitutionnel », des mesures d'exception. La Slovénie s'opposait à une nouvelle intervention militaire au Kosovo. La petite république du Nord-Ouest, la plus riche des six républiques yougoslaves, dénonçait depuis plusieurs mois la croisade nationaliste de Slobodan Milosevic et « les purges staliniennes » qui l'accompagnèrent. En réaction, les Slovènes avaient pris fait et cause pour les Albanais et leur soulèvement contre le pouvoir de Belgrade.

Au Cankarijev dom, la maison de la culture de

Ljubljana, 2 000 personnes s'étaient rassemblées le soir même pour exprimer leur solidarité avec les grévistes albanais et protester contre l'intervention des chars yougoslaves. Intellectuels, défenseurs des droits de l'homme et dirigeants politiques étaient là. Milan Kucan, le numéro un du Parti communiste slovène, monta à la tribune et déclara : « C'est la Yougoslavie que l'on défend à Stari Trg. » Ces quelques mots allaient attirer les foudres de toute la Serbie.

Pour chauffer à blanc les Serbes, Dusan Mitevic avait pris l'initiative de retransmettre à la télévision de Belgrade le rassemblement slovène. À la cité universitaire de la capitale serbe, les étudiants éructaient : « La Slovénie est contre la Serbie. » À l'appel de deux proches collaborateurs de Slobodan Milosevic, le recteur de l'université, Slobodan Unkovic, et le ministre de la Culture, Danilo Markovic, ils marchèrent sur le centre de la capitale. Quelques heures plus tard, plus de 6 000 étudiants serbes convergeaient vers le Parlement fédéral yougoslave. Le 28 février au matin, des centaines de milliers de Belgradois rejoignaient à leur tour le parvis. En milieu de journée, ils étaient près d'un million rassemblés en plein cœur de Belgrade. Le mouvement s'étendait peu à peu à la province : 100 000 personnes dans les rues de Novi Sad, 50 000 à Valjevo et à Leskovac, 60 000 dans la capitale du Monténégro, alors Titograd, aujourd'hui Podgorica. À Belgrade, les dirigeants communistes réunis d'urgence défilaient à la tribune pour contenir la foule qui criait « La Serbie s'est soulevée », « Nous donnons nos vies mais pas le Kosovo ». Mais rien ne pouvait la calmer. Sauf Slobodan Milosevic qu'ils appelaient avec ardeur depuis le matin. Le leader serbe aimait se faire attendre. Il laissait les autres parler les premiers, attendant que l'émotion soit à son comble pour apparaître. La nuit était tombée lorsqu'il surgit devant la foule qui demandait l'arrestation d'Azem Vllasi, soupçonné d'avoir organisé les grèves. Forts de leur expérience, ils pensaient qu'un mouvement aussi massif que celui qui secouait depuis dix jours le Kosovo ne pouvait pas être spontané.

« Que dites-vous, je ne vous entends pas », entonna Milosevic en feignant de tendre l'oreille. Les manifestants hurlèrent une nouvelle fois le nom du leader albanais. Puis Slobodan Milosevic prit la parole. « Vous demandez des arrestations ? Eh bien, je vais répondre à vos souhaits. Tous les noms seront bientôt rendus publics. Ceux qui se sont servis des gens, qui les ont manipulés pour réaliser des objectifs politiques contre la Yougoslavie, seront punis et arrêtés. Au nom des dirigeants de la République socialiste [de Serbie], je vous le garantis. »

La promesse fut tenue. La Présidence collégiale yougoslave cédait aux injonctions de Slobodan Milosevic. L'état d'urgence s'abattait sur le Kosovo. Le couvre-feu était décrété, les chars déployés. C'était la troisième intervention militaire au Kosovo, après celles de 1968 et de 1981. Les unités spéciales de la police, commandées par Radovan Stojicic-Badza, descendirent dans la mine de Stari Trg pour interrompre la grève. La protestation pacifique albanaise fut réprimée dans le sang. Il y eut 23 morts parmi les manifestants, 2 du côté des forces de l'ordre (un Serbe et un Albanais), des centaines de blessés, plus de 500 arrestations. Azem Vllasi était arrêté ainsi que Burhan Kavaja et Aziz Abrashi, les directeurs du complexe minier de Trepca, et 14 autres directeurs d'entreprise. Tous furent condamnés à la prison pour « menées contre-révolutionnaires ayant mis en péril le système ». C'était le prélude à une purge qui débouchera sur l'élimination de la quasi-totalité des fonctionnaires albanais de l'appareil de l'État et du Parti. En mai 1989, quelque 300 fonctionnaires du PC étaient destitués, des centaines de directeurs d'entreprise révoqués, des centaines de grévistes incarcérés et plusieurs dizaines d'officiers et de sous-officiers de souche albanaise renvoyés. Les liens entre la communauté albanaise et les autorités serbes disparaissaient dans la tourmente de l'épuration. De cette rupture naquit un mouvement d'opposition albanais dont le chef de file était l'écrivain dissident Ibrahim Rugova [13].

La Yougoslavie menacée

Le 23 mars 1989, sous la pression des chars et des arrestations, l'assemblée du Kosovo adoptait, par 167 voix contre 10, l'amendement constitutionnel qui supprimait son autonomie. La Voïvodine l'avait voté à l'unanimité quelques jours plus tôt. Le 28 mars, les deux chambres du Parlement de Serbie amendaient la Constitution, en se félicitant d'avoir « réparé les erreurs historiques qui avaient réduit l'influence de l'État serbe sur une partie de son territoire [14] ». Slobodan Milosevic avait gagné son pari. La Serbie était « réunifiée » et les deux provinces soumises à l'hégémonie de Belgrade. Mais au-delà du statut de la Serbie restauré « dans son intégrité nationale et spirituelle », c'était l'ensemble du fragile édifice yougoslave qu'il venait de bouleverser. Il contrôlait désormais près de la moitié de la Yougoslavie. Quatre des huit entités fédérales étaient entre les mains de ses partisans : la Serbie, les deux provinces autonomes et le Monténégro, soit la moitié des sièges dans les instances yougoslaves. Il pouvait ainsi sans peine imposer le maintien des provinces comme sujets de rang fédéral afin de conserver leurs sièges. Le 8 mai 1989, au faîte de sa gloire, Slobodan Milosevic devenait président de la Serbie.

En à peine dix-huit mois, il s'était affirmé comme le véritable meneur de jeu de la vie politique yougoslave. Mais sa victoire allait accentuer les dissensions entre les républiques fédérées. Pendant qu'il s'enivrait de l'adoration que lui portaient les foules serbes, dirigeants slovènes et croates craignaient déjà de voir celui qu'ils considéraient comme le « Staline des Balkans » imposer peu à peu le principe d'un pouvoir central fort au détriment de la grande autonomie dont jouissaient alors au sein de la Fédération les six républiques yougoslaves. La politique serbe n'avait pas seulement divisé Serbes et Albanais, elle avait creusé un fossé entre la Serbie et les autres républiques yougoslaves. Communiste croate et compagnon de Tito, Vladimir Bakaric disait, avant sa mort en 1982, que la Yougoslavie affrontait depuis sa création le nationalisme croate mais qu'« elle ne survivrait pas à l'explosion du nationalisme serbe ». Sa prophétie semblait se réaliser. Slobodan Milosevic avait su tirer profit de la déliquescence de l'appareil d'État et du Parti depuis la mort de Tito et l'instauration d'un leadership collectif [15]. Trop faible, le pouvoir fédéral finissait toujours par céder aux injonctions du leader serbe qui agitait sans cesse la menace du peuple. L'autoritarisme de Milosevic faisait frémir nombre de dirigeants communistes en Yougoslavie, mais la légitimité populaire dont le leader serbe se réclamait les neutralisa.

Si l'affaiblissement de l'autorité fédérale, consécutif au transfert progressif du pouvoir de la Fédération aux républiques, empêchait toute action commune contre Slobodan Milosevic et ses amis, les républiques, individuellement, n'étaient pas prêtes à subir son diktat. La Slovénie mais aussi la Croatie ne firent pas mystère de leur hostilité envers le nouveau leader serbe. « La Yougoslavie sera démocratique ou elle ne sera plus », avait averti en janvier 1989 Milan Kucan, le leader communiste slovène. Dès 1988 en Slovénie, un an plus tard en Croatie, les dirigeants avaient encouragé l'évolution en douceur vers la démocratie, autorisant notamment la création de partis politiques et prônant le passage à l'économie de marché. Les Slovènes et les Croates ne pouvaient rester indifférents aux évolutions en sens contraire qui se dessinaient dans l'est de la Yougoslavie. Le bloc serbe, constitué par la Serbie, ses deux provinces et le Monténégro, défendait un centralisme musclé appuyé sur le monopole du Parti et bloquait toute réforme visant à la libéralisation de l'économie. La Serbie était ainsi soupçonnée de vouloir exercer à nouveau son « hégémonie » sur la Yougoslavie et de mettre fin au processus de démocratisation qui s'amorçait. Les antagonismes traditionnels entre les « partenaires » yougoslaves resurgissaient de plus belle.

Slobodan Milosevic essaya de neutraliser ses adversaires. D'abord les Slovènes, de loin les plus virulents. Il redoutait que le vent libéral qui soufflait sur la Slovénie et commençait à atteindre la Croatie ne se propage dans le reste du pays et n'ouvre la voie en Yougoslavie à une alternative démocratique à sa politique conservatrice. Le torchon brûlait depuis plus d'un an entre Belgrade et Ljubljana lorsque la Slovénie, décidée à poursuivre son processus de démocratisation politique et économique en dépit du veto serbe au niveau fédéral, amenda le 27 septembre 1989 sa Constitution. Cette réforme plaçait les lois de la république au-dessus de celles de la Fédération et autorisait, si besoin était, la sécession après consultation de la population par référendum. Elle abolissait le rôle dirigeant du Parti et prévoyait l'instauration du pluripartisme qui serait légalisé au mois de décembre, au moment où s'écrouleraient les régimes polonais, hongrois, est-allemand, bulgare et roumain. La guerre des nerfs entre la Serbie et la Slovénie montait encore d'un cran. La première « déclaration de souveraineté » de la Slovénie, jugée « menaçante pour l'intégrité du pays », déclencha une vague de manifestations à travers toute la Serbie et le Monténégro. Les Serbes dénonçaient le « séparatisme » des Slovènes et réclamaient l'intervention de l'armée fédérale. Persuadés que le scénario rodé l'hiver précédent en Serbie et au Monténégro opérerait également en Slovénie, ils convoquèrent pour le 1er décembre, jour anniversaire de la fondation de l'État yougoslave, une grande marche sur Ljubljana via Zagreb. Pour prévenir ce que Ljubljana considérait comme une « tentative de coup d'État », les autorités slovènes fermèrent leur frontière et interdirent la manifestation. Slobodan Milosevic obtempéra. Il annula la marche et décréta, en représailles, le boycott des produits slovènes en Serbie. « Les Serbes n'accepteront pas d'être humiliés par la Slovénie où les libertés et les droits de l'homme ont été suspendus », affirmait le communiqué appelant les institutions et les entreprises serbes à rompre tout lien avec la Slovénie. Le mot d'ordre fut respecté. Même la population y prit part, boudant les derniers articles slovènes encore en rayon. Après les « séparatistes » albanais, les « opportunistes » du Parti, les « autonomistes » de Voïvodine, l'apparition d'un nouvel ennemi renforçait une fois de plus la cohésion des Serbes. Ljubljana ne tarda pas à riposter en coupant les vivres au budget fédéral. À la guerre médiatique succédait la guerre économique. Les deux républiques étaient au bord de la rupture.

La Slovénie fut la seule république yougoslave à s'opposer aussi fermement à la politique de Slobodan Milosevic. Elle n'était pourtant pas la seule à être soumise aux pressions serbes. Dans le courant de l'année 1989, Milosevic s'efforça de déstabiliser la Croatie et la Bosnie-Herzégovine en y exportant sa « révolution antibureaucratique ». Le leader serbe voulait imposer sa ligne politique à l'ensemble de la Yougoslavie, mais les adversaires du centralisme dans les autres républiques lui barraient la route au niveau des instances fédérales. Il pensait qu'en s'appuyant sur les Serbes de Bosnie-Herzégovine et de Croatie, comme le lui avaient suggéré dès 1988 Dobrica Cosic et ses amis, il pourrait renverser les équipes au pouvoir à Zagreb et Sarajevo et y installer des alliés [16]. Échauffés par les médias de Belgrade, les Serbes de Croatie et de Bosnie-Herzégovine s'étaient enflammés pour le sort de leurs lointains compatriotes du Kosovo. Mais les « meetings de solidarité » organisés dans ces deux républiques restèrent confinés aux quelques villes peuplées essentiellement de Serbes, sans inquiéter les pouvoirs en place. Le plus imposant de ces rassemblements se déroula le 28 février 1989 à Knin, au cœur de la Krajina, seule région de Croatie à majorité serbe [17]. Plusieurs milliers de personnes y participèrent pour protester contre le soutien de l'Union des syndicats de Croatie aux grévistes albanais de la mine de Trepca. La foule clamait des « Vive Slobodan Milosevic, vive la Serbie », tandis que les plus extrémistes appelaient à la création d'un État national serbe. À leur tête se trouvaient Jovan Opacic, membre de la cellule locale du Parti, et Simo Dubajic, ancien partisan devenu nationaliste. Les images diffusées par la télévision croate provoquèrent un tollé général. Zagreb, qui avait demandé la démission des responsables locaux, se rétracta de peur que la situation ne s'envenime. Les dirigeants communistes savaient qu'un nationalisme en appelait un autre, et qu'en dénonçant la montée en puissance du nationalisme dans une partie de la communauté serbe de Croatie on risquait de faire resurgir les tensions entre Serbes et Croates [18]. Mais la fièvre venue de Serbie se propageait plus vite que Zagreb ne voulait l'admettre. Slobodan Milosevic n'était pas le seul à exalter le sentiment national des Serbes de Croatie ou de Bosnie-Herzégovine. Comme avec les Serbes du Kosovo, il n'avait fait qu'emboîter le pas aux intellectuels et à l'Église orthodoxe serbe qui agitaient les vieux démons du nationalisme dans tous les territoires à dominante serbe de la Yougoslavie. Un an avant la célébration du sixième centenaire de la bataille du Champ-des-Merles, les dignitaires orthodoxes firent circuler à travers tout le pays les reliques du roi Lazar. À chaque étape, les Serbes clamaient « Ici c'est la Serbie », tandis que le clergé orthodoxe bénissait les tombes des victimes du génocide perpétré par les Oustachis, dans des formes qui incitaient à la haine et appelaient à la vengeance. La tragédie que connurent les Serbes pendant la Seconde Guerre mondiale sous le régime d'Ante Pavelic offrait un terrain propice. Le leader pronazi s'était fixé pour objectif de créer un État croate ethniquement pur d'où les orthodoxes devaient disparaître, selon le credo : « Un tiers d'entre eux doivent partir, un tiers se convertir [au catholicisme] et un tiers mourir. » Des massacres de Serbes eurent lieu un peu partout en Croatie et dans le nord et l'ouest de la Bosnie-Herzégovine. S'il était juste de rendre hommage aux morts, nul n'avait le droit d'assimiler les Croates d'aujourd'hui aux bourreaux d'hier. Ce fut pourtant ce qui se produisit. Ce pèlerinage sur la route des grandes migrations serbes et du génocide prépara le terrain au conflit qui pointait à l'horizon et que Slobodan Milosevic évoquait de plus en plus souvent dans ses discours.

Le « deuxième Tito »

Le 9 juillet 1989, la commémoration officielle de la bataille du Champ-des-Merles en Krajina dégénéra en une nouvelle manifestation grand-serbe. La police interrompit la cérémonie et arrêta vingt-quatre activistes serbes, dont Jovan Opacic qui fut condamné à trois mois de prison ferme pour « menées nationalistes visant à briser l'harmonie nationale entre les peuples en Croatie ». On lui reprocha en premier lieu d'avoir déclaré après l'interruption de la manifestation : « Les ennemis du peuple serbe et leurs fidèles et loyaux serviteurs ont eu recours à la force brutale et à des méthodes perfides de manipulation politique pour empêcher Jovan Raskovic, l'un des principaux leaders spirituels et politiques du peuple serbe en Dalmatie, de s'adresser à nous. Nous devons dès maintenant faire savoir que nous n'accepterons pas d'être les chiens fidèles des seigneurs rouges... Alors que nous assistons aujourd'hui au réveil démocratique du peuple serbe, nous devons nous demander si, après tant de tragiques et terribles expériences, ces gens, avec le modèle idéologique qui est le leur, peuvent et ont le droit de décider du destin du peuple serbe [19]. » Le procès de cet économiste quadragénaire, originaire du village de Plavno en Krajina, donna lieu à une vive agitation à Belgrade. L'Union des écrivains serbes renoua avec la tradition des soirées de protestation. Ils ne s'enflammaient plus pour le sort des Serbes du Kosovo comme en 1985 et 1986, mais pour celui des Serbes de Croatie. Pour les auteurs du Mémorandum, l'affaire Opacic était une aubaine. Sous prétexte qu'un Serbe avait été emprisonné en Croatie, ils pouvaient relancer les thèses de leur manifeste et mobiliser l'opinion contre une Yougoslavie prétendument incapable de régler la question nationale serbe. Ils firent de Jovan Opacic un martyr et ranimèrent la haine à l'encontre des Croates. Pour mieux exacerber la conscience collective des Serbes de Croatie, l'écrivain et académicien Matija Beckovic s'empressa de leur rappeler qu'ils étaient « les survivants d'un peuple égorgé ». Également membre de l'Académie, l'historien Vasilje Krestic affirma que « la répression contre Opacic et ses camarades s'apparente aux persécutions dont les Serbes ont été victimes dans le passé ».

Les médias serbes servirent une fois de plus de caisse de résonance à cette campagne anticroate. Ils dénoncèrent le « caractère génocide et oustachoïde du peuple croate », le complot « vaticano-kominterniste » contre la Serbie et le peuple serbe, contre sa religion, sa langue et sa liberté. Les journalistes au service de la propagande affirmaient que les ennemis de la Serbie s'étaient coalisés et que Slovènes, Croates et autonomistes de Voïvodine se réunissaient en secret. Ils parlaient de la terreur que faisaient régner les Croates et comparaient systématiquement la situation des Serbes de Croatie à celle des Serbes et des Monténégrins du Kosovo. Le bimensuel belgradois *Duga* écrivit à l'époque : « Récoltes brûlées, bétails tués, fruits et légumes pillés, étables et greniers incendiés : pendant vingt ans, au Kosovo, on mit tout cela sur le compte de malencontreuses disputes de voisinage. Mais aujourd'hui il n'y a pour ainsi dire plus de Serbes et de Monténégrins au Kosovo. La même chose est en train de se produire en Dalmatie : les bandits nationalistes détruisent les biens des paysans serbes. Assisterons-nous, là-bas aussi, à un exode massif de Serbes [20] ? »

En cet été 1989, le pouvoir en Croatie n'était pas aux mains des nationalistes croates. Il était sous le contrôle de communistes « disciplinés ». À l'inverse de leurs camarades en Serbie, ils n'avaient pas versé dans le nationalisme. Ils s'étaient au contraire engagés dans la voie de la réforme, certes plus lentement et plus timidement que leurs voisins réformateurs slovènes, mais avec la conviction que l'évolution démocratique qui s'amorçait dans tous les pays de l'Est et que revendiquait l'opinion en Croatie était irréversible. Prudents, ils avaient préféré ne pas manifester leur désaccord avec la politique de la direction serbe, trop attachés qu'ils étaient à la cohésion du Parti. Rien par conséquent ne pouvait justifier les attaques de Belgrade. Et encore moins celle de Gojko Djogo, autre écrivain serbe nationaliste, qui déclarait que « si le régime croate ne pouvait pas être qualifié d'emblée de pro-oustacha, des indices laissaient craindre qu'il ne le devienne ».

À cette époque, le chef des communistes de Croatie, Stanko Stojcevic, était un Serbe, et nul ne savait encore que des élections libres auraient lieu huit mois plus tard et qu'elles porteraient au pouvoir le mouvement nationaliste émergeant de Franjo Tudjman. Pourtant, à la tribune de l'Union des écrivains de Belgrade, on parlait déjà de l'autonomie territoriale des Serbes de Croatie. Les orateurs les plus enflammés en traçaient les contours qui englobaient à l'ouest la Dalmatie septentrionale, la Lika, la Banija, le Kordun, au centre une partie de la Slavonie et à l'extrême nord-est la Baranja. Deux étés plus tard, les chars yougoslaves se déploieront le long de ces frontières dont rêvaient ces intellectuels fous.

Slobodan Milosevic attendit patiemment le moment où il pourrait cueillir les fruits de cette surenchère nationaliste qui tôt ou tard devait déclencher des réactions chez les Croates. En septembre 1989, le tour était joué. La presse croate commença à dénoncer les scénarios de « déstabilisation de la Croatie concoctés à Belgrade ».

Milosevic se saisit de l'occasion pour attaquer les dirigeants de Zagreb et demander au Comité central yougoslave de condamner le nationalisme croate. Institutions et associations serbes furent mises à contribution en envoyant auprès des instances fédérales et internationales des lettres dénonçant les violations des droits de l'homme en Croatie. Mais le président serbe échoua à renverser la direction croate. Empêtré dans ses contradictions, le Comité central yougoslave pratiqua la politique de l'autruche. Sans doute avait-il compris la manœuvre de Milosevic, mais craignait-il d'attiser les tensions entre Serbes et Croates en dénonçant les excès de Belgrade. Les dirigeants communistes croates adoptèrent la même attitude. Leur mutisme irrita l'opinion croate qui cherchera refuge auprès de ceux qui allaient lui promettre de s'opposer fermement et efficacement au nationalisme et à l'autoritarisme des communistes de Belgrade. Milosevic et ses académiciens avaient réussi à créer la cohésion des populations non serbes et à nourrir leur nationalisme.

Pour Slobodan Milosevic, l'exaltation nationale n'était toutefois qu'un instrument pour renforcer son pouvoir et s'emparer du contrôle de la Yougoslavie. À ses yeux, la vraie bataille ne se jouait ni à Knin ni à Kosovo Polje mais dans les instances fédérales, certes affaiblies mais seules habilitées à modifier la répartition des compétences entre les entités fédérées et la Fédération, et donc à redonner un véritable pouvoir à l'État central. Après avoir acquis le contrôle de l'appareil en Serbie, au Monténégro, au Kosovo et en Voïvodine, Milosevic avait placé ses affidés dans l'appareil fédéral et ainsi noyauté le Parti et l'État yougoslave. L'armée, représentée à tous les échelons du pouvoir, était de son côté. Il entreprit donc d'asseoir son autorité sur l'ensemble de la Yougoslavie et de s'imposer comme un nouveau Tito.

On raconte souvent que son épouse, Mirijana, lui aurait dit devant l'immense portrait du maréchal yougoslave qui trônait dans le mess des officiers de la caserne de Zadar où il effectuait à l'automne 1968 son service militaire : « Un jour tu seras le deuxième Tito et c'est ta photo qui sera sur tous les murs. » Vingt et un ans plus tard, Slobodan Milosevic décidait de passer à l'acte lors du congrès du Parti yougoslave. Ce rendez-vous quadriennal était l'occasion rêvée de mettre en minorité les réformateurs slovènes et croates, de réaffirmer le rôle dirigeant du Parti et d'en prendre la tête. Impatient, Slobodan Milosevic souhaitait avancer la date de la réunion au printemps 1989 afin de prendre de court ses adversaires. Il se heurta à l'opposition farouche des Slovènes et d'une partie des Croates. Un compromis fut finalement trouvé et le XIVe Congrès fut convoqué pour le mois de janvier 1990. Le délai obtenu laissa le temps aux réformateurs au sein de la Ligue des communistes de Croatie, devenus majoritaires sous l'aiguillon de la menace serbe, de prendre la direction du Parti. En décembre 1989, Ivica Racan, quarante-cinq ans et libéral convaincu, était nommé à la tête du PC croate. Slovènes et Croates, qui avaient d'ores et déjà décidé d'organiser des élections libres au printemps 1990, iraient donc au Congrès pour revendiquer la fin du rôle dirigeant du Parti et l'instauration du pluripartisme en Yougoslavie.

Pendant ce temps, Slobodan Milosevic préparait son nouveau coup de force. Et il était convaincu que la partie serait facile. Outre les voix des délégués de Serbie, du Monténégro, de la Voïvodine et du Kosovo, il comptait sur celles de l'armée et des délégués serbes de Croatie et de Bosnie-Herzégovine. Les réformateurs croates et slovènes, mis en minorité au niveau fédéral, seraient ainsi balayés. « La Slovénie ne pèse pas lourd dans la balance depuis qu'elle a pratiquement liquidé son Parti avec sa réforme constitutionnelle. Elle n'a aucun droit moral de nous dire ce que nous devons faire. De toute manière, nous ne lui demanderons pas et nous ne l'écouterons pas. Nous, nous avons le droit moral d'ignorer les Slovènes et de les mépriser », disait Slobodan Milosevic trois mois avant le Congrès [21]. Décidé à consolider et renouveler l'État-Parti menacé par le vent de démocratisation venu du nord-ouest de la Fédération, il envisageait même d'encourager les Slovènes à poursuivre leur réforme en dehors de la Yougoslavie [22]. À la veille de l'ouverture des travaux, le 10 janvier, il précisait : « Notre principale bataille devra se jouer au XIVe Congrès. Nous devrons sauvegarder l'intégrité du Parti et le centralisme. L'objectif consiste à isoler les Slovènes pour que la Croatie, la Macédoine et éventuellement la Bosnie-Herzégovine ne puissent pas les soutenir. Nous laisserons l'armée prendre les devants dans la discussion et nous la soutiendrons. Si nous prenons nous-mêmes l'initiative, les Croates et les Macédoniens risquent de s'inquiéter. L'armée a accepté de jouer le jeu [23]. »

À l'instar de Slobodan Milosevic, l'armée s'était prononcée contre tout pluralisme et pour le centralisme. La chute du communisme dans les pays voisins de la Fédération ne semblait pas les ébranler dans leur position tant ils étaient convaincus que la démocratisation mènerait à l'anarchie et à la désintégration de l'État. Mais leur opposition aux réformes ne s'appuyait pas seulement sur cet argument officiel et fallacieux qui liait la sauvegarde de la Yougoslavie au maintien d'un parti unique. Il y avait, chez ces conservateurs en Serbie et au sein de l'armée, une incapacité idéologique à concevoir toute concurrence politique. Car de tous les dirigeants yougoslaves, le président serbe, qui jouissait du soutien inconditionnel de son peuple, était bien le seul à pouvoir affronter en toute sérénité un éventuel verdict des urnes. En décembre 1989, il avait d'ailleurs été plébiscité lors d'élections extraordinaires unipartites. Cette consultation mascarade qui devait le confirmer à son poste de président de la Serbie visait à neutraliser ceux qui en Serbie revendiquaient des élections libres et multipartites. Mais l'opposition de Milosevic au multipartisme n'était pas seulement d'ordre idéologique. Elle était aussi d'ordre tactique. Il savait qu'en cas d'élections libres les Serbes perdraient le contrôle du Kosovo. Les deux millions d'Albanais de souche qui y vivaient constitueraient un électorat homogène, acquis au parti qui représenterait leurs intérêts. « C'est cette raison d'État qui nous interdit d'envisager en Serbie le pluripartisme », reconnaissait en privé Slobodan Milosevic [24].

Le pluralisme sans partis

Le leader serbe comprit que la position qu'il entendait défendre au XIVe Congrès risquait de lui attirer les foudres de l'Occident. Obnubilés par les bouleversements à l'Est, Européens et Américains ne prêtaient qu'une oreille distraite aux remous provoqués par la crise yougoslave, mais jugeaient en revanche capitale cette rencontre entre tous les dirigeants communistes yougoslaves puisqu'elle devait en principe définir les modalités de la transition démocratique. Slobodan Milosevic ne pouvait pas se permettre de perdre le soutien des Occidentaux. Ils prônaient le maintien de la Yougoslavie et pouvaient devenir des alliés objectifs contre ses adversaires qu'il qualifiait de « sécessionnistes ». Il s'employa à les rassurer en préconisant un modèle qui n'avait pourtant du pluralisme que le nom. L'auteur de cette formule, qui autorisait le pluralisme d'opinions à l'intérieur d'une société sans partis, n'était autre que l'idéologue marxiste et philosophe Mihailo Markovic, ancienne figure de proue du groupe Praxis et proche collaborateur du président serbe. En 1988, Slobodan Milosevic avait déjà vanté les mérites du « pluralisme sans partis » dans un entretien accordé au journal *Le Monde* [25]. « J'estime que dans la situation présente de la Yougoslavie, avec des confrontations nationales créées par le système, l'existence de plusieurs partis ne réglerait rien, aboutirait au contraire à de nouvelles confrontations et renforcerait les éléments qui veulent détruire la Yougoslavie. [...] Nous préférerions un système sans partis. Si la gestion de la société est entre les mains d'un parti, qui représente toujours une minorité, une telle société sera toujours privée de forces créatives, intellectuelles. [...] C'est pourquoi nous allons proposer que des groupes de citoyens — et pas des partis — puissent présenter des candidats aux élections [...]. »

À la veille du Congrès où quelque 1 600 délégués devaient discuter de la réforme du système économique et politique et de l'abandon du monopole du Parti, Slobodan Milosevic confiait : « Compte tenu du caractère multiethnique de la Yougoslavie, l'Occident comprendra notre position et sera satisfait si nous nous dotons d'un pluralisme démocratique sans partis [26]. »

Slobodan Milosevic pénétra, le 20 janvier, dans la grande salle du Centre Sava avec l'arrogance d'un homme qui savait sa victoire assurée. Au bout de trois jours de débats stériles et houleux sur la nécessité d'abolir le rôle dirigeant du Parti et de légaliser le pluripartisme, prôné par les Slovènes et les Croates et systématiquement rejeté par les délégués serbes et l'armée, le Macédonien Milan Pancevski, qui présidait le Congrès, se pencha vers Slobodan Milosevic : « Les Slovènes s'apprêtent à quitter le Centre Sava. » Le président serbe répondit : « Je n'y crois pas. De toute manière, on peut continuer sans eux [27]. » Pendant les heures qui suivirent, toutes les propositions slovènes, même les plus édulcorées, furent rejetées par une écrasante majorité. À chaque échec, les Slovènes subissaient l'humiliation des applaudissements enthousiastes d'une grande partie de la salle.

Peu avant 23 heures, le 22 janvier, Milan Kucan, chef du PC slovène, se leva et quitta la tribune. Dans la salle, les 106 délégués slovènes le suivirent. La délégation claqua la porte du XIVe Congrès de la Ligue des communistes yougoslave sous les applaudissements des délégués serbes qui ne cessaient depuis plusieurs heures de les encourager à partir. En franchissant la porte, Sonja Lokar fondit en sanglots, Stefan Korosec versa quelques larmes. Dans le camp slovène, il y avait des délégués d'orientation yougoslave, d'autres plutôt nationalistes, mais tous savaient que pour déjouer le plan de Slobodan Milosevic et de ses alliés il ne leur restait que le divorce.

Triomphant, le président serbe demanda sans attendre à l'assemblée de poursuivre ses travaux [28]. Le nouveau quorum lui permettait de remporter la partie. Mais il se heurta à une fin de non-recevoir de la délégation croate qui, à son tour, quitta le Centre Sava. Slobodan Milosevic ne s'attendait pas à cette réaction des Croates, dont un tiers des délégués étaient de souche serbe. Il fut également surpris par l'attitude des Bosniaques, des Macédoniens et plus encore par celle de la délégation de l'armée yougoslave, conduite par le général Petar Simic, qui votèrent la suspension de la séance. Le XIVe Congrès fut ajourné *sine die*. Ce fut le dernier de l'histoire du Parti. Fondée en 1919 à Vukovar, la Ligue des communistes de Yougoslavie, qui occupa le pouvoir pendant quarante-cinq ans, avait cessé d'exister. Les deux principes fondateurs du yougoslavisme titiste, le communisme et la fraternité entre les peuples, disparaissaient en même temps.

La Yougoslavie aurait pu survivre à la dislocation du Parti et à l'effondrement de l'idéologie communiste si la direction du Parti avait encouragé l'ébauche d'un projet capable de faire l'unanimité. Les élections libres au niveau fédéral qu'appelait de ses vœux Ante Markovic, le nouveau premier ministre yougoslave, auraient alors eu un sens. Mais après le drame qui venait de se jouer tout au long de ce XIVe Congrès, le pacte yougoslave était mort et la vie commune n'avait plus d'avenir. Le Parti communiste yougoslave n'avait pas éclaté sur le seul clivage serbo-slovène. Dans l'immense salle du Centre Sava, deux conceptions opposées de l'avenir de la Yougoslavie s'étaient heurtées. La rupture cristallisait le conflit entre un bloc serbe qui entendait décider du destin de la Fédération grâce à la force que lui conféraient sa supériorité numérique et son lien étroit avec l'armée fédérale, et ceux qui exigeaient un dialogue démocratique sur la réforme économique et politique à engager pour sortir le pays de la crise et du communisme. La Fédération yougoslave ne se décomposait pas tant sur de vieilles rivalités que sur la violation d'un contrat qui assurait le bon fonctionnement de l'État commun grâce à la participation aux décisions fédérales de chacune des entités fédérées, indépendamment du poids démographique et de l'étendue de chaque territoire. En outre, la remise en cause de l'engagement yougoslave et donc du principe de solidarité volontaire entre les différentes communautés, motivé à l'origine par le sentiment de complémentarité entre les éléments fédérés, exacerbait le sentiment d'une dépendance contraignante et d'une souveraineté lésée qui allait plonger à terme chacune des parties dans la logique de l'État-nation, où chaque nation aspirera à retrouver sa souveraineté dans le cadre de son propre État.

Si la Slovénie était restée isolée au Centre Sava, ses dirigeants auraient été probablement arrêtés et Slobodan Milosevic, devenu l'homme le plus puissant de Yougoslavie, aurait pu savourer sa victoire quelque temps. Mais la Yougoslavie n'aurait pas pour autant survécu, une fédération ne pouvant être maintenue par la contrainte et par le diktat d'un homme opposé à toute véritable réforme. L'ambition démesurée de Slobodan Milosevic avait scindé en deux la Yougoslavie, liguant tous les peuples non serbes contre lui et obligeant, à terme, l'armée fédérale à choisir son camp. La Serbie s'enfonçait dans une logique guerrière. La Fédération n'avait plus que dix-huit mois à vivre.

3

Le renoncement à la Yougoslavie

L'issue du XIVe Congrès marqua un tournant dans la politique de Slobodan Milosevic. Pragmatique, le président serbe allait accepter les conséquences de son échec. Il n'était pas parvenu à s'emparer du contrôle de l'appareil politique yougoslave et à faire de la Yougoslavie l'instrument de sa domination. La dislocation du PC fédéral, parallèlement à la désagrégation des instances yougoslaves où les républiques s'affrontaient sans cesse, l'empêchait à tout jamais de devenir un nouveau Tito. Il savait en outre que les premières élections pluripartites convoquées pour le mois d'avril en Slovénie et en Croatie conduiraient à l'avènement au pouvoir de forces non communistes et aggraveraient la division du pays. Il décida d'en prendre son parti. Sa volonté de puissance et sa détermination à se maintenir au pouvoir dictaient son choix idéologique. Il ne pouvait envisager le maintien de l'unité yougoslave autrement qu'en soumettant le pays à une hégémonie à la fois communiste et serbe. Faute d'y être parvenu, il décida de laisser s'écrouler le fragile édifice yougoslave pour bâtir sur ses cendres un nouvel État amputé de ses principaux adversaires. Cette nouvelle Yougoslavie, propre à assurer l'imperium serbe, fut appelée par la direction de Belgrade « la Yougoslavie tronquée [1] ». Ce projet de rechange qui consistait à rassembler tous les Serbes de Yougoslavie au sein d'un seul et même État coïncidait plus que jamais avec le dessein grand-serbe des nationalistes sur qui Slobodan Milosevic pouvait ainsi pleinement compter. Mais ils ne semblaient pas se douter que le leader serbe n'envisageait cet État grand-serbe que comme un refuge pour préserver l'essentiel du système d'État-Parti et exercer ainsi son pouvoir absolu sur les lambeaux de la Yougoslavie.

Un État serbe

Dès le début de l'année 1990, Slobodan Milosevic entreprit la réalisation du programme national serbe. C'est alors qu'il multiplia les contacts avec les auteurs du Mémorandum de l'Académie serbe et les intellectuels qui avaient participé au début des années 80 au réveil du nationalisme serbe. Au mois de mars, il confiait à ses proches que son projet d'unifier le peuple serbe dans un nouvel État avait reçu l'approbation de « presque tous les académiciens, écrivains et artistes serbes [2] ». Depuis la période des grands meetings, en 1988, l'élite intellectuelle serbe soutenait la politique de Milosevic. Elle voyait en lui l'homme d'action que Dobrica Cosic cherchait pour affranchir le peuple serbe du « joug » yougoslave. Pendant l'hiver, le président consulta à plusieurs reprises l'idéologue nationaliste [3]. Les deux hommes convenaient que la Yougoslavie dans sa forme actuelle ne correspondait plus à l'aspiration du peuple serbe de vivre dans un seul et même État. L'écrivain ne pouvait que soutenir Slobodan Milosevic dans son refus d'accepter tout nouveau contrat yougoslave sur une base confédérale comme le demandaient les Slovènes et les Croates [4]. Le père spirituel du nationalisme serbe estimait que l'idée yougoslave était un concept qui avait vécu et était aujourd'hui obsolète. Il fallait, par conséquent, profiter de ce moment historique où les principaux peuples yougoslaves le remettaient en question pour procéder à l'unification de tous les Serbes et constituer un État national. Le démantèlement de l'État commun était pour lui la voie qui permettrait de résoudre définitivement la « question serbe ». La perspective de l'éclatement de la Yougoslavie satisfaisait aussi bien les nationalistes que le leader communiste. Sous prétexte d'éliminer les adversaires du centralisme et du communisme, Slobodan Milosevic trouvait dans la Grande Serbie la formule magique qui lui permettrait de reconstituer un État sous la domination de Belgrade et de son parti et sur lequel il pourrait conserver le monopole du pouvoir. En 1988, Milosevic s'était emparé de l'idéologie nationaliste que contenait le Mémorandum pour asseoir son pouvoir. En 1990, il s'emparait de même du programme national serbe de Dobrica Cosic pour faire l'économie de la démocratisation et sauvegarder un système qui s'effondrait dans la plupart des pays de l'Est. Il allait dès lors transformer le conflit politique dans lequel s'empêtrait la Yougoslavie en un conflit ethnique et une guerre ouverte.

Le 26 mars 1990, Slobodan Milosevic convoqua tous les hauts fonctionnaires de Serbie pour leur présenter les grandes lignes de sa politique. « La

Yougoslavie est en train de se disloquer dans les mêmes conditions que le PC yougoslave. La Serbie doit donc se préparer à vivre sans Yougoslavie. En cas d'éclatement de la Fédération, nous comptons sur le Monténégro. Nous ne prierons pas la Macédoine de rester avec nous. Si toutefois elle le demande, elle devra préalablement s'excuser d'avoir qualifié les soldats serbes de la Première Guerre mondiale de force d'occupation. Notre objectif est d'ériger des frontières à l'intérieur desquelles il n'y aura pas de conflit. À l'extérieur, en revanche, la guerre est inéluctable car la Bosnie-Herzégovine ne pourra pas se maintenir en tant qu'État. Or il est clair qu'une lutte pour des territoires ne peut se faire sans que le sang ne coule [5]. »

Slobodan Milosevic demanda à ses collaborateurs de se mettre sans tarder au travail et de préparer une nouvelle Constitution afin que la Serbie puisse se constituer en État indépendant [6]. Et après avoir clairement signifié qu'il voulait modifier par la force les frontières internes de la Yougoslavie pour former une Grande Serbie, il continua de prôner en public le maintien de la Yougoslavie.

Toutes les assises du régime communiste, l'armée, la police, l'appareil du Parti, allaient accepter cette nouvelle politique qui leur garantissait le maintien du système et par conséquent de leurs privilèges. L'armée yougoslave [7], garante de l'intégrité territoriale de la Fédération, n'avait en principe aucune raison de soutenir un pouvoir qui s'apprêtait à dépecer dans le sang la Yougoslavie. En 1987, à la veille de la huitième session, Slobodan Milosevic avait bénéficié du soutien décisif de la hiérarchie militaire en se faisant passer pour un défenseur acharné du socialisme et de la Yougoslavie, l'héritage de Tito. Lorsque la crise yougoslave s'aggrava à la fin des années 80, cette puissante corporation se rangea à nouveau derrière le pouvoir serbe. Aveugle aux excès nationalistes de Belgrade, la hiérarchie militaire estimait que ses positions politiques coïncidaient parfaitement avec celles de la direction serbe. Toutes deux étaient opposées au pluralisme politique et au libéralisme économique, et prônaient une Yougoslavie socialiste et unitariste. L'armée ne voulait à aucun prix perdre la place particulière qu'elle occupait dans le système institutionnel et politique yougoslave. Présente à la fois dans les instances dirigeantes du Parti et de l'État, elle était devenue une sorte d'État dans l'État, au point que les Yougoslaves la comparaient à une « septième république [8] ».

Bien que le corps des officiers fût majoritairement serbe, l'armée yougoslave restait multiethnique. Elle aurait pu jouer un rôle d'arbitre et être un facteur de cohésion entre les républiques qui s'affrontaient au sein des instances fédérales si elle n'avait pas choisi de défendre des positions exclusivement idéologiques [9]. L'armée yougoslave avait le choix entre sauvegarder la Yougoslavie plutôt que le communisme ou bien à l'inverse sauvegarder le communisme plutôt que la Yougoslavie. Elle opta pour le deuxième terme de l'alternative et perdit le communisme et la Yougoslavie.

Le soutien de l'armée

Au lieu d'encourager une réforme du système yougoslave, l'armée s'employa à ressusciter l'État-Parti sans même se soucier des bouleversements qui s'étaient produits depuis l'automne 1989 dans les pays de l'Est. La direction militaire refusait d'admettre que la fin du monopole du Parti et l'agonie de l'idéologie communiste ne résultaient pas seulement des clivages internes à la Yougoslavie mais participaient d'un phénomène plus large, celui de l'éclatement d'un système, symbolisé par la chute du mur de Berlin. En outre, elle n'imaginait pas possible une coopération politique des républiques, sur laquelle reposait jusqu'alors l'unité du pays, en dehors de l'étau communiste. « Les communistes et l'armée yougoslave n'acceptent pas l'éclatement du Parti et refusent que celui-ci change de nom et se transforme au niveau des républiques en partis sociaux-démocrates », avertissait la hiérarchie militaire deux mois après l'effondrement des structures fédérales du Parti [10]. Farouchement hostile au processus de démocratisation, le général Veljko Kadijevic, ministre yougoslave de la Défense, envisagea d'empêcher la tenue des premières élections multipartites organisées dans les différentes républiques yougoslaves au cours de l'année 1990. Mais faute de consensus au sein même des instances dirigeantes militaires, il dut y renoncer. Puis en novembre 1990, un groupe de généraux dogmatiques de Belgrade auquel appartenait Veljko Kadijevic décida de reconstituer le Parti communiste au niveau yougoslave. Ils créèrent la Ligue des communistes-Mouvement pour la Yougoslavie [11] et prônèrent la restauration de la Yougoslavie communiste. Afin d'empêcher l'apparition du multipartisme dans les rangs de l'armée, tout le personnel, civil comme militaire, de la JNA, l'armée populaire yougoslave, fut collectivement inscrit au SK-PJ. Mais la formation n'occupa qu'une place mineure sur le nouvel échiquier politique yougoslave.

Le basculement de la hiérarchie militaire au profit du pouvoir serbe se fit progressivement. Le plus influent des généraux yougoslaves, Veljko Kadijevic, qui avait accédé en 1988 au poste de ministre fédéral de la Défense, fut l'artisan de ce rapprochement. Dès sa prise de fonctions, il apporta son soutien à Slobodan Milosevic. Favorable au renforcement du pouvoir central qui constituait, à ses yeux, la seule issue possible à la crise yougoslave, il toléra les dérives hégémonistes du dirigeant serbe. Il prit sa défense au niveau des instances fédérales et alla même jusqu'à le proposer, en 1989, au poste de premier ministre yougoslave [12]. Quelques mois plus tard, il ne réprouva pas son discours guerrier lors du 600e anniversaire de la bataille du Champ-des-Merles. En 1990, il affirmait que Slobodan Milosevic « contribuait à la stabilité de la Yougoslavie » et encourageait l'armée à fermer les yeux sur les agissements de Belgrade [13]. Elle observa sans mot dire le président serbe dissoudre, le 5 juillet 1990, les institutions politiques de la province du Kosovo et imposer une nouvelle Constitution serbe qui réaffirmait la souveraineté de la république et contribuait, plus encore que les réformes constitutionnelles slovènes et croates, à la désagrégation de l'ordre constitutionnel yougoslave en mettant non seulement la législation républicaine au-dessus des lois fédérales mais en abolissant, de surcroît, l'autonomie des provinces de Voïvodine et du Kosovo. Tous les généraux n'étaient pas aussi enthousiastes à l'égard de Slobodan Milosevic. Le chef de l'état-major yougoslave, le général Blagoje Adzic, critiquait sévèrement la direction serbe. En février 1990, il lui reprochait d'« accumuler les erreurs » et de contribuer à alimenter l'« antiyougoslavisme et l'anticommunisme » de la Slovénie et de la Croatie, sinon à légitimer leur politique séparatiste. Le général serbe dénonçait en particulier l'attitude « irresponsable » de Belgrade au Kosovo et dans les territoires de Croatie peuplés principalement de Serbes, qui permettait aux Slovènes et aux Croates de stigmatiser les aspirations hégémoniques serbes [14]. Ces critiques n'empêcheront pas le SK-PJ et donc l'armée d'appeler à voter pour Slobodan Milosevic et son parti, rebaptisé Parti socialiste de Serbie (SPS), lors des premières élections libres en décembre 1990 en Serbie.

L'arrivée au pouvoir de formations non communistes à l'issue des élections du printemps 1990 en Slovénie et en Croatie précipita le rapprochement de l'armée et de la direction serbe. L'armée se sentait doublement menacée. Son rêve de maintenir le socialisme en Yougoslavie s'évanouissait à tout jamais. Contestée dans le nord-ouest du pays, elle risquait, par ailleurs, de perdre son statut privilégié de dernière institution dont les prérogatives s'étendaient à toute la Fédération. L'affirmation de la politique indépendantiste de Zagreb et de Ljubljana poussera définitivement la hiérarchie militaire dans le camp serbe. Cette alliance avec Belgrade créera de fortes tensions au sein de l'armée yougoslave qui, à l'image de la société, se fracturera selon des lignes ethniques et politiques. En raison de la corrélation entre l'appartenance nationale de ses membres et la politique menée par leur république d'origine. Mais surtout en raison de la négation de son statut historique et constitutionnel d'armée au service de tous les peuples et de toutes les minorités de la Yougoslavie. Les purges qui s'ensuivront faciliteront la tâche de Slobodan Milosevic pour convertir l'armée des partisans de Tito en instrument de l'expansionnisme grand-serbe.

Au printemps 1990, Slobodan Milosevic commença à poser ses jalons à travers le pays pour s'emparer, au moment de l'éclatement de la Fédération, de la plus grande partie de la Yougoslavie. Les Serbes qui vivaient en dehors de la Serbie, soit les deux cinquièmes de la totalité des Serbes de Yougoslavie, allaient lui servir naturellement de tête de pont. Forte de 4,76 millions d'habitants, la Croatie comptait quelque 600 000 Serbes, dont près de la moitié vivait en Krajina et en Slavonie [15]. Depuis plus d'un an, le déferlement du nationalisme serbe en Krajina et le procès d'intention fait par Belgrade aux autorités communistes croates avaient ranimé les tensions entre Serbes et Croates. Les revendications nationalistes des Serbes de Krajina, telle l'idée d'autonomie insufflée par l'Union des écrivains de Belgrade, avaient généré le nationalisme croate. Les premières élections libres organisées en avril 1990 en Croatie se soldèrent par un raz de marée de l'Union démocratique croate [16], le parti nationaliste de Franjo Tudjman. L'ancien général titiste reconverti en père de la nation croate avait joué des inquiétudes que suscitait dans sa république la politique de Slobodan Milosevic. Tout au long de la campagne électorale, il avait stigmatisé l'« expansionnisme serbe » et appelé à lutter « pour les droits historiques et naturels du peuple croate à l'autodétermination, à la souveraineté et à l'indépendance nationales ». Les électeurs se tournèrent vers les partis qui promettaient de combattre efficacement ce qu'ils percevaient comme le « national-bolchevisme » de Milosevic et virent dans l'édification d'un État croate le seul moyen de contrecarrer les projets de Belgrade. Confronté à l'écroulement des légitimités communistes partout en Europe, discrédité pour s'être montré incapable de résoudre la crise économique dans laquelle s'enfonçait la Fédération, le Parti communiste, même réformé, fut sanctionné pour avoir pris trop tardivement ses distances par rapport aux dirigeants de Belgrade et essuya une défaite cuisante [17].

Slobodan Milosevic et sa « révolution anti-bureaucratique », Dobrica Cosic et les auteurs du Mémorandum avaient porté Franjo Tudjman et son mouvement nationaliste au pouvoir à Zagreb. « L'hystérie nationaliste en Serbie ne suscitait que crainte et résistance dans les autres républiques, et générait l'homogénéisation des autres peuples autour de ceux qui affichaient le plus fort leur volonté de s'opposer au nationalisme serbe. La victoire des partis nationalistes dans la plupart des républiques aux élections de 1990 était une suite logique », écrivit l'ancien président serbe, Ivan Stambolic.

La campagne électorale en Croatie fut l'occasion pour Belgrade d'agiter une nouvelle fois la minorité serbe. La montée du nationalisme croate renforçait l'emprise de Slobodan Milosevic sur les Serbes de Croatie et créait un terrain propice à l'exacerbation de leur sentiment d'insécurité et de leurs craintes de perdre leur patrie, la Yougoslavie, identifiée à l'État de tous les Serbes. Avec l'aide de la télévision et de la presse serbes, il déclencha dès le début de 1990 une véritable guerre médiatique contre la Croatie où tous les coups étaient permis. La toute nouvelle Union démocratique croate, qui affichait à l'époque un nationalisme encore modéré et dépourvu des débordements discriminatoires qu'elle connaîtra par la suite, était continuellement assimilée à un rassemblement d'Oustachis. Son leader, Franjo Tudjman, engagé à dix-neuf ans dans les rangs des partisans antifascistes, promu général de l'armée yougoslave à l'âge de trente-huit ans avant de délaisser l'uniforme pour une carrière d'historien et d'être sanctionné pour nationalisme au lendemain du « printemps croate », était quant à lui qualifié pêle-mêle de fasciste et de démagogue populiste [18]. Les médias serbes affirmaient que Franjo Tudjman et son équipe préparaient un nouveau génocide et recouraient « à des méthodes oustachies inspirées de la période fasciste de l'État indépendant croate ». Ils ravivaient le souvenir des massacres perpétrés pendant la Seconde Guerre mondiale à l'encontre des Serbes et présentaient systématiquement les Croates comme un peuple génocidaire. La propagande serbe débitait ces mensonges pour mobiliser la minorité serbe autour du projet grand-serbe et engendrer un soulèvement séparatiste qui allait permettre à Slobodan Milosevic de s'approprier une partie du territoire croate. Le président serbe n'était pas un rêveur nationaliste, il exploitait, au gré de ses besoins, diverses frustrations nationales pour satisfaire ses ambitions personnelles.

Ce fut dans cette atmosphère de suspicion que les Serbes de Knin fondèrent le 17 février 1990 le Parti démocratique serbe [19]. Leur leader, le psychiatre Jovan Raskovic, était un ami proche de Dobrica Cosic qu'il recevait régulièrement, l'été, dans sa maison de Primosten, sur la côte dalmate, où ils passaient des nuits entières à discuter du destin du peuple serbe. Pendant l'été 1989, Jovan Raskovic et Dobrica Cosic avaient élaboré un texte, la Déclaration de Knin, dans lequel ils prônaient la création d'une nouvelle unité fédérale constituée par une entité serbe en Krajina. Quelques mois plus tard, le romancier serbe parrainait la création du Parti démocratique serbe, destiné à défendre les intérêts de la communauté serbe de Croatie. Mais après la victoire de Franjo Tudjman, il aiguillera le mouvement vers des positions plus radicales, marginalisant peu à peu Jovan Raskovic, favorable à l'autonomie serbe au sein de la Croatie mais désormais opposé à toute sécession serbe [20]. Dobrica Cosic estimait à l'époque que, dans la perspective de l'éclatement de la Fédération, il fallait diviser le territoire croate de façon qu'il reste en Croatie autant de Serbes qu'il y avait de Croates en Serbie [21].

Partitions

Quinze jours à peine après la prise de fonctions du président Franjo Tudjman et la nomination du premier gouvernement non communiste depuis la Seconde Guerre mondiale, les Serbes de Krajina décidaient de se soustraire à l'autorité de Zagreb. Sous l'impulsion de Dobrica Cosic, ils se réunirent, le 6 juin 1990, dans la ville de Knin, administrée par l'un des leaders du SDS, Milan Babic, pour préparer l'autonomie des communes à majorité serbe de l'arrière-pays dalmate. Trois semaines plus tard, ils entamaient l'unification des zones de peuplement serbe et fondaient, le 27 juin, l'Union des communes serbes de Krajina comprenant alors Knin (40 000 habitants, 88,6 % de Serbes), Benkovac (30 000 habitants, 57,4 % de Serbes), Obrovac, Gracac, Donji Lapac et Korenica. Sans attendre, les Serbes de Krajina allaient montrer leur détermination à se gouverner eux-mêmes, selon leurs propres lois. Début juillet, les policiers de Knin refusèrent d'endosser le nouvel uniforme de la police croate, objectant que les armoiries brodées sur le béret évoquaient celles de l'État croate pronazi. La visite d'une délégation du ministère de l'Intérieur de Zagreb, le 5 juillet, ne contribua pas à calmer la situation. La population serbe encercla le commissariat de Knin où se déroulaient les pourparlers. Sous la menace, les officiels de Zagreb durent quitter le bastion serbe, escortés par des policiers rebelles. Le héros de la journée était Milan Martic, inspecteur de la police judiciaire et ancien communiste, devenu à la faveur des circonstances l'un des leaders de la révolte des nationalistes serbes de Krajina. Le lendemain, les Serbes de Krajina se dotaient d'un Parlement. Lors de leur session constituante, le 6 juillet, ils rejetaient d'un bloc le projet d'amendement de la Constitution croate et annonçaient le retrait de leurs députés à l'Assemblée de Croatie. Les têtes de file du mouvement nationaliste serbe privaient ainsi l'ensemble de la communauté serbe de Croatie de toute possibilité d'infléchir la politique de Zagreb, et surtout d'influer immédiatement sur les décisions pourtant cruciales pour leur avenir que s'apprêtait à prendre le Sabor à Zagreb. Cette rupture allait être accentuée par le refus de Jovan Raskovic de rejoindre le gouvernement à Zagreb. Soucieux de mener à bien sa réforme constitutionnelle sans s'aliéner la communauté serbe tout entière, Franjo Tudjman avait offert au choix la vice-présidence du gouvernement ou de la République à Jovan Raskovic, et la vice-présidence du Sabor à Jovan Opacic [22]. Quelles que fussent les motivations réelles du président croate en accomplissant ce geste d'apaisement, ce poste aurait permis au fondateur du parti nationaliste serbe de faire entendre sa voix, de faire connaître les craintes que suscitait chez les Serbes la perspective d'une Yougoslavie confédérale dans laquelle la nation croate entendait affirmer sa souveraineté et de dénoncer, par le biais des instances légales, les éventuelles violations des droits de la communauté serbe.

Les nationalistes serbes choisirent une autre voie, celle de la confrontation et de la violence qui allait priver les Serbes de Croatie de toute légitimité pour faire valoir leurs droits lorsque ceux-ci seraient réellement bafoués. Mais ce choix, jamais ils ne l'auraient fait si Belgrade ne les y avait poussés. Le 28 juin 1990, Slobodan Milosevic avait informé son entourage que le dépeçage de la Croatie devait se faire « selon la ligne qui jalonne les communes de Lika, Banija et Kordun qui se sont constituées en entité [serbe] et qui resteront avec nous ». Appelant à la modification des frontières internes de la Yougoslavie et au redécoupage de l'espace yougoslave selon des frontières ethniques, il dévoila le plan qu'il avait commencé à mettre en œuvre à Knin en accord avec Dobrica Cosic. Afin d'exclure les Slovènes et les Croates de la Fédération, les Serbes invoqueraient le droit des peuples à disposer d'eux-mêmes. La Yougoslavie amputée de la Slovénie et d'une partie de la Croatie « compterait alors 17 millions d'habitants, ce qui, dans le contexte européen, est suffisant [23] ». Il avait alors demandé au représentant serbe au sein de la Présidence yougoslave de voter « au plus tard dans une semaine » la tenue d'un référendum où « chacun des six peuples constitutifs de la Yougoslavie déciderait s'il veut ou non rester dans la Fédération ». Slobodan Milosevic, anticipant le refus des représentants slovène et croate au sein de la direction collégiale yougoslave, suggéra à Borisav Jovic d'user de ruse pour les exclure au moment du vote de la Présidence.

Le jour même, l'élite politique et intellectuelle serbe affichait en public ses aspirations grand-serbes. Le 28 juin, en la Saint-Vid, date anniversaire de la bataille du Kosovo, dirigeants nationalistes et apparatchiks communistes se rassemblèrent dans l'immense salle du Centre Sava pour célébrer, en grande pompe, la naissance de l'association des Serbes de Croatie de Belgrade. L'événement, en soi mineur, fut présenté comme un épisode crucial de la construction du futur État serbe et occupa la une du quotidien *Politika*. Cette cérémonie témoignait de la parfaite communion des nationalistes et des communistes. Au nom de l'union sacrée qu'avait appelée de ses vœux Slobodan Milosevic le 28 juin 1989, les hautes personnalités de son parti avaient pris place aux premiers rangs, aux côtés de Jovan Raskovic, l'invité d'honneur de la soirée, et de Dobrica Cosic entouré de ses amis académiciens [24]. La scène était hautement symbolique. Dès lors nul ne pouvait plus douter que la série d'événements qui allait ponctuer le mois de juillet en Krajina était organisée avec le soutien de Belgrade. Commanditée par Belgrade. La révolte des policiers de Milan Martic, la déclaration d'autonomie des communes serbes de Krajina puis la convocation d'un référendum qui devait provoquer le déclenchement des premières hostilités armées en Croatie faisaient partie de la stratégie de Milosevic.

Le coup de force des nationalistes serbes prêta le flanc aux débordements nationalistes d'un pouvoir croate pressé de croatiser l'administration, les entreprises publiques et la police, où les Serbes étaient selon lui « surreprésentés ». Les autorités de Zagreb s'engagèrent dès lors dans une politique ouvertement antiserbe et consacrèrent toute leur énergie aux purges dans la fonction publique et à la télévision, au changement du drapeau, à la croatisation de la langue et à l'affirmation constante de la souveraineté de la nation croate aux dépens des autres communautés ethniques de la république. Le 25 juillet 1990, le nouveau Parlement croate, dominé par les nationalistes du HDZ (Union démocratique croate), vota une série d'amendements constitutionnels qui suscitèrent l'émoi chez les Serbes de Croatie. Cette réforme modifiait le statut de la communauté serbe qui, sous Tito, était considérée, au même titre que les Croates, comme nation constitutive de la Croatie [25]. Elle faisait de la Croatie l'État national des Croates, confinant les autres communautés ethniques au rang de minorités. Les quelque 600 000 Serbes que comptait la Croatie conservaient tous leurs droits civiques mais se sentirent humiliés d'avoir été ravalés au rang de citoyens de seconde zone, après avoir joui pendant plus de quarante-cinq ans d'un statut de pleine égalité. La Constitution supprimait, par ailleurs, l'usage officiel du cyrillique, l'alphabet traditionnel des Serbes, et faisait du damier rouge et blanc l'emblème de la Croatie. Le blason de l'ancien royaume de Croatie, réapparu sur les uniformes de la police et les édifices publics, était aux yeux des Serbes avant tout l'emblème de l'« État indépendant de Croatie » du régime oustachi d'Ante Pavelic [26]. Si ces décisions n'avaient pas fait l'objet d'une consultation préalable des Serbes, la faute n'était pas imputable au seul gouvernement croate. L'erreur principale de Franjo Tudjman fut de ne rien entreprendre de significatif pour rassurer les Serbes de Croatie et leur démontrer combien la propagande hystérique de Belgrade était irrationnelle. Incapable de gérer la crise avec les extrémistes serbes de Knin et de s'imposer comme le président de l'ensemble des citoyens de Croatie, indépendamment de leur appartenance ethnique, Franjo Tudjman dopa la rhétorique anticroate de Slobodan Milosevic et poussa les Serbes de Croatie dans le giron de Belgrade. « Si le HDZ avait dit : frères serbes, écrivez en cyrillique (ce que l'on ne faisait pas), allez à l'Église orthodoxe (ce que nous ne faisions pas non plus), nous construirons ensemble notre État — aujourd'hui nous aurions notre Croatie. [...] Avec quelques garanties et notamment un pacte d'amitié avec la Serbie, les Serbes auraient accepté même un État croate indépendant. Nous avons bien vécu ainsi sous l'Autriche-Hongrie, nous pouvions refaire la même chose », admit quelques mois plus tard un dirigeant du parti nationaliste serbe de Slavonie orientale [27].

Les nationalistes serbes profitèrent du vote du Sabor pour franchir le pas. Le jour même, devant plusieurs dizaines de milliers de Serbes rassemblés dans le centre de Srb, ils proclamaient leur souveraineté sur les communes de Krajina aux mains du SDS et la naissance de la « Région autonome de la Krajina serbe ». Dusan Zelembaba, l'un des leaders du SDS, déclara : « Les Serbes veulent leur État, qu'il s'appelle Grande Serbie ou Yougoslavie, cela n'a aucune importance. » La Région autonome de la Krajina serbe se dota d'un Conseil national serbe qui convoqua aussitôt un référendum sur l'autonomie des Serbes de Croatie pour le 19 août. Nombre de Serbes en Krajina et dans le reste de la Croatie croyaient encore dans le dialogue avec Zagreb, mais ils étaient déjà les otages de la politique des nationalistes extrémistes de Knin. De surcroît, ces derniers exerçaient de vives pressions sur les élus serbes du SDP, le parti des ex-communistes conduit par Ivica Racan, pour qu'ils démissionnent ou rejoignent le SDS. Rapidement, la Région autonome de la Krajina serbe élargissait son territoire vers le nord, en Lika, Kordun et Banija. La frontière évoquée par Slobodan Milosevic se dessinait déjà sur le terrain.

Ses manœuvres en coulisses et la menace d'un nouveau génocide, relayée par la propagande de Belgrade, avaient produit leur effet. La maladresse du gouvernement croate avait fait le reste. Les revendications autonomistes des Serbes de Krajina, que le référendum ordonnancé par Belgrade devait légitimer, allaient permettre au président serbe de mettre son plan à exécution. Les jours suivants, Milan Babic fut appelé à Belgrade par le président Milosevic. Le jeune et ambitieux stomatologue était en train de s'imposer à la tête des Serbes de Krajina aux dépens de son père spirituel, Jovan Raskovic. Tribun hors pair, grand manipulateur de foule, le neuropsychiatre avait chauffé à blanc les Serbes avec des récits sur les massacres perpétrés dans la région par les légions oustachies d'Ante Pavelic. Mais s'il attisait avec maestria les peurs de son peuple, il se refusait à l'entraîner dans un conflit ouvert avec Zagreb. Partisan du dialogue, il pensait que les Serbes devaient se battre dans l'arène politique pour défendre leurs droits en Croatie. Jovan Raskovic était ainsi hostile à toute ingérence de Belgrade, convaincu que la question nationale serbe en Croatie et pas seulement en Krajina devait d'abord être discutée à Zagreb. « J'étais en principe contre le fait que nous dépendions de Belgrade et que nous demandions pour tout ce que nous entreprenions l'aval de Belgrade », confiait-il [28]. Il était également opposé au référendum voulu par Belgrade et annoncé par Milan Babic, comprenant qu'une telle consultation mettrait le feu aux poudres. « C'est de la folie et on sait que la folie n'apporte rien de bon... Nous ne voulons pas d'une autonomie qui conduira à la création d'un État serbe en Croatie mais une autonomie culturelle », disait-il à Knin dans l'espoir de calmer la situation. Mais il était déjà trop tard.

La politique du psychiatre serbe ne répondait pas aux attentes de Slobodan Milosevic qui s'empressa de le détrôner. Il bénéficia pour ce faire de l'aide bienveillante du président croate, qui contribua à la mort politique du leader serbe de Krajina en livrant, fin août 1990, à l'hebdomadaire *Danas* le sténogramme d'une de leurs récentes conversations privées. Le psychiatre serbe y disait que son peuple « était fou » et que Slobodan Milosevic était un communiste. Pour preuve, il rapportait un entretien avec le président de la Serbie : « Je lui ai demandé s'il croyait encore au socialisme, il m'a répondu qu'il croyait au socialisme démocratique. Je lui ai alors répondu : Merci bien, mais nous ne sommes pas faits pour nous entendre ni pour travailler ensemble [29]. » Jamais Jovan Raskovic ne cacha sa méfiance à l'égard de Slobodan Milosevic. Il lui reconnaissait le mérite d'avoir rendu au peuple serbe sa dignité, mais estimait qu'« il était exagéré de lui demander de mettre en place la démocratie, pour la simple raison que la démocratie ne peut être instaurée ni par un parti unique ni par une seule personne [30] ». Après son éviction, il écrira que « Milosevic est un grand bolchevik, communiste jusqu'au bout des ongles, un tyran [31] ». Mais le président serbe, tacticien sans scrupule, offrira un placard doré à ce volubile détracteur qui concéda quelques mois avant sa mort : « Je me sens responsable parce que j'ai préparé cette guerre. Si je n'avais pas provoqué cette tension émotionnelle au sein du peuple serbe, rien ne serait arrivé. Mon parti et moi-même avons mis à feu le détonateur du nationalisme serbe non seulement en Croatie mais partout ailleurs, en Bosnie-Herzégovine notamment [32]. »

Slobodan Milosevic s'appuya sur le maire de Knin pour mener à bien son dessein. Ancien communiste reconverti à la cause nationaliste, Milan Babic avait fait le choix de la confrontation. Pour lui, les Serbes devaient « soutenir et encourager la politique de Franjo Tudjman en faveur de la création d'une Croatie indépendante » pour que « les Serbes de Krajina puissent affirmer à leur tour leur droit à l'indépendance nationale ». Devenu l'homme de confiance de Slobodan Milosevic, il regroupa autour de lui l'aile dure du SDS, évinça Jovan Raskovic et les représentants serbes modérés des communes de Krajina et encouragea la rébellion armée en distribuant au début de l'été des armes à ses administrés [33]. Le 12 août, il fut reçu dans la capitale yougoslave par deux fidèles alliés de Slobodan Milosevic, Borisav Jovic, le président en exercice de la Fédération yougoslave, et Petar Gracanin, le ministre fédéral de l'Intérieur qui avait occupé la Présidence de la Serbie après l'éviction d'Ivan Stambolic. Les deux hommes expliquèrent que, sans l'aval de leurs partenaires yougoslaves, l'armée et la police fédérales ne pourraient pas intervenir ouvertement en faveur des Serbes de Krajina si la police croate tentait de restaurer son autorité sur la région de Knin et d'empêcher la constitution d'une province autonome serbe. Le seul moyen d'assurer le contrôle du territoire de la Krajina était, par conséquent, de fomenter un soulèvement armé qui devait paraître spontané. Sur la base des précieuses informations fournies par Petar Gracanin, les Serbes de Knin devaient s'emparer des stocks d'armes de la police locale et dresser des barricades sur les principaux axes routiers afin d'empêcher toute incursion des forces de l'ordre croates [34]. Milan Babic rentra dans son fief assuré qu'il pourrait établir un État serbe en Croatie.

Référendum

Les bulletins du référendum « pour décider de l'autonomie serbe », frappés d'un pour ou contre, étaient arrivés dans les communes serbes lorsque les autorités croates décidèrent d'interdire la consultation. Le référendum n'avait aucune base légale, il était organisé par le SDS et votait qui voulait à condition d'être serbe. Le 17 août 1990, des unités de la police croate furent envoyées dans les communes qui s'étaient soustraites à l'autorité de Zagreb pour confisquer les armes des postes de police et empêcher la consultation prévue pour le surlendemain. Elles entrèrent à Benkovac, puis à Obrovac. Les maires serbes des deux communes réclamèrent l'intervention de l'armée. À Knin, Milan Babic suivait de près l'évolution de la situation. Aussitôt informé, il convoqua son comité de défense et décréta l'état d'alerte maximum. Les magasins et les usines furent fermés. La population paniquée descendit dans la rue pour réclamer des armes. D'aucuns s'enfuirent dans les collines, persuadés qu'ils allaient revivre ce qu'ils avaient connu cinquante ans plus tôt. Milan Martic, le chef de la police de Knin, ordonna à ses hommes de s'emparer des réserves d'armes et de les distribuer à la population. En quelques heures, des barricades furent érigées sur toutes les routes de la Krajina. Partout des civils armés montaient la garde devant des troncs d'arbres coupés à la hâte pour bloquer le passage. En plein été, une grande partie du réseau routier desservant les stations balnéaires de la côte dalmate était paralysée. C'est ainsi que commença la guerre pour la Krajina que les médias croates baptisèrent « la révolution des rondins[35] ». L'intervention des unités spéciales de la police croate se solda par un fiasco. Elles firent marche arrière pour « éviter un bain de sang », fut-il dit officiellement. L'armée yougoslave, présente dans cette ville garnison qu'était Knin, ne bougea pas pour réprimer une rébellion armée qui en d'autres lieux, comme au Kosovo, aurait été écrasée par la force. Mais la passivité bienveillante de ses troupes basées à Knin n'était pas la seule preuve de son soutien aux rebelles serbes. Dans la matinée, prétextant un exercice d'entraînement, l'aviation yougoslave avait lancé ses Mig pour empêcher deux hélicoptères de la police croate de débarquer ses unités dans Knin afin de neutraliser les extrémistes serbes. Dès lors l'armée allait empêcher toute tentative de reprise en main des territoires de Krajina par le pouvoir croate.

Tandis que Jovan Raskovic dénonçait l'« excès politique » de ses propres troupes, la télévision de Serbie consacrait les deux tiers de son journal télévisé à l'insurrection serbe, présentée comme une réponse légitime « au régime de terreur » en place en Croatie. En inversant la réalité, elle qualifiait les unités de la police croate de forces terroristes venues « saisir les armes des postes de police et enlever les pancartes en cyrillique », et les Serbes de victimes qui pour se défendre demandaient des armes. Les premiers reportages de terrain furent suivis par la lecture d'une série de messages de soutien émanant de différentes organisations en Serbie et promettant que « si la répression contre les Serbes de Krajina se poursuivait, ils iraient défendre leurs compatriotes ». Les images d'une manifestation organisée le jour même à Stara Pazova, une petite ville au nord de Belgrade, donnaient l'impression que la Serbie tout entière était sur le point de se soulever pour aller défendre le peuple serbe « menacé » en Krajina. Pour la première fois, la chaîne belgradoise montrait sans la moindre censure les symboles tchetniks réapparus dès 1988 dans les meetings de solidarité (pour les Serbes du Kosovo), mais qu'elle se gardait bien alors de filmer. L'ancien résistant qu'était le général Kadijevic ne cacha pas son malaise à la vue des cocardes, des toques noires et des barbes qui défilaient sur son petit écran. « Pauvres de nous si ce sont eux qui appellent l'armée au secours du peuple », confia-t-il à Borisav Jovic [36].

Le 19 août, alors que les Serbes de Krajina se rendaient aux urnes, un journal monténégrin publia une lettre du président de la Serbie adressée à la Présidence fédérale : « Les autorités croates, sous les yeux de l'opinion publique yougoslave et mondiale, ont essayé, par des méthodes répressives, d'empêcher les Serbes d'exprimer librement leur opinion. [...] C'est pourquoi la Présidence yougoslave doit adopter d'urgence la loi sur la sécession qui permettra, aux peuples qui le souhaitent, de quitter pacifiquement la Yougoslavie sans aller à l'encontre de l'intérêt des peuples qui veulent y rester. La Présidence de la République socialiste de Serbie estime que la seule voie démocratique pour qu'un peuple réalise son droit à l'autodétermination est le référendum [...] [37]. » Slobodan Milosevic approuvait ainsi publiquement le sécessionnisme des Serbes en Croatie et signifiait clairement aux autorités de Zagreb qu'il s'opposerait à la transformation de la Yougoslavie en une confédération de républiques indépendantes. Le cas échéant, Belgrade s'attacherait à unir tous les Serbes dans un seul et même État. Mais le président serbe se défendait d'avoir fomenté l'insurrection serbe : « Je tiens à souligner, écrivait-il, que les allégations selon lesquelles ces tragiques événements auraient été commandités par Belgrade ne sont que des mensonges visant à tromper l'opinion publique et à taire le fait que cette situation résulte de l'attitude des autorités croates. »

Au lendemain du référendum sur l'autonomie,

approuvé à 99,2 % des voix, Slobodan Milosevic décida d'alimenter en armes et en munitions les rebelles serbes de Krajina [38]. L'aide de Belgrade devait leur permettre de maintenir la pression en attendant que l'armée accepte de se ranger définitivement de leur côté. Slobodan Milosevic sollicita des hommes de confiance, pleinement dévoués, pour ravitailler les rebelles serbes. Une cellule spéciale fut créée au sein du ministère de l'Intérieur de Serbie, alors dirigé par Radmilo Bogdanovic. Cette cellule, confiée à Mihalj Kertes qui deux ans plus tôt avait participé à l'éviction de la direction de Voïvodine, était chapeautée par Jovica Stanisic, le chef de la Sûreté de Serbie (SDB). Un véritable réseau fut ainsi mis en place qui puisait dans les stocks d'armes de la police de Serbie et de la Défense territoriale. Le 11 novembre 1990, la police croate interceptait à Dvor na Uni un groupe de pourvoyeurs d'armes en route pour la Krajina. Leur chef s'appelait Zeljko Raznjatovic, alias Arkan. Pour la majorité des Serbes, il était le président du célèbre club des supporters de l'Étoile rouge de Belgrade. Mais nul n'ignorait vraiment son passé de tueur à gages et de cambrioleur de haut vol. Délinquant précoce et fils d'un colonel de l'armée yougoslave, Arkan avait été recruté en 1973 à l'âge de vingt et un ans par les services d'espionnage yougoslaves du ministère fédéral de l'Intérieur (SSUP) pour éliminer à travers l'Europe les opposants au régime titiste. Des jours durant, la télévision croate diffusa des images d'Arkan et de ses hommes posant devant l'arsenal qu'ils convoyaient. Le tribunal de Zagreb le condamna à vingt mois de prison pour participation à la planification de l'insurrection armée en Krajina, mais il fut relâché au printemps 1991 et rentra à Belgrade dans un jet privé mis à sa disposition par ses geôliers [39]. Pendant ce temps, les rebelles serbes restaient sur le pied de guerre, barricadés et organisés en milices. Leur Région autonome serbe devenue hermétique semblait coupée à tout jamais de la Croatie. Les autorités croates n'avaient pas les moyens de restaurer leur souveraineté sur l'ensemble du territoire et chacune de leurs tentatives d'affirmer leur autorité sur les pourtours du territoire rebelle provoquait des incidents.

Propagande

Slobodan Milosevic comprenait que le seul moyen d'entraîner l'armée dans son projet de dépeçage de la Yougoslavie était de la convaincre que la menace d'un nouveau génocide pesait réellement sur les Serbes de Croatie et qu'ils se battaient pour la sauvegarde de la Yougoslavie. « Une fois que l'armée se sera déployée dans les territoires serbes de Croatie, nous n'aurons plus rien à craindre quant au dénouement de la crise yougoslave », assurait-il [40]. Les médias serbes distillèrent une propagande qui prépara efficacement le terrain. La télévision de Belgrade couvrait systématiquement chaque incident entre Serbes et forces de la police croate autour de la Krajina. Souvent, elle y consacrait la plus grande partie de son journal télévisé, selon un rituel bien rodé qui visait à imposer ce renversement de la réalité. Le présentateur commençait par d'éventuelles arrestations de Serbes, ensuite des images montraient comment les civils serbes fuyaient vers les casernes de l'armée yougoslave pour y chercher refuge, enfin le reporter sur place interrogeait des femmes et des enfants en pleurs qui expliquaient que le fascisme s'était de nouveau emparé de la Croatie et du peuple croate. Les médias serbes, auxquels venait désormais s'ajouter Tanjug, la célèbre agence nationale yougoslave, métamorphosée en instrument de propagande haineuse, reprenaient avec force détails les informations de Radio Knin. La radio placée sous le contrôle de Milan Babic avait adopté une terminologie à la fois guerrière et archaïque qui plongeait l'auditeur cinquante ans en arrière. Elle parlait de « peuple en armes », de « défense des foyers contre la terreur et la politique oustachoïdes », de policiers croates en « chemises noires ». En somme tout un arsenal linguistique qui conditionnait les esprits et ne pouvait laisser l'armée indifférente.

Le refus de la direction militaire de reconnaître la légitimité du nouveau pouvoir en Croatie poussa l'armée dans le piège que lui tendait Slobodan Milosevic. Elle accepta sans mot dire la présence d'irréguliers en Krajina alors qu'elle n'avait pas hésité à lancer ses chars contre les manifestants albanais qui dénonçaient pacifiquement la suspension de l'autonomie du Kosovo. Et elle s'employa à les aider secrètement. Le corps d'armée de Knin leur accorda un soutien tacite et ne protesta pas lorsque les rebelles serbes lui dérobèrent des armes [41]. Mais la direction militaire jugeait prématuré d'intervenir plus ouvertement en faveur des Serbes de Krajina. Elle ne voulait pas prêter le flanc à ses détracteurs et permettre que l'armée yougoslave fût qualifiée d'armée serbe. Car, contrairement au président serbe, elle pensait que la Fédération pouvait encore être sauvée. Aussi s'opposait-elle fermement à l'idée de chasser de Yougoslavie la Slovénie et la Croatie comme le lui avait suggéré la direction serbe [42].

Jusqu'au mois de mars 1991, la JNA estima que pour désamorcer le processus de désintégration du pays et contrecarrer le projet de confédération prôné par Ljubljana et Zagreb, il suffisait de neutraliser les gouvernements slovène et croate. Les dirigeants militaires semblaient oublier que les nouveaux pouvoirs en Croatie et en Slovénie avaient été bénis par les urnes sur des programmes prônant l'affirmation de la souveraineté nationale dans le cadre d'une nouvelle Yougoslavie confédérale [43].

« *Défense populaire généralisée* »

Au lendemain des élections, l'armée avait pris une série de mesures à l'encontre de la Slovénie et de la Croatie. Le 16 mai 1990, soit deux jours exactement après la prise de fonctions du premier gouvernement non communiste à Ljubljana, l'armée yougoslave entreprit de désarmer la Défense territoriale slovène. Quelques jours plus tard, elle saisit la majeure partie des stocks d'armes de la Croatie [44]. L'armée mais aussi la direction serbe craignaient que cet arsenal militaire, placé sous l'autorité directe des républiques, ne serve aux Slovènes et aux Croates à constituer leurs propres armées [45]. Au lendemain du schisme de 1948 entre Tito et Staline qui isolait la Yougoslavie du reste du bloc socialiste, les Yougoslaves avaient développé un système de « défense populaire généralisée ». Dans l'hypothèse d'une agression armée venant de l'extérieur, de l'Est comme de l'Ouest, chaque république avait été dotée d'un important arsenal militaire, susceptible d'être distribué à la population qui, en cas d'attaque, se transformait en une armée considérable capable de se soulever instantanément et de mener des actions de guérilla. En 1969, ces armées de réserve, organisées au niveau des municipalités et des grandes entreprises, se constituaient en défenses territoriales [46]. Dans l'élan des réformes décentralisatrices, la Constitution yougoslave de 1974 réaffirmait ce découplement du système de défense avec d'une part l'armée populaire yougoslave (JNA) et d'autre part les Défenses territoriales qu'elle plaçait sous l'autorité directe des républiques.

Dès son arrivée à la tête du ministère fédéral de la Défense, en 1988, le général Veljko Kadijevic avait remis en cause ce système binaire des forces armées yougoslaves. Le général serbe prônait une centralisation de l'État yougoslave et de son système de défense. Il avait ainsi entamé une réforme qui réduisait l'ascendant des républiques sur la Défense territoriale et une réorganisation des régions militaires afin qu'elles ne coïncident plus avec les frontières des six républiques fédérées. Entre 1988 et 1989, les différents corps d'armée yougoslaves furent regroupés en trois régions militaires au lieu de cinq. Les régions militaires correspondant à la Slovénie et à la Bosnie-Herzégovine furent dissoutes. Les corps d'armée basés en Slovénie furent rattachés au commandement de la cinquième armée à Zagreb, ceux basés en Bosnie-Herzégovine passèrent sous l'autorité du commandement de la première armée, basé à Belgrade. En 1990, quelques mois avant l'insurrection des nationalistes serbes de Krajina, l'armée renforça sa présence sur le terrain en créant de nouveaux corps d'armée mécanisés en Croatie, dans la région de Zagreb et de Knin, mais aussi en Bosnie, à Banja Luka et en Herzégovine [47]. Ces divisions de blindés devaient être en mesure de quadriller le territoire en cas de troubles comme cela fut le cas au Kosovo. Dans le cadre de sa réforme, le général Kadijevic avait également procédé au désarmement et à la refonte de la Défense territoriale du Kosovo. Ces mesures coïncidèrent avec la suspension de l'autonomie décidée en 1989 par Slobodan Milosevic et l'état d'urgence qui s'ensuivit. Les forces territoriales du Kosovo furent placées sous le contrôle direct de la JNA et sensiblement réduites.

Ainsi, le désarmement des Défenses territoriales de Slovénie, de Croatie et de Bosnie-Herzégovine au lendemain des premières élections démocratiques s'inscrivait dans un processus engagé depuis deux ans par la direction militaire. Loin de faire l'unanimité au sein de l'armée, cette réforme fut violemment critiquée par la plupart des républiques, principalement la Slovénie et la Bosnie-Herzégovine qui dénoncèrent le caractère anticonstitutionnel du démantèlement de la Défense territoriale et la partialité d'une mesure qui ne touchait ni la Serbie ni le Monténégro, les deux seules républiques où les communistes étaient assurés de se maintenir au pouvoir. Le général Kadijevic et son entourage furent accusés de s'immiscer dans les affaires politiques yougoslaves. Son initiative visait à empêcher toute démocratisation. Au fur et à mesure que la possibilité de sauvegarder l'essentiel du système s'effaçait devant la nécessité de véritables réformes, les conservateurs au sein de l'armée résistaient, se durcissaient, faisant ainsi le jeu de Slobodan Milosevic. Cette attitude accentua les divisions au sein de la Fédération et précipita la crise.

Le désarmement de la Défense territoriale éveilla la méfiance des Slovènes qui redoutaient une intervention de l'armée visant à renverser les pouvoirs nouvellement élus dans leur république et dans la Croatie voisine. Pour contrer les velléités des généraux yougoslaves, tout en réaffirmant sa volonté de transformer la Yougoslavie en une confédération, Ljubljana adopta le 2 juillet 1990 une « déclaration de souveraineté ». Sous le prétexte que l'acte slovène menaçait l'intégrité territoriale de la Fédération, le ministre fédéral de la Défense réclama l'instauration d'un état d'exception en Slovénie. L'armée était prête à intervenir dès le feu vert de la Présidence collégiale yougoslave [48]. Mais les dirigeants serbes ignorèrent la requête du général Kadijevic qui risquait de faire échouer le plan de Slobodan Milosevic. Et l'armée dut renoncer, un temps, à son putsch en Slovénie.

Le 3 octobre 1990, Borisav Jovic, président en exercice de la Fédération, remarquait : « Veljko Kadijevic dit qu'il suffit d'évincer une centaine de personnes pour que tout rentre dans l'ordre. Les généraux sont toujours obsédés par l'unité de la Yougoslavie qui est pourtant désunie et sans avenir [49]. » « L'armée pense pouvoir régler la crise yougoslave par une intervention militaire [50]. » Mais « Slobodan Milosevic estime qu'il faut laisser tranquille la Slovénie et n'intervenir en Croatie que dans les territoires habités par les Serbes. Il pense que pour modifier les frontières, il faut éviter une action sur la partie démocratisée — [dominée par la Communauté démocratique croate] de la Croatie [51] ». Le projet de démembrement de la Yougoslavie élaboré par Slobodan Milosevic reposait sur la confrontation avec les pouvoirs nationalistes en place. Cette confrontation devait précipiter les Slovènes et les Croates dans la voie de l'indépendance et donner ainsi un alibi aux Serbes pour justifier la création d'un État national regroupant les Serbes de Yougoslavie. Il devait par conséquent empêcher à tout prix l'éviction des dirigeants slovènes mais aussi celle des Croates qui aurait vraisemblablement suivi. Car seul le maintien au pouvoir du HDZ et l'exaltation du nationalisme croate pouvaient inciter l'armée yougoslave à se déployer dans les zones peuplées par la minorité serbe afin de préparer le dépeçage de la Croatie.

D'autre part, la direction serbe était en train de convaincre les Slovènes de quitter au plus tôt la Yougoslavie. Peu de temps avant la tentative de putsch de l'armée, les dirigeants serbes s'étaient rendus à Ljubljana pour encourager leurs homologues slovènes à ne plus envisager leur avenir dans un cadre yougoslave mais à affirmer leur souveraineté en faisant sécession [52]. Selon le témoignage de Borisav Jovic : « Nous leur avons assuré que nous serions les premiers à les reconnaître. Nous les avons persuadés que c'était précisément dans leur intérêt de suivre cette voie [de l'indépendance] car leur séparation du reste de la Yougoslavie ne posait pas de problèmes territoriaux. Nous étions étonnés qu'ils veuillent lier leur destin à celui de la Croatie alors qu'ils savaient que le cas de la Croatie était beaucoup plus délicat puisqu'il fallait séparer les territoires à majorité de Serbes [53]. »

En octobre 1990, Milan Kucan doutait encore de l'opportunité de l'indépendance slovène. Mais face aux encouragements de Belgrade et aux menaces répétées de l'armée fédérale, la Slovénie décida de bâtir sa propre puissance militaire comme le prévoyait sa « déclaration de souveraineté » du mois de juillet. Depuis le soulèvement armé des Serbes de Krajina, la Croatie avait commencé à s'armer. Le jeune ministre slovène de la Défense, Janez Jansa, pressait son président d'en faire autant. L'ancien journaliste de la revue *Mladina*, inculpé en 1988 par l'armée yougoslave, fut chargé d'acheter des armes à l'étranger. Lorsque les premières armes antichars arrivèrent en décembre 1990 en Slovénie, Janez Jansa décida de les montrer à la télévision slovène. Son audace risquait de mettre la Slovénie dans une mauvaise posture car l'existence d'une armée indépendante de la structure militaire fédérale était contraire à la Constitution yougoslave. De plus, le ministre de la Défense yougoslave, le général Veljko Kadijevic, venait de déclarer qu'il n'hésiterait pas à recourir à la force pour maintenir l'intégrité du pays et désarmer les milices [54]. Mais Janez Jansa rêvait de prendre sa revanche sur l'armée fédérale. Après s'être targué d'avoir constitué une force armée capable de lui faire face, il déploya plusieurs de ses unités dans Ljubljana. La jeune armée slovène en casquette et treillis prit place aux accès de la capitale et devant les bâtiments officiels [55], quelques jours seulement avant le référendum sur l'indépendance de la Slovénie, prévu pour le 23 décembre. Les généraux yougoslaves feignirent d'ignorer la provocation de l'ancien journaliste. Ils savaient depuis les premières livraisons d'armes ce qui se préparait en

Slovénie [56]. Mais ils pensaient que cette démonstration publique finirait par convaincre la majorité des membres de la Présidence yougoslave de la nécessité d'autoriser une intervention militaire en Slovénie.

À la différence des Slovènes qui bâtirent leur armée sur les structures de la Défense territoriale, les Croates misèrent sur le développement de leurs forces de police. Cette décision conduisit peu à peu au licenciement de la quasi-totalité des policiers serbes et au recrutement de nouveaux effectifs. Nombre de jeunes Croates sans qualification ni emploi s'engagèrent dans la nouvelle police nationale, poussés par leurs idéaux nationalistes et la sécurité financière. Martin Spegelj, général à la retraite de l'armée yougoslave au poste de ministre de la Défense depuis les élections, se chargea d'armer la Croatie. Les armes arrivèrent par petits convois, d'abord en provenance de Hongrie puis par bateau. En décembre 1990, Martin Spegelj se félicitait d'avoir armé les forces croates et constitué à travers tout le pays des unités de protection civile. Mais il ne se doutait pas que le contre-espionnage yougoslave, dirigé par le général Aleksandar Vasiljevic, suivait de près l'opération depuis le mois d'octobre. À cette époque, Vasiljevic, alerté par ses contacts à l'étranger, avait assisté en personne au passage de deux camions remplis de kalachnikovs à la frontière hongaro-croate. Il n'avait cependant rien fait pour les arrêter, préférant infiltrer le réseau croate et recueillir le maximum d'informations sur le système de défense et les intentions de la Croatie. En décembre, les généraux yougoslaves disposaient de suffisamment de preuves pour contraindre la Présidence fédérale à autoriser une intervention militaire en Croatie afin de procéder à l'arrestation des dirigeants croates [57]. À la même époque, les analyses de la CIA concluaient à la mort certaine de la Yougoslavie. Dans un rapport rendu public le 27 novembre 1990, l'agence américaine signalait des risques d'éclatement de la Fédération dans les dix-huit mois à venir, soulignant qu'il déboucherait sur une guerre civile sanglante.

Au grand dam de l'armée, le président en exercice de la Fédération, le Serbe Borisav Jovic, attendit le 9 janvier 1991 pour convoquer la session de la Présidence. Informé des intentions de l'armée yougoslave, Slobodan Milosevic demanda à son allié fidèle d'user de manœuvres dilatoires, le temps d'achever les élections en Serbie [58].

Le 9 janvier 1991, l'armée présenta son rapport à la Présidence yougoslave. « D'importantes quantités d'armes et de munitions ont été importées. [...] Des membres du gouvernement croate, notamment les ministres de la Défense, de l'Intérieur et des Affaires étrangères, ont participé à ce commerce illégal. [...] La Croatie a élaboré un plan dirigé contre l'armée. Ils surveillent les unités yougoslaves, l'activité des garnisons, dressent la liste des officiers de la JNA et leur adresse et préparent le blocus des casernes. » Le rapport mentionnait aussi l'existence de milices serbes : « Des formations armées se sont constituées également en Krajina. Elles se sont procuré des armes illégalement. On trouve dans la région plusieurs milliers de fusils, des lance-roquettes, d'importantes quantités d'explosifs. La Krajina est placée sous l'autorité des pouvoirs locaux et échappe au contrôle des instances de la République de Croatie. Parallèlement, l'Union démocratique croate a armé illégalement les populations croates des alentours, créant ainsi les conditions d'un conflit armé. » Borisav Jovic proposa à la direction collégiale de donner carte blanche à l'armée yougoslave pour désarmer les unités paramilitaires en Croatie. Les dirigeants serbes ne pouvaient s'opposer systématiquement aux pressions de la hiérarchie militaire sans risquer d'éveiller des soupçons et de perdre un allié indispensable. Après avoir reçu l'assurance que l'armée n'interviendrait pas en Slovénie et que les rebelles de Krajina ne seraient pas inquiétés s'ils remettaient quelques fusils aux officiers yougoslaves, Slobodan Milosevic avait accepté de donner son soutien à une intervention militaire limitée au territoire croate. Il misait sur le renforcement de la présence militaire pour entraîner l'armée dans le dépeçage de la Croatie.

L'armée yougoslave dut renoncer une nouvelle fois à son projet de putsch, le représentant bosniaque à la Présidence collégiale yougoslave, le Serbe de Bosnie Bogic Bogicevic, ayant refusé d'apporter la cinquième voix nécessaire à l'adoption de la résolution. La Présidence fédérale se contenta d'un compromis enjoignant aux autorités croates de démanteler elles-mêmes leurs unités paramilitaires et de remettre avant le 20 janvier leur armement à l'armée fédérale. Le 15 janvier, le général Kadijevic fit part à la direction serbe de sa détermination à renverser la direction croate [59]. La Croatie refusait de désarmer, estimant qu'elle avait le droit légitime de créer sa propre armée. Pour Zagreb, les seules unités paramilitaires étaient celles des rebelles serbes de Krajina. Rejetant l'ultimatum de la Présidence yougoslave, Franjo Tudjman avertit que la Croatie était « prête à se défendre par tous les moyens disponibles » en cas d'intervention de l'armée yougoslave. Puis il appela les conscrits à ne plus servir sous les drapeaux de l'armée fédérale.

Le 24 janvier, l'armée était fin prête. Elle informa alors ses unités de sa volonté de lutter contre « la stratégie de destruction de l'idée communiste et du socialisme » menée « en Occident contre la Yougoslavie ». Dans une note confidentielle lue aux soldats yougoslaves, la hiérarchie militaire assurait que « le socialisme en Yougoslavie n'a pas été mis à genoux » et qu'il avait « résisté à la première vague d'hystérie anticommuniste ». Elle précisait que « les chances réelles existent à présent » pour préserver « la Fédération socialiste », et soulignait la nécessité de « liquider toutes les formations paramilitaires afin de mettre en échec la politique nationaliste et séparatiste et d'encourager les forces favorables à la sauvegarde de la Yougoslavie sur des bases socialistes ». Convaincue de pouvoir rétablir un système unipartite, elle ajoutait que la Ligue des communistes-Mouvement pour la Yougoslavie allait devenir « dans les six mois à venir la principale force politique en Yougoslavie [60] ».

Vidéo secrète

Le lendemain, Borisav Jovic convoquait une nouvelle session de la Présidence yougoslave. Le général Kadijevic affirmait que les forces de police croates étaient en état d'alerte, décidées à mettre en œuvre leur plan d'attaque contre la JNA. L'armée demanda le blanc-seing de la Présidence fédérale pour désarmer les forces croates, arrêter les dirigeants croates et imposer la loi martiale. Assurée du soutien de Belgrade, il lui fallait convaincre le représentant bosniaque. La Présidence siégeait depuis plus de quatre heures sans être parvenue à trancher lorsque Borisav Jovic proposa de faire une pause le temps du journal télévisé. Le dirigeant serbe invita Bogic Bogicevic à prendre place devant le poste. Quelques instants plus tard, le présentateur de la première chaîne belgradoise annonçait la diffusion d'un film qui allait choquer l'opinion yougoslave. Filmé par les services de contre-espionnage de l'armée en octobre 1990, le document, intitulé « La vérité sur l'armement des formations terroristes du HDZ en Croatie [61] », était censé démontrer que les plus hauts dirigeants de l'Union démocratique croate (HDZ) et de la Croatie étaient impliqués dans l'armement clandestin. Une voix off égrenait leurs noms puis des images vidéo en noir et blanc, prises par une caméra cachée, montraient le ministre croate de la Défense, Martin Spegelj, expliquant son plan d'attaque contre les casernes yougoslaves, qui prévoyait la liquidation de certains officiers ainsi que des extrémistes serbes et de leur famille. Le document présentait ensuite les images d'un discours public de Martin Spegelj où il affirmait qu'il valait « mieux négocier dix ans que de se faire la guerre ne serait-ce que dix minutes ». En contrepoint, une vidéo des services de renseignements dévoilait un ministre de la Défense bien moins pacifiste. La voix off répétait les mots inaudibles de Martin Spegelj : « Nous réglerons la question de Knin de la manière suivante : nous allons les égorger. Nous avons le feu vert de la communauté internationale pour le faire. On va tous leur couper la gorge. Surtout maintenant que cette pute de Milosevic a gagné en Serbie. Oui, au lendemain de la victoire de Milosevic, les Américains nous ont offert leur aide. » Le ministre croate de l'Intérieur, Josip Boljkovac, était lui aussi filmé clandestinement en train de prononcer des paroles imperceptibles que la voix off continuait de traduire : « Nous utiliserons tous les moyens dont nous disposons, et principalement les armes, pour que les Serbes ne soient plus jamais en Croatie ce qu'ils ont été. La suprématie serbe sera bientôt révolue. Leur Knin disparaîtra, nous entrerons dans Knin et Knin ne sera plus Knin. Tous les Croates doivent savoir que nous sommes décidés à fonder notre propre État, à n'importe quel prix, même au prix du sang. » Diffusé à deux reprises dans la même soirée, le film mettait également en cause les États-Unis, soupçonnés d'avoir proposé à la Croatie une aide militaire gratuite, et la Hongrie, accusée d'avoir « vendu illégalement » à la Croatie plusieurs milliers de kalachnikovs [62]. Les téléspectateurs serbes y virent la confirmation de ce que distillait la propagande de Belgrade depuis bientôt un an, les autres la preuve que les dirigeants serbes et l'armée fédérale étaient décidés à stopper par la force le processus de démocratisation dans l'ouest du pays.

Zagreb pensait que le putsch auquel la Croatie avait échappé le 9 janvier aurait lieu la nuit même. Jamais depuis les purges de 1971 la situation n'avait été aussi tendue. Les mouvements de chars observés les jours précédents aux abords de la capitale croate avaient suscité la panique. Le document du KOS, le service de contre-espionnage militaire, devait légitimer l'intervention de l'armée yougoslave, sa diffusion témoignait, par conséquent, de l'imminence de l'opération. Les soldats yougoslaves dans les casernes avaient été sommés de se mettre en état de préparation au combat. Les forces croates étaient également en état d'alerte. Craignant des affrontements, la population se cloîtra. Dans la nuit du 25 au 26 janvier, la vie semblait s'être arrêtée en Croatie, toutes les routes du pays étaient désertes. Une atmosphère pesante régnait. Il en fut ainsi jusqu'au petit matin. Après une nuit d'angoisse, la Croatie se réveilla soulagée au son de la radio qui annonçait le revers essuyé par les généraux. À Belgrade, l'armée n'avait pas obtenu le feu vert de la Présidence yougoslave. La cinquième voix, celle du Serbe bosniaque, manquait. Bogic Bogicevic ne s'était pas laissé intimider par le subterfuge des militaires [63]. Les chancelleries qui avaient mis en garde Belgrade contre « tout usage de la force contre les gouvernements démocratiquement élus en Croatie et en Slovénie » accueillirent la nouvelle avec soulagement.

Le général Kadijevic annulait l'opération baptisée « Bouclier [64] » et rappelait à Belgrade le chef du contre-espionnage yougoslave, le général Aleksandar Vasiljevic, qui avait été chargé de l'arrestation de Martin Spegelj aussitôt le vote de la Présidence acquis. Aucun dirigeant croate ne fut inquiété. Mais Zagreb, prudente, demanda à son ministre de la Défense de quitter quelque temps le pays et de se réfugier en Autriche. Slobodan Milosevic, qui avait hâte de voir l'armée se déployer en Croatie, déplora l'échec de la réunion de la Présidence [65]. Pragmatique, le président de la Serbie savait néanmoins s'adapter aux circonstances.

Faute de pouvoir désarmer les milices croates et empêcher la Croatie de continuer à s'armer, la JNA finirait tôt ou tard par se résoudre à prendre la défense des Serbes de Croatie. Rien ne semblait pouvoir contrarier son projet de se tailler dans le flanc de la Yougoslavie à l'agonie un État propre à assurer sa domination.

Le soutien à l'indépendance slovène

Parallèlement aux tentatives de l'armée, Slobodan Milosevic avait continué, dans l'ombre, à mettre en œuvre ses propres plans. « Le peuple serbe vivra dans un seul et même État », avait-il averti, le 10 janvier 1991, lors d'une réunion de la Présidence fédérale sur l'avenir de la Fédération, à laquelle participaient les présidents des républiques [66]. Peu lui importait la configuration finale de cet État du moment qu'il était sous domination serbe et qu'il en était le maître. Dans ce dessein, il avait continué de pactiser en secret avec la direction slovène, qui n'était pas restée indifférente aux appels insistants de Belgrade en faveur de l'indépendance de la Slovénie. Après la rencontre du 3 octobre 1990, Belgrade avait suggéré aux Slovènes d'organiser un référendum sur l'indépendance afin de légitimer leur départ de la Yougoslavie au nom du droit des peuples à disposer d'eux-mêmes. Mais Ljubljana voulait des garanties. Le 28 novembre 1990, Janez Drnovsek, le représentant slovène à la Présidence collégiale yougoslave, avait demandé à son homologue serbe, Borisav Jovic, comment la Serbie entendait faire admettre la séparation de la Slovénie. Borisav Jovic avait répondu : « Nous promulguerons une loi sur la délimitation des frontières et la Slovénie pourra partir. Si le référendum en faveur de l'indépendance échoue, le gouvernement slovène devra démissionner [67]. » Quelques jours plus tard, l'ambassadeur des États-Unis à Belgrade, Warren Zimmermann, un grand connaisseur de la Yougoslavie où il avait déjà servi dans les années 70, s'enquit à son tour de l'attitude de la Serbie et de l'armée yougoslave en cas de sécession slovène. Borisav Jovic lui confirma que ni Belgrade ni l'armée n'auraient « recours à la force si une majorité des Slovènes y étaient favorables [68] ». Le 23 décembre, 88,2 % des 1,5 million d'électeurs se prononcèrent en faveur de l'indépendance, autorisant ainsi le gouvernement slovène à proclamer l'indépendance de la Slovénie et sa sécession d'avec la Yougoslavie si, dans un délai de six mois, les six républiques fédérées ne parvenaient pas à un accord sur la restructuration de la Yougoslavie [69]. Un mois plus tard, alors que l'armée s'apprêtait à intervenir en Croatie, le président slovène se rendait à Belgrade pour sceller un accord avec celui qui avait été son plus grand adversaire dans la Fédération et qui, paradoxalement, devenait son principal allié dans sa course à l'indépendance. Slobodan Milosevic acceptait l'indépendance de la Slovénie et exigeait en retour que les Slovènes reconnaissent aux Serbes le droit de constituer leur Grande Serbie. Selon Milan Kucan, la rencontre du 24 janvier 1991 se déroula ainsi : « Il était évident que les Serbes n'insisteraient pas pour garder la Slovénie en Yougoslavie... Nous leur avons dit que nous revendiquions le droit d'avoir notre propre État. Slobodan Milosevic répondit que les Serbes revendiquaient le même droit, celui de tous les Serbes de Yougoslavie de vivre dans un seul État. Ma réponse fut, bien évidemment, que les Serbes avaient le même droit, mais qu'ils devaient l'exercer à la manière des Slovènes, sans bafouer les droits des autres nations. Milosevic répondit " Oui, bien sûr, c'est clair " et nous sommes repartis pour Ljubljana [70]. »

La Slovénie était la seule république ethniquement homogène de la Yougoslavie, elle était limitrophe de l'Italie et de l'Autriche, et elle ne comptait pas de communauté serbe sur son territoire [71]. Slobodan Milosevic ne nourrissait donc aucun appétit territorial envers la petite république du nord-ouest de la Yougoslavie. L'empressement de l'ancien chef réformateur du Parti communiste slovène à prouver à son peuple qu'il était capable de mener sa république jusqu'à l'indépendance servait les intérêts de Belgrade. L'Europe n'avait cessé ces derniers mois de réaffirmer sa volonté de voir la Yougoslavie se maintenir dans ses frontières et s'était clairement prononcée contre la politique indépendantiste de Zagreb et de Ljubljana. La Slovénie serait donc tenue pour première responsable de l'éclatement de la Yougoslavie, et Slobodan Milosevic pourrait exploiter le précédent slovène pour remodeler à sa guise les vestiges de la Fédération avec l'aide d'une armée orpheline. Le président serbe faisait preuve une fois de plus d'un grand pragmatisme. Nul ne pouvait douter que son plan serait beaucoup plus efficace que celui de l'armée yougoslave.

Le divorce croate

Le sort de la Slovénie scellé, Slobodan Milosevic se tourna de nouveau vers la Croatie. Les chances de l'armée de renverser la direction croate étaient infimes : le rapport de forces était certes en faveur de la JNA mais le mur de Berlin était tombé depuis plus d'un an, l'effondrement du communisme était consommé et le rétablissement du socialisme apparaissait comme une utopie. Le moment était donc venu pour Milosevic de pousser la Croatie à l'indépendance et de l'amputer de la plus grande partie de son territoire. Il souhaitait comme pour les Slovènes que les Croates prennent l'initiative de la séparation. Zagreb endosserait ainsi avec Ljubljana la responsabilité de l'éclatement de la Yougoslavie. Alors les Serbes de Croatie pourraient invoquer le droit des peuples à disposer d'eux-mêmes pour justifier leur rattachement à la Serbie. Slobodan Milosevic usa de deux leviers pour encourager les Croates au divorce : la radicalisation de la rébellion serbe qui mettait en péril la souveraineté croate et le refus catégorique de Belgrade de réformer la Yougoslavie et de négocier un nouveau contrat d'association. En novembre 1990, lors d'une rencontre de la direction yougoslave et des présidents des républiques fédérées, il avait déclaré : « Seuls les peuples de Yougoslavie sont en mesure de décider du destin de la Yougoslavie parce que ce sont les peuples et pas les républiques qui ont créé la Yougoslavie. En ce qui concerne le peuple serbe, il désire vivre dans un seul État. C'est pourquoi toute division en plusieurs États qui scinderait le peuple serbe en plusieurs parties, chacune maintenue dans des États souverains distincts, ne peut, de notre point de vue, être acceptée, c'est-à-dire — et je serai encore plus précis — ne peut même pas être envisagée. [...] Pour nous, une confédération n'est pas un État. Nous sommes prêts à discuter des compétences d'une nouvelle fédération mais nous ne discuterons pas d'une solution qui conduirait le peuple serbe à vivre divisé entre plusieurs États. » Face à l'ultimatum serbe, Zagreb n'avait d'autre choix que de renoncer à la plate-forme sur laquelle le HDZ avait remporté les élections ou bien de s'engager dans la logique de l'indépendance. Et donc de la confrontation.

Le 21 décembre 1990, les nationalistes serbes réaffirmaient l'autonomie de l'entité serbe autoproclamée en Krajina et adoptaient leur propre Constitution. Ils anticipaient la promulgation, le lendemain à Zagreb, de la nouvelle Constitution croate qui jetait les fondements d'une Croatie souveraine et indépendante. Prudente néanmoins, la loi fondamentale croate stipulait dans son article 140 que « la République de Croatie continue de faire partie intégrante de la République socialiste fédérative de Yougoslavie jusqu'à un nouvel accord entre les républiques ou jusqu'à ce que le Parlement en décide autrement ». Le mouvement sécessionniste serbe ne tarda pas à s'étendre à l'est de la Croatie. Le 7 janvier 1991, à Sidski Banovci, la Slavonie, la Baranja et la Srémie occidentale, adossées à la Serbie, constituaient à leur tour un conseil national serbe afin de préparer leur autonomie qu'ils proclamèrent le 26 février 1991. Si en Krajina les Serbes constituaient près des deux tiers de la population, en Slavonie ils étaient minoritaires. Le 20 février, Zagreb ripostait en adoptant une résolution prévoyant « la dissociation de la Croatie » de la Fédération yougoslave. Parallèlement, le Sabor proclamait l'abrogation des lois fédérales sur l'ensemble du territoire croate. Huit jours plus tard, les Serbes de Krajina proclamaient la séparation de leur région d'avec la Croatie et leur désir de s'unir à la Serbie, au Monténégro et aux Serbes de Bosnie dans une nouvelle Yougoslavie. La Croatie n'allait pas tarder à s'embraser.

Après l'abandon de l'opération « Bouclier » par l'armée, Slobodan Milosevic encouragea les rebelles de Krajina à multiplier les provocations pour acculer les Croates à la répression et l'armée à prendre la défense des Serbes et à abandonner l'idée de maintenir une Yougoslavie qui, pour Belgrade, n'existait plus. De violents incidents éclatèrent un peu partout dans la république, dans des régions convoitées par Belgrade et revendiquées par les sécessionnistes serbes. D'abord à Pakrac, petite ville de 10 000 habitants, à parité de Serbes et de Croates, située à une centaine de kilomètres à l'est de Zagreb, au cœur de la Slavonie occidentale. Les Serbes de la ville, qui venaient de proclamer leur autonomie et leur rattachement aux communes rebelles de Krajina, s'étaient emparés de la mairie et du poste de police où officiaient ensemble depuis des décennies Serbes et Croates. Les seize policiers croates en poste dans la ville furent désarmés et incarcérés aux côtés de leurs collègues serbes qui refusaient de se soumettre à l'autorité des insurgés serbes [72]. À l'aube, samedi 2 mars, les unités spéciales de la police croate intervenaient « pour rétablir l'ordre et la discipline ». Franjo Tudjman ne pouvait tolérer un nouveau Knin. Il n'hésita pas à recourir à la force. Vers 7 heures du matin, 200 hommes des unités d'élite croates reprenaient le contrôle des lieux tandis que les policiers serbes s'enfuyaient dans la forêt.

Engrenage

Des coups de feu résonnèrent dans la ville. Des éclats de vitres jonchaient le centre tandis que plus d'une centaine de personnes étaient arrêtées. Dans la matinée, la police croate quadrillait la ville, déployant de nouveaux renforts et des véhicules blindés. Le commando de la police croate avait accompli sa mission sans faire de victimes, comme allaient le confirmer ultérieurement les informations officielles. La presse de Belgrade dénonça néanmoins « la terreur fasciste » et « le massacre d'un peuple désarmé ». Elle affirmait que le coup de force des autorités croates avait fait onze morts et une soixantaine de blessés. Un journal de Belgrade alla même jusqu'à publier les réactions du prêtre orthodoxe serbe de Pakrac dont il annonçait la mort à la une du même numéro ! Soucieux de recréer l'atmosphère de la Seconde Guerre mondiale, les médias prétendaient également que des colonnes dc réfugiés serbes quittaient la région et appelaient « à la fraternité et à l'unité du peuple serbe » pour les accueillir. Exaltés dans leur sentiment national par cette propagande, des milliers de Serbes descendirent dans la rue en Krajina et en Serbie. Toujours chef en titre du SDS, Jovan Raskovic clama devant une foule survoltée que « la Croatie a déclaré en ce jour la guerre à la nation serbe ». Pour dénoncer ensuite « le commencement d'un nouveau génocide ». À Belgrade, plus de 30 000 personnes se rassemblèrent au mot d'ordre « Jasenovac ne se reproduira pas » lancé par le parti au pouvoir. Dans le centre-ville, des manifestants brandissaient des panneaux sur lesquels on pouvait lire « Œil pour œil, dent pour dent ». Profitant de la psychose qui s'était emparée des Serbes de Croatie, les extrémistes du SDS tentèrent d'ouvrir un nouveau foyer de crise à l'extrême est de la Croatie. Des insurgés serbes armés de kalachnikovs apparurent dans la région de Vukovar et de Vinkovci, en Slavonie orientale, une région aux populations mélangées où Serbes et Croates vivaient encore en harmonie. Ils montaient la garde à l'entrée des villages pour, disaient-ils, « empêcher l'intervention des forces croates et le lynchage des Serbes ».

Pendant ce temps, Borisav Jovic avait autorisé, sans consulter les autres membres de la Présidence yougoslave, l'intervention ponctuelle de l'armée fédérale. Une dizaine de blindés arrivèrent dans l'après-midi à Pakrac pour s'interposer et « éviter des affrontements interethniques », comme l'affirmait le communiqué officiel. L'armée yougoslave patrouillait la ville et en contrôlait toutes les voies d'accès. Elle fut autorisée à rester sur place « pour assurer le retour au calme » tandis que la Présidence yougoslave ordonnait le retrait des forces spéciales croates et le désarmement des insurgés serbes. Les événements de Pakrac, parce qu'ils survinrent dans une région pluriethnique, marquèrent un tournant dans les relations entre Serbes et Croates. Otages des extrémistes, les Serbes de Croatie dans leur ensemble apparaissaient aux yeux des Croates comme des ennemis potentiels. Inversement, les autorités croates, contraintes, devant l'extension de l'insurrection serbe, à prendre des mesures de rétorsion, alimentaient la psychose des Serbes. L'engrenage de la haine et de la violence se mettait progressivement en place.

Les gesticulations de l'armée yougoslave

C'était la première fois que l'armée yougoslave intervenait en Croatie. Franjo Tudjman estima que « les événements de Pakrac faisaient partie d'un complot tramé pour créer le chaos, forcer l'armée yougoslave à réagir et à renverser la démocratie en Croatie ». Il ajoutait à cette occasion que « les forces communistes aspirent à provoquer des incidents qui empêcheraient la rotation normale au sein de la Présidence yougoslave et donc la nomination le 15 mai prochain du représentant croate, Stipe Mesic, à la tête de l'État yougoslave. [...] C'est pourquoi il faut prévoir de nombreux troubles d'ici au 15 mai [73] ». Le président croate ne se trompait pas. Quelques jours plus tard, Slobodan Milosevic tentait de provoquer une intervention militaire en Croatie.

L'armée n'avait pas abandonné l'idée de restaurer, à l'aide de ses chars, la Yougoslavie communiste. Après l'échec de janvier, elle avait élaboré un nouveau plan d'action dont elle n'avait informé, le 25 février, que les dirigeants serbes. Les stratèges militaires prévoyaient désormais de combiner les pressions politiques et l'emploi de la force. L'armée entendait ainsi s'appuyer sur les forces politiques favorables au maintien de la Yougoslavie pour renverser le pouvoir en place à Zagreb. En clair, elle préconisait une alliance avec le SDS, le parti extrémiste serbe de Croatie qu'elle considérait comme proyougoslave, pour évincer le HDZ, le parti nationaliste croate [74]. Elle s'engageait, parallèlement, « à consolider les structures mises en place par les Serbes de Krajina et à soutenir (non pas publiquement mais dans les faits) leur sécession[75] ». Après Zagreb, l'armée renverserait le pouvoir à Ljubljana. Les deux républiques seraient alors placées sous tutelle de l'armée puis le pouvoir serait confié à des personnalités loyales à la Yougoslavie. L'armée envisageait d'intervenir aussi en Bosnie-Herzégovine et en Macédoine, où les dirigeants longtemps attachés au modèle fédéral commençaient, devant la menace que représentait Belgrade, à envisager une forme d'association plus souple. Les pouvoirs de ces deux « républiques hésitantes » devaient être renversés par des manifestations semblables à celles organisées par Slobodan Milosevic en 1988 pour mettre au pas la Voïvodine, le Kosovo et le Monténégro. Ainsi seraient organisés des rassemblements en faveur de la Yougoslavie dans toute la Bosnie-Herzégovine et des meetings contre les dirigeants « probulgares » *(sic)* en Macédoine. Par ailleurs, l'armée demandait au bloc serbe au sein de la Présidence yougoslave de prendre la tête de cette opération, « en collaboration avec les instances fédérales qui accepteraient de le suivre ». Les instances récalcitrantes seraient, elles aussi, déposées. Enfin, l'état d'urgence serait instauré « là où il s'avérerait nécessaire[76] ».

Slobodan Milosevic salua ce nouveau plan. L'armée s'obstinait à vouloir retenir la Slovénie mais elle proposait, pour la première fois explicitement, de se placer sous l'autorité du bloc serbe. Et le volet croate de son plan coïncidait plus que jamais avec celui du président serbe. Celui-ci demanda à Borisav Jovic de tout faire pour que la Présidence yougoslave autorisât sa mise en œuvre. À l'exception de la Serbie et du Monténégro, aucune république ne pouvait cependant souscrire à une intervention qui visait à soumettre la Yougoslavie à une hégémonie à la fois communiste et serbe. Slobodan Milosevic suggéra alors à son homme lige de trouver un subterfuge pour « évincer tous ceux qui s'opposeraient à la décision de la Présidence » yougoslave. Borisav Jovic objecta que l'armée, légaliste, n'accepterait pas d'agir dans ces conditions et proposa, si la cinquième voix venait à manquer, de créer une vacance du pouvoir qui laisserait carte blanche à l'armée [77].

L'opposition serbe avait annoncé pour le 9 mars la tenue à Belgrade d'une grande manifestation contre la mainmise du régime sur les médias. Slobodan Milosevic décida de l'interdire et somma sa police de se mettre en ordre de bataille. Depuis son bunker, sur la base militaire de Dobanovci, près de Belgrade, où il se réfugiait à chaque fois que les choses pouvaient tourner mal, il orchestra une formidable démonstration de force visant à provoquer une émeute qui forcerait l'armée à sortir de ses casernes. En fin de matinée, tandis que les manifestants convergeaient dans le calme vers la place de la République, dans le centre de Belgrade, Borisav Jovic appelait au téléphone les membres de la Présidence yougoslave. Il affirmait que le chaos régnait dans la capitale, que la police était débordée et que seule l'armée pouvait ramener le calme. Quelques heures plus tard, les provocations de la police déclenchaient une émeute, déjà réprimée quand, en fin d'après-midi, les chars se déployèrent dans la capitale pendant vingt-quatre heures [78].

À la demande de Slobodan Milosevic, Borisav Jovic avait négocié le feu vert de la Présidence yougoslave. Les représentants bosniaque et macédonien avaient cédé aux injonctions de leur homologue serbe qui avait affirmé à l'un que les rues de Belgrade étaient jonchées de cadavres et à l'autre que seules quelques unités seraient déployées dans les points sensibles de la capitale.

Les chars dans les rues de Belgrade offraient un prétexte inespéré aux généraux de mettre en œuvre leur nouveau projet de putsch. Il suffisait d'élargir l'état d'urgence à tout le pays et de procéder aux arrestations des dirigeants opposés au maintien de la Fédération. Borisav Jovic encouragea l'option militaire : « Les gens [79] commencent à perdre confiance en l'armée et en nous [les dirigeants serbes], c'est le moment ou jamais d'agir », expliquait-il à Veljko Kadijevic [80]. Les dirigeants serbes n'avaient plus de temps à perdre. L'échéance du 15 mai se rapprochait. En vertu de la rotation annuelle au sein de la Présidence yougoslave, la plus haute fonction de l'État et le commandement suprême des armées seraient alors confiés au représentant de la Croatie, un Croate membre du HDZ. Slobodan Milosevic était déterminé à entraîner l'armée dans le dépeçage de la Croatie avant la passation des pouvoirs.

La Présidence yougoslave fut convoquée en session extraordinaire le 12 mars. Borisav Jovic en fixa l'ordre du jour : l'échec du désarmement des forces paramilitaires croates et slovènes. Lorsque Stijepan Mesic arriva au Palais de la Fédération à Belgrade, il apprit à sa grande surprise que la réunion se tiendrait au quartier général de l'armée. Le Slovène Janez Drnovsek avait refusé de venir à la session de peur d'être arrêté. Stipe Mesic crut un instant qu'il était tombé dans un piège. « Sommes-nous arrêtés ? » demanda-t-il aux généraux qui semblaient présider la réunion [81]. Toute la direction militaire était présente : le ministre fédéral de la Défense, Veljko Kadijevic, son adjoint l'amiral Stane Brovet, et le chef de l'état-major, le général Blagoje Adzic. Le général Kadijevic prit le premier la parole : « Toutes sortes d'ennemis du socialisme et de l'unité yougoslave occupent le devant de la scène en Yougoslavie. On y trouve des Oustachis, des Tchetniks, des Balistes [82], des Gardes blanches et bien d'autres. Nous sommes aujourd'hui confrontés aux mêmes ennemis qu'en 1941 [83]. » La Présidence yougoslave fut invitée à légaliser une intervention militaire. Vasil Tupurkovski, le représentant macédonien, absent lors des réunions de janvier, s'y opposa tout comme Stijepan Mesic. Le bloc serbe vota pour. La décision reposait une fois de plus sur le Serbe de Bosnie Bogic Bogicevic. Il estima que la requête de l'armée n'avait aucune base légale et vota contre. Borisav Jovic éructa puis suspendit la session. Sans en référer aux autres membres de la Présidence, il demanda au général Kadijevic de se rendre à Moscou pour rencontrer le maréchal Dimitri Iazov, son homologue soviétique. L'objectif de cette visite organisée à l'insu des deux gouvernements soviétique et yougoslave : s'enquérir de la réaction des Occidentaux en cas d'intervention militaire [84].

L'armée se disait prête à agir avec ou sans l'aval de la Présidence collégiale [85]. Mais elle craignait que les puissances occidentales qui sortaient tout juste de la guerre du Golfe ne tentent d'intervenir en Yougoslavie. Lors d'une récente visite à Paris, le général serbe Blagoje Adzic avait reçu l'assurance que la France ne s'opposerait pas à un coup d'État militaire. À Londres, le général serbe

Branko Mamula avait obtenu la même réponse des Britanniques [86]. Le général Kadijevic rentra le lendemain de Moscou avec la confirmation que l'Occident ne bougerait pas [87]. Toutefois, le maréchal Iazov l'encourageait à attendre la chute de Mikhaïl Gorbatchev. L'armée yougoslave aurait alors la certitude que les Occidentaux n'interviendraient pas même si elle agissait de son propre chef, sans l'aval de la Présidence fédérale [88]. Les généraux yougoslaves entretenaient des contacts réguliers avec leurs homologues soviétiques et savaient depuis plusieurs mois qu'un groupe de militaires s'apprêtait à renverser Gorbatchev [89]. Le général Kadijevic misait sur cette alliance des armées communistes contre les forces démocratiques des deux pays et envisageait début 1991 de faire coïncider les deux putschs. Les militaires putschistes conduits par le maréchal Iazov avaient donné au gouvernement soviétique jusqu'au mois de mars pour empêcher l'effondrement de l'URSS [90]. L'échéance était donc proche. En attendant, le maréchal Iazov s'était engagé à aider le général Kadijevic à préparer l'intervention de l'armée yougoslave. À l'insu de leur gouvernement, les deux hommes avaient conclu une importante vente d'armes : des avions, des lance-missiles et des hélicoptères de combat destinés aux Serbes [91].

La session de la Présidence reprit le 14 mars. Même lieu, même mise en scène : fenêtres obstruées par d'épais rideaux, salle sans chauffage, officiers en uniforme emmitouflés dans leur manteau et décidés à obtenir des huit membres grelottants de la Présidence yougoslave l'autorisation de prendre le pouvoir [92]. Mais Bogic Bogicevic refusa une deuxième fois de voter « pour la guerre totale ». « Si j'avais voté, dès la première session, en faveur de l'intervention de l'armée, raconta le représentant bosniaque, la guerre aurait commencé le 12 mars [...]. 180 000 hommes, officiers, soldats et réservistes, seraient intervenus. Un régime militaire aurait été instauré d'abord en Croatie, puis en Slovénie, et les directions de Bosnie-Herzégovine et de Macédoine auraient été renversées. Tudjman et Kucan auraient été immédiatement arrêtés [...]. L'armée aurait également bloqué les travaux du Parlement fédéral en empêchant les députés de s'y rendre. [...] Jovic serait resté au poste de président de la Présidence collégiale yougoslave comme le prévoit la Constitution. Il aurait donc assuré le commandement suprême des forces armées. [...] Et comme le Parlement n'aurait pas été en mesure de se réunir, la Présidence collégiale aurait gouverné par décret [93]. »

Les interventionnistes étaient mis une nouvelle fois en minorité. Avant de suspendre la réunion jusqu'au lendemain, Borisav Jovic annonça qu'il démissionnerait pour laisser le champ libre à l'armée si les quatre membres non serbes de la Présidence ne se ravisaient pas. Il mit sa menace à exécution le 15 mars lorsque la direction collégiale yougoslave, réunie pour une troisième et ultime séance, repoussa définitivement la requête de l'armée. Dans un discours télévisé de six minutes après le journal du soir, Borisav Jovic déclara ne pas vouloir « être complice d'une décision qui, en liant les mains de l'armée, mène à la destruction de la Yougoslavie et à la guerre civile ». Sa démission et le retrait de la Présidence yougoslave des représentants du Monténégro, de la Voïvodine et du Kosovo, tous trois acquis à la

Serbie, créaient une vacance du pouvoir qui autorisait l'armée à instaurer l'état d'urgence et à passer à l'action [94].

À la grande surprise des dirigeants serbes, les généraux yougoslaves ne bougèrent pas. L'armée n'avait pas les moyens de sa politique et s'était bien gardée de faire état de ses faiblesses. Dans la perspective d'une prise de pouvoir, l'état-major s'était livré à des analyses détaillées de la situation. Et les experts militaires étaient unanimes : l'armée yougoslave ne pouvait pas agir de son propre chef, comme un agent autonome. « Toute tentative de lancer une action autonome relèverait de l'aventurisme irresponsable et nuirait à l'armée, qui serait tenue pour responsable de toutes les erreurs qui ont conduit le pays au bord du gouffre alors qu'elle en est, elle-même, victime », observait Veljko Kadijevic [95]. Selon ses expertises, une intervention militaire aurait provoqué un soulèvement populaire et plongé le pays dans une véritable guerre civile. L'armée aurait été perçue comme une menace non seulement par les dirigeants directement visés par le putsch mais aussi par les populations yougoslaves — et notamment par une partie des Serbes — déterminées à préserver leurs acquis démocratiques. L'armée aurait été en outre confrontée à une désaffection massive parmi les appelés et les réservistes, au blocus de ses casernes et à des foyers de résistance armée. La Slovénie et la Croatie ne seraient pas restées les bras croisés, les Musulmans et les Croates de Bosnie auraient rallié Franjo Tudjman pour combattre l'armée, et les Albanais se seraient soulevés en Macédoine puis au Kosovo [96].

Privée de toute légitimité populaire pour s'être

opposée systématiquement aux réformes et à la volonté de démocratisation, l'armée était incapable d'empêcher la désintégration de la Yougoslavie. Partiale, elle n'était pas en mesure, pendant l'intérim, de restaurer la confiance et de créer les conditions d'un dialogue en vue d'une solution négociée sur l'avenir de la Yougoslavie. Le général Kadijevic n'était pas le général Jaruzelski. Il ne pouvait se permettre, face aux Occidentaux, un scénario à la polonaise, les chancelleries occidentales, toutes conscientes qu'elles étaient des risques de démantèlement de la Fédération, n'étaient pas prêtes à soutenir une intervention qui visait avant tout à stopper le processus de démocratisation de la Yougoslavie. Le général Kadijevic reconnut que « de sources semi-officielles, nous savions que les Occidentaux étaient prêts à soutenir une intervention de l'armée afin de sauvegarder la Yougoslavie. Mais à condition notamment de renverser la direction serbe avec à sa tête Slobodan Milosevic. [...] Il ne fut pas difficile de reconnaître derrière la proposition " bien intentionnée " de l'Occident la volonté de provoquer un affrontement entre les deux piliers du maintien de la Yougoslavie : le peuple serbe et l'armée [97] ».

Lorsque les dirigeants serbes comprirent que l'armée avait renoncé à son coup de force, leurs alliés rengainèrent leur démission et réintégrèrent le 21 mars la Présidence collégiale yougoslave. Le putsch avait été évité mais le pays n'allait pas pour autant connaître une période de répit. Slobodan Milosevic s'attela dès lors à convaincre l'armée que la Yougoslavie n'existait plus et qu'elle devait se rallier au projet de « Yougoslavie tronquée » défendu par Belgrade. Le sort de l'État commun des peuples slaves du Sud était scellé. La guerre était juste reportée de quelques mois.

La sécession serbe

Le 16 mars dans l'après-midi, soit moins de vingt quatre heures après la clôture de la session de la Présidence, Slobodan Milosevic prononça une allocution télévisée qui sonnait le glas de la Yougoslavie. En jetant le masque, le président serbe espérait attiser encore la crise. Ses propos provoquèrent de vifs remous en Yougoslavie mais ne suffirent pas à tirer le signal d'alarme dans les capitales occidentales. Ces dernières s'inquiétaient, à juste titre, de la « situation explosive » en Yougoslavie mais ne comprenaient pas — ou ne voulaient pas comprendre — que le conflit qui s'annonçait depuis plusieurs années ne relevait pas d'une simple logique de guerre civile entre peuples que l'Histoire aurait trop souvent séparés ou opposés. Dans leur aveuglement, elles ne voyaient pas que la guerre évoquée par Slobodan Milosevic en ce samedi 16 mars était dictée par le souci de l'ancienne élite communiste de Belgrade de se maintenir au pouvoir et par la volonté de conquêtes territoriales. Pourtant, dans son discours télévisé, Slobodan Milosevic avait explicitement proclamé la sécession de la Serbie et du peuple serbe du reste de la Yougoslavie. « La Yougoslavie est entrée dans la phase finale de son agonie. [...] La Serbie ne reconnaîtra plus les décisions de la Présidence yougoslave », déclara le président serbe avant de préciser qu'il avait ordonné « la mobilisation des réservistes de la police de Serbie ainsi que la création de nouvelles unités afin de protéger les intérêts de la République de Serbie et du peuple serbe ». Milosevic venait de faire ce que les généraux yougoslaves reprochaient aux Slovènes et aux Croates. Il annonçait la création d'une armée serbe. La veille, Borisav Jovic avait déjà averti les membres de la direction collégiale yougoslave opposés à l'intervention de l'armée : « La Serbie défendra le peuple serbe et créera sa propre armée si l'armée yougoslave n'est pas en mesure de le défendre [98]. »

Une heure après s'être adressé à la nation, Slobodan Milosevic recevait les maires de toute la Serbie pour leur demander de se préparer à la guerre. « Nous devons assurer notre unité en Serbie si nous désirons, en notre qualité de plus grande et plus peuplée des républiques, dicter la suite ultérieure des événements. Les frontières et l'État sont en jeu. Or ce sont toujours les plus puissants qui dictent les frontières. C'est pourquoi il est indispensable que nous soyons les plus forts. Et pour être les plus forts, il faut que nous soyons unis autour des intérêts nationaux qui sont les nôtres. [...] J'ai ordonné hier encore la mobilisation du contingent de réserve de la police et, aussi, la mobilisation et la formation de nouvelles forces de police ; le gouvernement a reçu des instructions pour préparer des formations appropriées qui assureraient notre sécurité en toutes circonstances, c'est-à-dire qui nous rendraient capables de défendre les intérêts de notre république mais aussi les intérêts du peuple serbe hors de Serbie. [...] Nous estimons qu'il est dans l'intérêt et dans le droit légitime du peuple serbe de vivre dans un seul et même État. Et s'il faut que nous nous battions, eh bien, nous nous battrons ! Mais j'espère qu'ils ne seront pas idiots au point de se battre contre nous. Car si nous, les Serbes, sommes de piètres travailleurs et de mauvais gestionnaires, au moins nous saurons nous battre [99]. »

Sans l'armée yougoslave, Slobodan Milosevic ne pouvait mener à bien ses desseins. Le président serbe venait de la mettre au défi de s'exécuter en renversant les directions croates et slovènes comme elle le souhaitait ou bien de renoncer à restaurer la Yougoslavie communiste et de choisir son camp. Craignant de disparaître en même temps que le pays, la direction militaire accepta au mois de mars de devenir le bras armé du régime de Belgrade. Slobodan Milosevic avait gagné son pari. Il était parvenu à détourner l'armée de son rôle initial et à la rallier à son projet de Grande Serbie en prétendant qu'il s'agissait d'un nouvel État yougoslave rassemblant tous les peuples qui voulaient continuer à vivre en Yougoslavie. L'armée populaire yougoslave, garante de la Fédération, n'existait plus. Mais Slobodan Milosevic allait maintenir son nom pour occulter l'agression qu'il était sur le point de déclencher. Le revirement de l'armée yougoslave était sans doute l'une des conséquences du danger d'éclatement de la Fédération mais il en fut également la cause. En quelques mois, l'armée allait devenir l'un des fossoyeurs de la Yougoslavie.

L'armée yougoslave sous la coupe de Belgrade

Selon le général Kadijevic, la reconversion de l'armée yougoslave en armée serbe fit l'unanimité au sein de la direction militaire et fut décidée « en étroite collaboration avec les dirigeants politiques de Belgrade ». Dès le début du printemps, l'armée se fixa les objectifs suivants : « L'armée a pour mission de protéger et de défendre le peuple serbe hors de Serbie et de concentrer ses troupes à l'intérieur des frontières de la future Yougoslavie [100]. » « L'armée protégera le peuple serbe contre les attaques des forces croates tout en l'aidant à consolider son propre système de défense. Parallèlement, elle se préparera à la guerre contre la Croatie afin d'être opérationnelle lorsque celle-ci entrera en guerre contre l'armée yougoslave. La mission de l'armée aura officiellement pour objet la prévention des conflits interethniques, selon la formule consacrée de la Présidence collégiale [101]. » « Officieusement, la conquête des territoires serbes en Croatie [102]. » La direction militaire n'informa pas le corps des officiers de ces nouvelles directives, avalisées par le seul bloc serbe de la Présidence yougoslave [103]. L'armée était alors encore multiethnique.

Le passage de l'armée yougoslave sous la tutelle de Belgrade s'inscrivait dans le processus d'indépendance du futur État serbe, entamé au début de l'année 1990. Ainsi, en mars 1991, Slobodan Milosevic créa une structure parallèle capable d'assurer le commandement suprême de l'armée reconvertie, à la place de la Présidence collégiale yougoslave où continuaient de siéger les quatre autres républiques fédérées. Cette instance parallèle était composée des membres de la Présidence yougoslave appartenant au bloc serbe — Borisav Jovic, représentant la Serbie, Branko Kostic, le Monténégro, Seido Bajramovic, le Kosovo, et Jugoslav Kostic, la Voïvodine — et du général Veljko Kadijevic, toujours au poste de ministre fédéral de la Défense [104]. Ainsi, trois mois avant le début de la guerre, la JNA était secrètement placée sous le commandement de la Serbie et du Monténégro, et engagée en tant que forces armées de ces deux républiques. L'armée yougoslave avait trouvé un État-refuge et la Yougoslavie perdu son armée. Pour sauvegarder les apparences, Serbes et Monténégrins continuèrent de participer aux réunions au sommet organisées tout au long du printemps avec les présidents des six républiques yougoslaves. Hautement médiatisées, ces rencontres sur l'avenir de la Yougoslavie suscitèrent l'espoir. Elles étaient pourtant vouées à l'échec.

Slobodan Milosevic misait désormais sur la proclamation de l'indépendance de la Slovénie et de la Croatie pour enterrer définitivement la Yougoslavie et entamer la phase militaire de son plan. En Croatie, les choses évoluaient dans le sens qu'il souhaitait. La rébellion armée serbe qu'il alimentait depuis bientôt une année gagnait du terrain. Au début du printemps 1991, les rebelles serbes de Krajina contrôlaient un territoire qui s'étendait désormais à treize communes : Knin, Benkovac, Obrovac, Gracac, Donji Lapac, Korenica, Vojnic, Vrginmost, Glina, Dvor na Uni, Kostajinica, Petrinja et Pakrac. Et à l'est du pays, petit à petit, une nouvelle région autonome prenait forme, séparée géographiquement de la première mais adossée cette fois à la Serbie. Devant la menace de dépeçage de son pays, le président croate Franjo Tudjman commençait à se préparer à la guerre. Mi-mars, il annonçait publiquement qu'il défendrait « l'intégrité de la Croatie par les armes ».

Depuis plusieurs mois, la police croate armait

et entraînait des unités destinées à intégrer la future armée croate. Le 20 janvier 1991 à Ljubljana, Franjo Tudjman avait signé avec son homologue slovène, Milan Kucan, une alliance militaire pour contrer une éventuelle attaque de la JNA. La Croatie était progressivement prise dans l'engrenage que Belgrade avait déclenché en août 1990 à Knin. La violence des nationalistes serbes de Croatie engendrait les premiers actes de violence des extrémistes croates. Chaque nouvel incident contribuait encore à souder la nation croate et à rendre l'indépendance inexorable. Mais la Croatie n'était pas en mesure de remporter une guerre d'indépendance. L'idée d'une rencontre avec Slobodan Milosevic faisait donc son chemin. Les présidents serbe et croate étaient convenus, dès le mois de janvier, d'engager des discussions directes [105]. Les gesticulations de l'armée ayant empêché la rencontre, Stipe Mesic, le représentant croate à la Présidence yougoslave, relançait fin février l'initiative. Lors d'une entrevue avec son homologue serbe Borisav Jovic, il dénonça la politique de Slobodan Milosevic qui, encourageant la radicalisation des Croates, conduisait les Serbes de Croatie tout droit au suicide. « Je ne vous comprends pas ! disait-il. Si vous voulez vraiment défendre les Serbes, ce n'est pas en nous menaçant avec un fusil que vous y parviendrez mais autour d'une table de négociations. Sinon leur défaite est assurée car le rapport de forces est de 10 % contre 90 %. À moins que vos manœuvres ne visent à vous emparer d'une partie de notre territoire ? » Et Borisav Jovic de répondre : « Les Serbes de Croatie ne nous intéressent pas. Faites-en ce que vous voulez, ce sont vos citoyens. Les territoires croates ne nous intéressent pas non plus car il n'y a aucune logique à ce que nous nous élargissions en zone croate. Ce que nous voulons, c'est 66 % de la Bosnie-Herzégovine [106]. »

L'accord Milosevic-Tudjman

Le 25 mars 1991, quelques jours seulement après que l'armée eut renoncé à renverser la direction croate, Franjo Tudjman et Slobodan Milosevic se retrouvaient dans le domaine de Karadjordjevo, à la frontière entre les deux républiques. Le roi Alexandre, qui régna sur la première Yougoslavie, y avait fait construire une demeure pour ses retraites en pleine nature. Autre amateur de chasse, le maréchal Tito en avait fait l'une de ses résidences. Isolé au cœur d'une immense forêt, le lieu se prêtait à merveille aux rencontres les plus secrètes. En décembre 1971, Tito y avait réuni son comité central et décidé d'anéantir le « printemps croate ». Près de vingt ans plus tard, Franjo Tudjman choisissait cet endroit pour pactiser avec Slobodan Milosevic.

Officiellement, les deux hommes eurent un long entretien sur l'avenir du pays au cours duquel ils étaient convenus de trouver une solution à la crise yougoslave dans un délai maximum de deux mois et d'« éliminer toute option pouvant desservir les intérêts du peuple serbe ou du peuple croate ». Personne ne se doutait que derrière ce communiqué laconique se cachait un accord qui promettait la Yougoslavie à une mort tragique. Deux mois après avoir conclu un pacte avec le président slovène au détriment de la Croatie, Slobodan Milosevic composait avec Franjo Tudjman aux dépens, cette fois, de la Bosnie-Herzégovine et de la réforme du premier ministre yougoslave, Ante Markovic, qui s'était posé en rival des régimes nationalistes en essayant d'ancrer la Yougoslavie dans la transition démocratique.

Souverain béni des urnes qui régnait depuis l'ancien palais du Ban, au cœur de la vieille ville de Zagreb, gardé par des sentinelles en tenue d'apparat, Franjo Tudjman rêvait déjà d'une Croatie « dans ses frontières ethniques et historiques » qui déborderait sur la Bosnie-Herzégovine voisine alors que la souveraineté croate ne s'exerçait plus sur une partie de sa république. Le maître de Zagreb se croyait investi d'une mission messianique, celui de Belgrade était habité d'une volonté de fer. Autocrate froid et austère, étranger au dandysme d'un Tito que son homologue croate copiera au risque de la caricature, Slobodan Milosevic voulait forger dans la guerre un État pour préserver son pouvoir personnel. Il ne voulait pas d'un nouveau château de cartes tel que la Yougoslavie. Pragmatique sans scrupule, il cherchait des complices pour conforter sa politique. Les Slovènes indépendants cautionnaient ses intentions destructrices envers la Yougoslavie. Mais le départ de la Slovénie ne modifiait que les frontières extérieures de la Fédération moribonde, la conception ethnique et territoriale de la nation se confondant dans le cas slovène. Seuls les Croates, encouragés dans leur rêve de réunir les différents segments de leur nation dans un même État, pouvaient légitimer la volonté de Belgrade de réunir tous les Serbes dans un même État et de modifier les frontières intérieures de la Yougoslavie. Une telle politique conduisait inéluctablement à la guerre et au déplacement de populations.

Le message transmis en février par Borisav

Jovic était sans équivoque. Il appelait à la division de la Bosnie-Herzégovine et à la création d'une Grande Serbie et d'une Grande Croatie. Slobodan Milosevic, qui ne cessa de faire passer ses ambitions avant ses idées, offrait à son ennemi juré un compromis à l'image du *Sporazum* conclu en 1939 pour mettre fin à la confrontation serbo-croate au sein de la première Yougoslavie. Signé le 20 août 1939 entre le premier ministre yougoslave, le Serbe Dragisa Cvetkovic, et le leader du Parti paysan croate, Vlatko Macek, l'accord revendiqué par les Croates qui dénonçaient la mainmise serbe sur le royaume de Yougoslavie instaurait une Banovine autonome croate qui comprenait la Croatie actuelle et un tiers du territoire bosniaque [107]. Franjo Tudjman ne pouvait laisser passer pareille occasion.

Il avait souhaité rencontrer Slobodan Milosevic pour éviter la guerre et le dépeçage de la Croatie. Le président serbe lui offrait, par surcroît, d'entrer dans l'Histoire non seulement comme le père de l'indépendance croate mais aussi comme l'architecte de la Grande Croatie. Il rentra à Zagreb enthousiaste. « Nous n'avons besoin d'aucune défense, l'armée ne nous attaquera pas, Milosevic en a fait la promesse. La Bosnie-Herzégovine ne pourra pas se maintenir en tant qu'État et nous récupérerons les territoires de la Banovine ainsi que les confins de la Bosnie occidentale : Cazin, Kladusa et Bihac », confia le président croate à Stipe Mesic [108]. Mais Franjo Tudjman venait de conclure un marché de dupes qui n'allait pas éviter le morcellement de la Croatie. Sa naïveté contribua au ralentissement des préparatifs de guerre de la Croatie. En flattant la vanité de son homologue croate, comme il avait flatté celle du Slovène Milan Kucan, Slobodan Milosevic voulait d'abord empêcher une dissolution négociée de la Yougoslavie à laquelle Belgrade aurait été forcée si la Croatie, la Macédoine, la Bosnie-Herzégovine et la Slovénie s'étaient alliées pour mettre en minorité la Serbie et le Monténégro. Le verbe haut mais l'attitude encore prudente, Franjo Tudjman, qui n'avait pas les moyens d'une guerre d'indépendance, souhaitait sortir en douceur de la Yougoslavie et proposait d'établir une confédération yougoslave pour trois ans, le temps de régler le différend serbo-croate [109]. Par cette proposition de partage, Slobodan Milosevic l'en avait définitivement dissuadé. En divisant ses adversaires, il empêchait à tout jamais l'émergence d'un front uni contre l'hégémonie serbe qui aurait, sans doute, mis en échec ses plans.

À Karadjordjevo, Franjo Tudjman et Slobodan Milosevic avaient décidé de la création d'une commission informelle bipartite, composée de personnalités croates et serbes, chargées de concrétiser sur le papier ou plutôt sur des cartes topographiques l'accord de principe qu'ils venaient de conclure sur le partage de la Bosnie-Herzégovine [110]. Slobodan Milosevic choisit deux de ses conseillers, l'académicien et coauteur du Mémorandum de 1986, Kosta Mihailovic, et Vladan Kutlesic, ainsi que deux professeurs de l'université de Belgrade, Ratko Markovic et Smilja Avramov. Franjo Tudjman s'entoura également de deux conseillers, Josip Sentija et Dusan Bilandzic, et de deux professeurs de l'université de Zagreb, Zvonko Lerotic et Smiljko Sokol [111]. Trois rencontres auront lieu. La première, le 10 avril 1991, à Tikves, dans un domaine de chasse près d'Osijek, la deuxième, le 13 avril, à Dedinje, le quartier résidentiel de Belgrade, et enfin la troisième, une semaine plus tard, à Zagreb.

Les travaux de la commission se soldèrent par un échec et furent interrompus à la demande de la délégation croate qui déclara forfait à l'issue de la troisième séance de travail. Dès la première rencontre, Josip Sentija démissionna pour marquer son refus de tracer sur des cartes la ligne de partage de la Bosnie-Herzégovine, république multiethnique peuplée de Serbes, de Croates et de Slaves islamisés. Zvonko Lerotic et Dusan Bilandzic participèrent aux trois réunions mais parvinrent à la conclusion que le découpage de la Bosnie-Herzégovine était impossible : « Nous menions des débats sans fin pour savoir si telle petite vallée était serbe ou croate ou pour déterminer la majorité ethnique d'une ville. Mais le problème majeur, celui qui rendait impossible ce partage, était les Musulmans. J'ai mis en garde Tudjman en lui demandant comment ils allaient accueillir ce projet. Il m'a répondu qu'ils ne diraient rien si les Serbes et les Croates se mettaient d'accord. J'ai ensuite attiré son attention sur la réaction de la communauté internationale. Tudjman a alors rétorqué que l'Occident était disposé à accepter tout ce qui se déciderait ici [112]. »

Devant les réticences de la délégation croate, Slobodan Milosevic et Franjo Tudjman décidaient de régler eux-mêmes le sort de la Bosnie-Herzégovine. Le 15 avril à Tikves, en marge d'un sommet sur l'avenir de la Yougoslavie, ils abordèrent les questions qui ne pouvaient être confiées aux experts : l'éventuel abandon de zones de peuplement croate aux Serbes afin qu'ils puissent assurer la continuité de leur territoire, notamment la vallée de la Save, les transferts massifs de populations que supposait un tel partage et l'opportunité de créer un mini État-tampon musulman [113]. Slobodan Milosevic préconisait le confinement des quelque deux millions de Musulmans bosniaques dans un territoire enclavé entre la Serbie et la Croatie. Afin de convaincre son interlocuteur, il déploya une énergie particulière pour stigmatiser le péril islamiste, affirmant que les Musulmans bosniaques essaieraient de s'étendre à l'est afin de relier tous les territoires peuplés, en Yougoslavie, de Musulmans, jusqu'au Kosovo [114]. Il alla même jusqu'à prétendre, sur la foi d'un rapport qu'il remit à Franjo Tudjman, qu'en cas de démantèlement de la Yougoslavie, 500 000 Musulmans de la diaspora, établie au cours des soixante-dix dernières années en Turquie, chercheraient, chaque année, à se réinstaller en Bosnie-Herzégovine [115]. D'autres négociations secrètes auront lieu tout au long de la guerre, en tête à tête ou avec de nouveaux émissaires. Certains affirmeront en avoir dénombré quarante-huit [116].

Ni Slobodan Milosevic ni son complice croate ne firent le moindre effort pour cacher aux diplomates occidentaux leurs visées sur la Bosnie-Herzégovine. « En tant que région où Serbes, Croates et Musulmans avaient coexisté plus ou moins pacifiquement pendant des siècles, la Bosnie était un affront et un défi pour ces deux adeptes de la suprématie ethnique », écrira l'ambassadeur américain Warren Zimmermann. Si Slobodan Milosevic, champion du double langage, se dissimulait encore derrière la prétendue inexorabilité du démantèlement de la Bosnie-Herzégovine en cas d'éclatement de la Yougoslavie, Franjo Tudjman, avec la sincérité de l'exalté, admettait publiquement vouloir dépecer cette république qui, à ses yeux, n'avait rien d'une nation et n'était que « le fruit de l'invasion ottomane en Europe ». En décembre 1991, le président croate clamera : « Il est dans l'intérêt de la Croatie que ce problème soit réglé de manière naturelle, de la manière dont la Banovina [et son territoire] a été réglée. Aussi pourrait-il rester une petite partie de la Bosnie où les Musulmans seraient majoritaires. Cet État de Bosnie servirait alors de zone tampon entre la Croatie et la Serbie. Ainsi cette création coloniale qu'était la Bosnie-Herzégovine disparaîtrait [117]. »

4

Les prémices de la guerre

Tout au long du printemps 1991, Slobodan Milosevic multiplia les manœuvres pour détruire ce qui restait encore de l'État yougoslave. Dans cette entreprise, il bénéficia de la neutralité bienveillante, parfois même de l'appui des dirigeants slovènes et croates, résolus à mener leur république à l'indépendance. Le président serbe avait suscité puis joué l'intérêt de ces derniers à défaire la Yougoslavie, contre celui des Bosniaques et des Macédoniens à sauvegarder la paix et à trouver une issue politique à la crise yougoslave. Il avait ainsi divisé ses adversaires et s'était assuré la voie libre pour ourdir une guerre dévastatrice et conquérante à laquelle Ljubljana comme Zagreb pensaient devoir échapper. Pourtant la Croatie connut au fil des mois une recrudescence de violence qui laissait mal augurer de son avenir. À chaque incident, l'armée yougoslave était déployée en prévision de la bataille pour la Grande Serbie.

Poursuivant leur politique de grignotage du territoire, les rebelles de Krajina s'emparaient du parc national de Plitvice. Ce célèbre site touristique, avec son chapelet de lacs et de cascades au milieu des forêts, était une source importante de devises pour la Croatie. Situé en bordure de la Krajina, à cheval sur les territoires de la municipalité de Titova Korenica, à forte majorité serbe, et de celle de Slunj, à majorité croate, le parc ne comptait guère d'autres habitants que le personnel hôtelier. Mais la région permettait de faire la jonction avec les municipalités autonomistes dans le Kordun et la Banija, au nord de la Krajina. Fin mars 1991, les miliciens serbes investirent les lieux, expulsèrent les responsables croates du centre touristique et annexèrent le parc national à la Krajina. La Croatie perdait ainsi le contrôle d'une nouvelle partie de son territoire. Le ministère de l'Intérieur croate lança un appel aux autorités locales serbes de Titova Korenica exigeant la restitution du parc national. En vain. Le 31 mars, dimanche de Pâques, un autocar avec à son bord une unité de la police spéciale croate pénétra dans le parc. Il était 5 heures du matin. Les rebelles serbes ouvrirent le feu, tuant un policier croate et en blessant sept autres. Des renforts arrivèrent. Vers midi, les forces croates avaient repris le contrôle des équipements touristiques. Les affrontements se soldèrent par deux autres morts, tous deux serbes. La « guerre pour la Krajina » enregistrait ses premières victimes.

L'élargissement de la Serbie

Sur les ondes de Radio Knin, les rebelles serbes décrétaient la mobilisation et invitaient les habitants possédant des fusils à former des détachements de volontaires pour mettre fin à

« l'occupation croate ». Milan Babic dénonçait « l'agression terroriste du pouvoir néofasciste et oustachi de l'État croate contre le peuple serbe » et appelait à la « défense de l'intégrité territoriale de la province » autoproclamée. À Belgrade, Borisav Jovic ordonna, sans consulter la Présidence collégiale, le déploiement de plusieurs unités fédérales. « Nous avons franchi le Rubicon, estimait-il. Nous ne demanderons plus l'avis des autres membres de la Présidence yougoslave, nous agirons afin de défendre le peuple serbe. Nous continuerons à tenir informée la Présidence mais ceux à qui nos décisions déplairont n'auront qu'à s'en aller [1]. » Comme à Pakrac, au début du mois, l'armée prenait position sur ordre de Belgrade, officiellement pour s'interposer entre les combattants, officieusement pour soustraire à l'autorité croate les régions revendiquées par les Serbes. Dès l'arrivée des chars yougoslaves, la police croate se voyait intimer l'ordre de quitter le parc national sous la menace d'un recours à la force. Le 1er avril, les Serbes de Krajina se réunissaient à Titova Korenica et proclamaient le rattachement de leurs territoires à la Serbie. Les autonomistes serbes de Slavonie leur emboîtèrent le pas deux jours plus tard. Réuni le 3 avril, le Parlement de Serbie proposa de ratifier la fusion de leur république avec les communes autonomistes serbes. Tous agissaient dans la logique de l'élargissement de l'« espace vital » serbe, encouragée par la direction serbe. Ils oubliaient cependant que l'annexion de près d'un quart de la Croatie revenait à une déclaration de guerre et risquait de sortir l'Europe de sa passivité. Slobodan Milosevic ne voulait pas endosser la responsabilité de l'éclatement de la Yougoslavie qu'il entendait faire porter aux républiques indépendantistes. Il ne souhaitait pas non plus que la Serbie donne des preuves de son implication dans les troubles en Croatie. Il rappela ses troupes à l'ordre [2]. Les élus serbes renoncèrent à l'annexion mais s'engagèrent à offrir aux Serbes de Croatie « toute l'aide nécessaire » et appelèrent l'armée yougoslave à défendre « les Serbes en danger » en Croatie.

Le scénario de Pakrac et de Plitvice se répéta d'un bout à l'autre de la Croatie. Accrochages, fusillades, explosions et barricades se multiplièrent tout au long du mois d'avril. Tirant argument des incidents, l'armée yougoslave renforçait sa présence dans les « territoires serbes » autoproclamés, comme le réclamait depuis plus d'un an Slobodan Milosevic. Pendant ce temps, la télévision de Belgrade et la presse sous contrôle manipulaient la mémoire serbe et semaient la haine en publiant des feuilletons sur les massacres de la Seconde Guerre mondiale. Cet amalgame entre le passé et le présent visait à imputer aux Croates d'aujourd'hui la responsabilité collective du génocide d'alors. Le journal *Politika* affirmait pour sa part que le Vatican avait accordé quatre milliards de dollars de crédit à la Croatie pour désintégrer la Yougoslavie [3]. Ce conditionnement psychologique allait précipiter la population serbe dans la guerre. Jamais le projet de la Grande Serbie n'aurait eu un tel effet de cohésion si Belgrade n'avait pas brandi le spectre d'un nouveau génocide. La majorité des Serbes de Croatie n'adhérait pas en 1990 aux idées des nationalistes de Knin. Et si cette minorité agissante avait réussi à s'imposer dans les zones à dominante serbe de Croatie, c'était grâce à l'insurrection armée fomentée puis nourrie par Belgrade. Mais désormais elle y régnait sans partage avec le soutien de la population. Le sort des Serbes de Croatie était entièrement entre les mains de Slobodan Milosevic.

Au début du printemps, les troubles gagnèrent progressivement la Slavonie orientale. Cette région adossée à la Serbie n'avait jusque-là connu aucune tension ethnique. Les nationalistes serbes de Knin, avec l'aide de Belgrade, avaient amené à leurs vues une partie des élus locaux serbes et constitué en février une région autonome serbe de Slavonie, Baranja et Srem occidental. Mais la majorité de la population était restée à l'écart de ces manœuvres politiciennes. Terre d'échange et de brassage, à mi-chemin entre Belgrade et Zagreb, la riche plaine danubienne n'avait pas cédé aux sirènes du nationalisme. Depuis des siècles, une dizaine de communautés ethniques, Croates, Serbes, Tchèques, Slovaques, Ruthènes, Hongrois, Italiens, Allemands et autres, cohabitaient pacifiquement sur ces terres fertiles, autrefois grenier à blé de l'Autriche-Hongrie. Aux élections de 1990, les communistes réformés d'Ivica Racan avaient fait le plein des voix serbes et croates, infligeant une défaite cuisante au HDZ de Franjo Tudjman. Le SDS, le parti nationaliste serbe, ne s'était pas présenté. Il n'était pas encore implanté dans cette région multiethnique.

Convoitée par Belgrade, la Slavonie orientale allait devenir au printemps 1991 la proie des nationalistes serbes et croates. Pour imposer leur logique ethnique, ils allaient s'appuyer sur les populations récentes de Slavonie, les *dosljaci*, originaires des régions les plus pauvres de Yougoslavie et plus réceptifs à la propagande nationaliste que les *starosjedioci*, descendants des colons installés par l'Autriche-Hongrie. Les immigrants de l'après-guerre venus en nombre pour remplacer les Allemands de souche, systématiquement expulsés en 1945, avaient créé des zones de peuplement relativement homogènes au cœur d'une région qui affichait les plus forts taux de mariages mixtes de toute la Yougoslavie. Les Serbes et les Monténégrins originaires du Kosovo ou d'Herzégovine s'étaient installés plutôt au nord de la route Vukovar-Osijek, les Croates d'Herzégovine principalement au sud. Quarante-cinq années sous les mots d'ordre de la fraternité et de l'unité n'avaient guère modifié cette implantation communautaire. Ces villages allaient servir de viviers au SDS et au HDZ, décidés à reprendre en main les municipalités d'Osijek et de Vukovar sous contrôle des partisans du dialogue entre Serbes et Croates.

Dans les premiers jours d'avril, au lendemain des heurts de Plitvice, les milices venues de Serbie arrivèrent en renfort dans les villages serbes situés entre Osijek et Vukovar, pour soutenir les mouvements sécessionnistes qui, contrairement à Knin, ne pouvaient pas s'appuyer sur un soutien massif de la communauté serbe locale. En quelques jours, des barricades se dressaient sur les paisibles routes slavones. Chevaux de frise et miliciens en armes bloquaient les accès de Borovo Selo, Trpinja, Vera puis Brsadin. L'arrivée des Tchetniks du leader ultranationaliste Vojislav Seselj à Borovo Selo, bourgade à 80 % serbe dans la périphérie de Vukovar, fut annoncée à grand renfort de publicité par les médias belgradois qui célébraient le patriotisme de « ces volontaires partis défendre le peuple serbe menacé[4] ». Les autorités croates ne tardèrent pas à réagir. Depuis la création d'un Conseil national serbe dans la région, en janvier 1991, elles avaient chargé les chefs du HDZ d'Osijek et de Vukovar, Branimir Glavas, fils d'immigrants herzégoviniens, et Tomislav Mercep, de recruter des volontaires parmi leurs militants et de constituer des milices dans chaque village croate en vue d'assurer leur défense ou de rejoindre, si nécessaire, les forces de réserve de la police. Zagreb se méfiait de la police locale, dominée par les Serbes à Vukovar et dirigée à Osijek par Josip Reihl-Kir, un Croate d'ascendance allemande et slovène, qui consacrait toute son énergie à négocier la levée des barricades et à restaurer la confiance entre Serbes et Croates. Après l'arrivée des milices ultranationalistes de Serbie, et le déploiement concomitant de chars yougoslaves dans la région d'Osijek, Franjo Tudjman dépêcha sur place l'un de ses conseillers, Gojko Susak, tenant de la ligne dure du HDZ et ami personnel de Branimir Glavas.

Logique de guerre

La confrontation de ces deux stratégies nationalistes allait encourager l'escalade de la violence et saper la politique de dialogue menée par les autorités locales, à laquelle ni Zagreb ni Belgrade ne souscrivaient. Fin avril, Gojko Susak ordonnait à une patrouille de police d'aller retirer le drapeau serbe qui flottait à l'entrée du village et de hisser le drapeau croate. Les policiers pensaient tromper la vigilance des miliciens serbes qui avaient abondamment célébré le 1er mai. Ils arrivèrent au village à la tombée de la nuit mais furent accueillis par des tirs. Deux policiers furent blessés et arrêtés, les deux autres réussirent à s'échapper. Le ministre croate de l'Intérieur, Josip Boljkovac, qui était en visite à Belgrade, obtint de son homologue au niveau fédéral l'assurance que les deux policiers blessés seraient libérés. Mais à son insu, l'ordre avait été donné d'intervenir [5]. Le lendemain, un autocar de la police croate entrait dans Borovo Selo pour rapatrier leurs deux collègues prisonniers. Les Serbes les attendaient depuis l'aube sur le pied de guerre. Ils laissèrent l'autocar s'engager sur une petite route et ouvrirent le feu. La fusillade provoqua un véritable massacre : douze policiers croates furent tués et plus d'une vingtaine blessés. Dans l'après-midi, l'armée yougoslave se déployait dans le village et assurait l'évacuation des corps sévèrement mutilés des victimes. Les miliciens de Vojislav Seselj avaient coupé les oreilles et arraché les yeux des cadavres pour rappeler qu'ils ne se réclamaient pas par hasard de l'héritage des Tchetniks de la Seconde Guerre mondiale. Au même moment, des chars fédéraux prenaient position sur les trois ponts qui enjambaient le Danube et reliaient la Croatie à la Serbie. La région de Vukovar se retrouvait ainsi isolée.

La Croatie était en état de choc. Le drame de Borovo Selo ébranla l'opinion croate, exaltée par une surenchère médiatique de l'horreur. La télévision de Zagreb diffusa des photographies des corps mutilés des douze policiers tandis que la presse dénonçait la résurgence de la barbarie tchetnik, incitant à la haine des Serbes. Les Serbes de Slavonie étaient petit à petit assimilés, sans distinction, à des Tchetniks ou à des terroristes. Dans un message à la nation, vendredi 3 mai, Franjo Tudjman mit pour la première fois en garde contre l'imminence d'une guerre. « Nous observons le commencement d'une guerre ouverte contre la Croatie. » Puis il accusa la Serbie d'avoir commandité les incidents de Borovo Selo afin d'empêcher la rotation au sommet de l'État. À Belgrade, le chef du Mouvement des Tchetniks, Vojislav Seselj, ne le démentit pas [6]. Il reconnut publiquement que ses milices avaient participé au massacre du 2 mai. Le 8 mai, alors qu'il se trouvait à Valjevo, il précisa : « Nous sommes prêts pour les événements à venir. Nous avons averti l'état-major yougoslave que nous retirerions tous nos Tchetniks et déposerions les armes si l'armée intervenait pour désarmer les Croates. Mais si elle ne bouge pas, le sang coulera à flots et le peuple serbe vaincra... »

L'armée ne bougea pas. Elle n'avait pas obtenu le 9 mai les pouvoirs spéciaux qu'elle réclamait pour démanteler les forces armées croates. Quatre des huit membres de la Présidence s'y étaient opposés. Sous prétexte de mettre fin « aux conflits interethniques entre Serbes et Croates », l'armée fut cependant autorisée, à la demande des Serbes, à créer avec l'appui des forces de la police fédérale une zone tampon « entre les régions serbes de Croatie et le reste de la République, pendant un mois ». Son déploiement n'allait nullement permettre de rétablir l'ordre et d'apaiser les esprits. Il contribuerait, au contraire, à séparer les communautés et à préparer la partition territoriale de la Croatie.

Les événements de Borovo Selo et les incidents qui suivirent permirent aux nationalistes des deux bords de monter les communautés les unes contre les autres et de se rendre ainsi maîtres du terrain. Chaque camp mit en place ses propres barricades, constituant ainsi son front en attente de la guerre. Les partisans du dialogue furent écartés. Josip Reihl-Kir fut assassiné le 1er juillet alors qu'il tentait de mettre fin au conflit qui opposait milices serbe et croate dans Tenja, un village aux portes d'Osijek peuplé de 70 % de Serbes et de 30 % de Croates. Josip Boljkovac, le ministre croate de l'Intérieur, fut quant à lui limogé, le 2 juillet, pour s'être intéressé aux commanditaires de l'assassinat de Josip Reihl, convaincu que Antun Gudelj, le policier croate qui avait tiré sur son chef, n'était qu'un exécutant. Otage des extrémistes, la population fut rapidement contrainte de choisir son camp, en fonction de son appartenance ethnique. L'attitude des autorités croates, qui confièrent le commandement de la police d'Osijek à Branimir Glavas et celle de Vukovar à Tomislav Mercep, ne laissait guère de choix aux Serbes, même les plus modérés. La partialité de l'armée n'offrait plus aucune alternative. La guerre allait s'abattre sur cette région pour achever de diviser les populations qui dans les villes croyaient encore à la coexistence.

Au lendemain du massacre de Borovo Selo, Franjo Tudjman annonça la création de la Garde nationale croate (Zbor narodne garde, ZNG), embryon de la future armée croate, constituée par les unités de la Défense civile mise sur pied par le HDZ. Puis il appela ses concitoyens aux urnes pour décider de l'avenir de la Croatie. À l'occasion du référendum organisé le 19 mai 1991, près de 95 % des Croates se prononcèrent en faveur d'une Croatie souveraine et indépendante pouvant s'unir librement avec d'autres républiques yougoslaves dans une alliance d'États souverains. La majorité des Serbes de Croatie boycottèrent la consultation. Ils s'étaient prononcés une semaine auparavant, par voie de référendum, en faveur de leur rattachement à la Serbie, que Belgrade avait reformulé « pour continuer à faire partie de la Yougoslavie avec la Serbie et le Monténégro et tous ceux qui veulent préserver la Yougoslavie ».

La fin de la Yougoslavie

Pendant ce temps, Slobodan Milosevic acheva d'anéantir ce qui restait encore de l'État yougoslave. Après avoir privé la Yougoslavie de son armée, il provoqua la dissolution de la Présidence yougoslave. Le 15 mai, il ordonna au bloc serbe au sein de la direction collégiale d'empêcher la prise de fonctions de Stipe Mesic, qui, en vertu du principe de la rotation annuelle, devait succéder à Borisav Jovic à la tête de l'État yougoslave. Le président en titre de la Yougoslavie n'ayant guère plus de pouvoirs que ses sept autres collègues de la direction collégiale, l'arrivée à ce poste d'un Croate non communiste représentant d'un gouvernement déterminé à mener la Croatie jusqu'à l'indépendance n'inquiétait pas vraiment les Serbes. Ils disposaient de quatre voix et pouvaient paralyser les travaux de la Présidence quand ils le souhaitaient. Mais Milosevic désirait avant tout précipiter la désintégration de la Yougoslavie. À la faveur des troubles en Croatie, l'armée s'était déployée le long des territoires promis à l'annexion serbe. Slobodan Milosevic était fin prêt. Privée de sa direction fédérale, la Yougoslavie cessait *de facto* d'exister.

Opposée à un démembrement yougoslave, la communauté internationale ne cessait d'affirmer tout le prix qu'elle attachait à l'unité de la Yougoslavie et pressait les dirigeants yougoslaves de trouver une issue rapide à la crise. Depuis le 28 mars 1991, les présidents des six républiques yougoslaves se réunissaient à intervalles réguliers pour discuter de l'avenir de la Yougoslavie. Slovènes et Croates participèrent aux négociations dans l'espoir de fixer, avant le 30 juin, les modalités d'une séparation négociée ou d'une union libre avec les républiques yougoslaves. Au-delà de cette date, Ljubljana et Zagreb n'attendraient plus pour proclamer leur indépendance. Slobodan Milosevic, qui se prétendait toujours favorable au maintien d'une fédération centralisée, se prêta à l'exercice afin de rassurer les généraux yougoslaves et les chancelleries occidentales. Il ne doutait pas que les négociations aboutiraient à une impasse, les trois peuples cofondateurs de la Yougoslavie en 1918 ayant décidé de mettre fin à l'État commun [7].

En mai cependant, la Bosnie-Herzégovine et la Macédoine, qui souhaitaient sincèrement préserver un cadre yougoslave, envisageaient de s'allier à Zagreb et Ljubljana pour imposer à Belgrade la création d'une Union yougoslave d'États souverains, la formule confédérale qu'avait catégoriquement rejetée Slobodan Milosevic parce qu'elle mettait fin à ses rêves de dépeçage de la Bosnie-Herzégovine. Mise en minorité, la Serbie aurait vraisemblablement été soumise à de vives pressions européennes et américaines pour accepter une solution désormais défendue par la majorité des républiques yougoslaves. Sous la houlette de Mikhaïl Gorbatchev, l'URSS était sur le point de parvenir à un accord sur une nouvelle forme d'Alliance de républiques souveraines. Slobodan Milosevic redouta une pression conjuguée de Moscou et des Occidentaux en faveur d'un compromis [8]. Aussi préféra-t-il dissoudre l'instance suprême de l'État fédéral, seule apte à ratifier une réforme du contrat yougoslave.

Une partie de la direction militaire reprocha à Slobodan Milosevic d'avoir donné le coup de grâce à la Yougoslavie. Le chef de l'état-major yougoslave, le général serbe Blagoje Adzic, ne cacha pas que Slobodan Milosevic méritait d'être arrêté pour avoir brisé les derniers espoirs de sauvegarder l'unité yougoslave. Mais le leader serbe ne prit pas la menace au sérieux [9]. Il savait qu'il était le seul à offrir à cette armée orpheline une perspective de survie logistique et un nouvel État. De fait, l'armée continua d'appliquer consciencieusement l'accord conclu en mars 1991 avec la direction serbe. Au début de l'été 1991, le général Kadijevic pouvait dresser le bilan suivant : « L'armée a accompli pleinement sa mission. Elle a protégé le peuple serbe et l'a aidé à se préparer aussi bien sur le plan politique que militaire aux événements qui vont suivre [10]. »

Les manœuvres de Slobodan Milosevic visaient également à neutraliser le premier ministre yougoslave. Farouche adversaire des nationalismes de tout poil, Ante Markovic espérait conjurer le danger d'un sanglant épilogue en mettant dans la balance le passage à l'économie de marché et l'ouverture de la Yougoslavie vers l'Europe. Mais sa volonté d'« européaniser les Balkans plutôt que de balkaniser l'Europe » avait fait de lui la bête noire de la direction serbe et de tous les régimes nationalistes qui avaient émergé en Yougoslavie. Depuis sa nomination, le 16 mars 1989, les dirigeants serbes s'étaient attelés à déstabiliser ce réformateur convaincu. Au lendemain de l'effondrement du Parti communiste yougoslave, début 1990, Ante Markovic s'était engagé à réformer le système. Il pensait que la transformation de la Yougoslavie en un État démocratique et une relance économique enrayeraient la montée des nationalismes et le processus de désintégration de la Fédération. La Serbie rejeta d'emblée son programme mais fut mise en minorité par les autres républiques yougoslaves qui soutenaient le projet de démocratisation de la société qu'offrait le nouveau premier ministre.

Semblable aux thérapies de choc appliquées un an plus tard par d'autres pays socialistes, la réforme engagée par Ante Markovic prévoyait la libéralisation des prix, l'ouverture du marché, l'instauration de la convertibilité du dinar, le gel des salaires et le blocage partiel des prix, une réforme bancaire, la libéralisation de l'initiative privée mais aussi le renforcement des compétences économiques au niveau fédéral aux dépens de celles des républiques. Opposée à ce type de remède, la Serbie accusa Ante Markovic d'être à la solde des Occidentaux et de vouloir introduire un capitalisme sauvage en Yougoslavie. « Il nous faut un premier ministre qui soit pour la Yougoslavie et le socialisme. Or Ante [Markovic] n'est ni pour l'une ni pour l'autre », pensaient alors les dirigeants serbes [11]. Les résultats spectaculaires que le gouvernement yougoslave enregistra dès les premiers mois inquiétèrent vivement Slobodan Milosevic. L'hyper-inflation était jugulée. Après 2 700 % de hausse en 1989, l'année où la Serbie plongeait dans l'effervescence populiste, les prix affichaient désormais une baisse. L'époque des pénuries était révolue. Les magasins, régulièrement approvisionnés, regorgeaient de produits occidentaux. Il se produisit alors ce que Ante Markovic espérait et Slobodan Milosevic redoutait. Les réformes suscitaient un formidable espoir dans la population. Au moment où la Yougoslavie s'enfonçait dans une crise politique qui l'avait conduite au bord de l'éclatement, un sursaut salutaire sur le plan économique éclaircissait subitement l'horizon. Ante Markovic devenait l'homme le plus populaire de tout le pays, donnant la preuve que la logique de l'affrontement n'était pas irrésistible.

L'embellie ne dura pas. Slobodan Milosevic fit la preuve que son nationalisme n'était que l'expression d'une passion première – l'antidémocratisme. Il s'empressa de chercher des alliés pour briser l'ambitieux premier ministre qui aspirait à sauver la Yougoslavie en l'arrimant à l'Europe. Habituée à gérer les deniers publics selon les bonnes vieilles méthodes communistes, la classe politique serbe ne voyait pas d'un bon œil ce réformateur qui venait bouleverser ce qui leur semblait immuable. La politique monétaire restrictive menée par le gouvernement fédéral obligeait les banques à s'en tenir aux principes économiques de base : rentabilité, solvabilité, liquidité. Mais pendant des années, sous la pression des pouvoirs politiques, les banques avaient pratiqué des investissements irrationnels et financé des entreprises constamment déficitaires, mettant en circulation autant d'argent qu'il était nécessaire. L'émission primaire désormais placée sous le contrôle du gouvernement fédéral, les banques à court de liquidités ne pouvaient plus voler au secours des entreprises incapables de verser les salaires à leurs employés. Ne pouvant plus acheter à moindre frais la « paix sociale », les pouvoirs locaux sentirent leur pré carré menacé.

Slobodan Milosevic s'appuya également sur l'armée yougoslave pour paralyser Ante Markovic et sa réforme. Le soutien affiché de Washington à la politique du gouvernement fédéral et les déclarations d'Ante Markovic affirmant qu'il s'attelait « à réparer les erreurs du socialisme » avaient irrité les généraux qui voyaient dans le premier ministre un « agent de l'Occident [12] ». Ante Markovic pensait pouvoir faire face à ces pressions grâce à l'aide que les financiers internationaux faisaient dépendre de son maintien au pouvoir. Et pour augmenter ses chances de succès et consolider le soutien populaire à sa réforme, il décidait en juillet 1990 de créer son propre parti, l'Union des Forces réformistes [13]. Slobodan Milosevic se sentit menacé. Ante Markovic fut alors présenté comme un ennemi du peuple serbe et son parti fut qualifié de rassemblement de traîtres et d'Oustachis par les médias de Belgrade. Le premier ministre perdait pied. Il ne pouvait compter sur le soutien des Slovènes et des Croates qui s'opposaient à toute mesure visant à assurer la cohésion économique par un renforcement du rôle des instances fédérales, même si l'effort centralisateur ne concernait que la politique monétaire.

Guerre monétaire

En octobre 1990, Ante Markovic lança Yutel, la première télévision yougoslave, afin de briser les logiques identitaires et chauvines qui prévalaient dans le pays [14]. Mais il était trop tard. Le gouvernement fédéral enregistrait ses premiers revers avec une reprise de l'inflation. Depuis un mois, la Serbie avait cessé de verser les revenus douaniers au budget fédéral. Le 23 octobre 1990, elle adoptait quinze autres mesures visant à « protéger l'économie serbe des effets récessionnistes de la réforme économique du gouvernement fédéral ». L'une de ces lois consistait à taxer les produits en provenance de Slovénie et de Croatie. Puis pour ruiner à tout jamais les efforts du gouvernement yougoslave, la Serbie mit illégalement en circulation une importante quantité de dinars. À la veille des premières élections libres en Serbie, Slobodan Milosevic cherchait à amadouer ses électeurs. La contraction monétaire, pièce maîtresse de la réforme du gouvernement fédéral, avait touché de plein fouet un grand nombre d'entreprises déficitaires qui depuis plusieurs mois ne rémunéraient plus leurs employés. Au cours du mois de décembre, la Banque centrale de Serbie et celle de Voïvodine émirent, sur l'ordre du ministère serbe des Finances, des dinars pour un montant de 1,5 milliard de dollars. Cette émission frauduleuse porta un coup fatal à la réforme d'Ante Markovic et précipita la désintégration de la Yougoslavie. Le montant mis ainsi en circulation équivalait à la moitié de l'émission primaire prévue pour l'année 1991 [15].

Le quotidien yougoslave *Borba* s'empara de l'affaire et publia dans ses éditions du 8 janvier 1991 le fac-similé de l'ordre du gouvernement de Serbie. De vives réactions se firent entendre dans tout le pays, aggravant la discorde entre les républiques. Zagreb et Ljubljana estimèrent que les efforts de conciliation étaient désormais inutiles et qu'il n'y avait plus d'autre issue que la séparation. Le 10 janvier, les autorités slovènes s'adressaient au premier ministre yougoslave : « La République de Serbie en procédant à une émission frauduleuse de la monnaie nationale et en promulguant des lois protectionnistes à l'encontre de la Slovénie et de la Croatie a définitivement fait éclater l'espace économique yougoslave. La Serbie a provoqué un nouveau cycle inflationniste et détruit les derniers fondements des relations économiques au sein de la Yougoslavie. Le gouvernement slovène estime, par conséquent, qu'une coopération basée sur un minimum de confiance et de respect en Yougoslavie n'est plus possible. Cette situation met la Slovénie dans l'obligation de prendre des mesures visant à protéger son économie et ses concitoyens et à assurer son indépendance économique [16]. » La Serbie achevait ainsi de disloquer l'espace économique yougoslave, donnant un alibi de plus à Zagreb et à Ljubljana pour accélérer le processus d'indépendance.

Entre janvier et février 1991, toutes les républiques yougoslaves procédèrent les unes après les autres à des émissions frauduleuses de dinars, participant à leur tour à l'érosion du système monétaire. La Slovénie fit ainsi main basse sur 143 millions de dollars, la Croatie sur 243 millions de dollars et la petite République du Monténégro sur 289 millions de dollars. La Serbie récidiva en s'emparant d'encore 1,6 milliard de dollars. La somme totale ainsi détournée par Belgrade s'élevait à 3,1 milliards de dollars [17]. La Yougoslavie voyait ainsi disparaître la moitié de ses réserves en devises, engendrant la méfiance des institutions financières internationales qui peu à peu se désintéressèrent du pays, privant Ante Markovic du seul soutien qui lui restait pour poursuivre sa réforme. Au printemps 1991, Slobodan Milosevic était ainsi parvenu à mettre un terme au processus de transition du système socialiste à l'économie de marché. Et l'homme qui symbolisait l'unité yougoslave, que le leader serbe voulait à tout prix détruire pour pouvoir forger dans les lambeaux de la Fédération un État sur lequel il pourrait régner sans partage, était neutralisé. Slobodan Milosevic précipitait ainsi l'effondrement des institutions de la Fédération de manière que plus aucun obstacle ne puisse se dresser pour juguler la violence qui allait être mise en œuvre.

L'impuissance occidentale

Au moment où Ante Markovic avait perdu tout pouvoir et n'avait plus aucune prise sur les événements, les Occidentaux misèrent sur lui pour prévenir l'éclatement de la Fédération. Mais il était déjà trop tard. Le 29 mai 1991, Jacques Santer, premier ministre du Luxembourg, pays qui assurait alors la présidence des Douze, et Jacques Delors, président de la Commission européenne, arrivèrent dans la capitale yougoslave pour y rencontrer Ante Markovic et les présidents des six républiques. « Si les dirigeants yougoslaves ne parviennent pas à une solution de compromis entre les fédéralistes et les confédéralistes alors que l'Europe aujourd'hui est en pleine intégration et se libéralise, la Yougoslavie aura laissé passer une chance dont dépend son avenir », déclarèrent les deux représentants européens à l'issue de leurs entretiens. Le 20 juin, les chefs de la diplomatie des pays membres de la Conférence pour la sécurité et la coopération en Europe (CSCE), où siégeaient les Américains, se réunissaient à Berlin. À cette occasion, ils manifestèrent leur « amicale inquiétude et [leur] soutien à une évolution démocratique, à l'unité et à l'intégrité territoriale de la Yougoslavie, basée sur des réformes économiques, sur le respect plein et entier des droits de l'homme dans toutes les parties de la Yougoslavie, y compris les droits des minorités, et à une solution pacifique à la crise actuelle dans le pays ». En somme, tout ce qu'avait combattu, depuis sa montée au pouvoir, Slobodan Milosevic.

Les Européens pensaient qu'un compromis était encore possible autour d'une structure qui préserverait au minimum l'unité du marché yougoslave avec une seule monnaie et une Banque centrale, garantirait le respect des droits de l'homme et maintiendrait une politique étrangère et un système de défense communs [18]. Les Américains estimaient aussi que « le processus de négociations internes n'[était] pas encore épuisé » et qu'il suffisait de donner des crédits au gouvernement yougoslave et de s'opposer aux indépendances slovène et croate pour contraindre les protagonistes yougoslaves de « continuer le dialogue afin de créer une nouvelle base à l'unité ». Ignoraient-ils que le divorce était consommé et que Ljubljana, Zagreb mais surtout Belgrade ne voulaient plus de la Yougoslavie ? Ils paraissaient, en tout cas, ne pas comprendre que Slobodan Milosevic avait délibérément fait échouer toutes les tentatives de conciliation, non qu'il tînt plus que tout à la formule fédérale mais parce qu'il souhaitait, plus que tout, le démembrement du pays. À leurs yeux pourtant, le président serbe aspirait au maintien de la Yougoslavie et l'échec des négociations était imputable aux seules républiques indépendantistes, la Slovénie et la Croatie.

Après que Belgrade eut rejeté, le 12 juin, le compromis des présidents de Bosnie-Herzégovine et de Macédoine en faveur d'« une communauté asymétrique d'États souverains », Slovènes et Croates achevèrent les derniers préparatifs de l'indépendance [19]. Le 15 juin 1991, Franjo Tudjman et Milan Kucan se réunissaient d'urgence à Ljubljana pour coordonner leur déclaration d'indépendance qu'ils proclameraient conjointement le 25 juin. À son retour à Zagreb, Franjo Tudjman convoqua d'urgence le Sabor, qui siégea jour et nuit afin de voter une centaine de lois devant permettre à la Croatie de fonctionner en État indépendant. La Slovénie, elle, était déjà prête. Pendant ce temps, les dirigeants serbes opéraient quelques remaniements de dernière minute au sein de l'armée afin d'éliminer les généraux rétifs. Le 17 juin, le général croate Zvonko Jurjevic remplaçait à la tête de l'armée de l'air le général Anton Tus, croate lui aussi. Belgrade avait exigé sa mise à la retraite anticipée parce qu'il avait reconnu la légitimité du nouveau pouvoir à Zagreb et suggéré à la JNA de lever les barricades érigées par les nationalistes serbes en Krajina [20].

Quatre jours avant l'éclatement formel de la Yougoslavie, le secrétaire d'État américain James Baker fit le voyage de Berlin à Belgrade. Il arriva le 21 juin dans la matinée au Palais de la Fédération, un imposant bloc de béton construit dans les années 60 à l'entrée de la Ville nouvelle où Ante Markovic et les présidents des six républiques yougoslaves l'attendaient. « La crise yougoslave concerne désormais tout le monde, et en particulier les pays membres de la CSCE, car elle menace sérieusement de déboucher sur des conflits internes qui secoueraient non seulement toute la région mais qui déstabiliseraient aussi l'Europe [21]. » Le diplomate était venu dire aux responsables yougoslaves que ni les États-Unis ni l'Europe n'accepteraient le démembrement de la Yougoslavie ni ne reconnaîtraient l'indépendance de la Slovénie et de la Croatie. Mais cette visite ne pouvait conjurer le danger. L'émissaire américain eut beau avertir Belgrade de « ne pas profiter de l'éventuelle proclamation d'indépendance de la Slovénie pour déclencher une agression [22] », les généraux yougoslaves pensaient néanmoins avoir obtenu un blanc-seing pour mettre fin aux velléités indépendantistes des Slovènes et des Croates. La déclaration de l'Américain avait été entendue comme l'affirmation d'une neutralité bienveillante face à la reprise en main des républiques rétives. En s'envolant pour Tirana, James Baker confia aux journalistes qui étaient du voyage : « De toute ma carrière, jamais je n'ai rencontré d'interlocuteurs aussi durs. [...] Comparés à l'imbroglio yougoslave, les efforts au Proche-Orient pour amener Israéliens et Palestiniens à la table des négociations ressemblent à une véritable sinécure [23]. »

Slobodan Milosevic interpréta à sa manière le message de Washington : les Américains ne feront rien pour soutenir l'indépendance des républiques « sécessionnistes » donc ils n'interviendront pas contre l'armée fédérale lorsque, sous couvert d'une guerre pour le maintien de la Yougoslavie, elle s'emparera des territoires revendiqués par Belgrade. Il savait l'administration Bush trop occupée par la crise du Golfe, les négociations israélo-arabes qu'elle venait de relancer et les menaces d'éclatement de l'Union soviétique, pour s'intéresser sérieusement à la question yougoslave. Et il entendait mettre à profit cette période pendant laquelle les États-Unis se tiendraient à l'écart d'une crise qu'ils considéraient avant tout comme européenne pour achever la plupart de ses desseins. C'est pourquoi il avait, parallèlement à la préparation de la guerre en Croatie, amorcé le dépeçage de la Bosnie-Herzégovine.

Un pouvoir parallèle

Depuis le début de l'année, Slobodan Milosevic ourdissait avec l'appui des nationalistes serbes de Bosnie-Herzégovine la prise de contrôle des territoires promis à l'annexion. Le scénario était le même qu'en Croatie. Avec le soutien financier et logistique de la police secrète de Serbie, Dobrica Cosic, le chantre du nationalisme grand-serbe, avait créé, le 27 juillet 1990, la branche bosniaque du SDS qu'il avait confiée à un confrère et ami de Jovan Raskovic, Radovan Karadzic. « Un homme de toute confiance », disait le romancier lorsqu'il le présenta, à cette époque, à la direction de Serbie [24]. Le SDS rassemblait tous les thuriféraires de l'expansionnisme serbe que comptait Sarajevo, notamment un noyau de professeurs de la faculté de philosophie auquel appartenaient Milorad Ekmecic, Slavko Leovac, Vojislav Maksimovic et Aleksa Buha. Dès septembre 1990, ils reproduisaient la stratégie de leurs alliés de Knin, qui venaient d'entrer en rébellion, et formèrent à Banja Luka un Conseil national serbe, présenté alors comme un forum destiné à « permettre au peuple serbe de prendre sa destinée en main ».

Cette instance présidée par le psychiatre Radovan Karadzic allait en fait organiser un pouvoir parallèle chargé de mettre sur pied des provinces autonomes serbes, exactement comme l'avait fait le SDS dans la république voisine.

À la différence de leurs alliés de Croatie, les nationalistes bosno-serbes faisaient partie de la coalition au pouvoir à Sarajevo. Lors des premières élections libres, en novembre 1990, les partis nationalistes des trois communautés avaient fait alliance pour faire échec aux ex-communistes. Le SDS partageait ainsi le pouvoir avec la branche bosniaque du HDZ et le SDA, le Parti d'action démocratique représentant les Musulmans, une communauté que Tito avait promue au rang de nation en 1969 afin de réaffirmer la particularité et la légitimité étatique d'une Bosnie-Herzégovine constamment soumise aux pressions croisées des nationalismes serbe et croate [25]. Cette alliance contre nature entre des partis qui défendaient des conceptions divergentes de l'avenir de la Yougoslavie allait faciliter la « libanisation » de la Bosnie-Herzégovine, orchestrée par Belgrade puis Zagreb. Dès le premier semestre 1991, le gouvernement et la présidence collégiale de Bosnie-Herzégovine étaient paralysés par des querelles internes tandis que la police se fracturait selon les lignes ethniques.

Le 21 février 1991, Borisav Jovic, homme lige de Slobodan Milosevic, recevait à Belgrade Radovan Karadzic, le populaire leader nationaliste serbe. L'entretien ressemblait fort à celui qu'il avait eu en août 1990 avec Milan Babic. Radovan Karadzic expliqua qu'il y avait peu de chances que la Bosnie-Herzégovine accepte de se rattacher à la Serbie et au Monténégro après l'éclatement de la Yougoslavie, et demanda l'attitude à adopter si Sarajevo souhaitait affirmer sa souveraineté. Borisav Jovic lui conseilla de faire obstacle à toute décision qui pourrait compromettre le projet grand-serbe, en quittant le Parlement bosniaque avant le vote. Puis il lui assura le soutien de l'armée fédérale [26]. Dans l'intervalle, Radovan Karadzic devait se tenir prêt à constituer en provinces autonomes tous les territoires à dominante serbe. Belgrade lui demandait cependant d'attendre le résultat des discussions entre les républiques sur l'avenir du pays. Contrairement aux Serbes de Croatie, ceux de Bosnie-Herzégovine ne disposaient d'aucun alibi, même fallacieux, pour se soustraire à l'autorité de Sarajevo. Les Serbes n'y étaient pas traités en minorité nationale, leurs droits civiques n'y étaient pas menacés et le pouvoir, dont ils faisaient partie, n'avait pas modifié la Constitution ni remplacé l'étoile rouge par un emblème qui pouvait renvoyer à leur passé tragique. Sarajevo, de surcroît, ne revendiquait pas l'indépendance de la Bosnie-Herzégovine mais tentait au contraire de sauvegarder la Yougoslavie et d'impulser un processus de médiation entre Ljubljana, Zagreb et Belgrade afin de trouver une issue à la crise.

En avril 1991, Belgrade donnait le feu vert à Radovan Karadzic. Slobodan Milosevic venait de pactiser à Karadjordjevo avec Franjo Tudjman et avait obtenu l'assurance que la Croatie prendrait le chemin de l'indépendance. L'armée venait de lui confirmer son soutien. Il pouvait désormais se consacrer à la Bosnie-Herzégovine. Il demanda toutefois aux Serbes de Bosnie d'œuvrer avec la plus grande discrétion pour que leurs actions n'apparaissent pas comme faisant partie d'un plan concerté visant à dépecer le territoire croate et bosniaque. Radovan Karadzic et ses zélateurs devaient ainsi s'efforcer publiquement de défendre « le maintien de la Yougoslavie, de la Bosnie-Herzégovine au sein de cette Yougoslavie, et nier toute intention de bâtir une Grande Serbie tout en soulignant que les Serbes n'accepteront pas d'être arrachés de force à la Yougoslavie [27] ».

Le 26 avril, le SDS constituait en province serbe une vingtaine de communes de la région de Banja Luka. Cette région, appelée Krajina bosniaque et dotée aussitôt d'une assemblée parallèle, confinait aux zones tenues par les rebelles serbes de Croatie. Au mois de mai 1991, elle proclamait son autonomie. Les jours suivants, deux autres régions autonomes serbes [28] étaient créées en Romanija, à l'est de Sarajevo, et en Semberija et Majevica, dans le nord-est de la république. À la fin de l'été, les nationalistes serbes avaient autoproclamé six régions autonomes, échappant entièrement à l'autorité de Sarajevo. En mai 1991, le SDS explicitait son geste : « Au cas où la Bosnie-Herzégovine se constituerait en État indépendant et souverain, la nation serbe ne sera pas une minorité nationale dans cet État. Dans ce cas, les communes [serbes] se sépareront pour constituer une entité autonome, indépendante, avec tous les attributs d'un État. [...] En vingt-quatre heures sera constituée dans chaque commune serbe au moins une unité militaire car les Serbes ne se laisseront pas surprendre comme en 1941 [29]. » Un mois plus tard, il précisait que la partition de la Bosnie-Herzégovine « ne pouvait être réalisée pacifiquement [30] ».

La stratégie de Belgrade en Bosnie-Herzégovine

ne se limitait pas à un simple maillage du territoire par le SDS et à la mise sous contrôle de la police dans les régions serbes. Elle comprenait également la mise en place d'un véritable dispositif militaire grâce à une coopération entre le SDS et l'armée yougoslave. Slobodan Milosevic s'était prévalu du plan d'intervention de février 1991 où l'armée envisageait de s'allier au SDS pour mettre au pas la Bosnie-Herzégovine, entre autres républiques. La direction militaire avait acquiescé, persuadée qu'elle contribuait ainsi à éviter le démembrement de la Yougoslavie. Belgrade avait alors établi une ligne directe avec Radovan Karadzic afin d'organiser l'armement des Serbes de Bosnie et d'assurer le lien entre les dirigeants du SDS et les officiers mis dans la confidence.

À partir de la fin mai, les services de renseignements yougoslaves interceptèrent plusieurs conversations téléphoniques entre Slobodan Milosevic et Radovan Karadzic qui révélaient l'existence d'un plan précis visant à créer par la violence une Grande Serbie [31]. L'une d'entre elles datait du milieu de l'été. La guerre contre la Croatie venait de commencer et Slobodan Milosevic préparait déjà l'agression contre la Bosnie-Herzégovine. Au téléphone, le président serbe demandait à Radovan Karadzic de contacter le général serbe Nikola Uzelac, commandant de la garnison de Banja Luka, pour obtenir des armes et mettre en œuvre le plan RAM, conçu « en accord avec les plus hautes instances militaires » et dont les grandes lignes avaient été présentées à Radovan Karadzic lors d'une rencontre, début avril à Belgrade, avec Borisav Jovic et Slobodan Milosevic :

S.M. : [...] Adresse-toi à Uzelac, il te dira tout. Si tu as des problèmes, téléphone-moi.

R.K. : J'ai des problèmes à Kupres [32]. Une partie des Serbes s'est montrée assez peu obéissante...

S.M. : Ne t'inquiète pas. Tu auras tout ce dont tu as besoin. Nous sommes les plus forts.

R.K. : Oui, oui.

S.M. : Ne te fais pas de souci. Tant que l'armée est avec nous, personne ne peut rien contre nous.

R.K. : Et l'Herzégovine...

S.M. : Ne te fais pas non plus de souci pour l'Herzégovine. Momir [Bulatovic] a fait dire à ses hommes : « Que celui qui n'est pas prêt à mourir en Bosnie fasse cinq pas en avant. » Personne n'a bougé... [33].

R.K. : Parfait... mais qu'en est-il du bombardement...

S.M. : Aujourd'hui, ce n'est pas le moment pour l'aviation. La Communauté européenne est en train de siéger... [34].

Lorsqu'en septembre 1991 le premier ministre yougoslave fut informé du complot qui s'ourdissait, il décida de dénoncer, en Conseil des ministres, l'implication directe des dirigeants de Belgrade dans l'organisation de la rébellion armée serbe en Croatie et en Bosnie, et de montrer les preuves qu'il avait en sa possession.

« Le lien est clairement établi et je suis en mesure de dire qui est impliqué car j'ai clairement entendu la conversation. Les voix étaient aisément identifiables. Slobodan Milosevic donnait l'ordre à Radovan Karadzic d'entrer en contact avec le général Uzelac et disait que conformément à l'accord passé avec le sommet de la hiérarchie militaire les armes soustraites [à la Défense territoriale en Bosnie-Herzégovine] devaient servir à réarmer la Défense territoriale [serbe] de la

Krajina bosniaque afin de mettre en œuvre le programme RAM... On dit que RAM est le programme de la Grande Serbie et que les Serbes de Bosnie et de Croatie ont été armés en vue de sa réalisation. Il y a un autre enregistrement où l'on entend un bout de conversation entre Radovan Karadzic et le général [Blagoje] Adzic... Si l'on veut contribuer au règlement de la crise, on doit savoir ce qui se passe, être conscients que, hélas, la JNA participe directement à la guerre civile et a clairement choisi un camp... et que par conséquent la JNA ne peut plus remplir le rôle de casques bleus en Yougoslavie [35]. »

Les contours – *ram*, en serbo-croate – de la Grande Serbie commençaient à prendre forme. Pendant plus d'un an, Slobodan Milosevic avait travaillé avec minutie à la préparation institutionnelle et militaire du déchaînement de la violence. Il n'y avait dans le conflit qui s'annonçait aucune fatalité. Il ne s'agissait point d'un nouvel épisode de quelques luttes ancestrales dans des Balkans condamnés à la malédiction de la guerre. Les rivalités entre les principaux peuples yougoslaves puisaient certainement leurs racines dans un passé tumultueux, mais jamais la Yougoslavie n'aurait sombré dans une impasse aussi tragique si Slobodan Milosevic n'avait fait triompher l'idée qu'un dépeçage propre à assurer aux élites nationalistes la pérennité de leur pouvoir était possible. Le président serbe exalta les peurs du peuple serbe, lui insuffla la crainte d'un nouveau génocide et fomenta la rébellion serbe en haine des Croates et des Musulmans afin de déclencher des pulsions « spontanées » de vengeance qui allaient être le moteur des conquêtes et du nettoyage ethnique.

5

Le maître du jeu

Ljubljana, mardi 25 juin 1991, peu avant 21 heures. Le Parlement slovène, réuni au grand complet, proclamait l'indépendance. 187 voix pour, 1 voix contre et 5 abstentions [1]. Quelques heures plus tôt, à Zagreb, les députés entonnaient vivement l'hymne national, *Ljepa nasa domovina*. La Croatie venait de se constituer, elle aussi, en « État souverain et indépendant ».

Dans la soirée, les rues de Ljubljana étaient plutôt désertes. Les festivités étaient prévues pour le lendemain soir et les Slovènes, quelque peu perplexes, attendaient de voir ce que signifiait concrètement cette « Samostojna Slovenija ». Ils paraissaient presque étonnés d'en être arrivés là. Ils s'étaient prononcés, lors du référendum du 23 décembre 1990, à une écrasante majorité en faveur de l'indépendance « si la Yougoslavie ne se [transformait] pas en une Confédération démocratique ». Mais un espoir d'union libre avec les républiques yougoslaves subsistait encore. Aussi l'approche du jour J suscitait une certaine inquiétude. Début juin, seuls 44 % des Slovènes souhaitaient franchir immédiatement le pas [2]. La population craignait surtout les conséquences économiques de la rupture. Conscient de ces difficultés, le président slovène, Milan Kucan, avait admis devant le Parlement que « la Slovénie allait affronter de graves problèmes après son indépendance mais qu'elle courait encore plus de risques à rester dans une Yougoslavie telle qu'elle est actuellement ».

Vraie-fausse guerre

Au petit matin, le 26 juin, le drapeau slovène flottait partout dans la capitale. Aux postes frontières, des panneaux flambant neufs indiquant « République de Slovénie » remplaçaient les anciennes pancartes yougoslaves. Des policiers, fusils-mitrailleurs en bandoulière, surveillaient les lieux comme pour donner une preuve tangible de l'existence d'un nouvel État indépendant. En retrait, des soldats de la Défense territoriale slovène, en treillis militaires, se tenaient prêts au cas où les troupes yougoslaves interviendraient. Dans la nuit, le gouvernement yougoslave avait condamné les proclamations d'indépendance de la Slovénie et de la Croatie. Les estimant « illégales et illégitimes », il avait demandé aux unités de la police fédérale « de garantir, avec le soutien des unités frontalières de l'armée, les frontières internationales de l'État yougoslave ». Mais les habitants de Ljubljana n'y avaient pas prêté attention. Le gouvernement était la seule instance fédérale à avoir réagi. Privé depuis longtemps de tout pouvoir réel, il ne représentait pas une menace sérieuse. Le soir venu, dix mille personnes rejoignaient le parvis devant le Parlement pour célébrer l'indépendance. Mais peu avant le début des festivités, deux Mig yougoslaves survolèrent en rase-mottes le centre de la capitale.

Milan Kucan hissa l'immense drapeau du nouvel État slovène, puis il s'adressa à la foule en liesse : « Nous, Slovènes, avons depuis hier notre État et tous les Slovènes vivant en Carinthie, dans la région de Trieste ou ailleurs dans le monde ont désormais une mère patrie. [...] Nous sommes entrés dans la famille des nations libres et indépendantes. Nous ne comprenons pas en quoi cela peut gêner qui que ce soit. Mais notre joie est troublée par la menace de répression qu'ont brandie les autorités yougoslaves. Nous ne menaçons personne, il est donc inutile d'envoyer des avions survoler nos villes ou des chars investir nos rues. La force est employée par ceux qui n'ont pas d'autres arguments. S'ils souhaitaient sincèrement que nous restions ensemble, ils ne pouvaient trouver pire moyen que les armes [...]. » Et le président de conclure : « Ce soir tous les rêves sont permis, demain sera un autre jour. »

Les Slovènes n'avaient pas saisi le sens véritable de la fin du discours de leur président. Ils ignoraient que Milan Kucan savait alors l'intervention de l'armée imminente. Ils n'imaginaient pas non plus qu'il en avait été averti quelques jours avant de proclamer l'indépendance. Les salves du feu d'artifice retentirent dans Ljubljana. Puis les chants populaires accompagnèrent la fête jusqu'au milieu de la nuit.

Vers 3 heures du matin, une colonne de vingt transporteurs de troupes et de quarante chars de l'armée fédérale sortait de la caserne de Vrhnika et faisait mouvement vers Ljubljana. Une heure plus tard, les faubourgs de la capitale tremblaient au passage des blindés qui écrasaient sous leurs chenilles les voitures garées le long des trottoirs. À 7 heures, ils se positionnaient autour de l'aéroport international. Pendant ce temps, d'autres blindés se dirigeaient vers les postes frontières. Au lever du jour, les rues de Ljubljana étaient désertes. Des soldats slovènes armés de mitraillettes et de bazookas se tenaient à chaque carrefour. Des barrages de bus et de camions étaient érigés à la va-vite pour empêcher les forces yougoslaves de pénétrer dans la capitale. Sur les ondes, le président slovène appelait « tous les citoyens, les officiers et les soldats à résister à l'agression menée contre [leur] pays souverain et indépendant ».

Au bord du gouffre depuis des mois, la Yougoslavie basculait dans la guerre. Il ne s'agissait pas de la guerre civile dont Belgrade agitait le spectre depuis si longtemps mais d'une guerre tout court. Une guerre censée imposer le respect de l'intégrité territoriale de la Fédération yougoslave et n'impliquant que deux acteurs, l'armée fédérale yougoslave, la JNA, d'un côté et les forces de la Défense territoriale slovène de l'autre. Une guerre qui allait durer dix jours et qui se révélera n'être qu'une vraie-fausse guerre. Un baptême du feu, un baptême tout court pour un petit pays poussé à l'indépendance par l'intransigeance opiniâtre de Slobodan Milosevic. Une indépendance à laquelle les Slovènes n'avaient jamais vraiment cru auparavant mais que les chars en mouvement rendaient désormais irréversible.

Cette guerre aux portes de l'Italie, à quelques kilomètres de l'Autriche et de la Hongrie, Milan Kucan s'y était préparé. Non pas qu'il l'ait voulue. Slobodan Milosevic lui avait promis que l'armée n'interviendrait pas puisque la Slovénie ne représentait aucun enjeu territorial pour Belgrade. Mais des unités spéciales de la JNA avaient rejoint Ljubljana une semaine plus tôt. Et dans la soirée, Zagreb l'avait informé de mouvements de chars en direction de la frontière slovène. Quelques heures plus tard, l'armée yougoslave confirmait officiellement qu'elle entendait « reprendre par tous les moyens le contrôle des frontières » et qu'elle accomplirait sa mission « quels que soient l'envergure et le caractère des résistances possibles ».

À l'aube, Ljubljana proclamait l'état de guerre et ordonnait à la Défense territoriale de « faire usage de ses armes pour protéger la souveraineté de la République ». Les soldats slovènes entamèrent le blocus des casernes fédérales et leur coupèrent l'eau, l'électricité et le téléphone. Puis elles avertirent la JNA que tout hélicoptère essayant de ravitailler les casernes serait abattu. En fin de journée, jeudi 27 juin, une Gazelle de l'armée fédérale qui survolait Ljubljana s'écrasait en pleine ville. Au milieu des débris, des dizaines de miches de pain jonchaient le sol.

Le premier ministre fédéral était choqué par la tournure que prenaient les événements. L'ordre qu'il avait signé le 25 juin dans la nuit n'autorisait aucunement l'armée à une telle démonstration de force. Fort du soutien des Européens et des Américains opposés à toute modification des frontières extérieures de la Yougoslavie, Ante Markovic avait enjoint à l'armée de débarquer 500 policiers et douaniers fédéraux aux 37 passages frontaliers situés en territoire slovène pour y assurer le respect de la législation yougoslave. Pas de déployer ses unités blindées. D'autant qu'une telle décision ne relevait pas de sa compétence mais de celle de la Présidence yougoslave, paralysée depuis le 15 mai. En l'absence de toute tutelle étatique, les généraux yougoslaves paraissaient avoir pris les choses en main. Ante Markovic se sentait manipulé, trahi même. Pour tenter d'éviter le pire, il appela dans la soirée du 27 juin à un cessez-le-feu et proposa à la Croatie et à la Slovénie de suspendre pour trois mois leur déclaration d'indépendance, le temps de chercher une solution négociée. Ni l'armée ni les Slovènes n'entendirent son appel. La mécanique de l'affrontement était enclenchée et nul ne pouvait l'arrêter d'un simple coup de sifflet. Les généraux yougoslaves avaient outrepassé les ordres reçus du gouvernement fédéral, convaincus que cet impressionnant ballet de chars suffirait à faire plier les Slovènes. Ils n'avaient pas l'intention de faire demi-tour. De leur côté, les dirigeants slovènes pensaient pouvoir venir à bout rapidement de cette armée en déliquescence qui agissait sans mandat.

Une intervention contestée

Lorsque l'état-major militaire annonça le 26 juin aux dirigeants serbes son intention de déclencher les opérations et d'instaurer l'état d'urgence en Slovénie, Slobodan Milosevic ne chercha pas à l'en dissuader [3]. Il était confronté aux réticences d'un appareil militaire encore partagé entre son engagement de mars 1991 en faveur d'une Yougoslavie tronquée, en guise de Grande Serbie, et ses velléités de maintenir l'intégrité territoriale de la Fédération yougoslave.

L'armée pensait que la Slovénie serait une proie facile. Le président serbe la laissa se bercer d'illusions, sans l'avertir qu'il ne lui donnerait pas les moyens de gagner la guerre. À la veille de la déclaration d'indépendance de la Slovénie et de la Croatie, Milosevic avait donné ses instructions : « Nous nous opposerons à toute politique consistant à retenir par la force les Croates et les Slovènes et nous demanderons une fois de plus à l'armée de se replier sur les nouvelles frontières serbes de la Yougoslavie. Si elle ne le fait pas, nous organiserons seuls notre défense et nous laisserons tomber l'armée yougoslave [4]. » « Ce serait utopique que d'essayer de maintenir la Slovénie et la Croatie en Yougoslavie. Ce serait une erreur historique que de se fixer un tel objectif », avait renchéri Borisav Jovic [5] en avouant ne pas comprendre pourquoi « l'armée rêvait toujours de l'unité de la Yougoslavie qui n'existait plus [6] ».

Slobodan Milosevic misait sur l'échec de l'intervention en Slovénie pour briser les derniers rêves yougoslaves des généraux. Une fois les chars en ordre de bataille, alors que l'armée ne pouvait plus reculer sans perdre la face, il désavouait, sans la moindre ambiguïté, l'intervention. « Nous n'avons pas à défendre les frontières slovènes, c'est du temporaire. Ce que nous devons défendre ce sont les frontières du futur État [serbe] car c'est du durable », lançait-il, le 27 juin, au général Veljko Kadijevic [7].

Constituées principalement de jeunes appelés de différentes origines ethniques et sans aucune expérience des combats, les troupes yougoslaves se heurtèrent immédiatement à la résistance acharnée de la Défense territoriale slovène. En moins de vingt-quatre heures, chaque route, chaque carrefour, chaque pont était bloqué par des camions, des autobus ou des tas de sable. Avec la complicité de la population désormais convaincue de l'urgence de la séparation d'avec la Yougoslavie, les soldats slovènes, mobiles et audacieux, avaient fait de leur petite république un gigantesque labyrinthe. Immobilisés, les chars fédéraux assistaient impuissants à cette guerre d'indépendance à laquelle ils n'avaient pas été préparés. « Ce n'était pas une vraie guerre. La JNA n'avait pas engagé toutes ses unités, nombre d'entre elles restèrent dans les casernes. La décision du gouvernement fédéral prévoyait que l'on assiste la police fédérale. Pour intervenir contre les 30 000 soldats de la Défense territoriale slovène, il nous fallait l'ordre de la Présidence mais nous ne l'avions pas [8] », confirma plus tard le commandant en second de la cinquième armée, le général serbe Andrija Raseta. Sur les 20 000 hommes disponibles sur le territoire slovène, l'armée yougoslave n'avait engagé que 2 000 soldats, pour la plupart de jeunes conscrits à peine armés [9]. L'armée fédérale n'était pas tout à fait sûre de la loyauté de ses troupes et craignait qu'en cas de guerre ses contingents encore multiethniques ne désobéissent aux ordres, choisissent de déserter ou de passer, avec leur armement, dans le camp adverse. Seules certaines unités étaient équipées pour le combat. Prise dans une véritable nasse, l'armée fédérale demanda au bloc serbe de la Présidence yougoslave d'assumer son rôle de commandant suprême des armées et d'appuyer l'intervention militaire. Mais Slobodan Milosevic s'y opposa. « La Présidence [croupion] a décidé que nous ne ferions pas la guerre », reconnut Veljko Kadijevic [10]. L'armée yougoslave allait subir une humiliante défaite.

Le 28 juin dans la matinée, l'armée fédérale engagea son aviation. Empêchée par Belgrade d'enrôler de nouvelles troupes, elle avait décidé de détruire une partie de l'infrastructure slovène pour contraindre Ljubljana à renoncer à son indépendance. La chasse fédérale bombarda le PC de la défense slovène à Kocevska Reka, les aéroports de Ljubljana-Brnik et de Maribor et les relais de télévision. Pour désenclaver les colonnes de chars attaquées depuis la veille par les Slovènes, les Mig fédéraux mitraillèrent les longues files de poids lourds barrant les artères du pays. Six conducteurs étrangers qui attendaient la fin des hostilités pour rejoindre l'Autriche furent tués pendant les bombardements aériens. En fin de journée, les généraux criaient victoire. Les soldats slovènes resserraient alors l'étau autour des casernes et, avec leur armement léger et leur mobilité, ils prenaient de revers plusieurs unités fédérales et obtenaient leur reddition à différents passages frontaliers. Les jeunes recrues yougoslaves répugnaient à tirer sur des Slovènes qu'ils considéraient comme leurs compatriotes. La résistance slovène avait ébranlé le moral de la JNA. Reddition et désertion allaient se succéder jusqu'à la défaite totale de l'armée. En quelques jours, huit mille militaires se rendirent ou furent faits prisonniers.

L'Europe dépassée

À la demande du sommet européen réuni le vendredi 28 juin à Luxembourg, les ministres des Affaires étrangères d'Italie, du Luxembourg et des Pays-Bas s'envolèrent dans la soirée pour la Yougoslavie dans l'espoir de ramener le calme. L'objectif était d'obtenir un arrêt des hostilités, un moratoire de la sécession slovène en échange du retour dans les casernes des soldats fédéraux, et enfin le rétablissement de l'ordre constitutionnel avec la nomination de Stipe Mesic à la Présidence collégiale tournante. Gianni De Michelis, Jacques Poos et Hans Van Den Broek firent la navette entre Belgrade, Zagreb et Ljubljana. Dans la nuit du 30 juin au 1er juillet, ils obtenaient finalement la nomination de Stipe Mesic, le représentant croate, à la tête de la Présidence collégiale dont l'élection était bloquée par le veto serbe depuis le 15 mai. Mais l'accord de cessez-le-feu ne fut pas immédiatement respecté. La guerre de Slovénie se poursuivit encore cinq jours, jusqu'à la déroute complète de l'armée.

À l'aube du 1er juillet, la troïka européenne pensait avoir arraché d'importantes concessions aux protagonistes yougoslaves et obtenu trois mois de sursis pour une Yougoslavie à l'agonie. Croates et Slovènes avaient accepté le principe d'un moratoire sur leur déclaration d'indépendance, les Serbes avaient, en contrepartie, consenti à élire Stipe Mesic à la tête de l'État et à demander le retrait dans ses casernes de l'armée yougoslave. Pour les Douze, il ne restait plus qu'à finaliser les derniers détails de cet accord, et la Yougoslavie pourrait poursuivre ses réformes et entamer de nouvelles négociations sur son avenir. La diplomatie occidentale méconnaissait Slobodan Milosevic, son aplomb, sa froide intelligence, son cynisme. Elle ne comprenait pas que tout était, chez lui, ruse et faux-semblant. Qu'il avait crié victoire le jour de l'indépendance slovène [11]. Qu'il avait accepté de reconstituer l'instance suprême de l'État non pas pour donner une dernière chance à la Yougoslavie mais, au contraire, pour la détruire en ordonnant le retrait de l'armée yougoslave de Slovénie.

Le 30 juin, quelques heures avant de recevoir à Belgrade les émissaires européens, la direction serbe avait averti ses partenaires yougoslaves que « l'unité de la Yougoslavie ne pouvait pas être sauvegardée » et qu'il fallait reconnaître l'indépendance de la Slovénie et procéder au repli de l'armée yougoslave non pas dans ses casernes mais « sur les nouvelles frontières de l'État [serbe] [12] ». « C'était la première fois que nous disions ouvertement devant une instance suprême qu'il fallait se débarrasser de la Slovénie. Personne n'a réagi sur le moment. Ils étaient trop surpris. L'armée, nous le savions bien, n'était pas d'accord », raconta Borisav Jovic [13]. La direction serbe avait néanmoins fait admettre au général Kadijevic, le ministre fédéral de la Défense, la nécessité de quitter la république indépendantiste. L'officier serbe avait cédé, conscient de l'inefficacité de ses appelés face à la résistance slovène. Mais il s'était opposé à une capitulation de la JNA.

Soumis aux pressions d'une partie de son état-major qui réclamait l'ordre de briser la Défense territoriale slovène, d'arrêter les dirigeants slovènes et de placer la république rebelle sous administration militaire, le général Kadijevic proposa un compromis aux dirigeants serbes. L'armée se retirerait de Slovénie mais seulement après avoir infligé une défaite aux Slovènes. Son plan prévoyait une intervention militaire qui devait durer de six à huit jours et qui nécessitait des renforts d'infanterie et l'appui de l'aviation. Le ministre fédéral de la Défense se heurta une nouvelle fois au refus catégorique des dirigeants serbes d'autoriser l'engagement de nouvelles troupes que l'armée entendait prélever principalement sur le contingent serbe [14]. Slobodan Milosevic n'avait aucune raison de se venger des Slovènes et encore moins d'envoyer des renforts serbes ou monténégrins se battre en Slovénie pour ensuite plier bagage. Il était pressé d'entériner l'indépendance slovène par le retrait de la JNA et d'entamer sa guerre de conquête dans le reste de la Yougoslavie.

Il laissa néanmoins l'armée s'engager, de sa propre autorité, dans un ultime coup de force. Rien ne pouvait plus bouleverser ses plans. Et en prolongeant une guerre perdue d'avance, les généraux proyougoslaves ne pouvaient qu'entamer le peu de crédit qu'il leur restait. Le camp proserbe au sein de l'état-major sortirait renforcé de cette mésaventure dans les montagnes slovènes, et Slobodan Milosevic serait alors en mesure d'exiger de la direction militaire qu'elle procède, sans attendre plus longtemps, à l'épuration ethnique de l'armée et « élimine les Slovènes et les Croates de ses rangs [15] » avant de se lancer dans la guerre pour la Grande Serbie.

Le chef de l'état-major yougoslave, le général Blagoje Adzic, apparut, le 2 juillet, à la télévision de Belgrade pour annoncer que ses troupes allaient écraser les forces slovènes et leur imposer un cessez-le-feu : « Nous allons faire en sorte que la guerre qui nous a été imposée dure le moins longtemps possible. » Le général Adzic ajouta : « Nous irons jusqu'au bout [16]. » Dans la journée, l'aviation yougoslave était revenue en force sur le théâtre des opérations et tentait de briser la résistance slovène aux frontières de la république. Puis, dans la nuit, une colonne de 180 chars quittait Belgrade en direction de l'ouest du pays, laissant croire que l'armée et la direction serbes étaient résolues à maintenir la Yougoslavie à tout prix.

Mais la guerre éclair tant souhaitée par les généraux n'eut pas lieu. Faute de soutien politique, faute de renforts suffisants, l'armée n'avait pas les moyens de mettre sa menace à exécution. Tandis que la colonne de chars s'arrêtait, le lendemain matin, à la frontière entre la Serbie et la Croatie, en prévision d'une autre guerre, la Défense territoriale slovène achevait de reprendre le contrôle de ses frontières. Les unités fédérales se rendaient les unes après les autres. L'armée essuyait une formidable défaite. Le 4 juillet, la Présidence fédérale avec à sa tête Stipe Mesic ordonnait un nouveau cessez-le-feu. Le lendemain, l'armée yougoslave commençait à rejoindre ses casernes. Les Slovènes célébraient leur victoire. La guerre de Slovénie avait duré à peine dix jours et fait une soixantaine de morts, principalement dans les rangs des fédéraux (44 soldats fédéraux furent tués, la plupart des jeunes appelés de 18 ans, 8 étrangers et 11 Slovènes dont la moitié était des civils).

Slobodan Milosevic n'attendit pas la signature des accords de paix pour mettre en œuvre la suite de son plan. Dès le vendredi 5 juillet, il convoquait Borisav Jovic et le général Kadijevic et leur exposait le projet suivant : « La JNA se retirera de Slovénie et concentrera ses troupes sur la ligne Karlovac-Plitvica à l'Ouest ; Baranja, Osijek, Vinkovci à l'Est [en Croatie] et la rivière Neretva au Sud [en Bosnie]. De cette manière, elle couvrira tous les territoires où vivent les Serbes [17]. » Le président serbe obtint sans difficulté le consentement d'une armée défaite et discréditée. La JNA renonçait, cette fois, définitivement à la Yougoslavie et se déployait le long des frontières de la Grande Serbie. Tout était désormais prêt pour déclencher la guerre que Slobodan Milosevic planifiait depuis dix-huit mois.

Lorsque la troïka européenne arriva le 7 juillet dans l'archipel de Brioni, un haut lieu de villégiature réservé autrefois au maréchal Tito et à la nomenklatura yougoslave, nul ne se doutait que les dés étaient déjà jetés. À l'issue de quinze heures de négociations, les diplomates européens pensaient avoir accompli avec succès leur mission de médiation. Les autorités slovènes, croates et fédérales étaient convenues du retour de l'armée fédérale dans ses casernes, d'une suspension pour trois mois, à compter du 1er août, de l'application des déclarations d'indépendance de la Slovénie et de la Croatie, et du rétablissement du régime douanier yougoslave aux frontières slovènes. Elles s'engageaient, par ailleurs, à entamer des négociations sur « tous les aspects de l'avenir de la Yougoslavie sur la base des accords d'Helsinki et la Charte de Paris ». Enfin la Présidence collégiale yougoslave devait s'exercer pleinement et rétablir sa tutelle politique et constitutionnelle sur l'armée fédérale. Avant de quitter l'île, le Luxembourgeois Jacques Poos lança à ses interlocuteurs yougoslaves : « Celui qui détruira cet accord détruira la Yougoslavie. Mais si tout le monde tient ses promesses, la réunion de Brioni pourrait permettre le début d'une nouvelle Yougoslavie. » Dans les chancelleries, les accords de Brioni furent célébrés comme une victoire de l'Europe.

Le 14 juillet, Slobodan Milosevic déclara, menaçant : « Tous les Serbes doivent vivre dans un même État. » Malgré les assurances données à l'Europe sur l'île de Brioni, Belgrade récusait les frontières de Tito et justifiait par avance sa politique de conquête. Le 18 juillet, les efforts de la communauté européenne volaient en éclats. La Présidence yougoslave, réunie au grand complet, votait, à la demande conjointe des Serbes et des Slovènes, le retrait définitif de l'armée yougoslave de Slovénie. Une disposition qui n'avait pas été prévue par les accords de Brioni et qui équivalait à une reconnaissance de fait de l'indépendance slovène par Belgrade [18]. L'annonce du départ de l'armée yougoslave de Slovénie provoqua de vifs remous dans le corps des officiers, principalement parmi ceux qui servaient dans cette république. Mais le haut commandement militaire les rassura en leur promettant un nouvel État. Prudent, Slobodan Milosevic ne leur avait pas révélé ses véritables desseins. Il leur proposait alors une Yougoslavie tronquée qui réunirait « la Serbie, le Monténégro, la Bosnie-Herzégovine, les Serbes de Croatie et éventuellement la Macédoine ». Habilement, il évoquait cependant l'éventuel refus des peuples non serbes qui les obligerait à se contenter d'un État réunissant « la Serbie, le Monténégro et les Serbes de Croatie et de Bosnie-Herzégovine [19] ».

L'armée otage du régime serbe

Jamais les dirigeants militaires n'avaient imaginé qu'en lançant leurs chars et leur aviation contre la Slovénie, ils deviendraient les fossoyeurs de la Yougoslavie. Leur erreur fatale avait permis aux Slovènes de légitimer devant l'opinion internationale une indépendance qui leur était jusque-là contestée. Elle avait aussi donné l'occasion à Slobodan Milosevic de soumettre définitivement une armée yougoslave qui, jusqu'à sa défaite en Slovénie, n'avait pas complètement renoncé à la Yougoslavie. L'armée devenait ainsi l'otage du régime de Belgrade qui allait l'entraîner dans des alliances contre nature et dans une guerre sanglante et criminelle contre les peuples dont elle était pourtant issue. Sa tragique aventure en Slovénie provoquait, de surcroît, un revirement inespéré de la communauté internationale. En moins de dix jours, elle était parvenue à faire douter les Occidentaux de l'opportunité de maintenir la Yougoslavie. Depuis l'apparition des chasseurs yougoslaves dans le ciel slovène, Européens et Américains commençaient à envisager sérieusement une reconnaissance de la Slovénie et de la Croatie, même s'ils estimaient que la question ne se posait pas pour le moment. Ils admettaient cependant qu'« une fédération ne peut exister et subsister seulement si elle est acceptée par ceux qui la composent ». Par conséquent, si cette volonté n'existait pas et que la Yougoslavie ne pouvait être maintenue autrement que par la force, ils convenaient désormais que « les parties prenantes seraient alors en droit de demander leur indépendance ». Des divergences étaient toutefois apparues au sein de la communauté internationale. Notamment chez les Européens, entre l'Allemagne prompte à accepter le divorce yougoslave et la France et l'Angleterre toujours convaincues de la viabilité de la Yougoslavie. À Washington, le dossier yougoslave n'était toujours pas une priorité : « Les États-Unis n'ont aucun rôle à jouer en Yougoslavie, sauf si les Européens échouaient. »

Incapables d'élaborer une politique commune, les Européens, pris au dépourvu, décidaient d'envoyer quelque cinq cents observateurs européens en Slovénie et en Croatie et de décréter un embargo sur les armes pour l'ensemble de la Yougoslavie afin d'éviter l'extension du conflit. Cet embargo décrété le 5 juillet devint international le 25 septembre 1991 par un vote à l'unanimité du Conseil de sécurité des Nations unies (résolution 713). La mesure ne pouvait dissuader Slobodan Milosevic. Au contraire, elle avantageait ceux qui avaient planifié la guerre et pris le contrôle de l'armée yougoslave et de son puissant arsenal, et pénalisait les autres gouvernements, les privant ainsi des moyens de se défendre contre les offensives serbes. Slobodan Milosevic était ainsi assuré de la supériorité militaire des Serbes et de leur victoire.

En début d'après-midi, le train quittait la gare de Ljubljana. Des groupes de jeunes gens accompagnés par quelques adultes occupaient la plupart des compartiments. Le soleil qui cognait contre les vitres rappelait le début des vacances. Un calme encore précaire régnait en Slovénie mais la guerre semblait être terminée pour de bon. Le spectacle n'en paraissait pas moins insolite. Silencieux, crispés, ces adolescents ne respiraient pas la joie des vacanciers. L'angoisse se lisait sur leurs visages. Ils venaient de quitter l'uniforme, d'enfiler à la hâte des vêtements civils pour rentrer chez eux. Leurs parents éplorés les avaient arrachés à une armée fédérale qui voulait les envoyer à la mort pour rien. Depuis deux jours, les « mères courage », parfois des pères, étaient venues de Belgrade, de Zagreb, de Sarajevo ou d'ailleurs pour retrouver leurs fils encasernés quelque part dans la région sous l'uniforme yougoslave. Les autorités slovènes leur avaient accordé la clémence, trop contentes de précipiter l'effondrement de l'armée ennemie et de renvoyer chez eux ces jeunes appelés qui avaient compris que la guerre pour une Yougoslavie qui n'existait plus n'avait pas de sens. Au-delà de Zagreb, il ne restait plus que les jeunes déserteurs serbes, peut-être quelques Macédoniens. Toujours silencieux et angoissés à l'idée que la police militaire les attendrait à la descente du train pour les enrôler dans une autre guerre tout aussi absurde.

La nuit était tombée en ce 5 juillet lorsque le train s'arrêta en gare de Vinkovci. Ce petit bourg de Slavonie orientale, à une quarantaine de kilomètres de la frontière avec la Serbie, vivait depuis plusieurs semaines sur le pied de guerre. Plusieurs incidents avaient eu lieu aux portes de la ville entre les forces croates et les milices serbes regroupées dans le village voisin de Mirkovci. Nul n'osait demander aux policiers croates qui patrouillaient sur le quai ce qui avait stoppé le train. Les éclairs qui surgirent à l'horizon apportèrent la réponse. Le bruit sourd des tirs de mortier rythma la nuit. Au petit matin, une locomotive s'engagea sur la voie pour vérifier si elle était minée. À 8 heures du matin, le dernier train yougoslave s'ébranla. Quelques heures plus tard, il rejoignait Belgrade et poursuivait enfin sa route vers Skoplje. Aucun voyageur ne se doutait qu'il faudrait attendre plus de cinq ans avant qu'un train ne desserve à nouveau ce tronçon de l'Orient-Express.

L'armée ne tenta pas d'arrêter les jeunes déserteurs. Une immense vague de mobilisation se préparait en Serbie et au Monténégro. Elle n'avait donc que faire de jeunes appelés derrière les barreaux. Elle leur accorda quelques jours de répit avant de les rappeler sous les drapeaux et de les renvoyer vers de nouveaux fronts. Cette fois-ci, l'armée ne se lançait pas toute seule à l'aventure. Elle obéissait désormais aux ordres de la direction politique serbe et pouvait compter sur son soutien pour réprimer la désertion ou l'insoumission mais aussi pour étouffer toute critique. Lorsque, le 5 juillet 1991, Radoman Jovanovic se rendit au cimetière musulman du village de Razdaginja près de Sjenica pour assister à l'enterrement de Halil Cucak, tombé en Slovénie, il ne put retenir sa douleur. Devant un millier de personnes venues assister à la cérémonie, lui, le Serbe, prit la parole : « Grâce à nos dirigeants, l'Histoire se souviendra de nous pour nos actions honteuses, sanglantes et terribles. Le camarade Milosevic, le général Tudjman et M. Kucan ont exacerbé le national-chauvinisme jusqu'à l'extrême. Ils ont fait de nous des cannibales mais nous les écoutons, en leur nom nous haïssons, nous tirons, nous tuons et nous mourons... » En septembre 1991, Radoman Jovanovic fut inculpé par la justice serbe pour s'être élevé contre la guerre [20].

L'issue du conflit entre la JNA et la Slovénie avait laissé la Croatie isolée. Slobodan Milosevic était parvenu à rompre l'alliance croato-slovène. Confirmés dans leur indépendance par le retrait des troupes fédérales, les Slovènes abandonnèrent la Croatie au sort que lui réservait Belgrade. Ljubljana ne tenta pas de défendre la position de Zagreb sur la scène internationale ni de dénoncer les plans secrets de Slobodan Milosevic. L'arsenal militaire et les soldats yougoslaves quittaient la Slovénie pour être redéployés en Croatie et en Bosnie. Dès le mois de juillet, les affrontements dans les régions de Croatie à population en partie serbe ne cessèrent de s'aggraver. Les heurts entre la police croate d'un côté et les milices serbes en collusion avec l'armée fédérale de l'autre se transformaient peu à peu en vraie guerre. Progressivement, les rebelles serbes assuraient la jonction entre les deux régions autoproclamées, la Krajina au sud-ouest et la Slavonie à l'est de Zagreb, encerclant les villes et les villages croates qui se trouvaient sur leur passage. En juillet, la nature des affrontements avait changé. Les milices serbes attaquaient désormais au mortier pour faire fuir les populations civiles non serbes et lançaient des expéditions punitives de plus en plus violentes contre des postes de police, comme à Dalj où une soixantaine de policiers et de civils furent sauvagement assassinés, le 1er août. À chaque opération, les miliciens serbes prenaient les devants, l'armée, censée s'interposer, intervenait pour prendre le contrôle de la localité convoitée.

À Belgrade, le ton enflammé des médias laissait mal augurer de l'avenir du jeune État indépendant. La presse serbe n'avait fait que peu de cas de l'indépendance de la Slovénie et de l'intervention de l'armée fédérale. Elle se focalisait d'abord sur la Croatie. Le quotidien de Belgrade *Politika* lançait à ses lecteurs des mots d'ordre tels que « On ne peut pas accepter que la Croatie reste dans ses frontières », « La sécession est un acte criminel », « N'oublions pas le camp de Jasenovac », « Nous défendrons la Krajina et tout le territoire ethnique serbe ». Débarrassé de la Slovénie et donc de la Yougoslavie, Slobodan Milosevic pouvait désormais contester les frontières intérieures de l'État défunt, les qualifiant d'artificielles, et revendiquer ouvertement leur rectification en vertu du droit des peuples à disposer d'eux-mêmes.

Mais il n'existait pas, dans ce pays aux populations imbriquées, de frontières naturelles entre les peuples yougoslaves. Partout, sauf en Slovénie, il y avait des minorités diverses, dispersées ou concentrées. La contradiction entre l'État-nation et la réalité bigarrée, mélangée d'ethnies et de religions, se dressait comme un obstacle aux desseins de Slobodan Milosevic. La modification des frontières que revendiquait le président serbe ne répondait à aucune logique autre que celle de la violence. Le « nettoyage ethnique », qui fera plus tard ses ravages en Bosnie-Herzégovine, allait commencer en Croatie. Les Européens prirent la précaution, le 29 juillet, de déclarer les frontières internes tout aussi inviolables que les frontières externes de la Yougoslavie. Mais sans autres mesures coercitives que la possibilité de sanctions économiques contre la Serbie, cette mise en garde ne dissuada pas Slobodan Milosevic.

Début de guerre en Croatie

Tout au long de l'été, la plupart des chancelleries occidentales se refusaient à admettre que la guerre avait commencé en Croatie. L'intensité des affrontements n'était certes pas celle qu'on allait bientôt connaître, mais nul ne pouvait ignorer qu'il ne s'agissait pas d'incidents isolés, de simples affrontements ethniques entre milices armées, motivés par une haine irrationnelle entre les communautés et dénués de toute stratégie. Les forces yougoslaves encerclaient progressivement la Croatie ; la mobilisation battait son plein en Serbie ; un demi-millier de chars s'enterraient sur la rive serbe du Danube et dans le nord de la Bosnie, face à la Croatie. Rien n'était laissé au hasard. L'offensive des milices serbes gagnait de l'ampleur, révélant au fur et à mesure de leur progression des objectifs qui coïncidaient avec ceux affichés par les thuriféraires de la Grande Serbie. On assistait à un balisage du terrain qui préparait la prise en main des opérations par la puissante armée yougoslave.

Bien plus que le prélude des hostilités — celui-ci avait débuté à la fin de l'été 1990 —, il s'agissait de la première phase de la guerre telle que l'avait conçue Slobodan Milosevic. Mais Paris se refusait à voir l'imminence de la guerre. L'ambassade de France à Belgrade avait choisi l'hypothèse de la paix et accusait la presse internationale de dramatiser et de faire le jeu des Croates en criant au loup alors qu'il n'y avait pas de quoi s'alarmer. Les informations qu'elle livrait à Paris affirmaient que l'armée yougoslave s'efforçait « d'apaiser la situation », qu'elle jouait en quelque sorte le rôle de « casques bleus » ! Il suffisait pourtant de faire deux heures de voiture en direction de la Slavonie orientale pour constater que l'armée yougoslave n'était pas impartiale. Partout, les unités fédérales étaient en position de combat, les canons de leurs chars systématiquement pointés sur les villages à majorité croate. Une simple visite dans les hôpitaux de Vinkovci ou de Vukovar dans le courant du mois de juillet suffisait pour se faire une idée de la gravité de la situation : de nombreux blessés, des hommes, sans doute des combattants, mais aussi des civils dont des femmes aux membres déchiquetés par des obus de mortier, fauchées devant chez elles, à Stari Jankovci, à Borovo Naselje ou ailleurs dans un village à majorité croate au cœur d'une région convoitée par les milices serbes. Mais ces premières victimes civiles seront laissées pour compte, la communauté internationale ne datant le début de la guerre en Croatie qu'à la fin du mois d'août, lorsque l'armée yougoslave deviendra l'acteur principal des combats. À cette date, les milices serbes contrôlaient déjà plus d'un quart de la Croatie, un tiers des 115 communes que comptait la république avaient été touchées par les combats, près de 30 000 personnes avaient été chassées de leur foyer, les affrontements avaient fait plusieurs centaines de morts et 80 000 soldats fédéraux étaient déjà sur le terrain des opérations.

La Serbie baignait dans une atmosphère belliciste. Slobodan Milosevic chauffait à blanc son opinion publique afin de l'entraîner massivement dans la guerre. Pendant un an, il avait déchaîné les hantises d'un passé jamais oublié pour nourrir la révolte en Krajina. À la veille de l'indépendance de la Croatie, il lui fallait désormais « belliciser » les Serbes de Serbie favorables à l'union de tous les Serbes dans un même État, mais peu enclins à payer du prix de leur sang un tel projet. L'opposition nationaliste serbe clamait qu'« en cas de sécession de la Croatie, nul ne pourra arrêter l'insurrection serbe en Krajina, en Slavonie et dans les autres territoires serbes, ni même empêcher le départ massif de Serbes pour secourir par les armes leurs compatriotes qui refuseraient de vivre dans une Croatie indépendante ». Mais quelques milliers seulement de mercenaires bardés d'insignes tchetniks avaient rejoint le front dès le printemps.

Redoutable arme de guerre, les médias serbes préparèrent, jour après jour, les esprits au conflit. Et pour justifier le recours à la force, ils s'appuyaient sur des sentiments profondément enracinés dans la conscience collective et assenaient des affirmations simplistes destinées à démoniser l'autre communauté, en l'occurrence les Croates.

Afin d'obtenir le consentement de l'ensemble du peuple serbe pour une guerre aux objectifs encore inavoués, les médias présentaient le conflit comme une revanche nécessaire sur l'Histoire, une nouvelle « guerre contre le fascisme résurgent de la Croatie ». Un montage diffusé à une heure de grande écoute le 27 juillet 1991 à la télévision de Belgrade juxtaposait les discours de Franjo Tudjman et ceux d'Ante Pavelic, l'allié d'Hitler et de Mussolini. Les feuilletons réactualisant les massacres de l'État croate de Pavelic publiés par la presse, le martyre serbe relayé sans cesse sur les écrans de la télévision de Belgrade, le rappel du passé qui finissait par dévorer le présent dans les esprits, les amalgames entre les persécutions d'autrefois et celles dont seraient aujourd'hui victimes les Serbes de Croatie contribuèrent à inciter et à justifier la violence qui allait suivre. Sous l'effet de la propagande, les Serbes ne désignaient plus les Croates que par le terme d'Oustachis ou de fascistes, les considérant comme des instruments de l'hégémonie allemande en passe de créer le IVe Reich [21]. Côté croate, les médias repris en main par les autorités de Zagreb réveillaient, selon les mêmes méthodes, le souvenir du passé tchetnik, identifiaient l'armée fédérale à un communisme toujours vivant et dénonçaient la menace d'une Grande Serbie qui annexerait le plus gros de la Yougoslavie. En inculquant au quotidien la haine de l'autre, en faisant en sorte que les voisins apparaissent comme des ennemis potentiels du seul fait de leur appartenance ethnique, les médias précipitaient le pays dans la guerre et faisaient de n'importe quel individu non seulement un soldat mais un criminel potentiel.

Depuis le début de l'été, Franjo Tudjman préparait son opinion publique à l'éventualité d'un conflit en lui demandant de se tenir « prête pour une guerre généralisée ». La Garde nationale croate avait achevé de s'organiser en véritable armée mais elle n'avait pas fait le choix de la Défense territoriale slovène de s'engager dans une guerre ouverte contre la JNA. Franjo Tudjman pensait pouvoir « sauver la Croatie sans guerre », convaincu que Slobodan Milosevic finirait par honorer sa promesse de Karadjordjevo et empêcherait l'armée yougoslave de réprimer l'indépendance croate. Soucieux de ne pas créer l'irréparable, il résistait aux pressions de son chef des armées, le général Martin Spegelj, qui le poussait à entrer en guerre contre les forces yougoslaves avant qu'elles ne se réorganisent en armée serbe et concentrent de nouvelles troupes en Croatie. La guerre en Slovénie accentua le désaccord entre les deux hommes. Le général Spegelj était désormais persuadé de l'imminence d'une guerre ouverte contre la Croatie. Il pressait Franjo Tudjman d'ordonner à la Garde nationale croate le blocus immédiat des casernes fédérales et l'arrestation des officiers yougoslaves en poste en Croatie. Mais le président croate le désavoua : « Êtes-vous conscient que si l'on suit votre plan, nos villes seront détruites et nous aurons 30 000 voire 130 000 morts et non pas 3 000 comme vous le dites ? Avec tous ces plans que vous nous proposez depuis décembre 1990 [contre les rebelles serbes de Krajina] jusqu'au dernier en date, Spegelj, vous nous auriez plongés dans une terrible catastrophe et un isolement international total. Il semble que c'est là votre objectif principal [22]. »

En juillet, le chef de l'armée croate, père de la Garde nationale, démissionnait. Gojko Susak prenait alors la tête du ministère de la Défense. Fervent partisan du rattachement de l'Herzégovine occidentale à la Croatie, ce faucon d'ascendance herzégovinienne avait encouragé Franjo Tudjman à ne pas déclarer la guerre à l'armée yougoslave afin de ne pas entraver son repli dans une Bosnie-Herzégovine promise au dépeçage. Fin juillet, Franjo Tudjman ne pouvait plus se voiler la face. La Croatie sombrait dans la guerre, son Parlement menaçait de proclamer l'état de guerre. Au pied du mur, Franjo Tudjman lança un ultime appel désespéré à Slobodan Milosevic en faisant voter une loi accordant l'autonomie culturelle aux Serbes de Croatie. Il pensait que son homologue serbe parviendrait ainsi plus facilement à faire entendre raison aux généraux. Franjo Tudjman n'allait pas tarder à prendre toute la mesure de son erreur.

À Belgrade, Slobodan Milosevic s'impatientait de voir la puissante armée yougoslave prendre l'initiative des opérations et achever le dépeçage de la Croatie. Mais la direction militaire paraissait hésiter entre un soutien de plus en plus ouvert aux milices serbes et une intervention directe contre les forces croates. En clair, elle ne montrait pas la même détermination qu'en Slovénie. L'armée attendait en fait un prétexte pour entrer en guerre sans prêter le flanc aux critiques des Occidentaux. Elle espérait un acte d'hostilité de Zagreb mais elle misait surtout sur le putsch de Moscou qu'elle savait imminent. L'éviction de Mikhaïl Gorbatchev, la fin des réformes démocratiques en URSS et la prise du pouvoir par l'armée soviétique à Moscou auraient suscité de tels remous sur la scène internationale que nul ne se serait plus inquiété de ce qui se passait en Yougoslavie [23].

Violence et nettoyage ethnique

Au lendemain du putsch manqué, Slobodan Milosevic somma l'armée de passer à l'action. Les milices serbes de Krajina se constituèrent, le 20 août, en armée et intégrèrent les rangs de la JNA qui prit alors les commandes de la campagne de conquête. Le 26 août, la Croatie décrétait la mobilisation générale et annonçait le début de « la guerre de libération », mais il lui faudra deux semaines pour passer de la résistance localisée à une véritable contre-offensive. Le 14 septembre, Franjo Tudjman ordonnait le blocus des casernes fédérales que Martin Spegelj réclamait en vain depuis le début du mois de juillet.

Pendant la première phase de la guerre, l'armée yougoslave avait servi d'appui aux milices serbes [24]. Désormais sa mission consistait à bombarder systématiquement les villes croates comme Vukovar, Osijek, Vinkovci, Sisak, Karlovac, Sibenik, Split puis Dubrovnik, et à organiser l'évacuation des populations non serbes des zones situées au sud de cette ligne de démarcation. Elle appliquait désormais les directives données par Slobodan Milosevic le 5 juillet 1991 qui s'imposait ainsi comme chef suprême de l'armée fédérale. Conformément à ses instructions, les officiers non serbes commencèrent à être écartés des postes de commandement, principalement en Croatie. Ce fut à la faveur de cette première vague d'épuration du début de l'été 1991 que Ratko Mladic, alors colonel en poste au Kosovo, fut nommé commandant en second du corps d'armée de Knin, en plein cœur de la Krajina. Son supérieur hiérarchique, le général serbe Spiro Nikovic, était nommé, au même moment, en remplacement d'un général macédonien.

En entrant en guerre contre la Croatie, la direction militaire connaissait parfaitement ses objectifs. Un but inavoué qui n'était ni la défense de l'intégrité de la Yougoslavie, ni la lutte contre le régime « fasciste » de Zagreb comme l'affirmait la propagande serbe de l'époque. Mais l'annexion par la violence des armes et le nettoyage ethnique de près d'un tiers du territoire de la Croatie. Selon Veljko Kadijevic, cette seconde phase durant laquelle l'armée fut l'acteur principal des combats consistait à « infliger une défaite à l'armée croate — totale si la situation le permet ou du moins suffisante pour libérer tous les territoires où les Serbes sont majoritaires —, coopérer pleinement avec les insurgés serbes de Krajina, achever le retrait des troupes de Slovénie puis de Croatie et les redéployer en sachant que les Serbes de Bosnie joueront un rôle crucial pour l'avenir du peuple serbe dans son ensemble [25] ». À la fin des opérations, l'armée devait avoir stabilisé la frontière de la Krajina serbe et être en mesure de se retirer du reste de la Croatie pour se replier en Bosnie [26]. La JNA se livrait, sous les ordres de Slobodan Milosevic, à une agression en règle.

La guerre, selon les projets du président serbe, devait permettre de séparer les Serbes des Croates en prévision de la création d'un État serbe au côté d'un État croate. Il ne cherchait pas à conquérir la totalité des territoires que les thuriféraires de la Grande Serbie considéraient comme « ethniquement serbes » en Croatie. Il voulait, en revanche, s'emparer d'un butin de guerre qui ferait de Franjo Tudjman son obligé. Un butin qu'il envisageait, en principe, de restituer une fois ses desseins accomplis en Bosnie-Herzégovine, conformément aux accords de Karadjordjevo. Le représentant monténégrin à la Présidence collégiale yougoslave, Branko Kostic, un fidèle de Slobodan Milosevic, ne semblait pas en douter lorsqu'en juillet 1991 il confiait en privé que les territoires dont s'emparerait l'armée fédérale en Croatie seraient échangés contre le contrôle de la majeure partie de la Bosnie-Herzégovine [27].

Tout au long du conflit, l'armée servit de paravent yougoslave au pouvoir serbe. La communauté internationale ne mettait pas encore en doute l'attachement de Slobodan Milosevic à l'unité yougoslave et partageait souvent ses inquiétudes quant au destin des Serbes dans une Croatie indépendante aux mains des nationalistes croates à qui elle n'accordait aucune confiance. À Paris, le 29 août, où il s'était rendu à l'invitation du président François Mitterrand, ou avec les médiateurs européens qui venaient lui rendre visite, le président serbe martelait sans relâche vouloir « préserver la Yougoslavie et respecter le droit des Serbes de Krajina à rester dans la Fédération ». Son pouvoir de persuasion reposait avant tout sur la cohérence de la partie visible de sa politique qu'il s'efforçait toujours d'accorder au mieux avec le discours qu'il tenait aux Occidentaux.

Ainsi tout au long de sa campagne de conquête en Croatie, il ne commit jamais l'erreur de déclarer la guerre à son ennemi, ni de proclamer la mobilisation générale en Serbie, ni même de changer le nom de l'armée yougoslave en armée serbo-monténégrine. Et cela en dépit des vives pressions de l'armée yougoslave qui souhaitait un engagement ferme de Slobodan Milosevic en faveur de la mobilisation et de son opinion publique qui exigeait de connaître les buts précis de cette guerre avant de rejoindre le front. « Nous ne pouvons pas accepter que l'armée ne soit plus appelée yougoslave. Car la Serbie et le Monténégro perdraient tous leurs avantages, aussi bien sur le plan politique que militaire. Ils imaginent peut-être que l'on va avouer que l'armée serbo-monténégrine fait la guerre à la Croatie et qu'elle a l'intention de lui infliger une défaite ! [...] Cette armée serait alors considérée comme une force d'agression. Et c'est pour cette raison que nous ne pouvons pas non plus dire que nous quittons la Yougoslavie », confiait Borisav Jovic dans les coulisses du pouvoir, à la fin du mois de septembre 1991 [28]. Mihailo Markovic, l'idéologue du Parti socialiste serbe de Slobodan Milosevic, reconnaissait quant à lui, ouvertement, en août 1991 : « Il est primordial pour l'intérêt national serbe que la Serbie établisse sa stratégie de défense du peuple serbe en Croatie de manière que le monde ne puisse pas l'accuser de participer à l'agression contre la Croatie. [...] Il est de notre intérêt vital que la JNA se charge de la défense du peuple en Croatie puisqu'au regard de nos lois et des critères internationaux elle en a les prérogatives [...]. Il est de notre intérêt à cette étape de la crise yougoslave d'insister sur le maintien de la Yougoslavie (sans la Slovénie et la Croatie) et de ne pas mentionner la Grande Serbie. [...] La nouvelle frontière doit en Croatie suivre la ligne de séparation entre le peuple serbe et le peuple croate. Et c'est la JNA qui doit s'emparer de cette frontière [29]. »

Belgrade légitimée

La manœuvre de Slobodan Milosevic permit de neutraliser efficacement l'Occident. L'Europe reconnut au régime de Belgrade le droit d'incarner l'État moribond et, par conséquent, de gérer la crise yougoslave. Elle oubliait ainsi que le régime serbe avait été le premier à développer un nationalisme extrémiste, allant jusqu'à prier ses adversaires de quitter la Yougoslavie. Pour l'Europe, la Yougoslavie existait toujours et la guerre qui s'y déroulait relevait du droit interne, laissant ainsi à la direction serbe une souveraineté illimitée à l'intérieur des frontières de la Fédération agonisante. Cantonnés dans le rôle d'observateurs et limités à mener ce qu'on appela « une diplomatie de bonne volonté », les Occidentaux n'avaient aucune chance d'éteindre l'incendie qui allait se propager dans les Balkans. Leur volonté de sauver la Yougoslavie alors qu'il était trop tard les aveugla. Mais leur incapacité à mettre fin à la guerre résulta avant tout du fait qu'ils venaient de livrer les peuples yougoslaves au sort du camp le plus belliciste.

La Conférence de paix de La Haye, organisée sous l'égide de la Communauté européenne le 7 septembre 1991, en fut une parfaite illustration. Les Européens convièrent les dirigeants yougoslaves pour les sommer de continuer à négocier. Trois groupes de travail furent formés avec pour mission d'étudier, respectivement, les futurs arrangements constitutionnels, les droits des minorités puis ultérieurement les relations économiques au sein de l'espace yougoslave. Enfin, une commission d'arbitrage, dirigée par le président du Conseil constitutionnel français, Robert Badinter, fut créée pour apporter un soutien juridique aux solutions politiques.

Dès son retour à Belgrade, Slobodan Milosevic savait qu'il pouvait poursuivre la guerre. Les jours suivants, les zones industrielles des grandes villes croates étaient bombardées, Zagreb et son aéroport n'étaient pas épargnés et Vukovar sombra dans un déluge de feu et de fer qui allait durer trois mois. Le 19 septembre, la Garde mécanisée, corps d'élite de l'armée yougoslave basé à Belgrade, s'engageait sur le boulevard de la Fraternité et de l'Unité, inscrivant dans le bitume la marque de ses chenilles qui indiquait, au vu et au su de tous, d'où venait la guerre. Des milliers de Belgradois s'attroupèrent le long de l'autoroute pour saluer la longue colonne de chars partis mettre le siège devant Vukovar, une jolie ville slavone sur les bords du Danube. Le lendemain, les réservistes monténégrins faisaient mouvement à travers la Bosnie-Herzégovine pour prendre à revers le sud de la Croatie et installer un autre siège, celui de Dubrovnik. Sur leur passage, ils semèrent la terreur dans la population croate et musulmane de l'Herzégovine.

La Communauté européenne se contenta de condamner la riposte croate, déclenchée le 14 septembre, parallèlement au blocus des casernes yougoslaves, et d'accuser en premier lieu la Croatie de contribuer « à l'escalade de la guerre ». Slobodan Milosevic prit acte de l'absence de réaction des Douze et poursuivit l'agression contre la Croatie. Le 2 octobre, l'armée fédérale bombardait Dubrovnik jusqu'aux portes de la vieille ville et rasait les villages de la région. Pendant ce temps le corps d'armée de Knin attaquait Zadar et Sibenik, coupant la Dalmatie du reste de la Croatie. Le 3 octobre, le bloc serbe s'emparait de la Présidence fédérale ressuscitée par les accords de Brioni en éliminant à nouveau les quatre autres membres, dont le président en titre, Stipe Mesic. Branko Kostic, représentant monténégrin et homme de confiance de Slobodan Milosevic, prit la tête de cette Présidence croupion. Dès lors la guerre redoubla d'intensité.

Le jeu du président serbe à l'attention des Occidentaux sema le doute en Serbie. La population ne comprenait pas pourquoi la Serbie mobilisait à tour de bras tout en refusant catégoriquement de déclarer la guerre à la Croatie. Elle ne comprenait pas non plus que Slobodan Milosevic charge l'armée fédérale yougoslave d'engager la bataille pour la Grande Serbie. À leurs yeux, ce combat ne pouvait pas être mené par une armée « idéologique », fidèle à l'étoile rouge et composée de généraux non serbes. Une grande partie des Serbes soupçonnait l'armée de jouer un double jeu et de vouloir au bout du compte rétablir de force la Yougoslavie, suspendre toutes les libertés et restaurer le communisme. À la fois par instinct de survie et par crainte d'une manipulation des généraux, les Serbes rechignèrent à se rendre sur le front. La plupart des déserteurs défendaient les idéaux de la Grande Serbie mais ne voulaient pas se battre sous le drapeau yougoslave. Les premières grandes vagues de mobilisation de l'été puis celles de septembre avaient éveillé leurs soupçons. Elles avaient touché d'abord la Voïvodine, une région à population mixte, puis les jeunes, parmi lesquels de nombreux opposants au régime de Slobodan Milosevic. Ils suspectèrent le tout-puissant président de la Serbie de vouloir se débarrasser de ses détracteurs : d'une part les non-Serbes et d'autre part ceux qui avaient manifesté le 9 mars puis le 9 juin pour dénoncer le manque de démocratie en Serbie et l'autoritarisme du régime en place.

La suspicion quant aux objectifs véritables de Slobodan Milosevic se prolongea tout au long de la guerre en Croatie. Ainsi à peine 30 % des réservistes serbes répondirent à leur ordre de mobilisation. Dans les grandes villes comme Novi Sad et Belgrade, bastions de l'opposition à Slobodan Milosevic, l'insoumission atteignit des taux allant jusqu'à 85 %. Les jeunes se cachèrent. Ils évitèrent de fréquenter les cafés ou l'université pour échapper aux rafles. Des familles entières quittèrent le pays. Certains étaient pacifistes, d'autres non. Ils refusaient simplement de participer à une guerre qu'ils estimaient n'être pas la leur.

Ce peu d'empressement à combattre plongea l'armée yougoslave dans un grand désarroi. Les généraux reprochèrent à Slobodan Milosevic d'entretenir un climat de doute en refusant d'appeler publiquement les Serbes à se battre. Lorsque aux insoumissions s'ajoutèrent les désertions collectives à partir du front, l'armée craignit de ne pas pouvoir gagner la guerre. Vers la mi-septembre, des milliers de réservistes abandonnèrent leurs unités en Slavonie orientale pour rentrer chez eux. À leur retour, ils dénonçaient à la fois les mauvaises conditions matérielles et le manque de préparation militaire, l'incapacité de certains officiers et la trahison des gradés non serbes, les bombardements aveugles de l'armée sur ses propres troupes [30], la « guerre sale », « insensée » ou « meurtrière pour le peuple serbe » et le flou des objectifs. Quelques-uns, minoritaires, justifièrent leur acte par un refus de combattre dans les rangs d'« une armée d'agression » où « des extrémistes et des refoulés jouent aux Rambos et tirent sur tout ce qui n'est pas serbe ». Mais la plupart ne voulaient pas se battre « sous les ordres d'officiers traîtres ou suppôts du régime » à qui ils attribuaient l'intention d'« anéantir l'opposition démocratique serbe afin de préserver leur pouvoir et leurs privilèges, sans considération pour le prix payé en vies humaines ».

Pour endiguer cette défection massive, les autorités serbes durent se résoudre à préciser les buts de la guerre auprès des déserteurs. Ainsi Dragan Dragojlovic, ministre du gouvernement serbe, expliqua aux insurgés de Valjevo, au cœur de la Serbie : « Nous disons constamment que la Serbie n'est pas en guerre avec la Croatie mais le peuple serbe l'est. Nous ne pouvons pas le dire à cause de l'opinion publique internationale car la Serbie serait immédiatement qualifiée d'agresseur.

Lorsqu'un soldat de la JNA est en Croatie, personne ne peut dire que c'est la Serbie qui fait la guerre. C'est pourquoi la Serbie ne peut pas avoir sa propre armée et qu'elle fait appel à l'armée yougoslave. Quitter vos unités est très dangereux car vous encouragez d'autres désertions et montrez que les Serbes ne sont plus ce qu'ils étaient. Alors les Musulmans et les Albanais risquent de se soulever. »

Puis, le 16 octobre 1991, la Présidence croupion de la Yougoslavie, réduite au seul bloc serbe, supprimait l'étoile rouge comme emblème de l'armée, accédant ainsi à l'une des revendications des déserteurs sans nuire à la stratégie serbe sur la scène internationale. Les bustes de Tito furent alors déménagés des bureaux de l'état-major yougoslave et de toutes les casernes. Et l'étoile rouge fut remplacée par un écusson où le sigle de la JNA, en lettres cyrilliques stylisées, apparaissait sur fond de drapeau tricolore. En choisissant de façon ostentatoire l'alphabet serbe, Belgrade signifiait aux réservistes et aux volontaires serbes que la JNA n'était plus l'armée communiste qu'ils se refusaient de servir mais bien l'armée de la Grande Serbie aux côtés de laquelle ils pouvaient désormais combattre.

Un peuple hypnotisé

Mais cette concession s'accompagna d'une vague de répression. Des arrestations eurent lieu, les premiers tribunaux militaires furent activés en Serbie. Des dirigeants de l'opposition qui avaient soutenu activement le mouvement des déserteurs furent emmenés de force sur le front [31]. Ce durcissement devait rapprocher des milliers de jeunes serbes des mouvements pacifistes dont le nombre de militants se limitait à quelques centaines dans les grandes villes. Des permanences téléphoniques et des conseils juridiques comme ceux du Centre d'action antiguerre de Belgrade furent sollicités par les déserteurs et leurs familles. Mais les pacifistes ne parvinrent pas pour autant à mobiliser l'opinion publique serbe contre la destruction des villes croates comme Vukovar ou Dubrovnik et les crimes de guerre.

Abreuvée d'informations et d'images atroces de massacres par une propagande inversant la réalité au point de comparer le sort du peuple serbe à celui du peuple juif pendant la Seconde Guerre mondiale, la population cautionna le projet criminel de Slobodan Milosevic ou sombra dans l'indifférence et l'apathie. Hypnotisée comme peuvent l'être les membres d'une secte à qui l'on ne demande pas de réfléchir mais d'accepter l'explication du monde qui leur est offerte en échange du salut de leur âme, la grande majorité des Serbes se livra au nom du salut de la nation aux rituels des campagnes nationalistes, puis de la guerre contre les autres peuples, pour aboutir à l'enfermement et au rejet de tout ce qui venait de l'extérieur. Les intellectuels nationalistes les encouragèrent dans cette voie en disant à l'instar de Dobrica Cosic : « Sans combat le peuple serbe ne survivra pas, sans la mort il n'y a pas de résurrection. [...] La neutralité, aujourd'hui lorsque la guerre a été déclarée au peuple serbe, doit être considérée comme un affront à Dieu et à la morale [32]. »

Dans cette communauté homogénéisée, les réfractaires n'eurent d'autre choix que de s'évader. Les uns s'échappèrent à travers un engagement inconditionnel dans la lutte pour les droits de l'homme, contre la guerre ou, pour certains écrivains et journalistes, en témoignant avec objectivité de la réalité, les autres prirent le chemin de l'exil. 300 000 personnes quittèrent la Serbie. Miroslav Milenkovic, lui, se tira une balle dans la tête. Mobilisé en septembre 1991 dans une unité de réservistes serbes, il avait été, dès son arrivée sur le front, mis par ses officiers devant un terrible dilemme : choisir son camp entre celui des traîtres à la patrie et celui des « vrais Serbes ».

En dépit de ces désertions et de la défection des appelés non serbes, l'armée yougoslave avait, fin octobre 1991, rassemblé 200 000 hommes sous le drapeau. De yougoslave elle n'avait plus que le nom : sa mission était la Grande Serbie et ses soldats étaient pour les trois quarts serbes [33]. Slobodan Milosevic pouvait clamer en public que la Serbie n'était pas en guerre, il n'était pas crédible. Une fois de plus la position officielle de Belgrade était en totale contradiction avec les agissements du régime serbe. Au point qu'à l'automne 1991 les Américains ne se faisaient plus d'illusion sur les intentions de Slobodan Milosevic. Le numéro deux de la diplomatie américaine, Lawrence Eagleberger, qui avait autrefois occupé le poste d'ambassadeur des États-Unis à Belgrade, convenait que « la Serbie avait renoncé à la Yougoslavie et que Slobodan Milosevic aspirait à créer la Grande Serbie ». Il estimait que la Conférence de paix, menée sous l'égide de la CEE à La Haye, n'avait que peu de chances d'aboutir puisque « Slobodan Milosevic était prêt à laisser s'en aller la Slovénie et une partie de la Croatie à condition que la Grande Serbie englobe la Bosnie-Herzégovine, le Monténégro, une partie de la Croatie et vraisemblablement la Macédoine ». Au mois d'octobre, Washington avertit les Européens de son intention de recourir à un blocus économique contre la Serbie si celle-ci continuait « à s'appuyer sur l'armée yougoslave pour conquérir une partie de la Croatie ». Mais l'analyse clairvoyante de Washington ne fut pas rendue publique. Les États-Unis ne souhaitaient pas s'impliquer dans la crise yougoslave et ne voulaient pas donner à leur opinion publique des arguments pour les y contraindre. Et surtout, ils excluaient toute prise de position en faveur des indépendantistes slovènes et croates, de crainte d'encourager une dislocation brutale de l'URSS, un espace en pleine mutation, également composé de multiples communautés ethniques.

Début novembre 1991, le processus diplomatique était au point mort. Les nombreux accords de cessez-le-feu, signés sous l'égide de la Conférence de paix de La Haye, avaient échoué les uns après les autres. Le « plan de règlement de la crise », présenté le 18 octobre par le médiateur européen, lord Peter Carrington, avait été rejeté par Slobodan Milosevic. Ce plan, qui excluait toute modification des frontières intérieures, proposait de transformer la Fédération défunte en « une association libre de républiques souveraines et indépendantes » inspirée du modèle de la CEE. Il prévoyait également d'instituer des mécanismes contraignants pour assurer la protection des droits de l'homme et des minorités, et d'octroyer un « statut spécial » à « certains groupes et régions [34] ». Les Serbes de Croatie se voyaient ainsi accorder une autonomie substantielle dans les régions de Croatie où ils étaient majoritaires, soit dans onze communes. Mais aux termes de ce plan, le Kosovo, la Voïvodine et le Sandjak, une région à cheval entre le Monténégro et la Serbie peuplée à parité de Serbes et de Musulmans, pouvaient également bénéficier d'une autonomie substantielle. Les régions dotées de ce « statut spécial » devaient avoir droit à un emblème et à un hymne, devaient pouvoir instaurer leur propre système éducatif mais aussi leurs propres structures législatives, administratives et judiciaires dont la compétence se limiterait aux affaires régionales.

Slobodan Milosevic fut le seul président des six républiques yougoslaves à opposer, le 4 novembre 1991, une fin de non-recevoir. Son allié fidèle, le président du Monténégro Momir Bulatovic, avait souscrit au plan européen, mais il dut se rétracter sous la menace de Slobodan Milosevic qui lui promettait de le renverser. Ce plan était un affront pour celui qui avait bâti sa carrière sur le Kosovo et l'abolition de son autonomie, et un défi pour cet adepte de l'hégémonie qui voulait rassembler tous les Serbes dans un même État. Le plan Carrington s'efforçait de concilier les aspirations et les intérêts des différentes parties. Il fut sans doute le meilleur de la longue liste de plans de paix que les Occidentaux allaient être amenés à élaborer tout au long du conflit. Son abandon fut une erreur fatale.

Divisés, les Douze ne parvinrent pas à s'entendre pour reconnaître la Slovénie et la Croatie au lendemain de l'échec du plan Carrington. En revanche, ils adoptèrent, le 8 novembre, des sanctions économiques à l'encontre de la Yougoslavie. Mais, contrairement à ce que préconisaient les États-Unis, ces mesures n'affectaient pas seulement la Serbie mais toutes les républiques qui n'avaient pas encore demandé leur indépendance. En l'occurrence, la Macédoine et la Bosnie-Herzégovine, deux républiques qui n'avaient en rien contribué au démantèlement de la Yougoslavie et au déclenchement de la guerre. Conscients de l'absurdité de leur décision, les Douze s'engageaient à accorder une aide financière aux républiques yougoslaves qui coopéreraient au processus de paix. L'incapacité des Européens à définir une politique commune face à la première grave crise qui se déroulait à leur porte faisait le jeu de Belgrade.

Le maître du jeu

Pendant trois mois, Slobodan Milosevic avait pu faire échouer toutes les tentatives de médiation et parachever ses conquêtes sans risque. Lorsque le 18 novembre 1991 Vukovar, symbole de la résistance croate à l'agression serbe, tomba après un siège féroce de trois mois, il n'eut qu'à rejoindre la table des négociations où les Européens l'attendaient patiemment. Le jour même, Slobodan Milosevic déclara : « Le plus important aujourd'hui, c'est que les Croates, qui n'ont jamais cessé d'attaquer les zones serbes de Croatie, acceptent l'envoi de forces de paix, et le fait que le peuple serbe a non seulement le droit de vivre libre et en toute sécurité sur ces territoires mais aussi d'être protégé de toute attaque et destruction. » Il était, cette fois, en mesure d'offrir aux Douze ce qu'ils souhaitaient avant tout : la fin des hostilités. Mais en échange, il réclamait la reconnaissance de sa victoire et demandait l'envoi de troupes des Nations unies dans la région. Tacticien rusé, le président serbe entendait assigner aux casques bleus un simple rôle de relève de l'armée fédérale. La manœuvre du président serbe allait susciter de vives réactions au sein de l'armée, opposée à toute présence militaire extérieure sur « son » territoire, et dans les milieux nationalistes serbes de Croatie, sceptiques quant à l'efficacité des soldats de l'ONU comme gardes-frontières [35].

Les Douze en appelèrent aux Nations unies. Son secrétaire général, Pérez de Cuellar, nomma un médiateur sur le dossier yougoslave, l'ancien secrétaire d'État américain Cyrus Vance. Le 2 janvier 1992, les Nations unies négociaient un cessez-le-feu en Croatie puis accédaient aux revendications serbes en autorisant l'envoi d'une force de maintien de la paix non pas aux frontières de la Croatie comme le demandait Zagreb, mais à l'intérieur de trois « zones protégées » qui coïncidaient avec les conquêtes serbes en Krajina et en Slavonie. Ce plan qui protégeait les conquêtes serbes et amputait la Croatie d'un bon quart de son territoire permettait à Slobodan Milosevic d'affronter la reconnaissance internationale de Zagreb en toute sérénité. Le treizième accord de cessez-le-feu, conclu cette fois sous l'égide des Nations unies, fut respecté, et Zagreb et Belgrade signèrent le plan Vance. Slobodan Milosevic dut néanmoins se débarrasser de son ancien allié, Milan Babic, qui refusait le déploiement des soldats de l'ONU, l'assimilant à « une invasion et une occupation » qui augurait de « la fin des Serbes et de la destruction de la Krajina ». Le dentiste de Knin avait érigé la Krajina en république, le 19 décembre 1991, et s'opposait avec véhémence au démantèlement des forces territoriales serbes et au retrait de la JNA comme le prévoyait le plan Vance. Il fut limogé le 16 février. Le 21, le Conseil de sécurité des Nations unies votait l'envoi de 14 000 casques bleus dans les zones occupées de Croatie.

Lorsqu'en décembre 1991 la Communauté européenne prit conscience que tout espoir de maintenir la Yougoslavie avait disparu, la France, la Grande-Bretagne et la Grèce cessèrent de repousser l'échéance inévitable de la reconnaissance de la Slovénie et de la Croatie. La Croatie n'avait pas capitulé. La Slovénie se comportait en pays indépendant sans que Belgrade s'en inquiète. La Fédération n'avait plus ni armée, ni Présidence, ni gouvernement, ni Parlement [36]. La Yougoslavie n'existait plus. Le 16 décembre, les ministres des Affaires étrangères des Douze décidèrent de reconnaître, au 15 janvier 1992, toutes les républiques yougoslaves qui en feraient la demande avant le 23 décembre, moyennant certaines conditions établies par la commission d'arbitrage présidée par Robert Badinter. Ces conditions portaient sur le respect des droits de l'homme et des minorités, la mise en place de gouvernements démocratiques, l'engagement à ne pas modifier les frontières par la force et l'acceptation du processus de paix mis en place par la Communauté européenne à travers la conférence de La Haye. À l'exception de la Serbie et du Monténégro, les quatre autres républiques yougoslaves demandèrent leur indépendance.

L'Allemagne n'attendit pas le verdict de la commission Badinter. Elle reconnut dès le 23 décembre la Slovénie et la Croatie, suivie par la Suède. La France, qui appelait à une reconnaissance conditionnelle de la Croatie, céda finalement face à l'Allemagne, en échange de concessions politiques et monétaires faites par Bonn au sommet de Maastricht. Le 15 janvier, la CEE reconnaissait les deux républiques du Nord. Mais en raison de l'opposition de la Grèce qu'ils ne parvinrent pas à surmonter, les Douze ne reconnurent pas la Macédoine en dépit de l'avis favorable de la commission Badinter. La Bosnie-Herzégovine fut pour sa part invitée à soumettre sa demande d'indépendance à l'approbation de la population par voie de référendum.

La décision des Douze consacrait l'intangibilité et l'inviolabilité des frontières existantes entre les républiques anciennement fédérées et aurait dû faire pièce à l'expansionnisme serbe. Mais faute de mesures coercitives, elle n'empêcha pas Slobodan Milosevic de poursuivre ses desseins funestes. Le président serbe ne s'était pas laissé surprendre. La reconnaissance internationale de la Slovénie et de la Croatie ne contrariait plus ses plans, seule celle de la Bosnie-Herzégovine et de la Macédoine qu'il croyait imminente l'obligeait à prendre quelques précautions. Dès le 5 décembre 1991, Slobodan Milosevic commanda à son entourage de négocier le retrait de l'armée yougoslave et le partage de ses biens en Macédoine. Belgrade n'entendait pas s'opposer au départ de la Macédoine, une petite république de deux millions d'habitants où vivait une forte minorité albanaise et où les Serbes n'étaient pas plus nombreux qu'en Slovénie. Début janvier 1992, 60 % du potentiel militaire avait été retiré de Macédoine, les usines démontées avaient été réinstallées en Serbie et au Monténégro, les troupes et leur armement redéployés en Bosnie-Herzégovine, principalement dans la région de Sarajevo. En février, le retrait de l'armée yougoslave de Macédoine s'achevait sans incident.

La guerre contre la Croatie terminée, l'armée partie de Slovénie et de Macédoine, Slobodan Milosevic pouvait concentrer le gros des troupes et de l'armement yougoslaves en Bosnie-Herzégovine. Une manœuvre vaine si la JNA se voyait intimer l'ordre de quitter le territoire bosniaque lorsque la Bosnie-Herzégovine deviendrait indépendante. « Lorsque la Bosnie-Herzégovine jouira d'une reconnaissance internationale, l'armée yougoslave sera considérée comme une force d'occupation et son retrait sera exigé. Nous ne pourrons pas nous y opposer », prévoyait la direction serbe début décembre 1991. Une fois de plus, Slobodan Milosevic ne manqua pas de ruse. En secret, il préconisa une redistribution des effectifs qui lui permettrait de maintenir une partie de l'armée yougoslave en Bosnie-Herzégovine après l'indépendance : « Nous allons procéder au retrait de tous les ressortissants de Serbie et du Monténégro sous les drapeaux en Bosnie-Herzégovine et les remplacer par des résidents de Bosnie-Herzégovine qui servaient jusqu'à présent en dehors de leur république d'origine. Ainsi, au moment de la reconnaissance, nous n'aurons pas à effectuer ces transferts dans la panique. Ensuite, les dirigeants bosno-serbes n'auront plus qu'à prendre le commandement des contingents serbes de l'armée yougoslave sur place [37]. »

Pour que les corps d'armée basés en Bosnie-Herzégovine et engagés, depuis plus de trois mois, sur le terrain des opérations en Croatie ne restent pas bloqués hors du territoire bosniaque au moment de la reconnaissance, Slobodan Milosevic leur ordonna de ne pas attendre, pour se replier, l'arrivée des casques bleus de l'ONU qu'il n'escomptait pas avant le printemps 1992. Ainsi, le corps d'armée de Banja Luka qui occupait le nord de la Slavonie occidentale regagnait début décembre 1991 la Bosnie-Herzégovine, trois semaines avant la signature de la paix en Croatie. Le 25 décembre, les permutations d'effectifs étaient pratiquement achevées. Moins de 15 % des membres de l'armée yougoslave en Bosnie-Herzégovine n'étaient pas originaires de cette république [38]. Fin 1991, plus de 80 % des préparatifs de la guerre que Slobodan Milosevic s'apprêtait à lancer contre la Bosnie-Herzégovine étaient achevés [39]. Les reconnaissances des républiques yougoslaves, souvent qualifiées de prématurées, s'avéraient finalement trop tardives pour prévenir une autre effusion de sang.

Les hésitations de la communauté internationale avaient encouragé la poursuite de la guerre. Slobodan Milosevic se saisissait de toutes les occasions pour modifier la situation à son profit. En bon joueur d'échecs, il savait anticiper et faisait preuve d'une habileté sans scrupule à tout tourner à son avantage, même les pires difficultés. Il parvenait ainsi à garder un temps d'avance sur les Occidentaux et à neutraliser la plupart de leurs efforts. Pendant que les Douze s'attelaient à ramener la paix en Croatie, Slobodan Milosevic achevait de réorganiser l'armée yougoslave en bras armé de la Grande Serbie. Le 30 décembre 1991, la Présidence croupion yougoslave, sous sa férule, votait la reconfiguration des régions militaires afin qu'elles coïncident avec les territoires que Belgrade entendait garder sous sa domination. La deuxième armée en charge de la Croatie et de la Slovénie était entièrement transférée en Bosnie-Herzégovine et son commandement installé à Sarajevo. La troisième armée autrefois basée à Skopje et responsable de la Macédoine et du Kosovo se scindait en deux. Les corps d'armée servant en Macédoine se repliaient en Bosnie tandis que le reste de la troisième armée se concentrait au Kosovo et établissait son commandement à Pristina. Le Monténégro était doté pour la première fois d'une région militaire, la quatrième, commandée à Titograd par le général Pavle Strugar. La première armée, désormais réduite à la Serbie et à la Voïvodine, maintenait son commandement à Belgrade [40].

Agissant en chef suprême des armées par le biais de la Présidence croupion, Slobodan Milosevic transformait la JNA à sa guise. Il gratifiait les généraux qui, pendant les derniers mois, s'étaient montrés les plus dévoués à la cause serbe ; il offrait des placards dorés au sein de l'état-major à Belgrade aux généraux qui s'étaient illustrés dans les combats mais voulaient forcer la Croatie à la capitulation ; il purgeait l'armée de ses mauvais élèves, officiers non serbes ou adeptes de la Yougoslavie dans ses frontières. Slobodan Milosevic ne semblait plus craindre cette armée si longtemps redoutée et aujourd'hui orpheline. L'armée ne serait plus l'État dans l'État qu'elle avait été. Slobodan Milosevic ne voulait pas d'un partenaire pour bâtir son nouvel État mais d'une armée soumise qui ne s'occuperait que de la chose militaire et exécuterait, sans broncher, les ordres du pouvoir politique. En pleine guerre contre la Croatie, il vitupérait contre les généraux de l'état-major à

Belgrade, tapait du poing sur la table, les sommait de démissionner s'ils ne se pliaient pas aux ordres, fustigeait l'idéalisme couard des hauts gradés qui hésitaient à opérer des coupes claires dans le corps des officiers [41]. Six mois plus tôt ces mêmes généraux auraient pu renverser le régime de Belgrade. Aujourd'hui Slobodan Milosevic leur crachait à la figure son mépris, ce hautain dédain réservé à la force vaincue, à une toute-puissante armée qui avait laissé des civils décider à sa place de sa propre destruction.

Pour accroître son autorité sur le haut commandement, il avait exploité les dissensions au sein de l'appareil militaire que la guerre en Croatie n'avait fait qu'exacerber. Les généraux s'étaient fractionnés en plusieurs groupes, principalement en pro-Serbes et pro-Yougoslaves. Les uns ayant accepté une « Yougoslavie tronquée » ou même une Grande Serbie, les autres étant restés fidèles à leur serment de défendre la Yougoslavie. La serbisation de la JNA, qui s'opéra conformément aux ordres de Slobodan Milosevic pendant la guerre en Croatie, avait achevé de la désintégrer selon les lignes ethniques. Le camp proyougoslave était ainsi affaibli et la tâche du président serbe facilitée. Avec le départ des officiers slovènes, croates et en partie macédoniens, à partir de l'été 1991, l'armée était devenue entièrement serbo-monténégrine. De tout temps en nombre infime au sein de la JNA, les officiers musulmans, albanais et hongrois furent facilement éliminés ou, à quelques rares exceptions, soumis. Début 1992, quelque 80 généraux avaient quitté la JNA, certains démissionnant pour rejoindre leurs républiques d'origine, la plupart mis d'office à la retraite à la demande de Slobodan Milosevic. La purge ordonnée le 30 décembre 1991 frappa de plein fouet le camp proyougoslave et tous ceux qui s'opposaient au retrait de la JNA de Croatie.

Tout au long de la guerre, Slobodan Milosevic s'était employé à saper l'autorité du ministre fédéral de la Défense. Sa logique criminelle s'opposait à la logique militaire du général Kadijevic. L'officier serbe voulait infliger une défaite totale à la Croatie pour qu'elle renonce à sa juridiction sur les Serbes et leur reconnaisse le droit de rejoindre la « Yougoslavie tronquée ». Son plan consistait à prendre en tenaille tout l'est et le sud de la Croatie, à couper toutes les voies de communication pour ensuite avancer rapidement sur Zagreb. L'armée, à ses yeux, ne devait pas s'enliser à Vukovar mais progresser vers Osijek, ni tenir le siège de Dubrovnik sans avancer sur les ports de Split et de Zadar [42]. Slobodan Milosevic, lui, cherchait par la guerre à séparer le peuple serbe du peuple croate, et non pas à renverser le régime de Zagreb dont il avait besoin pour légitimer ses projets grands-serbes. La JNA était, pour lui, une arme contre les civils et les villes multiethniques. Cette divergence sur l'objectif même de la guerre créa un désaccord entre les deux hommes, longtemps amis et alliés.

Slobodan Milosevic adressa au général Kadijevic une mise en garde à peine voilée dès le mois de septembre 1991. Le 28, il échappait de justesse à une tentative de putsch. Des officiers avaient investi le ministère de la Défense, en plein Belgrade, pour renverser le ministre en titre et mettre à sa place le général Blagoje Adzic, un Serbe de Bosnie, chef de l'état-major des forces armées. Au même moment, le QG de l'armée de l'air à Zemun était également pris d'assaut par des officiers réclamant le départ du commandant en chef de l'armée de l'air yougoslave, Zvonko Jurjevic, un général croate. La rébellion échoua mais les officiers putchistes dont une partie appartenait à l'unité d'élite yougoslave, la Garde motorisée de Belgrade, ne furent pas inquiétés. Ils étaient dévoués au régime de Slobodan Milosevic. Ce fut d'abord sur le terrain des opérations que les deux logiques s'affrontèrent.

À chaque fois que la JNA tenta d'appliquer le plan stratégique de Veljko Kadijevic, l'autorité politique à Belgrade l'en empêcha. Fin août 1991, le commandant du corps d'armée de Knin, le général Spiro Nikovic, fut limogé pour avoir tenté de prendre Zadar et de couper au niveau de Maslenica le dernier axe de communication reliant le long de l'Adriatique le nord et le sud de la Croatie. En pleine opération, le 21 août, il reçut l'ordre de stopper son avancée et de se retirer des alentours de Maslenica. Son successeur, le général Vladimir Vukovic, ne fut pas non plus autorisé à entrer dans Zadar alors que ses troupes se trouvaient aux portes de la ville. Et il fut à son tour écarté pour avoir ordonné, le 21 novembre, la destruction du pont de Maslenica [43]. Les pressions de Belgrade ne dissuadèrent pas pour autant le général Kadijevic de commander à ses troupes, après la chute de Vukovar, de poursuivre sur Zagreb. Mais sa tentative échoua début décembre sous les semonces de Slobodan Milosevic et les injonctions de la Présidence croupion. « Lorsque nous avons libéré Vukovar, la route était libre. Rien ne nous empêchait d'avancer. Osijek et Vinkovci ne posaient pas de problèmes. Nous pouvions aller tout droit jusqu'à Zagreb. Mais le commandement suprême nous a ordonné de nous arrêter devant Osijek », racontèrent, quelques années plus tard, plusieurs généraux engagés dans l'offensive [44].

Quelques jours après la signature de l'armistice en Croatie, le général Veljko Kadijevic démissionnait et le commandant de l'armée de l'air, le général Zvonko Jurjevic, était arrêté. La veille, le 7 janvier 1992, deux hélicoptères de la mission d'observateurs européens qui rentraient à Zagreb avaient été attaqués par l'aviation fédérale. Un des appareils s'écrasa au sol près de Varazdin avec cinq membres de la mission, quatre Italiens et un Français. L'amiral Stane Brovet, ministre adjoint de la Défense, dénonça une nouvelle tentative de putsch au sein de l'armée [45]. Soupçonnait-il Veljko Kadijevic d'avoir commandité l'attaque pour faire échouer le plan de Cyrus Vance et empêcher le retrait de la JNA de Croatie ? Ou bien pensait-il à Slobodan Milosevic qui, grâce à cet attentat, obtenait à la fois le départ du ministre fédéral de la Défense et du chef de l'armée de l'air, deux hommes qui entravaient sérieusement la mise en œuvre de ses desseins sinistres ? Jamais la lumière ne fut faite sur ce tragique épisode.

L'élimination des deux commandants en chef permit à Slobodan Milosevic d'achever la mise au pas de l'armée. En quelques mois, le camp proyougoslave allait être définitivement balayé et le KOS, le puissant et redouté contre-espionnage militaire créé par Tito, neutralisé [46]. Dévoré par une ambition démesurée, le président de la Serbie brûlait de défier ce bastion proyougoslave qui échappait à toute tutelle. Début 1992, il entreprit de montrer sa force : campagne de propagande contre les opérations secrètes du KOS, arrestations et épuration. En mai 1992, le KOS était sous contrôle et son chef, le général Aleksandar Vasiljevic, derrière les barreaux. Une nouvelle purge décapita alors la direction militaire. Slobodan Milosevic confiait l'armée aux faucons.

6

Les chiens de guerre

Une piste boueuse s'enfonce dans les champs. Le silence règne, appesanti par les brumes d'automne. Le sillage des camions longe un bosquet puis débouche sur une parcelle de terre entourée de barbelés. À proximité, des casques bleus russes ont dressé leurs tentes. Depuis tout juste une semaine, ils montent la garde, nuit et jour, dans ce lieu tenu secret. Un communiqué laconique de la Commission des droits de l'homme des Nations unies venait d'annoncer « la découverte de plusieurs squelettes semblant indiquer la présence d'un charnier dans la région de Vukovar ». Des milliers de personnes avaient péri dans cette bataille absurde aux portes du Danube. Des fosses communes, il devait y en avoir par dizaines. L'une d'entre elles renfermait probablement les corps des personnes brutalement évacuées de l'hôpital de Vukovar par l'armée fédérale yougoslave au lendemain de la chute de la ville et dont on avait, depuis, perdu toute trace. Mais les Nations unies refusaient de livrer la moindre information.

Charniers

Au début du mois d'octobre 1992, le quotidien *Vjesnik* de Zagreb avait publié un témoignage relatant, pour la première fois, les dernières heures de ces quelque trois cents personnes portées disparues. Identifié par un pseudonyme, l'homme disait avoir échappé par miracle à une exécution massive qu'il décrivait avec une rare précision [1]. Le récit était vraisemblable, les dates plausibles, les lieux de détention et d'exécution localisés avec exactitude : « À quelques kilomètres au sud de Vukovar, entre le hameau de Ovcara et l'étang de Grabovo, là où la route semble former un deuxième haut de côte, les camions bâchés ont pris à gauche un chemin de terre. » Au bout de 300 à 400 mètres, l'homme sauta puis se cacha dans le bosquet en bordure du champ. Quelques instants plus tard, il entendit dans la nuit noire des rafales...

Près du bosquet, des corps précipitamment enterrés resurgissaient à la surface. Surpris de recevoir de la visite, les six jeunes Russes qui surveillaient le site finissaient par reconnaître : « Nous gardons un crâne et des ossements qui sont ressortis du sol détrempé par les pluies. Il doit y en avoir beaucoup d'autres en dessous. » Le sort des gens de l'hôpital allait désormais être connu de tous. À peine un an s'était écoulé depuis le 20 novembre 1991 lorsque les unités d'élite de l'armée yougoslave emmenèrent à Ovcara une partie des occupants de l'hôpital de Vukovar, principalement des hommes, des blessés et le personnel médical, puis les firent monter par groupes de vingt dans un camion qui revenait vide au bout de quinze minutes. De 18 heures à 1 heure du matin, le camion bâché effectua une quinzaine d'allers-retours. Au total, 261 personnes dont 2 femmes furent exécutées près de l'étang de Grabovo [2].

Lorsque Vukovar tomba le 18 novembre 1991, les irréguliers serbes et les soldats de la JNA firent sortir la population des caves. Environ 10 000 personnes dont 2 000 enfants qui vivaient enterrées depuis plus de deux mois pour se protéger des bombardements incessants de l'artillerie lourde et de l'aviation yougoslaves. Les hommes en âge de se battre furent séparés. Les irréguliers, les unités territoriales, les troupes de choc d'Arkan et les réservistes de la JNA, tous participaient à ce tri. Une armada bigarrée sans discipline. Les uns conduisaient les hommes pour interrogatoire. Les autres leur ordonnaient de se coucher ventre à terre, vociférant des insultes, les accusant d'avoir revêtu à la hâte des habits civils. Ceux qui étaient soupçonnés d'avoir pris les armes étaient exécutés ou faits prisonniers, les autres déportés avec le reste des civils.

Le lendemain, le commandant de la police militaire de la Garde mécanisée, le major Veselin Sljivancanin, encerclait l'hôpital dont les autorités croates tentaient désespérément de négocier l'évacuation sous les auspices de la Croix-Rouge internationale. En officier de l'armée victorieuse, il imposa sa loi. « Ici c'est chez moi, ici c'est la Serbie », lança-t-il avec arrogance pour signifier son refus au représentant du CICR qui attendait devant le bâtiment. Quelque 450 personnes s'entassaient dans l'hôpital. Des blessés mais aussi des civils terrorisés et des combattants en déroute qui s'y étaient précipités au moment où la ville tombait aux mains des Serbes. La plupart des 1 800 combattants croates qui trois mois durant avaient opposé une résistance acharnée aux 30 000 soldats serbes s'étaient exfiltrés le 15 novembre. Vukovar n'était déjà plus qu'une peau de chagrin [3]. Les autres étaient restés pris au piège de l'avancée serbe. Ils avaient continué à défendre les dernières rues. Le 18 novembre à l'aube, une partie d'entre eux s'étaient constitués prisonniers. Ils pensaient qu'en se rendant à la JNA, ils auraient la vie sauve. D'autres avaient tenté, à la faveur de la nuit, une percée suicidaire à travers les lignes d'encerclement. Quelques petits groupes, bloqués dans le centre-ville, s'étaient mélangés aux civils pour échapper aux paramilitaires serbes qui célébraient déjà la victoire en chantant : « Slobodan, envoie-nous de la salade, il y aura de la viande, il y aura de la viande, nous égorgerons les Croates. »

À l'hôpital, le major Sljivancanin procéda à son tour à des interrogatoires et au tri. Le 20 novembre au matin, il ordonna l'évacuation. Des autobus militaires attendaient dans l'arrière-cour, à l'abri des regards. Il fit mettre les prisonniers en rangs, sépara les hommes des femmes et désigna les autobus où chacun devait monter. Les sept derniers véhicules, avec à leur bord quelque 300 personnes, prirent le chemin d'Ovcara, un hameau au sud de Vukovar, où la Garde mécanisée avait installé ses quartiers. Une haie de soldats et de miliciens les attendaient. À la descente des bus, ils furent battus, fouillés, tous leurs biens confisqués. Puis ils furent enfermés dans un hangar pour machines agricoles. Nouveaux interrogatoires, nouveaux passages à tabac. Leurs geôliers cherchaient à identifier les combattants de Vukovar ou simplement un voisin dont ils voulaient se venger. Kemal Saiti, un Albanais de Macédoine, et Damjan Samardzic moururent sous la violence des coups de matraque et de batte de base-ball [4]. Dans le hangar, Slavko Dokmanovic, l'ancien maire de Vukovar, un Serbe élu sur la liste ex-communiste passé au début de la guerre au SDS, participait à cette identification aux côtés d'autres responsables civils et militaires [5]. Une dizaine d'hommes furent sauvés à la demande des responsables serbes de Vukovar et conduits dans divers camps et prisons de Serbie, avant d'être libérés quelques mois plus tard à la faveur d'un échange de prisonniers. Sinisa Glavasevic, le jeune journaliste de Radio Vukovar qui pendant trois mois avait symbolisé le lien entre la ville assiégée et le reste de la Croatie, et Jean-Michel Nicolier, un Français de vingt-deux ans engagé dans les rangs croates et grièvement blessé début novembre, ne bénéficièrent d'aucune clémence. Sur les ordres du major Sljivancanin, ils furent emmenés, à la tombée de la nuit, à la sortie d'Ovcara et exécutés près de l'étang de Grabovo par les hommes du capitaine Miroslav Radic, le commandant d'une unité spéciale d'infanterie de la Garde mécanisée de Belgrade.

La ville fantôme

De Vukovar, la cité baroque des bords du Danube où vivaient mélangés depuis des siècles Serbes, Croates, Slovaques, Hongrois et Ruthènes, il ne restait que débris et cendres [6]. Une ville fantôme aux maisons éventrées, aux toits effondrés, aux arbres sectionnés. Des rues jonchées d'éclats de verre, de gravats, bordées de voitures criblées de balles, de cadavres d'animaux et d'humains. Plus une maison habitable, pas une église ni un magasin épargné. Vukovar en ruine devenait pour les uns la Stalingrad croate et pour les autres une ville « libérée » promise au statut fantoche de capitale de la région autonome serbe de Slavonie orientale. Mais pour ses habitants, Serbes comme Croates, cette ville dévastée était synonyme de misère, de souffrance, d'obscurité et de mort. Et aussi d'exil. Seuls quelques vieillards et familles serbes s'efforcèrent de survivre au milieu des décombres sans comprendre pourquoi la JNA s'était ainsi acharnée contre leur ville. Ensemble, ils avaient vécu le même enfer. Tous affirmaient en sortant des abris que Serbes et Croates avaient vécu en harmonie à Vukovar et que « la politique » avait déclenché cette guerre. Devant le spectacle de désolation qui s'offrait à leurs yeux, nul ne ressentit le 18 novembre comme un jour de libération.

Plusieurs milliers de personnes périrent pendant le siège. Des civils, victimes des bombardements et des exactions, et quelque six cents combattants croates. Mille trois cents personnes restent toujours portées disparues côté croate. Côté serbe, les chiffres demeurent tabous. À la fin de novembre, les colonnes de chars arborant les plaques des rues de Vukovar rentraient à Belgrade. Les hommes de la Garde mécanisée furent accueillis en vainqueurs par la foule pendant que le monde entier, horrifié par les images de Vukovar dévastée, stigmatisait l'obstination des généraux yougoslaves à détruire les villes. Le général Kadijevic se félicitait de l'acharnement de ses troupes et célébrait la chute de Vukovar comme

« une victoire cruciale dans la lutte contre le fascisme assoiffé de sang ». Mais c'était l'œuvre de Slobodan Milosevic, pas celle de Veljko Kadijevic.

En 1991, la JNA ne pouvait pas faire la guerre telle que la voulait le maître de Belgrade. Elle pouvait conquérir des territoires, assurer ses conquêtes, raser des villes, bombarder l'infrastructure croate, ruiner le jeune État indépendant. Mais pour séparer à tout jamais Serbes et Croates, il fallait provoquer assez d'horreurs pour alimenter un siècle de haine. Cette mission, Slobodan Milosevic l'avait confiée à son armée parallèle et à un groupe d'officiers yougoslaves acquis à sa cause [7].

Agacé par les tergiversations de la hiérarchie militaire et le peu d'ardeur de certains généraux, Slobodan Milosevic avait présidé, en septembre 1991, à la création de deux groupes opérationnels, une structure nouvelle directement subordonnée à l'état-major de Belgrade. Donc au commandement suprême. Le premier groupe opérationnel, chargé du flanc nord, se vit attribuer le commandement des opérations autour de Vukovar, le deuxième groupe opérationnel, responsable du flanc sud, celui de la région de Dubrovnik. Cette réorganisation permit à Slobodan Milosevic de court-circuiter la direction militaire et de s'assurer le contrôle direct des opérations de Vukovar et de Dubrovnik. Il pouvait dès lors dicter sa propre logique guerrière.

Quelques jours plus tard, la 1re brigade de la Garde mécanisée, le corps d'élite de la JNA, quittait Belgrade pour installer le siège devant Vukovar. Elle rejoignait le corps d'armée de Novi Sad, tout juste confié à Andrija Biorcevic, un général serbe qui ne faisait pas mystère de ses convictions ultranationalistes. Le nouveau commandement acceptait de prendre sous sa tutelle les irréguliers venus de Serbie afin de suppléer les réservistes qui montraient peu d'ardeur au combat. En tant que chef de la police militaire de la Garde mécanisée, le major Veselin Sljivancanin fut chargé d'assurer le soutien logistique des groupes paramilitaires serbes dans la région [8]. Au même moment, réservistes et paramilitaires serbes et monténégrins partaient dévaster la région de Dubrovnik, sous le commandement du deuxième groupe opérationnel, constitué par les corps d'armée d'Uzice, en Serbie, et de Titograd, au Monténégro.

La présence sur le front de bandes armées échappant à toute discipline militaire, de volontaires bardés d'insignes empruntés aux troupes tchetniks de la Seconde Guerre mondiale que les partisans de Tito avaient combattus au même titre que les Oustachis, suscitait chez nombre d'officiers indignation, chez certains répugnance et haine. D'aucuns dénoncèrent à leur hiérarchie les excès et la brutalité des irréguliers. Le lieutenant-colonel serbe Milan Eremija, en service en Slavonie orientale, écrivait dans un rapport : « Il y a ici différentes formations paramilitaires provenant de Serbie, comme les Tchetniks ou les unités Dusan Silni et autres volontaires dont le but principal n'est pas de combattre l'ennemi mais de piller et d'exercer des sévices sur les populations croates innocentes [9]. » Même Ratko Mladic, alors colonel et chef d'état-major du corps d'armée de Knin, interdisait le port d'insignes tchetniks aux irréguliers qui voulaient se joindre à ses troupes. Sa promotion au grade de général, en octobre 1991, allait avoir raison de ses réticences.

L'armada serbe

Slobodan Milosevic voulait une victoire rapide et efficace. Il ne pouvait pas attendre plus longtemps que cette armée restée empêtrée dans le dogme veuille bien se résoudre à engager systématiquement les paramilitaires plutôt que de demander sans cesse de nouvelles mobilisations. Le 3 octobre 1991, il demanda à la Présidence yougoslave réduite au seul bloc serbe de décréter « l'état de danger de guerre imminent » dans toute la Yougoslavie. La décision passa inaperçue au regard de la situation dans le pays. Elle était pourtant cruciale. En vertu de la loi sur la défense nationale, en cas de guerre ou de menace de guerre, les unités territoriales étaient placées immédiatement sous la tutelle de la JNA et venaient compléter ses effectifs. La direction serbe exigea que cette disposition s'applique à toutes les unités serbes et monténégrines, aussi bien aux volontaires qu'aux membres de la Défense territoriale. La JNA obtempéra.

Le lendemain, le chef d'état-major des armées, le général Blagoje Adzic, reconnaissait à « toutes les unités paramilitaires » le statut de « membres des forces armées » yougoslaves au même titre que les unités de la Défense territoriale [10]. Dès lors, les bras armés des partis ultranationalistes, les hordes de délinquants en mal d'aventure et autres cocardiers serbes sévissant sur les fronts allaient imprimer leur marque sur la JNA. D'armée « yougo-bolchevique » que réprouvaient les réservistes serbes, elle devenait l'armée « serbo-tchetnik » que dénonçait avec véhémence la propagande croate. Les officiers qui refusèrent d'obéir aux nouvelles directives furent sanctionnés. Quelques semaines plus tard, le commandant d'une unité de Tchetniks, la milice de Vojislav Seselj, pouvait se féliciter : « Aujourd'hui, il n'existe plus aucune barrière idéologique. » Et d'ajouter : « Tous les volontaires du Parti radical serbe [de Vojislav Seselj] sont sous le commandement de la Défense territoriale et dans des opérations communes avec la JNA, ils libèrent les terres serbes [11]. »

Sur cette armada hétéroclite que la JNA venait de prendre sous sa tutelle, Slobodan Milosevic gardait la haute main. Ces milliers de chiens de guerre partis purifier les « terres serbes » au-devant des troupes de la JNA n'étaient pas des hordes incontrôlées. Ils constituaient, en fait, l'armée parallèle serbe dont Slobodan Milosevic avait annoncé la création le 16 mars 1991 : « J'ai ordonné hier la mobilisation du contingent de réserve de police et la formation de nouvelles forces capables de défendre les intérêts de la Serbie et du peuple serbe hors de Serbie [12]. » Le jour même, Slobodan Milosevic nommait Jovica Stanisic à la tête du département de la Sécurité d'État de Serbie (SDB) et Radovan Stojicic-Badza ministre adjoint de l'Intérieur, chargé des forces de police.

Ces deux hommes clés du ministère serbe de l'Intérieur avaient pour mission d'organiser secrètement une force auxiliaire capable d'abattre les dernières résistances de la JNA au projet grand-serbe et de réaliser les plans guerriers de Belgrade. Ils recrutèrent le gros des troupes par l'intermédiaire d'un puissant réseau de collaborateurs et d'hommes de main, mis en place par le ministère serbe de l'Intérieur depuis « la révolution antibureaucratique », en 1988. Les hommes de ce réseau, infiltrés à tous les niveaux de la société selon les bonnes vieilles méthodes communistes, se transformèrent en chefs de milice et enrôlèrent dans les milieux où ils évoluaient habituellement. Principalement dans les cercles ultranationalistes, cornaqués depuis leur apparition par la police serbe. Soucieuse de protéger le régime contre une inévitable surenchère nationaliste, la police serbe avait encouragé la création de plusieurs partis extrémistes et ainsi dispersé les voix de la seule opposition capable de menacer Slobodan Milosevic. À partir du printemps 1991, ces partis, confiés pour la plupart à des séides, se dotèrent chacun d'une milice pour drainer vers le front le maximum de militants grands-serbes.

Les Tchetniks de Vojislav Seselj, le chef du Parti radical serbe, la plus importante formation ultranationaliste qui tout au long des années de guerre rallia 15 % de l'électorat serbe, furent de tous les combats pour redessiner les frontières de la Grande Serbie. Mais si Vojislav Seselj se targua d'être à la tête d'une milice de plusieurs milliers de volontaires, il n'endossa l'uniforme que pour parader devant les caméras de télévision. Les milices, formées par l'entremise des partis ultranationalistes, furent commandées sur le terrain par des professionnels, membres du ministère de l'Intérieur mis à la disposition des leaders extrémistes pour assurer l'encadrement militaire qu'ils n'étaient pas à même de fournir. Mirko Jovic ne fréquenta pas non plus le front. Ce jeune auxiliaire de la police, qui anima un groupe extrémiste à Nova Pazova avant de fonder le parti du Renouveau populaire serbe (SNO), enrôla néanmoins nombre de ses partisans dans les « Aigles blancs » et les « Dusan Silni », deux milices dont il revendiquait la paternité.

Les unités spéciales de la police constituèrent le fer de lance de cette armée parallèle. Radovan Stojicic, alias Badza, les avait commandées pendant deux ans avant d'être nommé, par Slobodan Milosevic, ministre adjoint de l'Intérieur. En 1989, ce fut lui qui dirigea l'assaut contre la mine de Trepca où les Albanais avaient entamé une grève pour protester contre la suppression de l'autonomie du Kosovo. L'année suivante, il organisait, en sous-main, l'insurrection serbe en Croatie et orchestrait les escarmouches entre Serbes et Croates qui devaient conduire à la guerre.

À cette époque, le Parlement de Serbie avait voté, à huis clos, un amendement à la loi sur la défense autorisant la formation d'unités paramilitaires « pouvant être placées soit sous l'autorité de la Défense territoriale, soit sous celle de la JNA [13] ». C'était en août 1990, quatre mois avant les premières élections libres. Slobodan Milosevic était alors président de la Serbie et chef de la Ligue des communistes, le parti unique. Deux mois plus tard, Zeljko Razjnatovic, alias Arkan, auxiliaire de la police secrète et voyou notoire, créait avec une quarantaine de ses hommes une milice. Radovan Stojicic les chargea d'assurer la livraison d'armes aux rebelles serbes de Krajina. Début novembre, Arkan était arrêté par la police croate en possession d'un véritable arsenal. En 1991, les autorités serbes s'appuyèrent sur ce décret pour former d'autres unités spéciales paramilitaires, confiées également à des hommes de main de la police rompus à l'usage des armes et aux opérations de commandos [14]. Contrairement aux troupes tchetniks et autres hordes d'extrémistes sommairement armés et entraînés, ces groupes paramilitaires étaient mieux structurés, systématiquement entraînés pour des opérations de commandos et équipés d'un armement sophistiqué digne des troupes d'élite occidentales. Véritables commandos de choc, ils opérèrent en renfort des unités spéciales de police de Radovan Stojicic-Badza engagées dans les combats.

La police secrète serbe, que Slobodan Milosevic venait de confier à Jovica Stanisic, chapeauta toutes ces opérations. Son homme de terrain était Franko Simatovic, surnommé Frenki, un Croate de Voïvodine qui servira le régime serbe avec le plus grand zèle au point d'être de toutes les campagnes de nettoyage ethnique jusqu'à la dernière en date, au Kosovo. Il travailla avec Radovan Stojicic à la création des milices, s'occupant avant tout de recruter l'encadrement. Pour former les rebelles serbes de Krajina aux techniques de la guérilla, il avait notamment engagé, en 1990, Dragan Vasiljkovic, un ancien mercenaire serbe qui s'était battu en Angola et en Tanzanie sous le nom de Daniel Sneden [15]. Il avait ensuite chargé le « capitaine Dragan » de former les premières unités spéciales de la police de Knin qui allaient constituer pendant la guerre les fameuses Kninjas. Lorsque la guerre éclata, Frenki prit la tête d'un commando d'intervention, sorte de GIGN serbe chargé d'encadrer les miliciens sur le terrain et de s'assurer qu'aucune initiative hasardeuse susceptible de mettre en péril les plans de Slobodan Milosevic ne serait prise. Il aurait ainsi été en charge du contrôle des missiles sol-sol aux mains des Serbes de Krajina pour qu'ils ne soient pas tirés sur Zagreb ou Osijek comme le craignait le président serbe [16].

En multipliant les groupes paramilitaires, Frenki et Badza parvinrent à armer et à drainer vers le front des milliers de volontaires serbes. Mais le régime serbe voulait que cette force auxiliaire soit suffisamment importante et motivée pour qu'elle puisse peser sur l'attitude de la JNA. Pour grossir les rangs des milices, il vida les prisons en offrant aux détenus la liberté contre leur enrôlement. Des centaines de repris de justice, tueurs et autres gangsters experts dans le maniement des armes partirent pour la Croatie. À partir du mois d'avril 1991, Radovan Stojicic-Badza sillonna la Slavonie orientale où les Serbes, minoritaires, ne s'étaient pas rebellés comme en Krajina. Tout au long du printemps, il envoya les premiers paramilitaires dans les villages majoritairement serbes et arma la population. Pendant l'été, il s'installa à Erdut, sur la rive croate du Danube, tout près de Vukovar. Dans une ancienne base de la Défense territoriale croate, il organisa un camp d'entraînement pour les forces spéciales de la police de Serbie où Arkan préparera ses « Tigres » aux opérations de commandos. Puis il prit le commandement de la Défense territoriale de Slavonie orientale, une structure qui regroupait, en fait, toutes les milices serbes dans la région, les unités locales comme les groupes paramilitaires venus de Serbie. Belgrade, qui jurait ne pas être en guerre contre la Croatie, n'hésitait pas à nommer officiellement un des membres de son gouvernement à la tête d'une armée à l'œuvre en territoire croate. Pendant ce temps, le numéro deux des services secrets de Slobodan Milosevic, Franko Simatovic, organisait le départ des militants grands-serbes vers le front. La base militaire de Bubanj Potok, dans la banlieue de Belgrade, lui servait de point de rassemblement. Les volontaires y étaient briefés, équipés et entraînés sur le polygone de tir avant d'être acheminés vers le front.

La « ligne militaire »

Ce petit noyau de fidèles qui dans l'ombre tirait les ficelles fut appelé la « ligne militaire » *(vojna linija)* du ministère de l'Intérieur. Choisis par Slobodan Milosevic pour leur loyauté pendant ses premières années de pouvoir, ils étaient chargés du contrôle, du financement et de la coordination des activités de son armée parallèle. Patron de la police secrète serbe, Jovica Stanisic était le pivot de la « ligne militaire ». Ce quadragénaire diplômé de sciences politiques était entré à la fin de ses études dans les services secrets de Serbie. Il avait gravi les échelons petit à petit et était devenu en 1988, à l'heure de la « révolution antibureaucratique », numéro deux de la police secrète serbe. Sa nomination en mars 1991 témoignait de l'importance des services rendus à l'époque où Slobodan Milosevic asseyait son pouvoir en Serbie. Mais Jovica Stanisic ne s'était pas contenté d'organiser le soulèvement populaire serbe à travers la Serbie et le Monténégro. Il avait présidé à la refonte des services secrets serbes, suite à la suppression de l'autonomie du Kosovo et de la Voïvodine. L'année suivante, il avait joué un rôle crucial dans la préparation de la guerre en Croatie et en Bosnie-Herzégovine. En mars 1991, il prenait la direction d'une police secrète restructurée, purgée et renforcée par les meilleurs agents serbes débauchés de la police secrète fédérale. Ses hommes mirent alors en place un réseau clandestin au sein de la JNA, sur lequel Slobodan Milosevic s'appuya pour abattre les dernières résistances des militaires à son projet grand-serbe. Ce réseau d'officiers acquis à sa cause fut mis dans la confidence des projets serbes et propulsé à des postes de commandement stratégiques pour la conduite des opérations militaires en Croatie et la préparation concomitante de la guerre en Bosnie-Herzégovine. Jovica Stanisic fut vraisemblablement l'un des instigateurs du plan RAM et, sans aucun doute, le maître d'œuvre de la mise au pas du contre-espionnage yougoslave, le célèbre KOS. Il devint avec le conflit l'homme le plus puissant du régime serbe après Slobodan Milosevic.

Longtemps Jovica Stanisic resta cantonné dans les arcanes de la politique, préférant laisser la vedette à des hommes comme Mihalj Kertes. Voisin d'enfance de Jovica Stanisic, Mihalj Kertes avait été recruté par la police secrète serbe qui en fit l'un des lieutenants de la révolution antibureaucratique. En juillet 1988, il s'illustra en conduisant les ouvriers de Backa Palanka sur Novi Sad pour renverser la direction de la province autonome de Voïvodine, jugée trop réservée à l'égard de Slobodan Milosevic. En 1989, ce Hongrois de souche qui semblait n'avoir aucun avenir politique dans la tourmente nationaliste serbe devenait membre de la direction du Parti en Voïvodine, puis membre de la Présidence de Serbie. Ses appuis et la loyauté sans faille dont il sut faire preuve envers le nouveau maître de la Serbie lui avaient ouvert d'autres horizons. Lorsque Slobodan Milosevic en fit secrètement « son ministre du nettoyage ethnique », Mihalj Kertes ne manqua jamais une occasion de lui rappeler qu'il serait toujours son débiteur car, sans lui, il « n'aurait été rien ni personne [17] ». Slobodan Milosevic voyait dans ce Hongrois totalement dévoué l'homme qui pouvait préparer les Serbes à la guerre sans éveiller les soupçons et sans exposer Jovica Stanisic. Dès 1990, Mihalj Kertes fut dépêché auprès des nationalistes serbes de Krajina pour préparer leur insurrection et leur ravitaillement en armes. En 1991, il occupa les fonctions de ministre sans portefeuille puis de ministre chargé des Serbes vivant hors de Serbie, ce qui lui permit de justifier ses fréquents déplacements en Croatie et en Bosnie-Herzégovine. Personnage clé dans la planification de la guerre, Mihalj Kertes organisa les phalanges armées de Slobodan Milosevic, assura leur soutien logistique et coordonna les différentes structures impliquées dans la guerre.

Émissaire spécial de Slobodan Milosevic, il jouissait d'importantes prérogatives qui l'autorisaient à donner des instructions aux membres du gouvernement aussi bien serbe que monténégrin. Ses directives concernaient l'engagement des supplétifs, la mise à disposition des bases militaires de la Défense territoriale, l'entraînement des irréguliers et la logistique nécessaire à leur convoyage dans les zones de guerre. À partir de l'été 1991, il prépara avec la police monténégrine l'armement des populations serbes dans l'Herzégovine voisine. Fin septembre, il dirigea l'enrôlement des supplétifs monténégrins au sein du deuxième groupe opérationnel. En ordonnateur de la guerre, Mihalj Kertes supervisa le nettoyage ethnique en Croatie puis en Bosnie mais aussi en Voïvodine, sa terre natale... Le leader ultranationaliste serbe Vojislav Seselj le désigna, en 1993, comme le numéro deux de la guerre après Jovica Stanisic.

Au printemps 1992, il prit la direction de la police secrète fédérale. Slobodan Milosevic venait de créer avec ses alliés monténégrins une mini-Fédération yougoslave qu'il avait confiée au célèbre académicien Dobrica Cosic et à Milan Panic, un milliardaire serbe qui avait fui en 1956 le régime titiste et fait fortune en Californie. Mihalj Kertes était chargé de les surveiller. Il dut quitter son poste trois mois plus tard après que les services britanniques eurent découvert l'émetteur qu'il avait caché sur l'un des membres de la délégation yougoslave pendant la conférence de Londres sur l'ex-Yougoslavie [18]. Accusé publiquement par Milan Panic de « s'opposer aux mesures du gouvernement yougoslave contre le nettoyage ethnique », Mihalj Kertes quitta à nouveau le devant de la scène politique pour devenir chef de la sécurité de la banque privée Dafiment Banka. Une couverture pour poursuivre sa mission : le financement de la guerre en Bosnie-Herzégovine. En 1994, il réapparaissait comme chef des douanes yougoslaves, un poste lucratif qui lui conféra d'immenses pouvoirs discrétionnaires dans le contexte fermé de l'économie yougoslave.

Mihalj Kertes ne fut pas le seul ami de jeunesse sur qui s'appuya Jovica Stanisic pour mettre à exécution les plans de son commandant en chef, Slobodan Milosevic. Ce groupe de fidèles originaires de Voïvodine fut appelé le « clan de Backa Palanka », du nom de la ville natale de Jovica Stanisic. Outre Mihalj Kertes, Jovica Stanisic recruta Milorad Vucelic et Brana Crncevic, un journaliste et un écrivain ratés qui, à la faveur de la vague populiste de 1988, signèrent dans les principaux titres de la presse serbe. À la veille de la guerre contre la Croatie, Milorad Vucelic obtenait la direction de la télévision de Novi Sad qui devint alors la plus fanatique du réseau de télévision publique serbe. À la fin de la guerre en Croatie, Slobodan Milosevic lui offrit le poste clé de chef de la RTS, la radio-télévision de Serbie, d'où il orchestra une nouvelle campagne de haine. Écrivain et publiciste, Brana Crncevic mit en place une organisation humanitaire, Matica Iseljenika, destinée à venir en aide aux réfugiés serbes de Croatie. Mais cette ONG très spéciale allait servir à surveiller les réfugiés, à neutraliser les plus vindicatifs en leur donnant de l'aide ou en les relogeant dans des appartements de Croates expulsés, et à localiser les hommes en âge de se battre qui avaient préféré se réfugier en Serbie plutôt que de retourner sur le front.

Radmilo Bogdanovic n'appartenait pas au clan des quadragénaires de Backa Palanka. Il était né en 1934 en Sumadija, une région au cœur de la Serbie. Mais il était le père de la « ligne militaire », le maître d'œuvre de la révolution antibureaucratique et surtout celui qui fit de la police serbe la garde prétorienne du régime de Slobodan Milosevic. Le nouvel homme fort de Belgrade l'avait nommé, dès 1988, ministre de l'Intérieur pour l'aider à consolider son pouvoir. Il savait que cet ancien chef de la police de Svetozarevo, une petite ville de province, qui n'avait jamais occupé de poste important serait un fidèle serviteur. Il ne se trompait pas. Radmilo Bogdanovic fit preuve d'une efficacité redoutable et d'une loyauté sans faille. Mais au lendemain de la manifestation violemment réprimée du 9 mars 1991 qui coûta la vie à deux personnes, il fut contraint de démissionner sous la pression de l'opinion publique. Il poursuivit alors sa mission sous d'autres casquettes. Et il continua de travailler avec Jovica Stanisic et Mihalj Kertes et les autres membres de la ligne militaire. En 1994, il reconnut publiquement l'implication de la Serbie dans la guerre en se vantant lors d'un meeting électoral : « Si nous n'avions pas livré des armes à nos Serbes, qui sait comment se serait soldée l'attaque des *zenga* [la garde nationale croate] à Borovo Selo le 2 mai 1991 [19]. »

Quelques années plus tard, il confessait que ses services avaient fait émerger des hommes de nulle part « qui promettaient de faire tout ce qu'on leur demanderait » comme le leader serbe de Slavonie orientale, Goran Hadzic, « un magasinier presque illettré que nous avons élevé au rang de président de la République serbe de Krajina [20] ». Radmilo Bogdanovic était, entre-temps, devenu membre de la direction du SPS, le parti de Slobodan Milosevic.

Nettoyage ethnique

Tous les hommes de la ligne militaire devinrent avec la guerre de puissants piliers du régime de Belgrade. La découverte des atrocités commises dans les zones sous leur contrôle n'entacha pas leur carrière. Au contraire. Ils furent pourtant les ordonnateurs du nettoyage ethnique, l'état-major d'une armée de tueurs, au service d'une stratégie planifiée dans le détail. Les milices hirsutes se réclamant de l'héritage tchetnik ou les commandos de choc d'Arkan, chacun avec une tâche bien précise, devaient susciter la haine et la peur et créer l'irréparable afin d'effacer à tout jamais le souvenir d'une possible cohabitation. Ces phalanges de voyous et de fanatiques nationalistes chassaient les populations non serbes, pillaient, expropriaient, torturaient et violaient. Exécutants motivés, ils achevèrent de diviser Serbes et Croates en déclenchant la spirale de la violence qui obligea chacune des communautés à choisir son camp. Le régime serbe avait sciemment vidé les prisons et recruté au sein de la pègre ou parmi les hooligans des sordides cités dortoirs enfantées par une industrialisation trop rapide. Assurés de leur impunité, ils donnaient libre cours à leur cruauté. À la différence du Rwanda en 1994, le régime serbe ne pouvait miser sur une participation massive au crime. La bestialité des miliciens venus de Serbie et la participation de certains locaux aux exactions compromettaient suffisamment la communauté pour que ceux qui hésitaient passent à l'acte et ceux qui n'adhéraient pas au nettoyage ethnique soient condamnés au silence. « Une vingtaine ou une trentaine de Tchetniks dans chaque village suffisent à encourager la population là-bas », se vantait Vojislav Seselj [21].

La télévision glorifia les chefs de milices au point d'en faire des héros. Conditionnée par la propagande, l'opinion serbe adhéra à la guerre parce qu'elle était présentée comme juste, les miliciens comme des défenseurs, la destruction et la prise des villages et des villes comme une libération. Les Serbes croyaient leur combat justifié par la malfaisance des autres communautés. Et ils étaient convaincus de l'impérieuse nécessité de créer une Grande Serbie, perçue comme ultime sanctuaire serbe dans une Yougoslavie hostile.

Dans ce contexte, la campagne de nettoyage ethnique et les actes de barbarie paraissaient indispensables, sinon légitimes, principalement aux yeux de ceux qui ne subissaient pas la guerre et ne comprenaient pas les mécanismes de cette brutale séparation. Et comme le disait Brana Crncevic, l'un de ces ténors au service de la police serbe chargés de dire tout haut ce que tout le monde se doit de penser tout bas : « Les crimes serbes relèvent de Dieu, ceux des autres du diable. »

Les colonnes de réfugiés qui symbolisèrent les premières images de la guerre ne furent pas la conséquence du conflit mais son but, l'une des expressions les plus visibles de cette logique assassine appelée nettoyage ethnique. Cette politique délibérée, fondée sur la violence, consistait en l'élimination, par le groupe ethnique qui détenait un territoire, des individus appartenant aux autres groupes ethniques. L'objectif n'était pas la pureté de la race mais l'homogénéité du peuplement d'un territoire. Il correspondait à la volonté d'éloigner ceux dont la présence constituait un obstacle à la création d'États nationaux ou une menace pour la sécurité du groupe ethnique. Dès lors qu'était posée, dans un pays au peuplement hétérogène, la question de la création d'États nationaux, chacun percevait comme une menace la simple présence de voisins pratiquant une autre religion ou appartenant à une autre ethnie. Il n'était pas difficile ensuite de faire admettre que le moyen le plus simple d'éviter d'être un jour chassé était d'encourager au plus vite le départ de l'« autre ». Les chefs politiques trouvaient ainsi des exécutants pour procéder au nettoyage ethnique.

Sans l'appui de la JNA, l'armée parallèle de Slobodan Milosevic ne pouvait mener à bien sa campagne de nettoyage ethnique. Les deux armées étaient complémentaires et toutes deux indispensables à la réalisation des objectifs du président serbe. Les paramilitaires avaient besoin de l'artillerie yougoslave pour opérer en avant des troupes, mais aussi de ses camions, du carburant et de toute une logistique que la police serbe n'était pas toujours en mesure de leur fournir. La JNA, pour sa part, nécessitait des renforts pour assurer ses conquêtes. Quelque douze mille paramilitaires, chapeautés par la police serbe, combattirent en Croatie aux côtés de la JNA. Ils menèrent leur propre guerre, sous la protection de l'armée yougoslave qui ne chercha ni à les chasser ni à les empêcher de commettre leurs crimes.

Le lieutenant-colonel Milan Eremija précisait dans son rapport à sa hiérarchie : « Quatre-vingts villageois croates de Lovas arrêtés par les unités Dusan Silni ont été maltraités. Quatre ont été tués sans sommation. Après l'arrivée au village d'une unité [paramilitaire] de Valjevo [en Serbie], les personnes faites prisonnières ont été utilisées pour nettoyer un champ de mines. Dix-sept d'entre elles ont péri. Les blessés se sont vu refuser toute assistance médicale par le personnel du dispensaire de Sid [ville de Serbie à la frontière avec la Croatie] [22]. » Ce rapport comme tant d'autres fut relégué au fond d'un tiroir. La JNA s'était faite complice des atrocités commises par les paramilitaires à la solde de Slobodan Milosevic. Elle en fut parfois même l'auteur, comme à Vukovar, à Dubrovnik ou ailleurs, partout où des officiers acquis à la cause de Slobodan Milosevic acceptèrent de prendre le commandement des opérations de nettoyage ethnique à la place ou aux côtés des unités spéciales de la police de Serbie. Cette armée-là préfigurait celle qui allait, quelques mois plus tard, mettre à feu et à sang la Bosnie-Herzégovine.

Arkan le Tigre

« Ma discipline est cinq fois meilleure que celle de la JNA. C'est l'une des raisons de notre succès », se vantait Arkan [23]. Le chef de la plus redoutable milice serbe ne faisait pas mystère de son dédain pour la JNA avant qu'elle ne soit purgée. « Une armée de gueux, d'incapables », aimait-il à répéter. Il vitupérait sa désorganisation, son manque de motivation, ses atermoiements. Et pour bien marquer son mépris, il savait entrer armé jusqu'aux dents au QG de l'armée sans même daigner décliner son identité, forçant le passage jusqu'au bureau d'un général qu'il traitait comme son subordonné. Longtemps, les relations entre Arkan, pourtant fils d'un colonel monténégrin, et la JNA furent tendues. Les officiers voyaient d'un mauvais œil ce tueur, et ses Tigres cagoulés de noir jouirent d'un statut spécial. Des délinquants privilégiés, équipés d'armes de précision, entraînés dans des conditions exceptionnelles, bien payés et parcourant les fronts au volant de 4 × 4 rutilants. « Des troupes disciplinées et motivées », rétorquait Arkan qui avait imposé le cheveu ras et prohibé l'alcool.

Son surnom provenait de l'époque où il sillonnait l'Europe sous de fausses identités, muni de passeports délivrés par les services yougoslaves. Arkan sur ses papiers turcs, Paul lorsqu'il se faisait passer pour un Allemand, Marco quand il était italien... En 1973, Zeljko Raznjatovic avait tout juste vingt et un ans et plus de trois ans de prison derrière lui pour délits de droit commun. Préférant le voir sévir à l'étranger plutôt que dans le pays, les services secrets du ministère yougoslave de l'Intérieur lui donnèrent un passeport. Il partit pour Londres, rejoignit la Belgique, l'Italie puis la Suède. Un compagnon de ses jeunes années, Goran Vukovic, membre redouté de la pègre belgradoise qui endossa l'uniforme des Tigres avant d'être abattu en plein Belgrade en décembre 1994, confiait : « Arkan entrait dans les banques comme au supermarché. Je ne tiens pas à parler de politique, mais pour ce qui est des vols, il est vraiment insurpassable. Les banques étaient sa spécialité, ainsi que les évasions spectaculaires. Il a réussi à s'évader deux ou trois fois de la même prison. Il est même parvenu à s'échapper de chez les Allemands. Il aimait jouer les caïds. Et c'est un tueur, un vrai : habile et efficace. Mais il a été obligé d'accepter de faire des choses pas très agréables [24]. » En 1974, la police italienne le rechercha pour l'assassinat du propriétaire d'un restaurant de Milan. Mais il passa entre les mailles du filet. Début 1975, sa photo fit la une des journaux suédois. Avec pour légende : « Si vous croisez cet homme, appelez la police. » Il était soupçonné d'avoir participé au braquage de plusieurs banques à Stockholm, Göteborg et Malmö. Il fut finalement arrêté en Belgique, en juin 1975, pour le hold-up de la banque Lambert et condamné à dix ans de prison. Mais il ne fit qu'un dixième de sa peine. La rumeur qui suivit sa spectaculaire évasion lui prêta des liens avec le tout-puissant Stane Dolanc et les services yougoslaves. En 1980, la justice néerlandaise le condamnait à sept ans de prison mais le 8 mai 1981 il s'évadait à nouveau. L'agence de presse néerlandaise écrivit que deux complices lui avaient jeté un pistolet par-dessus le mur de la prison de Over Amstel au moment de la promenade, qu'il avait alors brandi son arme contre les gardiens et que les détenus avaient formé une échelle humaine facilitant ainsi son évasion. Un an plus tard, il était arrêté à Francfort alors qu'il dévalisait une bijouterie. Mais il s'échappait aussitôt de l'hôpital où il avait été conduit après s'être battu avec la police. Il s'éclipsa quelque temps à Belgrade. Son nom réapparut, en 1984, lors d'une fusillade avec la police suédoise puis quelques mois plus tard lors de son interpellation à la frontière austro-allemande. Recherché par plusieurs polices européennes, détenteur d'un épais dossier à Interpol, Zeljko Raznjatovic rentra au pays en 1986. Arrêté la même année après une rixe, il affirma devant le tribunal de Belgrade qu'il travaillait pour les services yougoslaves : « Je suis employé au ministère fédéral de l'Intérieur, au bureau chargé de la diaspora, je possède une vingtaine de pistolets qui m'ont été offerts le 13 mai à l'occasion de la fête de la police [25]. »

Arkan aurait travaillé pour les services yougoslaves dès son départ de Yougoslavie. Le régime titiste surveillait de près les activités de la diaspora anticommuniste à l'étranger et se servait de criminels de droit commun pour éliminer les opposants yougoslaves, principalement les nationalistes, susceptibles de constituer une menace pour le régime. En contrepartie, ces hommes de main pouvaient s'adonner au gangstérisme et compter sur la protection des services yougoslaves dès lors qu'ils ne sévissaient qu'en dehors des frontières. Lorsque Arkan rentra en Yougoslavie dans les années 80, il se savait intouchable. Passionné de jeu, il fréquenta les casinos de Belgrade. Lorsqu'il gagnait, il exigeait son dû, lorsqu'il perdait, il sortait son revolver. Il s'affichait dans des lieux publics avec des dirigeants de la police. Et à chaque interpellation il se prêtait docilement aux règles du jeu, sachant qu'un de ses protecteurs ne tarderait pas à ordonner sa remise en liberté. Mais nul ne sut vraiment quels étaient les services rendus qui lui valaient de tels privilèges.

En 1990, Arkan devenait l'homme de main du régime serbe. Contraint de renoncer à son rôle dirigeant, le Parti communiste serbe venait de légaliser le pluripartisme. La pègre belgradoise s'était divisée. Slobodan Milosevic craignait que la légion de petits caïds favorables à l'opposition ne donne à ses adversaires les moyens de combattre le régime. Soutenu par la police serbe, Arkan renforça son influence sur le milieu. Il rafla le contrôle des secteurs d'activité les plus lucratifs comme le racket des salles de jeu et des débits de boissons de la capitale, rognant ainsi les ressources des adversaires du pouvoir. La même année, Arkan émergea dans la vie publique comme chef des supporters du club de football belgradois, l'Étoile rouge. À la tribune nord, les jeunes supporters s'enflammaient pour la Grande Serbie mais préféraient l'opposition à Slobodan Milosevic. Radmilo Bogdanovic, à la fois ministre de l'Intérieur et membre de la direction de l'Étoile rouge, comptait sur Arkan pour dresser ces jeunes et interdire le stade à Vojislav Seselj et surtout à Vuk Draskovic. Les « Tziganes » abandonnaient leur nom traditionnel pour les « Delije », les garnements. Arkan leur imposa une discipline de fer, modifia leur répertoire et bannit les slogans contre le régime. Au nom de l'« unité serbe ». En juin 1990, Arkan et ses hommes vinrent en renfort de la police de Belgrade pour réprimer les premières manifestations de l'opposition devant la télévision de Belgrade. Radmilo Bogdanovic regretta leur absence le 9 mars 1991 [26]. Arkan était alors dans les geôles croates pour transport d'armes sur la route de Knin. Quelques semaines plus tard, il rentrait à Belgrade.

Arkan avait le goût de l'équivoque. Ce fut dans le monastère de Pokajnica, près de Velika Plana, qu'il célébra, le 11 octobre 1990, la naissance de la Garde des volontaires serbes (SDG, Srpska dobrovoljacka garda) avec un petit groupe d'hommes de poigne recrutés dans le milieu ou dans les prisons [27]. Fraîchement relâché par les Croates, il regagnait la Croatie à la tête de sa milice. Il sévit au début de l'été 1991 à Nova Tenja, sur les lignes serbes face à Osijek. Puis en août il installa son camp à Erdut, entre Osijek et Vukovar. Au côté du vice-ministre Radovan Stojicic-Badza qui lui fournit chars, mortiers et munitions à volonté. Le tigron qui l'accompagnait valut à sa milice le surnom des Tigres. Féroce, Arkan et ses hommes l'étaient. Ils semaient la terreur du nettoyage ethnique et opéraient sans jamais ramener de prisonniers. Les Tigres d'Arkan ne furent jamais plus de 1 000, à peine 400 en Croatie, mais la seule mention de leur nom suffisait à faire fuir tout un village. En novembre 1991, ils se répandaient dans Vukovar « libérée » pour y traquer les hommes. Arkan pouvait toiser des files de prisonniers croates et décider, à sa guise, de leur sort, il était en service commandé. Slobodan Milosevic, dans le secret de son bureau, en fera l'aveu : « Il faut bien que quelqu'un fasse une partie du boulot à ma place[28]. » C'était en 1993. Entre-temps Arkan et ses Tigres avaient repris du service en Bosnie-Herzégovine.

Arkan n'oublia jamais la rémunération de ses missions. Pendant que les Tchetniks et autres Aigles blancs se payaient en meubles, téléviseurs et électroménager, il chargeait ses camions de bijoux, tableaux, vaisselle, vin, tapis et meubles anciens. Sans oublier les liasses de billets sortis des coffres-forts et des tiroirs-caisses qui s'offraient à lui sans résistance dans les villes dévastées et vidées de leur population. La guerre le fit affairiste, avec la bénédiction du pouvoir serbe qui touchait ses royalties. Il garda jusqu'à l'été 1994 le contrôle du camp d'entraînement d'Erdut, plaque tournante d'un prodigieux négoce d'essence, d'alcool et de cigarettes. La Serbie était alors sous embargo international. De l'autre côté de la frontière, Erdut, en zone sous vague surveillance des casques bleus et sous administration officieuse de la police serbe. En octobre 1992, il ouvrait sa première pompe à essence au sigle de sa garde, SDG, à moins de cent mètres du PC de la Force de protection des Nations unies en Slavonie orientale.

À Belgrade, sa petite pâtisserie installée au rez-de-chaussée d'un modeste pavillon, face au stade de l'Étoile rouge, laissait la place à un imposant palais, tout de colonnes et de marbre. Loin du front, Arkan s'occupait en faisant fructifier son trésor de guerre. Propriétaire de plusieurs sociétés avec pignon sur rue, il finit par s'offrir le casino de l'Hôtel Jugoslavija. Le club de l'Étoile rouge n'était pas à vendre. Ce fou de foot s'achetait une équipe de troisième division qui remportait six mois plus tard la coupe de Yougoslavie. À coups de pots-de-vin et de menaces, le club s'était offert une destinée européenne. « Je ne représenterai pas Obilic à l'étranger, ma femme ira à ma place », avertissait le malin tueur à gages.

Comme pour le reste de ses activités, Arkan se lança, sous la houlette de la police secrète serbe, dans la politique. À l'automne 1992, il s'installait au Grand Hôtel de Pristina avec ses barbouzes. Il fit campagne à travers le Kosovo au volant d'une jeep aux plaques de Vukovar et parada en uniforme d'officier serbe de la Première Guerre mondiale pour effrayer la population albanaise, majoritaire dans la province. En décembre, il était élu député du Kosovo. En 1993, il fondait le Parti de l'unité serbe (Stranka srpskog jedinstva) pour chasser dans l'électorat de Vojislav Seselj dont l'influence politique inquiétait Slobodan Milosevic. Mais l'incohérence de son discours lui valut un échec aux élections anticipées de décembre 1993. Il devint alors ministre sans portefeuille au gouvernement de la Krajina, titre honorifique pour le roi du pétrole sur le Danube, toujours prêt à de nouveaux services commandés en Bosnie. Son mariage à grand spectacle avec une star de la chanson populaire, en février 1995, coïncida avec le début de son retour dans l'anonymat souhaité par Slobodan Milosevic au moment où la communauté internationale semblait résolue à juger les criminels de guerre. Arkan et ses troupes réapparurent néanmoins en juin 1995 à Srebrenica puis en septembre dans le nord-ouest de la Bosnie. Deux mois plus tard, à Dayton, Slobodan Milosevic recevait des mains du négociateur américain, Richard Holbrooke, un épais dossier émanant des renseignements occidentaux sur Arkan, ses crimes et ses liens avec les autorités serbes. Le président serbe signait la paix. Son protégé aux mains sales bénéficiait d'un sursis. Celui que l'administration américaine avait cité, dès novembre 1992, parmi les principaux criminels de guerre présumés en ex-Yougoslavie était finalement inculpé par le Tribunal pénal international fin 1997. À l'heure où Slobodan Milosevic s'apprêtait à déclencher sa troisième guerre. Le tribunal ne dévoila sa décision qu'un an et demi plus tard, lorsque les Tigres récidivaient au Kosovo et que les bombardiers de l'OTAN intervenaient contre la Serbie. L'acte d'accusation, lui, restait marqué du sceau du secret.

Seselj héritier tchetnik

Vojislav Seselj figurait également sur la liste de novembre 1992 du Département d'État américain. Chef charismatique du Parti radical serbe (SRS), situé à l'extrême droite de l'échiquier politique, Vojislav Seselj n'était pas un homme de terrain comme Arkan. Docteur en sciences politiques, adepte d'un marxisme absolu reconverti brusquement au nationalisme le plus radical, il maniait le verbe comme Arkan son Heckler und Kock. Avec les mêmes résultats. Ce mastodonte à lunettes chauffait à blanc ses partisans avant de les envoyer sur le front. Moins professionnels que les Tigres, les Tchetniks et les Aigles blancs qui se réclamaient de Vojislav Seselj n'en étaient pas moins cruels. Leur chef spirituel les encourageait non seulement à tuer mais à infliger à leurs adversaires les pires souffrances dans la mort. Il revendiquait l'héritage des troupes de Draza Mihailovic et préconisait les mêmes méthodes. Et lorsqu'il visitait le front coiffé de la toque noire des Tchetniks de la Seconde Guerre mondiale, c'était pour exalter l'appétit sanguinaire de ses miliciens. Son éloquence lui valut le titre de *voïvode* (duc), conféré habituellement pour bravoure au combat par les Tchetniks, que lui remit en 1991 Momcilo Djujic, l'un de leurs chefs, exilé à la fin de la Seconde Guerre mondiale aux États-Unis.

Vojislav Seselj donna le ton au printemps 1991, alors que la guerre n'avait pas tout à fait commencé en Croatie. La manière dont ses miliciens mutilèrent les corps des policiers croates tués dans une embuscade à Borovo Selo, le 2 mai, autorisait un sadisme bestial que le formidable mouvement de haine et de violence qui était en train de se mettre en place n'allait pas manquer de réveiller. Slobodan Milosevic fit de cet apôtre du « total nationalisme » son protégé. Vojislav Seselj appartenait à ce groupe d'hommes cultivés, tribuns démagogues, dont le régime serbe s'était entouré pour mettre à son service leur capacité toute particulière à activer les tendances les plus irrationnelles dans l'esprit des foules. Jovan Raskovic, le psychiatre de Knin, eut la lucidité de faire défection. Son confrère de Sarajevo, Radovan Karadzic, et Vojislav Seselj prirent quant à eux un malin plaisir à accomplir leur mission jusqu'au bout.

Sa foi orthodoxe en la Grande Serbie lui valut un séjour de deux ans en prison en 1984, à l'époque où le dogme de Tito avait encore cours. Les intellectuels de toute la Yougoslavie avaient alors pris la défense de cet universitaire sarajevien, au nom de la liberté d'expression, même si la plupart d'entre eux condamnaient ses idées expansionnistes serbes. Relaxé en 1986, il regagna Belgrade où les académiciens achevaient la rédaction de leur Mémorandum. Toutes les thèses qui l'avaient conduit dans le sinistre pénitencier de Zenica étaient en filigrane dans ce texte. Vojislav Seselj ne cessa dès lors de prôner la reprise en main par Belgrade des provinces autonomes de Voïvodine et du Kosovo, la disparition de la Bosnie-Herzégovine, qu'il souhaitait voir partagée entre la Serbie et la Croatie, et du Monténégro, qui devait pour sa part être annexé à la Serbie. Affirmant la nécessité de résoudre la question nationale serbe et croate, il jugeait indispensable d'entreprendre une nouvelle délimitation territoriale entre la Serbie et la Croatie de manière qu'il reste à l'intérieur de la Croatie le même nombre de Serbes que de Croates en Serbie [29]. Slobodan Milosevic n'allait pas tarder à s'en inspirer.

En mars 1990, Vojislav Seselj, son ami Vuk Draskovic et le jeune Mirko Jovic fondaient le Mouvement du renouveau serbe (Srpski pokret obnove, SPO). L'alliance éclata en seulement quelques semaines. En juin, Vojislav Seselj créait son propre parti, le Mouvement serbe des Tchetniks, immédiatement interdit en raison de son nom qui « incitait à la haine entre les communautés ». L'année suivante, Slobodan Milosevic partait en guerre et avait besoin d'une « grande gueule » pour dire tout haut ce que le régime pensait tout bas. Seselj était le premier politicien serbe à souscrire publiquement au nettoyage ethnique. Slobodan Milosevic le fit entrer au Parlement. Le siège de Rakovica, banlieue ouvrière de

Belgrade, était à pourvoir, suite au décès de Miodrag Bulatovic, écrivain serbe foudroyé par une crise cardiaque. Les socialistes ne lui cherchèrent pas de successeur. Ils laissèrent la place à Vojislav Seselj qui s'en empara sur un programme qui incitait plus que jamais à la haine. Continuant de se réclamer de l'héritage du mouvement tchetnik, il déclara publiquement qu'il fallait « égorger les Croates, non pas avec un couteau, mais avec une petite cuillère rouillée [30] ». L'État serbe, selon lui, devait englober la Bosnie-Herzégovine et étendre ses frontières occidentales jusqu'à la ligne Karlobag, Karlovac, Virovitica, réduisant ainsi la Croatie au tiers de sa superficie. Il annonçait déjà la guerre en Bosnie-Herzégovine en appelant à la déportation en Anatolie des Bosniaques musulmans, auxquels il niait toute identité nationale [31]. Confiant, il affirmait qu'« un bataillon de Tchetniks suffirait pour mettre en déroute l'armée musulmane [32] ». Son discours séduisait les plus démunis, ouvriers au chômage ou paysans, le front grandissant du refus et de la haine que le parti socialiste de Slobodan Milosevic ne pouvait plus satisfaire.

Au lendemain de la guerre en Croatie, Slobodan Milosevic lui apporta ouvertement son soutien. « Je respecte Seselj parce qu'il est conséquent dans ses convictions politiques et parce que je crois que lui et son parti ne sont pas financés par l'étranger », proclamait publiquement le président serbe en mars 1992 [33]. Quelques semaines plus tard, il récidivait en disant de Seselj qu'il était « son politicien favori ».

En mai 1992, le Parti radical serbe devenait le plus puissant parti d'opposition en Serbie avec 33 des 138 sièges de l'Assemblée fédérale serbo-monténégrine. En décembre, il remportait 30 % des sièges à l'Assemblée de Serbie. Slobodan Milosevic entrait alors en coalition avec l'extrême droite pour canaliser ce puissant courant. Mais l'alliance allait être mouvementée. En septembre 1993, Seselj défiait le parti socialiste de Milosevic en appelant ses députés à voter une motion de censure contre le gouvernement serbe. Il fut violemment critiqué, désigné publiquement par le pouvoir comme « la personnification de la violence et du primitivisme », ses milices accusées d'avoir perpétré des crimes contre des Musulmans, des Croates et des Serbes, d'être des « profiteurs de guerre et des criminels ». Une quarantaine de membres de son parti furent arrêtés et inculpés de meurtres, viols, enlèvements et possession illégale d'armes. Vojislav Seselj n'attendit pas pour prendre sa revanche. Il en savait suffisamment sur les manœuvres en coulisses du gouvernement serbe pour mettre Slobodan Milosevic en difficulté. Il fut ainsi le premier à dévoiler les liens qui unissaient les autorités et les groupes paramilitaires. « Nos volontaires se sont battus dans les unités spéciales de la police de Serbie, sous le commandement de Mihalj Kertes en Slavonie orientale, tandis qu'en République serbe [autoproclamée en Bosnie-Herzégovine] ils étaient sous le commandement de Radovan Sojicic-Badza ou de Franko Simatovic. Nous nous sommes battus côte à côte sur de nombreux champs de bataille. Notre coopération remonte à la période qui précéda la bataille de Borovo Selo [2 mai 1991], lorsque le ministère de l'Intérieur livra des Thompson [aux Serbes de] Borovo Selo [34]. » Vojislav Seselj poussa la provocation jusqu'à déclarer que si quelqu'un devait un jour répondre des crimes commis par les Serbes devant le tout nouveau Tribunal pénal international de La Haye, ce serait Milosevic. « Je suis prêt à aller à La Haye mais à condition que Slobodan Milosevic y vienne aussi [35]. » Afin de neutraliser Vojislav Seselj, le président serbe décida de dissoudre l'Assemblée et appela à de nouvelles élections.

Privé du soutien des médias officiels, le parti de Vojislav Seselj perdait la moitié de ses sièges aux législatives de décembre 1993. Le chef de file de l'extrême droite échappa cependant à une mise à l'écart en règle dont Slobodan Milosevic avait le secret. Faute de remplaçant. En dépit des moyens déployés et d'une campagne électorale à l'américaine à laquelle avaient participé toutes les stars du show-biz local, Arkan n'avait pas réussi à devenir un nouveau Seselj. Le président serbe ne pouvait prendre le risque de faire disparaître de la scène politique celui qu'il avait sciemment propulsé à une position stratégique. Vojislav Seselj canalisait l'aile la plus radicale de la société, celle qui n'aurait pas hésité, après avoir tracé dans le sang les frontières de la Grande Serbie, à combattre par les armes le régime de Slobodan Milosevic. Il avait, de surcroît, rogné les ailes du puissant Vuk Draskovic, son ancien ami et chef de file de l'opposition nationaliste modérée, en chassant dans l'aile droite de son électorat. L'opposition scindée en deux camps rivaux était neutralisée. Le président serbe ne cessera dès lors de flatter les passions revanchardes d'un Seselj plus prompt à défier Vuk Draskovic qu'à renverser le pouvoir. Peut-être avait-il d'autres moyens de le tenir dans sa dépendance ? Nul ne le sait.

Milosevic joua avec Vojislav Seselj comme avec

une marionnette. Il le mit en prison à chaque fois qu'il voulait le faire taire. Comme en 1994 lorsque Belgrade, décidée à revoir à la baisse le projet grand-serbe et à signer la paix, essuya les violentes critiques de tous les thuriféraires de la Grande Serbie. Puis il le remit en selle à chaque fois qu'il avait besoin d'un repoussoir. Slobodan Milosevic tolérait ses écarts de langage ou de conduite. Plus d'une fois Seselj brandit son pistolet à la tribune du Parlement ou dans la rue au milieu de manifestants qu'il vitupérait parce qu'ils réclamaient la démocratisation du régime. Milosevic appréciait ses appels vengeurs contre l'opposition démocratique de Belgrade. L'apprenti dictateur et son maître étaient liés par une même passion, l'antidémocratisme, qui les avait tous deux conduits du communisme le plus dogmatique au nationalisme le plus haineux.

Les miliciens de la haine

Une pléiade de petits leaders, propulsés sur la scène politique par la police secrète serbe, avaient, par conviction, par mimétisme ou par opportunisme, épousé les doctrines de la haine. Comme Vojislav Seselj, ils recrutèrent dans les milieux extrémistes ou dans la jeunesse désœuvrée en quête d'ivresse, d'émotions ou d'héroïsme, ceux qui aspiraient à rejoindre le front mais qui refusaient de coiffer le casque frappé de l'étoile rouge. Comme Vojislav Seselj, ils appelèrent leurs combattants à donner libre cours à leurs instincts de cruauté. Comme Vojislav Seselj, ils contribuèrent à marginaliser l'opposition à Slobodan Milosevic en exaspérant de manière permanente le sentiment national pour mieux entretenir la cohésion nationale. Ils ne manquèrent pas non plus de combattre toute aspiration démocratique au sein de la société. Dragoslav Bokan, que la presse serbe baptisa le « Führer au cœur tendre », ne sévit pas seulement sur les fronts à la tête d'une unité des Aigles blancs. Philosophe néofasciste, cinéaste à ses heures, il sema la terreur en 1991 dans les milieux pacifistes de Belgrade en attaquant les locaux des forces réformistes de Serbie, alliées au premier ministre yougoslave Ante Markovic, ceux de la télévision Yutel qui combattait la rhétorique de haine des autres médias et ceux du Centre d'action antiguerre. « La jeunesse serbe n'a pas à fréquenter les cafés mais le front », disait Bokan en août 1991. Il n'était pas toujours en service commandé. La banalisation de la violence, la criminalisation d'un segment de la société, la prolifération d'armes et le développement du banditisme dans cet arrière-front qu'était devenue la Serbie entretenaient un climat de peur et d'intolérance qui faisait le jeu du régime en place.

Slobodan Milosevic n'apprécia guère que l'opposition qui échappait à son contrôle créât ses propres milices au nom de la même cause sacrée. Dans l'incapacité de les interdire sans risquer de compromettre les milices chapeautées par sa police et de réduire, du même coup, l'afflux de paramilitaires serbes, il s'attela à les anéantir.

Branislav Matic alias Beli, membre de la pègre belgradoise, fut assassiné en août 1991 en plein Belgrade. Il finançait la branche armée du Mouvement du renouveau serbe, le SPO de Vuk Draskovic, à l'époque le plus puissant parti d'opposition en Serbie. À l'image de la Garde des volontaires serbes d'Arkan, la Garde serbe du SPO était constituée de repris de justice et de petits caïds du pavé belgradois décidés à mettre leur expérience des armes au profit de la défense des Serbes de Croatie. Sous le commandement de Djordje Bozovic, autre gangster belgradois, surnommé dans le milieu Giska, la Garde serbe fut empêchée par Radovan Stojicic-Badza de rejoindre au mois d'août 1991 la Slavonie orientale [36]. En septembre, elle prit le chemin de Gospic, une ville de l'ouest de la Croatie où la population serbe était soumise aux sévices des milices extrémistes croates de Tomislav Mercep. Le 15 septembre, Djordje Bozovic tombait, lors d'une offensive soutenue par la JNA, tué d'une balle dans le dos. Sa mort prématurée le fit entrer dans la légende. Il avait promis d'« écraser le communisme de ses propres mains » et était devenu un héros pour bon nombre de jeunes Serbes qui doutaient de la sincérité de Slobodan Milosevic et de la JNA pour créer une Grande Serbie. Ils célébraient son courage, son indépendance, sa droiture. On raconta même qu'il avait puni quatre de ses miliciens qui avaient violé une jeune Croate. Les médias officiels ignorèrent ce héros patriote et étouffèrent le scandale que suscita sa mort. Son successeur, Branko Lainovic, surnommé Dugi, un autre gros calibre de la pègre serbe, se démarqua de Vuk Draskovic. Dès lors, la Garde serbe bénéficia du soutien de la police serbe et obtint, début 1992, des locaux en plein centre de Belgrade. Mais onze mois et plusieurs missions commandées en Bosnie-Herzégovine plus tard, Branko Lainovic était à son tour victime d'un attentat. Il échappa miraculeusement à la mort après avoir reçu six balles dans le corps, le

21 décembre 1992, devant sa discothèque de Novi Sad.

En marge de la guerre contre la Croatie et la Bosnie-Herzégovine, les milices sous la férule du pouvoir serbe furent chargées d'une autre campagne de nettoyage ethnique. Elle se déroula en Serbie. Loin des fronts et de la guerre. Elle toucha d'abord la Voïvodine et sa minorité croate. Seselj, dont les troupes opérèrent en Voïvodine, disait déjà en mai 1991 : « Il faut que 100 000 Croates partent de Serbie, sans quoi la Serbie ne sera tout simplement pas en mesure d'installer les malheureux Serbes chassés de Croatie. Ce sera un simple échange de populations [37]. » À l'époque, 109 000 Croates de souche vivaient en Serbie. Un an plus tard, Mihalj Kertes donnait carte blanche à Seselj et à ses hommes. Le 6 mai 1992, le chef extrémiste se rendait à Hrtkovci et déclarait : « Les Croates et les Hongrois qui se sont montrés déloyaux pendant la guerre doivent quitter la ville. » 70 % des 3 000 habitants du village étaient croates, bon nombre d'entre eux avaient été mobilisés pour se battre en Slavonie dans les rangs de la JNA. Seselj lut en public une liste de 17 familles « traîtres », soupçonnées de sympathies pour le HDZ, le parti au pouvoir en Croatie. Les 17 familles croates quittèrent la ville. De nouvelles listes furent établies. Les Croates recevaient des appels anonymes, des lettres de menaces. Parfois des grenades explosaient dans les cours de leurs maisons. La nuit, des hommes tiraient par rafales sur les façades en chantant : « Oustachis, dehors, aujourd'hui est votre dernier jour, demain nous vous égorgerons. » Fin août 1992, il ne restait plus que 400 Croates dans le village. Et les maisons abandonnées de force affichaient le nom de leurs nouveaux propriétaires, des réfugiés serbes de Croatie. Après Hrtkovci rebaptisé Srbislavci, ce fut au tour de Slankamen, Platicevo, Nilkinci, Toma, Ruska Krtura, autant de villages vidés en quelques mois de leurs populations non serbes. Plusieurs dizaines de milliers de personnes, Croates pour la plupart, Slovaques, Ruthènes, Ukrainiens, parfois Hongrois, furent ainsi chassées avant la fin 1992.

Pendant la guerre en Bosnie-Herzégovine, les milices serbes menèrent des opérations ciblées au Sandjak, une région adossée à la Bosnie, située à cheval entre la Serbie et le Monténégro, et où vivaient à parité Serbes et Musulmans. À deux reprises, en 1993, des Musulmans furent enlevés puis massacrés par des milices serbes. Des cafés, des magasins, parfois des maisons appartenant à des Musulmans furent dynamités. En 1995, 400 000 non-Serbes avaient quitté la Serbie. Slobodan Milosevic ne tolérait sur ses terres de Serbie que des populations soumises : un peuple serbe homogénéisé et des minorités dociles. Ceux qui refusèrent d'emblée la soumission, les Albanais, étaient devenus un peuple interdit, enfermé dans cet immense ghetto qu'était désormais le Kosovo. Un peuple en sursis, promis lui aussi au nettoyage ethnique. En 1993, le ténor de l'extrême droite Vojislav Seselj les avait déjà avertis du sort qui les attendait en appelant publiquement à « l'expulsion de 360 000 Musulmans de souche albanaise ».

7
L'abandon de la Krajina

« La question des Serbes de Croatie est une question de minorités, pas de territoire », confiait Slobodan Milosevic à Franjo Tudjman au lendemain de l'armistice du 2 janvier 1992 [1]. Dans les coulisses de la Conférence sur la Yougoslavie, le 9 janvier 1992 à Bruxelles, celui qui venait d'amputer la Croatie d'un tiers promettait, avec la froideur extraordinaire d'un homme mû par la passion du pouvoir plus que par l'idéal du nationalisme, de rendre toutes ses conquêtes si le maître de Zagreb acceptait de l'épauler dans une nouvelle guerre, cette fois contre la Bosnie-Herzégovine voisine. L'agression serbe en Croatie, les morts, les villages et les villes partiellement ou entièrement rasés, la destruction de plus de 40 % de l'économie croate, l'occupation de 25 % de son territoire et le demi-million de personnes déracinées n'avaient pas altéré l'alliance soudée à Karadjordjevo au printemps 1991. Jamais les ponts n'avaient été rompus entre les deux dirigeants qui, en pleine guerre, reconnaissaient ne pas « être les ennemis mortels qu'imaginent tant de gens ».

Les canons encore chauds, Slobodan Milosevic échangeait l'intégrité territoriale de la Croatie contre le dépeçage de la Bosnie-Herzégovine. Son dessein n'avait pas changé. Il voulait les deux tiers de la république multiethnique et demandait à Franjo Tudjman de s'emparer du reste. Et une fois l'entreprise criminelle réalisée, il abandonnerait les Serbes de Krajina et Knin reviendrait dans le giron croate. Il faudra plus de trois ans à Slobodan Milosevic pour tenir son engagement sans s'aliéner l'opinion serbe ni perdre son pouvoir. Trois années de ruses et de stratagèmes durant lesquelles il ne cessera de monnayer les territoires occupés et de dresser les dirigeants serbes locaux les uns contre les autres afin d'affaiblir leur para-État, établi par la force des armes avec son soutien.

Des ennemis complices

Tout au long de cette période, Slobodan Milosevic resta maître du jeu. Recourant au chantage et à la fourberie, jouant parfaitement des contradictions et de la pusillanimité de ses partenaires, qu'il s'agisse de ses affidés serbes, de ses adversaires croates ou de la communauté internationale, le président serbe sortit vainqueur de ce continuel poker menteur. À la clé de cette victoire, son aptitude à faire de ses ennemis des complices, ce qui lui était d'autant plus nécessaire qu'il avait toujours fait montre de son incapacité à conserver ses amis comme alliés. En 1992, le plan Vance qu'il était sur le point d'imposer aux Serbes de Knin lui laissait une grande liberté de manœuvre. Aux termes de l'accord de paix, le statu quo était maintenu dans les enclaves sous contrôle serbe, dans l'attente d'une solution politique. Ainsi les autorités et la police serbes restaient en place et les Serbes de Croatie n'étaient « pas assujettis aux lois et aux institutions de la République de Croatie ». Ce point essentiel, arraché par Slobodan Milosevic en échange de sa signature, lui permettait de maintenir encore quelque temps sous sa coupe les autorités croates.

L'affirmation d'un para-État serbe en Croatie, ciselé au canon par la JNA, nettoyé de ses populations non serbes et doté par Belgrade d'une armée et d'une police suffisamment puissantes pour assurer sa pérennité, laissait difficilement augurer d'un possible abandon de la Krajina. D'autant que le plan Vance entérinait la partition en remplaçant les lignes de front par une ligne de démarcation sécurisée par des casques bleus, transformés en gardiens des conquêtes serbes. Aussi, nul ne prit vraiment au sérieux le cri d'alarme lancé par Milan Babic, le chef de file des Serbes de Krajina, qui accusait Belgrade de brader le rêve de Grande Serbie pour avoir approuvé le plan Vance et sommé Knin de l'avaliser.

C'était sans compter avec la personnalité de Slobodan Milosevic. Uniquement préoccupé de pouvoir, le président serbe avait renoncé à lier son destin à une idéologie. Le nationalisme qu'il avait enfourché pour rallier l'opinion serbe et se forger une légitimité politique n'était qu'un instrument de pouvoir, comme l'avait été jadis le communisme. Slobodan Milosevic n'était pas un thuriféraire de la Grande Serbie, en dépit de son acharnement à mettre en œuvre le nettoyage ethnique et à créer un État rassemblant tous les Serbes de Yougoslavie. Les stratégies à long terme ne l'intéressaient pas parce qu'elles réclamaient une politique cohérente. Le président serbe préférait les louvoiements sournois qui lui permettaient de s'adapter plus facilement aux circonstances, de transformer en victoire chacune de ses actions, de remporter des défaites et de ne jamais payer le prix politique de ses échecs. Pour n'avoir jamais cru aux utopies dont il avait nourri son peuple, il restait libre de changer sans cesse les règles du jeu, jetant ainsi le trouble chez ses adversaires et transformant en atouts ce qui n'était que dérobades. « Ce qui lui importait avant tout, c'était de remporter des batailles, quitte à perdre la guerre », dira un dirigeant croate qui le rencontra plusieurs fois pendant le conflit [2]. Champion de la ruse et de l'artifice, Slobodan Milosevic mit ses talents de maître tacticien au service d'un seul objectif : son pouvoir. Implacable et cynique, il se fit l'apôtre de la suprématie ethnique, n'hésitant pas pour autant à sacrifier les intérêts serbes en Croatie et à briser définitivement le rêve grand-serbe de relier la Krajina de Knin à Belgrade à travers une Bosnie dépecée.

Il n'avait cessé de répéter dans les coulisses que les Serbes de Croatie ne l'intéressaient pas. Donc qu'il n'aspirait pas à étendre son État aux territoires de la Croatie. « Jamais je n'ai dit et encore moins pensé que là où est un Serbe, là est la Serbie », assurait-il devant ses complices de Zagreb [3]. Cependant, Slobodan Milosevic se garda bien de partager ses véritables objectifs avec son peuple qu'il avait soudé autour de la cause sacrée de l'unité serbe. « Tous les Serbes dans un même État », qui constitua le fondement du nettoyage ethnique, signifiait pour ce politicien pragmatique : « Tous les Croates dans un même État. »

Comme il l'avait expliqué à Karadjordjevo, une Grande Serbie ne pourrait légitimer son existence sans une Grande Croatie à ses côtés. La guerre ne visait pas à réaliser le rêve des ultranationalistes de pousser les frontières serbes jusqu'à la ligne mythique Karlobag-Karlovac-Virovitica, mais à créer en lieu et en place de la Yougoslavie des États nationaux. Elle était un instrument au service de la séparation ethnique des peuples et de leur homogénéisation. Et la « République serbe de Krajina » n'était qu'une phase dans ce processus, une étape nécessaire pour arracher les Serbes à leurs terres en Croatie.

L'indifférent

Tacticien sans scrupule, insensible aux drames froidement orchestrés depuis son bureau de Belgrade, Slobodan Milosevic, qui avait transformé son peuple en bourreau, ne répugnait pas à l'humilier un peu plus en l'exposant à son tour à l'infamie du nettoyage ethnique. « La dimension émotionnelle n'intervient pas dans son jugement. Formé à l'école communiste, il analyse tout en rapports de forces. La tragédie de la guerre glisse totalement sur lui », souligneront tous les diplomates qui le côtoyaient. Jamais il n'apparut sur une ligne de front, ni ne rendit visite aux soldats blessés qui s'entassaient dans les hôpitaux belgradois. Son peuple lui pardonnera néanmoins cette indifférence qu'il pensait tactique, preuve de son extranéité à la guerre qu'il clamait, contre toute évidence, à l'attention de la communauté internationale.

Au lendemain de la guerre, Slobodan Milosevic

fit obstacle à toutes les tentatives qui contrariaient l'entente secrète avec la direction croate. Il empêcha les séparatistes serbes de Croatie et de Bosnie-Herzégovine de s'unir. Persuadé que le plan Vance préfigurait l'abandon par Belgrade de la Krajina, Milan Babic avait relancé le projet de rattachement des territoires contrôlés par les Serbes dans les deux républiques; projet déjà barré fin juin 1991 par Slobodan Milosevic. Ambitieux, l'ancien dentiste cherchait à s'affranchir de la tutelle belgradoise et à toucher directement les dividendes de la victoire serbe contre la Croatie. Le 19 décembre 1991, à l'annonce par la Communauté européenne de l'imminence de la reconnaissance internationale de la Croatie, le maire de Knin avait érigé en « République serbe de Krajina » (RSK) les territoires conquis par les armes et s'était fait élire « président ». Plutôt qu'une « Serboyougoslavie » dont les contours encore flous seraient définis par Slobodan Milosevic, il appelait à la création d'une Grande Serbie fédérant les différents États serbes qui émergeraient des cendres de la défunte Yougoslavie. Il rencontra aussitôt le soutien des séparatistes serbes de l'autre côté de la frontière, qui avaient constitué dans le nord de la Bosnie-Herzégovine une région serbe autonome, appelée la Krajina bosniaque. Début janvier 1992, le projet d'union des deux Krajinas était prêt.

Slobodan Milosevic s'inquiéta des velléités de Milan Babic et convoqua le 8 janvier 1992 à Belgrade les représentants nationalistes serbes de Banja Luka, le chef-lieu de la Krajina bosniaque. Le lendemain, le projet d'union des deux Krajinas était abandonné. À l'appel de Radovan Karadzic, l'homme de Belgrade en Bosnie-Herzégovine, les séparatistes bosno-serbes proclamaient le 9 janvier une « République du peuple serbe de Bosnie-Herzégovine » regroupant les différentes régions autonomes constituées par le SDS sur le territoire bosniaque. Slobodan Milosevic venait de précipiter la création de deux entités serbes distinctes. Les Serbes de Bosnie et ceux de Croatie ainsi séparés, il s'envolait serein pour Bruxelles rejoindre Franjo Tudjman.

« L'union des deux Krajinas n'est pas notre objectif, elle ne se fera jamais car ce serait une grave erreur », confia le président serbe aux dirigeants de Zagreb [4]. Tout au long du conflit, Slobodan Milosevic dut faire front aux tentatives répétées des Serbes de Bosnie et de Croatie de s'unir, finalement soutenues par Radovan Karadzic. Leur volonté de constituer un « État des Serbes de l'Ouest » capable de faire contrepoids à Belgrade se renforça au fur et à mesure que s'évanouissait leur rêve de Grande Serbie. Mais Slobodan Milosevic brisa systématiquement leurs efforts.

Début 1992, Belgrade rétablissait son contrôle absolu sur la « République serbe de Krajina ». Son « président » Milan Babic, qui s'était posé en rival de Slobodan Milosevic et refusait de signer le plan Vance, était évincé au profit de Goran Hadzic. L'ancien magasinier des usines Borovo de Vukovar, installé à la tête des Serbes de Slavonie orientale par la police secrète de Slobodan Milosevic, s'empressa de ratifier le plan de paix, autorisant le déploiement des casques bleus en Croatie. Knin désormais marginalisé et les proches de Milan Babic écartés du pouvoir, Belgrade prépara subrepticement la reddition de la Krajina. Le 18 mai 1992, le Parlement indépendantiste vota à l'appel du gouvernement, inféodé à Belgrade, un texte en 15 points définissant les objectifs de l'État fantoche serbe. L'ultime point adopté sans réticence par des députés convaincus de son inutilité prévoyait le maintien de la Krajina au sein de la Croatie si « les circonstances ne permettaient pas son rattachement à la Serbie [5] ». Pour ne pas alarmer sans raison l'opinion publique, ce point spécifique fut frappé du sceau de la confidentialité. Milan Babic dénonça la manœuvre de Belgrade et cria à la trahison. Mais, privé de l'influence dont il jouissait auparavant, il ne put retourner l'opinion serbe contre Slobodan Milosevic. Belgrade étouffa l'affaire en sacrifiant l'auteur du projet et fit interdire le SDS de Knin. Après avoir été agressé par des inconnus à Benkovac, Milan Babic se retira quelque temps de la vie politique. Belgrade pouvait décider, sans entraves, du sort de la Krajina.

Un interlocuteur acceptable

Sur la scène internationale, Belgrade joua une tout autre carte. À la conférence de Londres, le 26 août 1992, le chef du gouvernement indépendantiste de RSK, Zdravko Zecevic, l'homme de Slobodan Milosevic, assura que la Krajina « ne ferait plus jamais partie de la Croatie ». La guerre battait son plein en Bosnie-Herzégovine et les Occidentaux exerçaient de fortes pressions sur Belgrade pour stopper l'agression serbe. L'intransigeance de ses séides en Croatie renforçait la position de Slobodan Milosevic. Les chancelleries occidentales s'en remettaient au président serbe pour faire entendre raison aux dirigeants de la

Krajina. Celui qu'elles considéraient déjà comme le principal responsable de la guerre en Bosnie-Herzégovine s'imposait en chef modéré et conciliant, devenant ainsi le seul interlocuteur convenable dans le camp serbe.

Slobodan Milosevic fit la preuve de sa bonne volonté. Sous l'égide de David Owen et Cyrus Vance, Belgrade et Zagreb signaient, le 30 septembre 1992, une « déclaration commune » en faveur de la normalisation des relations entre les deux pays, fondée sur le principe de l'intangibilité des frontières. Mais dans les coulisses le président serbe continuait de préparer, selon ses propres termes, la rétrocession de la Krajina. Les jours suivants à Genève, Franjo Tudjman et Dobrica Cosic, alors président d'une mini-Yougoslavie limitée à la Serbie et au Monténégro, convenaient de « tout faire non seulement pour permettre mais aussi pour recommander des transferts volontaires et civilisés [de populations] afin de régler les problèmes dans les régions où la survie d'une communauté est menacée, que ce soit en Serbie ou en Croatie [6] ». L'accord, soutenu en sous-main par Slobodan Milosevic, prévoyait l'échange de la minorité croate de Voïvodine et de quelques villages du Kosovo contre les membres de la minorité serbe de Croatie « qui n'accepteront jamais de vivre dans une Croatie démocratique et indépendante [7] ». Dobrica Cosic avait la certitude que cet échange de populations concernait seulement les Serbes vivant dans les territoires restés sous l'autorité croate. Il ignorait que, pour Slobodan Milosevic et Franjo Tudjman, le règlement définitif de la question serbe en Croatie passait par l'exérèse de la minorité serbe.

En lui laissant le soin de préparer le terrain

pour un transfert des Serbes de Krajina hors de Croatie, le maître de Belgrade faisait de Dobrica Cosic le père spirituel du nouveau nationalisme serbe, son complice. Slobodan Milosevic se méfiait de ses alliés grands-serbes et de ses affidés fanatiques en Bosnie qui, une fois le programme national serbe réalisé, ne manqueraient pas d'en revendiquer la paternité pour l'évincer du pouvoir. Quelques mois auparavant, Radovan Karadzic avait été victime d'un semblable subterfuge. En janvier 1992, Slobodan Milosevic l'avait envoyé à Zagreb rencontrer Franjo Tudjman pour esquisser les cartes de partage de la Bosnie-Herzégovine. À son retour, le leader bosno-serbe admettait que jamais les Croates ne pactiseraient avec les Serbes en Bosnie-Herzégovine « tant que la Croatie serait coupée en deux ». Il acceptait dès lors comme inévitable l'abandon de la Krajina, convaincu que Belgrade annexerait, en contrepartie, la Slavonie orientale, aux confins de la Serbie, et y transférerait les Serbes de Knin.

Mais le jeu de Slobodan Milosevic se révélait risqué. À l'automne 1992, l'inquiétude grandissante des Serbes de Krajina d'être abandonnés par Belgrade obligeait le gouvernement indépendantiste à désavouer la politique de ses mentors. Réaffirmant le refus catégorique des Serbes de renoncer à l'indépendance de la Krajina en échange d'un « statut spécial » au sein de la Croatie, le gouvernement de Knin annonça que désormais « seuls le peuple serbe, son assemblée et le gouvernement peuvent décider du sort de la République serbe de Krajina ». Slobodan Milosevic choisissait de ne pas sanctionner cet acte d'insoumission pour ne pas nuire à son image. La Serbie se préparait à de nouvelles élections générales au mois de décembre et il était candidat à sa propre succession. Le désaveu de Knin risquait, néanmoins, de lui coûter des voix. Il réalisa alors l'un de ces coups de force dont il avait le génie. Il fit valoir que les accords conclus depuis septembre avec Zagreb avaient été signés par Dobrica Cosic et le premier ministre fédéral, Milan Panic. Son allié l'ultranationaliste Vojislav Seselj monta au créneau et déposa une motion de censure contre le milliardaire serbo-américain qui tentait de s'imposer sur la scène politique serbe grâce au soutien de l'opposition. La destitution expéditive de Milan Panic, son rival à la présidentielle, et les prises de position de son parti en faveur des Serbes de Krajina assurèrent à Slobodan Milosevic une nouvelle victoire aux élections et achevèrent de convaincre les Serbes de Croatie de l'attachement indéfectible de Belgrade au projet d'union de « toutes les terres serbes ». La confiance rétablie, le président serbe pouvait continuer de manipuler la Krajina.

L'offensive croate

Dès la fin de l'installation de la Force de protection des Nations unies en Croatie (la Forpronu comptait à l'origine 14 000 hommes), l'armée croate se montra résolue à récupérer les territoires conquis par les forces serbes. À partir de l'été 1992, elle pratiqua une politique de grignotage du terrain en lançant des opérations militaires sur les pourtours de la Krajina. La démilitarisation à laquelle devaient procéder les casques bleus dans les zones sous leur protection échoua. L'armée serbe de Krajina, commandée par le général Mile Novakovic, s'empara de l'armement lourd confiné dans les dépôts de l'ONU. Le 22 janvier 1993, les troupes croates passaient à l'offensive dans le sud de la Krajina afin de désenclaver la région de Zadar et de rétablir la circulation entre le nord et le sud du pays. Avec quelque 6 000 hommes, les forces croates pénétrèrent dans la zone sous contrôle de l'ONU et reprirent le pont de Maslenica, l'aéroport de Zadar et le barrage de Peruca (deux casques bleus français servant dans la zone furent tués). Cette centrale hydroélectrique au nord de Sinj permit d'alimenter en électricité une grande partie de la côte dalmate, privée depuis des mois de courant. Six mois plus tard, le président croate inaugurait la réouverture de l'aéroport de Zadar et un pont flottant à Maslenica : la Dalmatie était à nouveau reliée au reste de la Croatie. Trois jours avant l'attaque croate, lors d'une conférence de presse, Franjo Tudjman révélait avoir reçu de la bouche de Slobodan Milosevic et de Dobrica Cosic, les présidents serbe et yougoslave, l'assurance qu'ils ne nourrissaient aucune prétention territoriale à l'égard de la Croatie. Le 9 septembre 1993, l'armée croate attaquait des villages serbes au pied du mont Velebit dans une zone appelée la poche de Medak près de Gospic, et pratiquait la politique de la terre brûlée. L'attaque commandée par le général croate Mirko Norac fit 85 morts du côté serbe, dont la moitié étaient des civils exécutés froidement. À la veille de l'offensive, la direction militaire serbe de Krajina, inféodée à Belgrade, avait procédé à l'arrestation d'une milice tchetnik qui lui avait signalé une concentration de troupes croates [8].

Hormis le ton enflammé des médias serbes,

Belgrade ne réagit ni aux attaques de plus en plus violentes de l'armée croate, ni à la récente résolution 815 du Conseil de sécurité de l'ONU qui, pour la première fois depuis la signature du plan Vance, désignait les zones de protection des Nations unies comme faisant « partie intégrante de la Croatie ». Slobodan Milosevic espérait qu'au pied du mur les Serbes de Krajina finiraient par négocier avec Zagreb. Pour les y encourager, il avait suscité, début novembre 1993, une rencontre secrète avec le gouvernement croate dans les environs d'Oslo, en Norvège. Mais la délégation des Serbes de Krajina était partie en claquant la porte et en révélant publiquement la teneur des entretiens. Les manœuvres de Slobodan Milosevic se heurtaient à l'intransigeance de Knin. Pour calmer l'impatience de Zagreb qui menaçait de dévoiler leur accord si le processus de rétrocession de la Krajina n'était pas entamé au plus vite, Slobodan Milosevic réaffirma son intention de rendre non seulement la Krajina mais aussi la Slavonie. « Je vous dis ouvertement qu'avec la République serbe [en Bosnie-Herzégovine], j'ai réglé 90 % de la question nationale serbe. À l'instar de Franjo Tudjman qui a réglé, avec l'Herzeg-Bosna [l'entité croate autoproclamée en Bosnie-Herzégovine], la question nationale croate », certifiait Slobodan Milosevic lors d'un tête-à-tête à Belgrade avec l'émissaire du président Tudjman [9]. En décembre, Zagreb tenta néanmoins de forcer la main à Slobodan Milosevic en révélant à la presse croate les promesses de Belgrade. L'hebdomadaire de Split, *Nedjeljna Dalmacija*, alla même jusqu'à affirmer dans son édition du 8 décembre 1993 que la Croatie récupérerait ses territoires lors d'une action militaire simulée de l'armée croate.

La fin de la Grande Serbie

Impatiente, la Croatie se devait néanmoins d'être prudente. Elle ne pouvait contraindre Slobodan Milosevic à lâcher brutalement les Serbes de Krajina sans risquer de lui faire perdre tout contrôle sur Knin. Le président serbe n'avait cessé de mettre en garde Zagreb : « Nous devons régler la question de la Krajina de manière intelligente car une solution imposée vous plongerait dans vingt-cinq ans d'Irlande. Ce sont des fous, vous savez [10]. » Et d'ajouter qu'il serait lui-même débordé par « les extrémistes » à Belgrade s'il reconnaissait immédiatement la Croatie comme le lui demandait alors Franjo Tudjman [11]. Zagreb accepta une réintégration progressive de ses territoires occupés en échange de la réouverture des voies de communication restées coupées à travers la Krajina et la Slavonie.

La fin du rêve d'une Grande Serbie englobant les territoires conquis en 1991 exacerba les dissensions au sein de la direction indépendantiste serbe en Croatie. Luttes de pouvoir et règlements de comptes au sein d'une élite corrompue et enrichie par les trafics juteux que permettaient l'isolement de la RSK, la présence de casques bleus, la guerre dans la Bosnie voisine et l'embargo international contre Belgrade, caractérisèrent la vie politique du para-État. Belgrade encouragea la discorde et aiguisa les rivalités, empêchant une fois de plus l'émergence d'un front commun contre la politique de Slobodan Milosevic. Les têtes tombèrent, les unes pour avoir trahi la Krajina en contribuant aux défaites militaires face à l'armée croate, les autres pour avoir tenté de contrecarrer les plans de Belgrade. Déchiré par ces querelles intestines, le parti fondateur du mouvement indépendantiste éclatait en cinq factions. Ainsi affaiblie, la Krajina restait sous la coupe de Slobodan Milosevic, et sombrait dans la misère.

Aux pénuries d'électricité s'ajoutaient de graves problèmes de ravitaillement en denrées alimentaires. La guerre en Bosnie avait rendu les voies de communication entre Knin et Belgrade dangereuses. La population, grossie de nombreux réfugiés, tentait de subsister grâce à une agriculture vivrière. Sans les rentrées en devises du tourisme, sans le transit des marchandises qui faisait vivre avant-guerre ce nœud ferroviaire qu'était Knin, la Krajina n'était pas viable et dépendait entièrement de l'aide financière de Belgrade. Avec un salaire moyen oscillant entre 10 et 15 francs mensuels, la population ne pouvait pas accéder aux produits de première nécessité venus de Serbie et vendus au marché noir. De nombreuses familles serbes quittèrent alors la région. Mais cette hémorragie lente fut l'un des secrets les mieux gardés des autorités de Knin.

Les élections du 12 décembre 1993, les premières organisées depuis la guerre, furent l'occasion pour les deux camps rivaux de mesurer leur influence au sein de l'opinion serbe. À la présidentielle, Milan Martic, l'homme de Belgrade, affrontait Milan Babic, farouche défenseur de la RSK dont la popularité n'avait cessé de croître les derniers mois au sein d'une population craignant autant un lâchage par Belgrade que la menace de l'armée croate. Le maire de Knin remporta une victoire écrasante sur le chef de la police de la Krajina, mais Belgrade refusa de reconnaître les résultats et exigea l'organisation d'un second tour (lors du scrutin du 12 décembre, Milan Babic recueillit 116 000 voix contre 50 000 pour son rival, Milan Martic). Au cours des semaines suivantes, la télévision de Serbie mit ses talents au service de Milan Martic. Belgrade ne lésina pas sur les moyens pour imposer son protégé. Les relais émetteurs de la télévision de Knin, inféodée à Milan Babic, furent neutralisés. Des personnalités politiques et intellectuelles, membres influents du parti de Slobodan Milosevic ou nationalistes confirmés, furent dépêchées à Knin. Radovan Karadzic, Brana Crncevic, Milorad Vucelic, Budimir Kosutic, Mihailo Markovic, firent le voyage pour soutenir la campagne de Milan Martic organisée autour du slogan « Pour l'union de tous les Serbes au sein d'un État serbe unifié, dirigé par Slobodan Milosevic ». Le 23 janvier 1994, lors d'un nouveau scrutin émaillé de fraudes, Milan Martic devançait Milan Babic de quelque 7 000 voix et devenait le troisième président de la République autoproclamée de Krajina. Belgrade lui imposa pour premier ministre Borisav Mikelic, le dirigeant du parti socialiste de Krajina, filiale de la formation de Slobodan Milosevic créée à la veille des élections. Mais les alliés de Belgrade qui avaient perdu aux législatives, donc minoritaires au Parlement, durent se résoudre à se coaliser avec leur adversaire pour former un gouvernement. Milan Babic négocia en échange de son soutien la majorité des ministères pour son parti et devint en avril 1994 chef de la diplomatie de la RSK.

Le lâchage de la Krajina

Contre toute attente, l'alliance Mikelic-Babic fonctionna. Quelques mois après son élection,

Milan Martic était tombé en disgrâce à Belgrade. La direction serbe lui reprochait d'avoir soutenu Radovan Karadzic alors qu'il rejetait une nouvelle initiative de paix en Bosnie-Herzégovine, et d'avoir entravé les négociations avec Zagreb sur le rétablissement des communications et des relations économiques entre la RSK et le reste de la Croatie. Milan Babic s'était saisi de l'occasion pour se venger de celui qui lui avait volé sa victoire à la présidentielle. Oubliant l'humiliation publique que lui avait infligée autrefois Slobodan Milosevic, il accepta de composer avec Belgrade malgré la démission de son ami et bras droit, le ministre de l'Information Borivoj Rasuo, qui jugeait la politique menée par le gouvernement contraire aux intérêts des Serbes de Krajina. Pendant que la Krajina s'enfonçait de nouveau dans des luttes de pouvoir où les retournements d'alliance étaient légion, Belgrade scellait le sort des Serbes de Croatie. Atout maître dans le jeu du président serbe, la Krajina allait incarner le rôle qui lui était imparti depuis le début et servir de monnaie d'échange dans le partage de la Bosnie-Herzégovine.

Début octobre 1994, les émissaires de Slobodan Milosevic et de Franjo Tudjman se rencontraient secrètement dans la ville autrichienne de Graz pour préciser les modalités de la rétrocession des territoires occupés en Croatie [12]. L'heure n'était plus aux promesses. Les pressions de la communauté internationale en faveur d'un accord de paix en Bosnie-Herzégovine obligeaient les deux capitales à régler rapidement la question de la Krajina. En un an, aucune percée n'avait été enregistrée dans les négociations entre Knin et Zagreb, et les dirigeants croates menaçaient de revenir sur leurs concessions en faveur des Serbes en Bosnie-Herzégovine et de s'opposer à la reconduction du mandat de la Forpronu si Slobodan Milosevic ne rendait pas la Krajina à la Croatie. Le président serbe décida alors d'accentuer la pression sur les Serbes de Krajina et de soumettre leur territoire à un blocus économique qui révéla la fragilité des parties occidentales de la RSK. Début décembre 1994, l'accord sur la normalisation des relations économiques était signé entre Knin et Zagreb. Fermée depuis plus de quatre ans, l'autoroute Zagreb-Okucani-Lipovac, reliant la capitale à l'est du pays, était rouverte le 19 décembre. La Krajina tenta alors d'échapper au sort que lui réservait Belgrade en initiant un nouveau projet de fédération avec la République serbe autoproclamée en Bosnie-Herzégovine. Mais Slobodan Milosevic s'y opposa une nouvelle fois.

Au début de l'année 1995, Belgrade incita Knin à poursuivre les négociations avec Zagreb et à entrer dans la phase politique des pourparlers. Pressés de régler le différend serbo-croate avant de relancer le processus diplomatique en Bosnie-Herzégovine, les Occidentaux venaient de proposer un plan, baptisé Z-4. Présenté par le médiateur américain Peter Galbraith, premier ambassadeur des États-Unis en Croatie, ce plan accordait aux Serbes une vraie autonomie dans onze communes autour de Knin et de Glina, celles où la communauté serbe constituait une majorité avant le conflit, en échange d'une réintégration des territoires occupés dans le giron croate. Slobodan Milosevic souhaitait hausser son crédit auprès de la communauté internationale avant de négocier la paix en Bosnie-Herzégovine et surtout monnayer ses bons offices sur le dossier épineux de la Croatie. Il feignit de soutenir ce compromis qui offrait une issue honorable aux Serbes et parvint à convaincre les chancelleries de sa bonne foi.

Pourtant tout projet destiné à faire revivre ensemble deux peuples que la guerre avait permis de séparer était inacceptable pour Belgrade. Tout autant que pour Zagreb qui avait accepté en 1992 le principe d'un échange de population et restait farouchement opposé à l'idée d'accorder une autonomie à une minorité qui avait pris les armes. Hrvoje Sarinic, le conseiller du président croate, expliqua : « Franjo Tudjman était totalement opposé à l'idée d'autonomie au sein de la Croatie proposée par Peter Galbraith. [...] Ce plan témoignait d'un manque de connaissance total de la situation, de l'histoire et des convictions de notre peuple et de nos dirigeants. Ses auteurs n'ont rien compris et ont voulu reproduire chez nous les solutions applicables dans leur pays. [...] Cette issue aurait de surcroît créé un précédent pour le Kosovo, et sur ce point Milosevic n'a pas été difficile à convaincre [13]. » La rétrocession des territoires occupés en Croatie promise par Slobodan Milosevic excluait par conséquent la réintégration de la population serbe dans l'État croate rétabli dans ses frontières. Slobodan Milosevic avait sur ce point rassuré à maintes reprises ses interlocuteurs croates : les Serbes de Krajina seraient réinstallés en Bosnie-Herzégovine et Belgrade ne tenterait pas de conserver une partie de la Slavonie pour les accueillir. À l'automne 1994, il avait même justifié l'offensive du général Mladic contre la poche bosniaque de Bihac, qui inquiétait la Croatie voisine, par la nécessité de préparer le transfert de la population de Krajina.

L'abandon des Serbes de Croatie

Après avoir vécu pendant plus de trois ans dans l'illusion d'un État serbe, les Serbes de Krajina n'étaient pas disposés à retourner dans l'orbite croate. Pour eux, les accords économiques récemment conclus avec Zagreb s'inscrivaient dans le cadre d'une normalisation des relations entre deux États voisins et nullement dans un processus de réintégration progressive. Slobodan Milosevic était donc assuré de l'échec du plan Z-4. Il n'eut ainsi aucun mal à convaincre les dirigeants de Knin d'ignorer les propositions du médiateur américain. « Nous n'avons même pas étudié le plan, en accord avec le régime de Serbie à savoir Slobodan Milosevic », confia Milan Martic, le « président » de la « République serbe de Krajina [14] ». Si les Serbes de Krajina n'étaient pas disposés à trouver un modus vivendi avec les Croates, ils n'étaient pas pour autant prêts à quitter « volontairement » leur terre. Slobodan Milosevic se rallia alors à la solution militaire que proposait depuis plusieurs mois Franjo Tudjman. Belgrade laissa Zagreb convaincre les Occidentaux de renoncer à une solution diplomatique. Ainsi pendant que la direction croate tentait d'obtenir un feu vert pour pénétrer dans les zones protégées par les soldats de l'ONU et reconquérir les territoires occupés depuis 1991, Slobodan Milosevic confiait aux médiateurs internationaux que personne, ni même lui, ne parviendrait à ramener les dirigeants de Krajina à la raison et à les convaincre de signer un accord politique. « Ces sont des fous. Même les plus modérés s'y opposent car chacun sait que signer avec Zagreb serait un suicide politique », expliqua le président de la Serbie. Pressés de régler le problème de la Krajina, les États-Unis se prêtèrent au jeu, ignorant sans doute que l'intervention croate destinée à maquiller en défaite serbe la concession de Slobodan Milosevic à la Croatie visait surtout à parachever les échanges de populations en chassant les Serbes de Croatie.

En avril, Zagreb rejeta le plan Z-4 et Knin accompagna son refus d'une suspension de l'accord sur le rétablissement des relations économiques avec Zagreb. Slobodan Milosevic, qui avait refusé d'« intervenir dans le dialogue » entre Knin et Zagreb, prétendant ne pas être « l'élément clé de ces négociations », ne porta pas la responsabilité de cet échec diplomatique qu'il s'empressa de rejeter sur les Serbes de Krajina. Le médiateur américain Peter Galbraith fit de même : « L'échec est imputable aux leaders irresponsables de Knin. Dans leur tragique aveuglement, ils n'ont pas vu que le rapport de forces avec l'armée croate avait changé, ils ont ignoré le soutien permanent de la communauté internationale en faveur de l'intégrité territoriale de la Croatie et ont refusé un règlement politique de la crise, sans même étudier les propositions qui leur étaient faites [15]. » La réintégration de la « République serbe de Krajina » allait se faire par la force des armes au vu et au su de Slobodan Milosevic et avec le feu vert discret des Américains.

Le 1er mai à l'aube, 3 500 soldats de l'armée croate attaquaient la Slavonie occidentale. En deux jours, l'illusion d'une RSK inexpugnable se dissipait avec les vaines promesses d'une aide militaire des Serbes de Bosnie et de Belgrade. La Croatie se rendait maître des territoires entre

Pakrac et Okucani, occupés depuis près de quatre ans, entraînant la fuite de 18 000 Serbes. Le général serbe Lazo Babic et son état-major avaient ouvert la route de l'exode quelques heures seulement après le début de l'offensive, abandonnant derrière eux une population paniquée et des troupes désorganisées qui ne tardèrent pas à s'enfuir vers la Bosnie-Herzégovine. Quelques poches de résistance se formèrent près de Pakrac mais les soldats serbes en déroute finirent par déposer les armes. 1 300 hommes en âge de se battre furent arrêtés et conduits, sous surveillance internationale, dans les prisons croates. Baptisée Éclair *(Blijesak)*, l'offensive contre la Slavonie occidentale était une opération vitrine. Elle devait démontrer les capacités militaires de l'armée croate et inciter la communauté internationale à accepter une réintégration par la force de la Krajina. Malgré une centaine d'assassinats et des mesures musclées pour dissuader de rester les quelque 1 500 Serbes qui avaient refusé de partir, le test se révéla globalement positif pour la Croatie.

La vraie-fausse victoire croate

Belgrade s'efforça de minimiser le drame que constituait pour les Serbes la perte d'un tiers de leur État autoproclamé en Croatie. En Serbie, l'exode serbe ne perturba pas les festivités du 1er mai. La télévision de Belgrade traita le sujet avec la plus grande indifférence, donnant la parole à ceux qui dénonçaient la couardise des réfugiés partis aux premiers bruits de bottes. « En tant que Serbe, j'aurais préféré qu'ils meurent tous héroïquement pour que l'on se souvienne d'eux en héros », déclara Arkan devant les caméras. Et lorsque le patriarche Pavle, chef de l'Église orthodoxe serbe, demanda à Slobodan Milosevic s'il envisageait de voler au secours de ses frères, celui-ci rétorqua : « Tout se passe comme prévu [16]. » Les jours suivants, le président serbe enjoignait à Arkan et à ses forces de sécurité de mobiliser les réfugiés venus en Serbie dénoncer l'abandon de la Slavonie.

Slobodan Milosevic ne fut pas le seul à faciliter la victoire croate. L'offensive contre la Slavonie occidentale avait été préparée avec l'appui de conseillers militaires américains. Persuadés qu'une solution durable passait par un rééquilibrage des deux principales forces régionales, serbes et croates, les États-Unis avaient entrepris de réorganiser l'armée croate pour opposer un contrepoids militaire crédible aux Serbes. En novembre 1994, Zagreb et Washington avaient scellé un accord de coopération militaire. La Military Professional Ressource Inc., une société d'outre-Atlantique employant des officiers américains à la retraite, avait alors obtenu un contrat d'assistance aux forces croates pour les aider, en secret, à mettre sur pied une véritable armée capable de faire voler en éclats deux mythes, celui de l'invincibilité serbe et celui de la Grande Serbie. L'aide américaine consistait également à laisser la Croatie importer tout le matériel militaire dont elle avait besoin, en dépit de l'embargo international sur les armes qui frappait l'ensemble de l'ex-Yougoslavie. En échange, Washington avait exigé une coopération militaire entre Croates et Musulmans en Bosnie-Herzégovine. Les stratèges américains pensaient que face à des forces croates de mieux en mieux équipées et de plus en plus efficaces, œuvrant conjointement avec l'armée bosniaque, les Serbes seraient contraints de négocier un accord de paix en Bosnie-Herzégovine avant de perdre de nouveaux territoires. La reconquête des territoires occupés en Croatie s'inscrivait parfaitement dans cette politique.

En représailles à l'offensive croate, Milan Martic, président de la RSK et commandant suprême des forces armées de Krajina, ordonna le bombardement de Zagreb. Depuis le nord de la Banija, les lance-roquettes multiples armés de bombes à fragmentation ajustèrent leur tir sur la capitale croate. Sur les douze roquettes tirées les 2 et 3 mai, cinq explosèrent dans le centre-ville, libérant des milliers de fragments meurtriers. La vétusté des bombes limita le bilan des victimes à 7 morts et plus de 200 blessés. Tous civils (Milan Martic a été inculpé par le Tribunal pénal international de crimes de guerre pour le bombardement de Zagreb, dossier IT-11-95). La riposte serbe contre Zagreb mit en émoi la communauté internationale et acheva de la convaincre d'accepter la victoire éclair des Croates dans une « zone de protection » des Nations unies.

Prétextant la défaite serbe, Slobodan Milosevic limogea le général Milan Celeketic. Le commandant militaire de la RSK était en fait sanctionné pour avoir obéi aux ordres de Milan Martic et riposté à l'offensive croate, contre l'avis de Belgrade. L'homme clé des opérations de Vukovar, le général Mile Mrksic, qui occupait la fonction de chef adjoint de l'état-major de Belgrade en charge des unités spéciales de l'armée yougoslave, fut nommé à la tête de l'armée serbe de Krajina. Officiellement, il devait réorganiser les forces serbes en unités mobiles mieux adaptées pour faire face à d'éventuelles offensives croates. Mais sa véritable mission consista à organiser leur retrait et à extraire de la Krajina l'armement lourd laissé en 1991 par la JNA.

Pendant ce temps, Milan Martic et Milan Babic, les rivaux d'autrefois, s'allièrent contre Belgrade. La chute de la Slavonie occidentale les avait persuadés de l'urgence de s'unir avec la République serbe de Radovan Karadzic, tombé lui aussi en disgrâce à Belgrade après avoir refusé de négocier la paix en Bosnie-Herzégovine contre l'avis de Slobodan Milosevic. À grand renfort de publicité, ils annoncèrent la fusion des structures de commandement de leurs deux armées et ébauchèrent un projet de Constitution. Mais devant l'opposition catégorique de Belgrade et du général Ratko Mladic, le commandant de l'armée serbe de Bosnie, ils ajournèrent la proclamation de l'« État unifié des Serbes de l'ouest de la Drina », initialement prévue pour le 31 mai 1995. Fin juillet, les autorités de Knin acceptaient de retourner à la table des négociations. La progression fulgurante de l'armée croate dans le nord-ouest de la Bosnie avait changé la donne. Le 28 juillet, les forces croates entraient dans Glamoc et Bosanko Grahovo, coupant les routes reliant, à travers la Bosnie, Knin à Belgrade. La Krajina était sérieusement menacée. Franjo Tudjman pouvait désormais dicter ses conditions. Il exigea la réintégration immédiate de la Krajina et la réouverture dans un délai de vingt-quatre heures de la voie ferrée Zagreb-Split et de l'oléoduc qui traversait le nord de la Krajina. En cas de refus, il avertit : « La Croatie sera contrainte de réintégrer seule ses territoires occupés. Nous ferons ce que la communauté internationale n'est pas déterminée à faire. »

Nommé premier ministre de la RSK après la démission opportune du gouvernement Mikelic, Milan Babic s'engageait, le 3 août 1995 à Genève, à entamer de nouveaux pourparlers sur l'autonomie de la Krajina au sein de la Croatie. Zagreb dénonça la manœuvre dilatoire des Serbes. Assurées de la bienveillance de Belgrade et de leurs parrains américains, les autorités croates restaient sourdes aux ultimes concessions des séparatistes serbes, prêts pour la première fois à une quasi-reddition. Dans un communiqué retransmis par la radio le 4 août à 5 heures du matin, le président croate donnait le coup d'envoi de l'opération Tempête *(Oluja)* et sommait les forces serbes de déposer les armes et les autorités de Knin de se rendre. Il appelait également la population civile à rester chez elle, assurant que ses droits seraient garantis. Les Serbes ne furent pas dupes. Les chants nationalistes croates diffusés tout au long de la matinée par la radio de Zagreb témoignaient de leurs véritables intentions.

En moins de quatre jours, la Krajina tombait entièrement entre les mains de l'armée croate. Les blindés avaient avancé jusqu'à Knin sans rencontrer de résistance. Le 5 au matin, le drapeau croate flottait sur la forteresse de Knin. Le lendemain, Petrinja finissait par tomber, puis ce fut Glina, nœud stratégique qui commandait Vojnic, Vrginmost, Topusko et Dvor, une région adossée à l'enclave de Bihac où les soldats serbes de Krajina organisèrent quelques poches de résistance. La Krajina fut à son tour vidée de sa population serbe, jetée sur les routes comme les Serbes de Slavonie occidentale. Pour faciliter l'exode, l'armée croate avait laissé ouverts deux passages à la frontière avec la Bosnie.

Une trahison discrète

La France, la Grande-Bretagne et la Russie condamnèrent l'opération Tempête. Les États-Unis et l'Allemagne s'y refusèrent. Bill Clinton déclara « espérer que l'offensive croate contribuerait à ouvrir la voie à une solution diplomatique » en Bosnie-Herzégovine. Il savait que les conseillers militaires américains avaient préparé l'opération avec les Croates et organisé parallèlement le désenclavement de la poche voisine de Bihac. Au moment où les forces croates hissaient leur drapeau à Knin, l'armée bosniaque enfonçait les positions serbes au nord de Bihac et mettait fin à un siège long de 1 200 jours.

Durant l'offensive croate, Belgrade ne sortit jamais de sa réserve. Slobodan Milosevic était parti se reposer à la campagne en compagnie de sa femme et d'un couple d'amis. Lorsqu'il apprit la chute de Knin, il s'exclama : « Regarde, ces imbéciles se sont retirés [17]. » Aux ordres, les médias se chargèrent d'instrumentaliser les images des 150 000 Serbes fuyant la Krajina devant l'armée croate. Un exode massif, commenté des jours durant à la télévision qui recourait sans cesse à des « parallèles historiques » avec les exodes serbes sous la férule d'Ante Pavelic afin de démontrer l'impossibilité pour les Serbes de vivre ailleurs que dans un État serbe. Occultant parfaitement le lâchage de Belgrade, les médias inféodés transformaient ainsi la fuite des Serbes de Krajina en un mal nécessaire face au danger de persécution auquel la communauté internationale les exposait en prônant leur réintégration dans la Croatie de Franjo Tudjman. Belgrade confina les Serbes de Krajina dans la région de Banja Luka et dans le nord de la Bosnie afin de justifier, lors des futures négociations de paix en Bosnie-Herzégovine, le maintien de ces territoires dans l'orbite serbe. Empêchés de rejoindre la Serbie, les Serbes de Krajina ne purent livrer le récit de leur exode, qui aurait certainement ébranlé le pouvoir à Belgrade où un millier de personnes avaient manifesté le 6 août, à l'annonce de la chute de Knin, prenant Slobodan Milosevic à partie et le qualifiant de « traître ». Chaque réfugié pouvait attester que la population avait fui à l'appel de ses propres dirigeants. Chaque soldat pouvait témoigner du repli délibéré de l'armée serbe, de l'abandon de la relève de nuit sur des fronts désertés par les officiers, du retrait organisé de l'armement lourd. En somme, de l'abandon sciemment planifié de la Krajina. Ceux qui furent autorisés à quitter la Bosnie-Herzégovine pour désengorger Banja Luka et la Posavina furent conduits contre leur gré au Kosovo. En découvrant la gare de Pristina, des familles entières refusèrent de descendre du train, convaincues que la guerre ne tarderait pas à s'étendre à cette région. Ceux qui n'avaient nulle part où aller restèrent au Kosovo, entassés dans des centres collectifs. Dispersés ou réincorporés dans l'armée serbe de Bosnie, les réfugiés de Krajina furent condamnés au silence. Du moins assez longtemps pour que le régime serbe survive à la chute de Knin et aux accusations de trahison.

La condamnation du régime de Belgrade semblait pourtant sans appel. Radovan Karadzic avait interpellé son chef militaire, Ratko Mladic, et les autorités de Belgrade qui n'avaient « pas levé le petit doigt pour défendre les Serbes de Krajina face à l'offensive croate ». Mais les critiques à la fois les plus virulentes et les plus amères étaient venues du président de la Krajina. Milan Martic désigna le président serbe et « ses fidèles sbires », Borisav Mikelic et le général Mile Mrksic, comme responsables de la chute de la Krajina. « Les officiers envoyés par Belgrade furent les premiers à quitter leur poste. Ils ne m'ont même pas averti du début de l'offensive avant de partir. Cette mise en scène honteuse a été planifiée à Belgrade. Son but était de provoquer le retrait de l'armée et d'abandonner le territoire à la Croatie », raconta-t-il dans la presse belgradoise indépendante. Avant de confier : « Longtemps j'ai cru que Slobodan Milosevic était notre Dieu, celui qui sauverait le peuple serbe. J'étais prêt autrefois à donner ma vie pour lui. » Les efforts déployés par les médias officiels serbes permirent d'éloigner la menace. Dans ses éditions du 23 août 1995, le quotidien belgradois *Politika* publia un fac-similé de l'ordre d'évacuation de la population civile de Krajina, signé le 4 août dans l'après-midi par Milan Martic. L'affaire était close et le général Mile Mrksic, envoyé par Belgrade pour extraire l'armement lourd et les officiers, était blanchi.

Les autorités croates ne firent rien pour empêcher l'exode serbe. Elles estimaient que, pour avoir accepté de jouer le même rôle que les Allemands des Sudètes à l'époque d'Hitler, les Serbes de Krajina devaient subir le même sort et payer le prix de la guerre d'agression lancée par le régime de Belgrade. Au lendemain de leur victoire, les troupes croates sous le commandement du général Norac pillèrent et brûlèrent les villages serbes, semant la terreur dans le but de faire fuir les quelque 6 000 civils serbes restés dans leurs maisons. Des vieillards pour la plupart, livrés à eux-mêmes dans des villages abandonnés, exposés à la vengeance des pillards et des réfugiés croates chassés de chez eux en 1991. Jusqu'au début de l'automne, des femmes, des hommes, parfois âgés de plus de soixante-dix ans, furent assassinés. Franjo Tudjman jouait dans le même camp que Slobodan Milosevic et effaçait plus de trois siècles de présence serbe dans cet ancien confin militaire, ajoutant une nouvelle purification ethnique à toutes celles qui s'étaient succédé depuis quatre ans dans la défunte Yougoslavie. Les alliances en coulisses entre Franjo Tudjman et Slobodan Milosevic avaient facilité, comme ils l'escomptaient, la réalisation de leurs projets respectifs. Trop content de s'être débarrassé d'une partie de sa minorité serbe, Franjo Tudjman pouvait affirmer avec cynisme : « Nous n'avons pas demandé aux Serbes de partir. Et c'est leur problème si 90 % d'entre eux ont plié bagage. »

Pour recouvrer l'intégralité de son territoire, la Croatie devait encore reconquérir la Slavonie orientale, la seule des trois parties formant la « République serbe de Krajina » encore tenue par les sécessionnistes serbes. L'armée croate renonça cependant à lancer dans la foulée une nouvelle offensive à l'autre bout de la Croatie, craignant une contre-attaque des combattants serbes de Krajina réfugiés de l'autre côté de la frontière, dans la région de Banja Luka. De surcroît, Slobodan Milosevic s'était opposé à une solution militaire en Slavonie orientale car il risquait son pouvoir s'il n'engageait pas son armée pour défendre les Serbes menacés à ses portes. Zagreb et Belgrade choisirent alors l'option diplomatique. Le 5 septembre, ce territoire jouxtant la Serbie, aux confins de la République serbe de Krajina, se transformait en Région de Slavonie, Baranja et Srem occidental, enterrant à tout jamais l'État fantoche serbe en Croatie. En novembre 1995, Serbes et Croates signaient à Erdut un accord prévoyant la réintégration progressive de la région sous le drapeau croate. Pendant deux ans, la Slavonie orientale fut placée sous administration transitoire de l'ONU. Puis, le 15 janvier 1998, Zagreb rétablissait définitivement sa souveraineté sur la région. La moitié des 130 000 Serbes vivant alors en Slavonie orientale quitta la région avant la fin du mandat de l'ONU. Les uns parce qu'ils avaient la conscience lourde des horreurs commises pendant la guerre, les autres parce qu'ils occupaient des maisons de Croates chassés en 1991, les derniers par peur ou refus d'être citoyens de Croatie. 80 000 Serbes vivaient encore dans les territoires restés tout au long de la guerre sous l'autorité de Zagreb. Ainsi lorsque la Croatie eut rétabli sa souveraineté sur l'ensemble de son territoire, les Serbes représentaient à peine 4 % de la population. Ils étaient un peu plus de 11 % avant la guerre.

« La question serbe a été résolue en Croatie », exultait en décembre 1998 Franjo Tudjman. Au lendemain de la chute de la Krajina, l'opposant serbe Mirko Tepavac précisait néanmoins à Belgrade : « La Serbie a nettoyé la Croatie de ses Serbes. Jamais la Croatie, seule, n'aurait osé ni été en mesure de le faire si la Serbie n'avait pas soulevé les Serbes contre leur patrie croate... » Slobodan Milosevic avait utilisé la Krajina comme détonateur d'une guerre dont l'objectif n'était point la Grande Serbie mais la séparation des peuples serbe et croate. Une séparation qui devait se finaliser par le démembrement de la Bosnie-Herzégovine et son partage entre la Croatie et la Serbie. La Krajina et les Serbes de Croatie n'avaient finalement servi que de monnaie d'échange pour assurer la pérennité des conquêtes serbes en Bosnie-Herzégovine. Ainsi Slobodan Milosevic n'était jamais revenu sur la promesse faite aux dirigeants croates en février 1991 : « Les Serbes de Croatie ne nous intéressent pas, ce que nous voulons c'est 66 % de la Bosnie-Herzégovine. »

8

L'apothéose

« La voie que vous avez choisie vous entraînera sur la même route qui a mené la Croatie en enfer, à ceci près que cet enfer de la guerre sera plus terrible encore en Bosnie-Herzégovine et qu'il conduira à l'annihilation du peuple musulman parce que les Musulmans ne peuvent pas se défendre. Comment voulez-vous empêcher, s'il y a la guerre, que des gens soient tués en Bosnie ? » L'orateur avait attendu le silence pour prononcer cette phrase d'une voix posée mais sa brutalité pétrifia l'assistance. La télévision de Sarajevo retransmettait la session du Parlement. Et chacun avait reconnu, à la tribune, cet homme costaud à la crinière poivre et sel qui menaçait, en ce 15 octobre 1991, de noyer la Bosnie-Herzégovine dans un fleuve de haine et de sang. Radovan Karadzic, le chef de file du SDS, le parti nationaliste bosno-serbe, s'opposait à tout projet d'indépendance de la république multiethnique. Mis en minorité, il ne pouvait cependant empêcher les députés musulmans et croates d'adopter une déclaration qui réaffirmait la souveraineté et l'intégrité territoriale de la Bosnie-Herzégovine et qui annonçait son retrait de la défunte Yougoslavie. Il décidait alors de boycotter le vote et, avec ses 70 députés, quittait à jamais le Parlement bosniaque.

La déstabilisation de la Bosnie-Herzégovine

Après l'indépendance de la Slovénie et de la Croatie, Radovan Karadzic avait continué à préparer le démantèlement de la Bosnie-Herzégovine et appliqué à la lettre les directives de Belgrade. Les six régions autonomes autoproclamées par les séparatistes serbes à la fin du printemps avaient créé leurs propres parlements et gouvernements, échappant ainsi totalement à l'autorité de Sarajevo. En même temps, le SDS avait paralysé les institutions bosniaques en mettant constamment en échec le consensus politique sur lequel reposait le fragile équilibre de l'État. La Bosnie-Herzégovine se trouvait ainsi dans l'incapacité de surmonter l'épreuve de la guerre en Croatie et de décider de son avenir après l'éclatement de la Yougoslavie.

En octobre, devant le danger grandissant qui pesait sur la Bosnie-Herzégovine, Croates et Musulmans décidaient de passer outre au refus de leurs partenaires serbes de proclamer l'indivisibilité de la république et l'intangibilité de ses frontières. Slobodan Milosevic ne s'inquiéta pas de cette alliance entre le SDA et le HDZ qui perturbait quelque peu ses plans. Il savait que Zagreb ne tarderait pas à neutraliser l'aile modérée du HDZ en Bosnie-Herzégovine. Contrairement aux Serbes du SDS, les Croates du HDZ étaient loin d'être unanimes pour soutenir la partition de la Bosnie-Herzégovine, défendue ouvertement par Zagreb. Chef de file du HDZ, le Sarajevien Stijepan Klujic objectait qu'un tel projet se heurtait à la réalité multiethnique du pays et ne pouvait se faire sans guerre et sans mettre en danger les populations croates qui resteraient en dehors de la future entité croate. « Tous les politiciens serbes veulent nous faire cadeau de l'Herzégovine occidentale », admettait-il en condamnant les manœuvres serbes pour se rallier les dirigeants bosno-croates [1].

Le 18 novembre 1991, Slobodan Milosevic reçut l'assurance que Zagreb ne chercherait pas à constituer un front commun avec Sarajevo pour empêcher l'agression serbe contre la Bosnie-Herzégovine. Pendant que les séides de Belgrade célébraient dans le sang leur victoire à Vukovar, la faction séparatiste du HDZ courait au secours de ses bourreaux dans la république voisine. Mate Boban, le numéro deux du parti, proclamait une région autonome, baptisée « la Communauté croate d'Herzeg-Bosna », regroupant les communes à dominante croate d'Herzégovine occidentale et de Bosnie centrale. Les nouveaux objectifs du HDZ bosniaque étaient fixés : « Le peuple croate en Bosnie-Herzégovine doit mener une politique résolue et active afin de réaliser le rêve que nous poursuivons depuis des siècles de constituer un État commun avec la Croatie [2]. »

La mécanique de la violence

Les députés serbes qui venaient de quitter le Parlement bosniaque instauraient, le 24 octobre, une assemblée parallèle. L'« Assemblée du peuple serbe de Bosnie-Herzégovine », entièrement contrôlée par le SDS et présidée par Momcilo Krajisnik, exigeait « la réalisation du droit des Serbes à l'autodétermination » et leur rattachement à la Serbie si la Bosnie-Herzégovine ne renonçait pas à l'indépendance. À l'instigation de Belgrade, le SDS organisait le 10 novembre un référendum censé légitimer l'annexion de la moitié de la Bosnie-Herzégovine. En tant que nation constitutive de Bosnie-Herzégovine, il fut demandé aux Serbes s'ils voulaient rester « dans l'État yougoslave commun incluant la Serbie, le Monténégro, la région autonome serbe de la Krajina de Knin et celle de Slavonie, de la Baranja et du Srem occidental et tous ceux qui voudront demeurer au sein d'un tel État ». Lorsque la direction bosniaque décidait, en décembre, de soumettre à l'arbitrage de la Communauté européenne sa candidature à l'indépendance, le SDS brandit les résultats de son référendum et annonça la sécession des Serbes de Bosnie. La « République du peuple serbe de Bosnie-Herzégovine » était proclamée le 9 janvier 1992.

Pour mieux occulter ses visées grand-serbes, Slobodan Milosevic continuait de se présenter sur la scène internationale comme un défenseur implacable de l'unité yougoslave et martelait que le départ de la Croatie et de la Slovénie n'altérait en rien l'existence de la Fédération. Aussi avait-il insisté pour que la République serbe autoproclamée en Bosnie-Herzégovine fût définie comme une « entité fédérale de l'État commun de Yougoslavie ». L'État fantoche, aux contours encore flous, revendiquait les communes dirigées par le SDS mais aussi « les autres ensembles ethniques serbes » et « les régions dans lesquelles la population serbe est restée minoritaire suite au génocide dont elle a été victime pendant la Seconde Guerre mondiale ». Slobodan Milosevic allait donner à cet État les moyens d'exister autrement que dans l'esprit vengeur de Radovan Karadzic et de ses pairs.

La guerre contre la Croatie touchait à sa fin. Belgrade accéléra les préparatifs du dépeçage du territoire bosniaque et mit en place, par l'intermédiaire du SDS, toute la mécanique de la violence qu'avait prophétisée Radovan Karadzic. Le 19 décembre 1991, la direction du SDS mettait au point avec les émissaires de Slobodan Milosevic un plan de maillage des territoires convoités par Belgrade et appelés à faire partie de la « République du peuple serbe de Bosnie-Herzégovine ». Les sections du SDS reçurent alors des directives secrètes ordonnant la création, dans « toutes les communes où le peuple serbe habite », d'états-majors de crise *(krizni stab)* en vue de la prise du pouvoir. Le SDS ayant déjà accompli sa mission dans les municipalités à dominante serbe constituées en « provinces autonomes », sa stratégie consistait dès lors à mettre sur pied des organes municipaux parallèles dans les régions de Bosnie-Herzégovine où les Serbes étaient minoritaires.

Constitués par les élus locaux du SDS et les membres SDS de la police, les états-majors de crise étaient chargés de préparer la prise de contrôle des bâtiments et des équipements, de surveiller et de sélectionner les personnels fiables et d'organiser, en coopération avec la JNA, l'armement des populations serbes. Ils devaient par ailleurs les préparer psychologiquement. Dans des réunions de quartier, parfois au café ou en petit comité, ils distillaient leur propagande, essayaient de briser la confiance entre voisins, de convaincre les Serbes qu'ils étaient menacés, d'alimenter la haine des uns envers les autres pour les conforter dans le sentiment que de la séparation ethnique dépendait leur survie. Les états-majors de crise surveillaient aussi les activités des non-Serbes. Ils commencèrent à recenser sur leurs communes les noms des activistes du HDZ ou du SDA, des officiers qui avaient déserté de la JNA pendant la guerre en Croatie, des réservistes non serbes de la police. Ils dressaient ainsi les listes qui serviraient à la sanglante campagne de nettoyage ethnique qui s'ourdissait.

La concentration d'unités de la JNA et la réorganisation de la Défense territoriale au niveau des villages et communes serbes suscitèrent de vives tensions entre les communautés. Les non-Serbes virent peu à peu leur liberté de circulation restreinte par les nombreux postes de contrôle dressés sur les routes reliant les communes à dominante serbe. La méfiance puis la peur s'emparèrent des populations non serbes enclavées dans les territoires aux mains du SDS. Les nationalistes serbes accaparèrent les postes de responsabilité économiques et politiques, de la police et de la Défense territoriale, et commencèrent à exercer contre les populations non serbes une politique de discrimination et d'exclusion qui visait à détruire toute forme de cohabitation pacifique entre les différentes communautés. Dès novembre 1991, Radovan Karadzic avait appelé à la séparation des communautés : « Il nous faut séparer le plus de choses possibles. Comme au temps des Turcs : un centre-ville serbe, un centre-ville turc, les questions serbes, les questions turques, les cafés, les théâtres serbes, et tout le reste. C'est cela la solution [...]. Et s'il n'est pas toujours bon de dévoiler ses plans, il n'est pas mauvais non plus de montrer notre détermination en disant publiquement : Vous ne devez pas vendre de terre aux Musulmans ! Vous ne devez pas ! Ici se mènent des combats pour notre survie, des combats pour conserver notre espace vital. »

Une agression planifiée

Slobodan Milosevic dressait son plan de bataille avec le SDS d'un côté, la JNA de l'autre. À la faveur de l'armistice du 2 janvier 1992 en Croatie, l'armée inféodée à Belgrade se redéployait en Bosnie-Herzégovine. Plus de 100 000 soldats de la JNA, serbes pour la plupart, se trouvaient alors sur le territoire bosniaque, avec quelque 700 chars, 1 000 blindés, 100 avions, 500 hélicoptères et quelque 2 000 canons. Le 9e corps de Knin, sous le commandement du général Ratko Mladic, s'était replié aux confins ouest de la Bosnie, le 13e corps en provenance de Rijeka, en Croatie, s'était installé en Herzégovine, le 10e corps de Zagreb à Bihac, et le 14e corps de Ljubljana dans la région de Zenica et Doboj au cœur de la Bosnie. Le 5e corps d'armée de l'air, basé autrefois à Zagreb, avait rejoint les aéroports de Bihac et de Banja Luka, dans le nord-ouest de la Bosnie-Herzégovine. Le retrait de la JNA de Croatie et de Slovénie, qui consacrait le retour à la paix dans ces deux républiques, avait permis à Belgrade de concentrer une partie importante de ses troupes sur les flancs nord et ouest de la Bosnie-Herzégovine. Les flancs sud et est restaient pour leur part sous l'étroite surveillance des corps d'armée basés dans la Serbie et le Monténégro limitrophes. Belgrade était parvenue à mettre en œuvre le plan d'occupation militaire de la Bosnie-Herzégovine élaboré un an plus tôt sous le nom de plan RAM.

Slobodan Milosevic se livrait à une planification méthodique de l'agression. Le 31 décembre 1991, il faisait rétablir la deuxième région militaire afin de regrouper sous un commandement, basé à Sarajevo, les huit corps d'armée redéployés en Bosnie-Herzégovine. En 1987, la direction militaire avait dissous la deuxième armée et réorganisé l'ensemble des régions militaires pour qu'elles ne soient plus calquées sur les entités fédérales. Elle espérait ainsi prévenir une possible atomisation de la JNA et la création d'armées autonomes dans chacune des six républiques yougoslaves. Fin 1991, la logique inverse présidait à la décision de Slobodan Milosevic. Le président serbe savait que l'armée de Belgrade serait sommée de se retirer après la reconnaissance internationale de la Bosnie-Herzégovine. Il reconstituait donc un commandement et une armée capable de se transformer le moment venu en armée bosno-serbe [3].

Tout au long de l'hiver, le général Vojislav Djurdjevac, commandant du corps d'armée de Sarajevo, poursuivit ses manœuvres autour de la capitale bosniaque. Sous couvert d'exercices militaires, la JNA préparait, depuis l'automne 1991, l'encerclement de Sarajevo, perçant sur les versants boisés les routes logistiques qui allaient servir à boucler dans les premiers jours d'avril 1992 le siège de la capitale bosniaque. Dans le reste de la république, la JNA appliqua la même stratégie qu'en Croatie. Les milices locales serbes qu'elle avait armées commencèrent à mettre en scène des incidents interethniques. Et feignant de s'interposer, elle procéda à l'occupation silencieuse des points stratégiques. Maître du terrain et des principaux axes routiers, il ne lui restait plus qu'à relier, le moment venu, les différentes régions autoproclamées par ses alliés bosno-serbes et disloquer la Bosnie-Herzégovine. Une stratégie que nul ne pouvait vraiment ignorer tant elle était visible. La presse de Sarajevo ne manqua pas d'en dénoncer l'existence : « La JNA a choisi son camp. Elle s'est mise au service d'un seul parti politique dont elle défend les intérêts. Elle s'est ainsi déployée sur les territoires que Radovan Karadzic a déjà proclamés serbes [4]. »

Rien ne semblait avoir été laissé au hasard. Le 8 janvier 1992, la veille de sa rencontre avec Franjo Tudjman dans les coulisses de la conférence de Bruxelles, Slobodan Milosevic dépêchait à Zagreb Nikola Koljevic, l'un des dirigeants du SDS, élu en tant que représentant de la communauté serbe au sein de la présidence collégiale de Bosnie-Herzégovine. Il voulait s'assurer de la volonté de la direction croate de concrétiser l'accord sur le partage de la Bosnie-Herzégovine et de sa disposition à entamer des pourparlers sur la délimitation des frontières entre les deux parties. Franjo Tudjman reçut Nikola Koljevic en compagnie de Franjo Boras, un dirigeant de la branche bosniaque du HDZ. « Les Croates de Bosnie veulent être rattachés à la Croatie, les Serbes de Bosnie à la Serbie, nous avons un intérêt commun. Les Musulmans s'y opposent, ils veulent un État unitaire qu'ils puissent dominer et soumettre aux règles de l'islam. Si les Musulmans ne veulent pas d'un accord, ils devront se contenter d'un mini-État entre les deux », convenait le président croate. Les choses étaient claires. Les trois hommes réaffirmèrent les principes de base de la partition, convenus avant la guerre en Croatie : un tiers du territoire bosniaque reviendrait aux Croates, deux tiers aux Serbes. Afin d'amener en douceur les Occidentaux à accepter le dépeçage de la Bosnie-Herzégovine, ils décidèrent toutefois de prôner, dans un premier temps, la création de « cantons nationaux » sur le modèle suisse, oubliant que les cantons helvétiques n'avaient jamais eu de fondement ethnique.

Début février, Zagreb organisait l'éviction de Stijepan Klujic. Mate Boban, Herzégovinien de souche, lui succédait. La succursale bosniaque du HDZ était désormais aux mains des extrémistes croates, farouches partisans d'une Grande Croatie englobant les territoires réunis en 1939 au sein de la Banovina croate, alors créée pour mettre fin à la confrontation serbo-croate dans le premier État yougoslave. Les négociations en vue d'un nouveau compromis comme celui de 1939 pouvaient reprendre. Le 26 février 1992, Nikola Koljevic et Radovan Karadzic rencontraient dans la ville autrichienne de Graz deux conseillers du président croate, Zvonko Lerotic et Josip Manojlic, pour délimiter leurs territoires respectifs. Mais les deux parties ne parvinrent pas à s'entendre. Les responsables croates revendiquaient une partie des territoires jouxtant la Croatie dans la vallée de la Save et le plateau de Kupres, zone stratégique contrôlant la région autoproclamée d'Herzeg-Bosna. Et les dirigeants bosno-serbes exigeaient, comme préalable à tout accord, le contrôle de zones à dominante croate et musulmane dans la vallée de la Save afin de relier la région de Banja Luka à la Serbie. Des points d'achoppement où forces croates et forces serbes s'affronteront dans les premières semaines de la guerre.

La validation de la partition ethnique

À la veille de la reconnaissance de l'indépendance de la Bosnie-Herzégovine, les Européens proposèrent d'entamer des négociations afin d'aplanir les divergences entre les trois communautés. En janvier, ils n'avaient posé comme seule condition à la reconnaissance de la Bosnie-Herzégovine que la tenue d'un référendum sur l'indépendance auquel devaient participer tous les citoyens, sans distinction aucune. Mais ils s'inquiétaient des menaces et des lugubres prophéties de Radovan Karadzic, et surtout de l'hostilité farouche de Slobodan Milosevic. Le président serbe n'avait cessé de les mettre en garde contre les risques d'« une guerre civile » s'ils reconnaissaient la Bosnie-Herzégovine avant qu'un accord eût été conclu entre les trois communautés. Il espérait négocier le découpage de la Bosnie-Herzégovine sous l'égide européenne et vider de son sens toute reconnaissance ultérieure. Comme l'exprimait parfaitement Radovan Karadzic : « Caligula a proclamé son cheval sénateur mais le cheval n'a jamais occupé son siège. Izetbegovic obtiendra la reconnaissance de la Bosnie-Herzégovine mais il n'aura jamais son État. »

Lorsque Alija Izetbegovic, Radovan Karadzic et Mate Boban se réunirent fin février puis début mars à Lisbonne, Jose Cutiliero, un diplomate portugais (son pays assurait alors la présidence tournante des Douze) proposa un compromis. La Bosnie-Herzégovine serait maintenue en tant qu'État dans ses frontières mais devait être subdivisée en cantons ethniques, musulmans, serbes ou croates. L'initiative Cutiliero témoignait de la disposition des Européens à croire que la partition ethnique, bien que moralement condamnable, serait peut-être le mal nécessaire pour régler le sort de ces peuples ataviquement ennemis. Ces signaux extrêmement dangereux, envoyés avant le début des hostilités, correspondaient exactement à ce que Belgrade et, dans son sillage, Zagreb souhaitaient entendre. Ils inciteront les extrémistes serbes et croates à tester par l'emploi de la force les intentions réelles de la communauté internationale, en la poussant chaque fois plus loin dans cette logique erronée qui validait l'un des pires mensonges de la propagande des chefs de guerre et ignorait la réalité multiethnique du pays.

Le 9 mars 1992, Radovan Karadzic rejetait le premier plan de cantonisation du médiateur européen qui n'attribuait aux Serbes que les communes où ils étaient majoritaires. Le seul critère ethnique ne pouvait offrir aux Serbes — 31,3 % de la population de Bosnie-Herzégovine — les 66 % de territoire qu'ils convoitaient. Aucun accord consensuel ne pouvait satisfaire les visées serbes. Mais les Européens refusaient de voir le danger.

Quelques jours plus tôt, 63 % des électeurs bosniaques s'étaient prononcés, lors du référendum organisé les 29 février et 1er mars, en faveur de l'indépendance. Mais la grande majorité des Serbes avaient suivi les consignes du SDS et boycotté la consultation. Pour s'assurer un boycott massif de la communauté serbe, le SDS avait interdit dans les communes qu'il contrôlait l'ouverture des bureaux de vote. Alija Izetbegovic, désormais assuré de la reconnaissance internationale de la Bosnie-Herzégovine, croyait avoir obtenu la meilleure protection contre l'agression serbe. Mais en choisissant au mois de janvier de différer cette échéance par un référendum dont nul ne pouvait douter de l'issue favorable, les Douze avaient, malgré eux, laissé le temps à Slobodan Milosevic d'achever les préparatifs de la guerre. En mars, le président serbe ne redoutait plus cette reconnaissance. Il était prêt et savait que nul ne s'aventurerait à la défendre par les armes.

L'OTAN sous contrôle

Grâce aux réseaux de renseignements yougoslaves à travers le monde, Slobodan Milosevic disposait depuis octobre 1991 des analyses secrètes de l'OTAN. Il savait que l'Alliance atlantique n'envisageait aucune intervention directe en Yougoslavie, qu'elle fût politique ou militaire. Il avait, par ailleurs, appris que le bras armé des puissances occidentales, le seul qu'il puisse craindre, « ne s'impliquerait pas, dans les trois ou quatre années à venir, dans des conflits dits locaux ». Il savait qu'il y avait un processus politique délicat et compliqué visant à redéfinir le rôle de l'Alliance dans l'après-guerre froide, dans lequel étaient engagés ses membres, et qui devait prendre plusieurs années. Tant que durerait ce processus, les mécanismes de décision seraient paralysés, empêchant ainsi tout engagement direct de l'OTAN. Pendant cette période, les États-Unis éviteraient de s'impliquer dans des régions où leurs intérêts vitaux ne seraient pas remis en cause. La Yougoslavie ayant perdu avec la fin de la guerre froide tout intérêt stratégique, Washington devrait, par conséquent, se tenir à l'écart de la crise dans les Balkans. Belgrade savait que, privés de la logistique américaine, les Européens seraient dans l'incapacité d'entreprendre une action d'envergure. Tout au long du conflit, Slobodan Milosevic sollicita ses services de renseignements pour évaluer la détermination des Occidentaux et connaître leurs divergences et leurs faiblesses.

Dès la clôture des bureaux de vote, dimanche 1er mars, les unités paramilitaires du SDS érigèrent des barricades tout autour du centre de Sarajevo. En milieu de soirée la capitale bosniaque était complètement paralysée. Des hommes cagoulés, armés de fusils, en contrôlaient les principaux accès, barrés par des autobus et des bennes à ordures. Visiblement organisés, ils revendiquaient le rattachement d'un tiers de la ville à la République serbe autoproclamée en janvier. La radio égrenait les points chauds de la capitale : Grbavica, le pont Vrbanj, Vogosca, Vojkovic, Ilidza, autant de futures lignes de front. Les dirigeants du SDS s'empressèrent de souligner le caractère spontané de ce soulèvement armé suscité, disaient-ils, par un incident tragique survenu le jour même dans le quartier historique de la ville. Des Serbes étaient venus célébrer un mariage dans la petite église orthodoxe de Bascarsija, le quartier oriental du vieux Sarajevo. Le cortège brandissait un drapeau serbe lorsque deux jeunes Musulmans et un Croate s'en emparèrent et essayèrent d'y mettre le feu (Ramiz Delalic, alias Celo, membre redouté de la pègre sarajevienne, et qui devint à la faveur de la guerre chef de la police militaire du quartier de Bascarsija, revendiqua cet attentat en août 1992). Les coups de feu qui retentirent aussitôt tuèrent Nikola Gardovic, le père du marié, et blessèrent le pope, le frère du marié. Immédiatement condamné par tous les leaders nationaux, le crime fut qualifié de « coup de feu contre la Bosnie » par le président Alija Izetbegovic. Mais les appels au calme restèrent vains. L'incident meurtrier avait offert un prétexte aux dépeceurs de la Bosnie-Herzégovine pour justifier le recours aux armes.

L'armée yougoslave n'intervint pas pour faire lever les barricades. Elle avait partie liée avec les miliciens serbes. Elle n'eut donc aucun mal, le lendemain matin, à escorter hors de Sarajevo les observateurs européens venus s'assurer du bon déroulement du référendum. Radovan Karadzic et son état-major de crise s'installaient quelques heures plus tard dans l'hôtel Holiday Inn, déserté par les diplomates mais toujours occupé par la presse internationale. Les jours suivants, le nom de Radovan Karadzic faisait le tour du monde. Dans l'après-midi, les armes s'étaient tues mais la ville restait bouclée. Les Sarajeviens, toutes communautés confondues, descendirent alors dans les rues pour empêcher la guerre et « libérer pacifiquement » leur ville. « Nous ne voulons pas d'un nouveau Vukovar », scandait la foule. Hommes, femmes, enfants, bientôt un millier de personnes, face aux miliciens cagoulés en faction au beau milieu du boulevard de l'Unité et de la Fraternité, que le monde ne tardera pas à connaître sous le nom de Sniper Alley. Puis aux premières salves, les pacifistes rétorquèrent : « Déposez vos armes. » Mais trop fiers d'avoir tenu le siège de Sarajevo pendant près d'un jour, les milices du SDS ouvrirent le feu, visant juste au-dessus des têtes. Les Sarajeviens, dispersés par la force brutale, s'enfuirent en rampant. L'incident n'ébranla pas pour autant leur conviction, persuadés qu'il s'agissait d'un coup de force d'une poignée d'extrémistes qui ne bénéficiaient pas du soutien de leur communauté.

Vers la guerre

Les miliciens serbes, quant à eux, escomptaient une riposte. Ils cherchaient un prétexte pour justifier la guerre qui allait suivre et que nul ne pouvait plus empêcher, comme le disait Radovan Karadzic. À défaut de représailles, ils durent se résoudre au petit matin à lever les barricades. Sarajevo ne connut qu'une courte journée de répit. Dans la nuit du 3 au 4 mars, après l'annonce des résultats définitifs du référendum, ils rétablirent le blocus de la ville. La direction du SDS, qui commandait l'insurrection depuis l'Holiday Inn, était persuadée que les autorités de Sarajevo ne résisteraient pas à ce nouveau défi. Mieux équipés que le premier jour, les miliciens serbes arboraient des uzis tout neufs, certains déballés des cartons sous les yeux des journalistes. La police bosniaque et les milices du SDA avaient investi le centre. Les quartiers de Sarajevo étaient aux mains de milices rivales. Des coups de feu et des explosions retentirent dans la nuit. L'engrenage de la violence semblait irrésistible. Mais les affrontements ouverts furent évités.

Les autorités bosniaques en avaient une nouvelle fois appelé à l'intervention de l'armée yougoslave. En guise de réponse, le général serbe Milutin Kukanjac, commandant de la JNA en Bosnie-Herzégovine, proposait à Alija Izetbegovic et Radovan Karadzic la création de patrouilles mixtes, composées d'éléments de la police bosniaque et de la police militaire, chargées de démanteler les barricades. Les jours suivants, la circulation était rétablie dans Sarajevo et les miliciens serbes s'éclipsèrent avec leur armement sans être inquiétés. La répétition générale avait fait plusieurs morts et une dizaine de blessés. Mais les Sarajeviens, enfin libérés, crièrent victoire, convaincus que nul ne pourrait plus diviser leur ville. Enferrés dans un optimisme sans limite, ils ne virent pas la guerre arriver et ignorèrent ce qui se passait en dehors de la ville. Alija Izetbegovic, le président bosniaque, contribua à cet aveuglement en assenant tout au long du mois de mars qu'« il n'y aura pas la guerre en Bosnie, ni interne ni importée. L'armée [JNA] n'occupera pas la Bosnie, elle ne fera pas non plus un coup d'État car elle ne le peut pas ».

Pendant ce temps, Radovan Karadzic et les dirigeants du SDS multipliaient, depuis leur QG de l'Holiday Inn, les déclarations à la presse. Ils affirmaient qu'il ne serait plus possible d'« éviter une guerre interethnique et religieuse ». Ils disaient qu'il était impensable qu'« un million et demi de Serbes vivent en Bosnie-Herzégovine sous la botte d'Alija Izetbegovic » dans « un État islamique » et suggéraient de suivre l'exemple de la partition de l'Inde. Ils prétendaient que Serbes et Musulmans ne pouvaient plus vivre ensemble, que lorsqu'un mariage ne fonctionnait plus, nul ne pouvait empêcher l'une des parties de demander le divorce, ce que faisaient les Serbes. Ils reprochaient aux Musulmans de s'être opposés à un divorce à l'amiable en refusant de négocier le découpage de la Bosnie et d'indiquer les territoires qu'ils souhaitaient garder. Puis ils confiaient que les Musulmans devraient se contenter d'un territoire confiné en Bosnie centrale entre Tuzla, Zenica et Sarajevo. Les dirigeants du SDS, qui voulaient à tout prix éviter la reconnaissance internationale de l'État bosniaque, n'hésitaient plus à proférer leurs menaces devant des journalistes occidentaux censés les relayer dans le monde entier.

Dans le reste du pays, la tension restait à son comble. Un peu partout, des barricades étaient dressées aux abords des villages serbes, le long des routes pour marquer le territoire serbe et isoler les villages musulmans ou croates. Dans le nord, Bosanski Brod, ville à dominante croate sur les bords de la Save face à la Croatie, subissait le 4 mars une attaque d'artillerie serbe qui fit une dizaine de morts. Bosanski Brod était la seule ville de Bosnie encore reliée à la Croatie par un pont praticable. Ceux de Brcko et de Bosanski Samac avaient été détruits lors de la guerre en Croatie. Ceux de Bosanska Gradiska et de Bosanski Novi étaient entre les mains des indépendantistes serbes de Croatie et de Bosnie. Quelques jours auparavant, un attentat à la bombe contre le centre culturel croate d'Odzak, également situé sur la rive bosniaque de la Save, avait fait quinze blessés. Plusieurs personnes avaient été tuées à des barrages serbes à Glamoc et à Donji Vakuf, dans l'Ouest. Des familles musulmanes avaient été chassées par des milices serbes de Bileca et de Nevesinje dans le Sud. Déjà le spectre d'un nouveau nettoyage ethnique se profilait.

Belgrade préféra différer la guerre de quelques semaines. Les Européens, qui hésitaient encore à entériner les résultats du référendum, proposaient la reprise des négociations. Les Serbes acceptèrent et, lors d'une nouvelle rencontre le 16 mars à Lisbonne, ils revendiquèrent 70 % du territoire bosniaque, le reste devant être divisé entre Musulmans et Croates, qui représentaient respectivement 43,7 % et 17,3 % de la population de Bosnie-Herzégovine. À l'issue de trois jours d'âpres discussions, Alija Izetbegovic, pour sauver la paix, signait une « déclaration de principe » transformant la Bosnie-Herzégovine en « un État composé de trois unités constitutives, établies sur des principes nationaux et tenant compte de critères économiques, géographiques et autres ». De retour à Sarajevo, le président bosniaque comprit qu'il venait d'avaliser le dépeçage de sa république et se rétracta. Mais il était trop tard. Radovan Karadzic brandissait déjà le document comme une légitimation de sa « République du peuple serbe de Bosnie-Herzégovine ». Les Européens étaient tombés dans le piège de Slobodan Milosevic. Le maître de Belgrade s'était donné les moyens de mettre en œuvre les funestes prophéties de son factotum. Rien ne pouvait plus empêcher la guerre.

La prise de Bijeljina

Quelques jours plus tard, Slobodan Milosevic donnait le branle aux premières opérations militaires. Bosanski Brod subissait de nouveaux bombardements le 27 mars 1992, puis Derventa. Les troupes paramilitaires sous la férule de Belgrade rejoignaient le territoire bosniaque ou s'installaient à la frontière, prêtes à intervenir tandis que les corps d'armée de Knin, Titograd (Podgorica) et Uzice déployés aux pourtours de la Bosnie se mettaient en ordre de bataille. Le 30 mars, le chef d'état-major de la JNA, le général Blagoje Adzic, confirmait que l'armée de Belgrade était « prête à intervenir pour défendre le peuple serbe menacé par une agression ouverte ». Le lendemain, les troupes serbes mettaient à l'essai le scénario de l'agression et s'emparaient de Bijeljina.

Située à une dizaine de kilomètres de la Serbie dans le nord-est de la Bosnie, cette commune de 100 000 habitants peuplée de 59,4 % de Serbes et 31,3 % de Musulmans avait été décrétée zone serbe et rattachée à la région autonome de Semberja. Mais les Serbes n'avaient pas le contrôle absolu de la ville. Au début de l'hiver, ils avaient créé un état-major de crise, mis sur pied des organes municipaux parallèles, une police serbe et des groupes de défense armés, prélevés sur les éléments serbes de la Défense territoriale. Le dispositif pour la prise de pouvoir élaboré avec les émissaires de Slobodan Milosevic était fin prêt. Fin mars, une grenade explosait dans le café Istanbul, propriété d'un Musulman. Prétextant de possibles représailles, les Serbes érigeaient des barricades. Postés depuis quelques jours de l'autre côté de la frontière, les Tigres commandés par Zeljko Raznjatovic-Arkan déferlaient le 1er avril sur Bijeljina. À l'intérieur, Ljubisa Savic, alias Mauser, l'attendait avec sa milice, les Panthères. Ensemble, ils prirent le contrôle de la ville par la terreur. Vingt-sept civils, des hommes mais aussi des femmes, jetés dans la rue par les miliciens serbes, furent exécutés de sang-froid le premier jour. Certains sous les yeux de deux photographes occidentaux « invités » par Arkan pour immortaliser ses exploits et mettre en garde tous les Bosniaques qui tenteraient de prendre les armes contre les Serbes (prises par Ron Haviv, les photos des exactions commises par les hommes d'Arkan les 1er et 2 avril 1992 firent le tour du monde). Les miliciens serbes perquisitionnèrent les habitations, se saisirent des armes qu'ils trouvaient, pillèrent et arrêtèrent toutes les personnes soupçonnées d'appartenir au SDA. La JNA ne sortit pas de sa caserne, laissant deux jours durant les paramilitaires serbes accomplir leur sale besogne en chantant : « Ô Musulmans, des jours sombres vous attendent, Tito n'est plus là pour vous défendre. » Au troisième jour, Arkan remit la ville, nettoyée de ses élites musulmanes, aux dirigeants locaux du SDS. La nouvelle autorité serbe instaura un couvre-feu et ferma les négoces musulmans. Et sous la protection de la JNA qui se déployait en ville, elle poursuivit les arrestations et la répression, provoquant l'exode des populations non serbes.

La prise de Bijeljina s'inscrivait dans un plan stratégique de conquête du nord et de l'est de la Bosnie-Herzégovine. Carrefour aux portes de la Serbie, elle contrôlait les routes desservant la vallée de la Drina et la vallée de la Save. À l'autre bout du pays, le général Mladic, à la tête du corps d'armée de Knin, se rendait maître du plateau de Kupres qui commandait les voies de communication de tout l'ouest de la Bosnie, repoussant les unités croates déployées dans la région et chassant avec elles les populations croates. Mais Slobodan Milosevic devait encore trouver un subterfuge pour légitimer une intervention ouverte.

Le 5 avril, plus d'une centaine de milliers de personnes descendaient dans les rues. Brandissant le drapeau yougoslave et des portraits de Tito parce qu'il avait réunifié la Bosnie-Herzégovine après la terrible guerre civile qui s'y était déroulée pendant la Seconde Guerre mondiale, les trois communautés s'élevaient ensemble contre la guerre. À Mostar, à Jajce, ils scandaient : « Nous ne voulons pas de partition, nous voulons la paix », « Ne baisse pas les bras, Bosnie ». Ils étaient plus de 30 000 à Tuzla, 10 000 à Doboj, 12 000 à Bihac, plus de 5 000 à Modric, plusieurs milliers à Travnik. Partout ils réclamaient la dissolution des partis nationalistes des trois communautés et la création d'un gouvernement d'union nationale, seul capable à leurs yeux de faire prévaloir la défense de l'unité de la Bosnie sur les intérêts strictement communautaires. Le même jour, des combats éclataient à la périphérie de Sarajevo dans un centre de formation du ministère de l'Intérieur attaqué par des policiers serbes. Des échauffourées se produisirent également dans plusieurs postes de police. Le 6 avril, jour anniversaire de la victoire de Sarajevo contre le fascisme... en 1945, des dizaines de milliers de Sarajeviens se rassemblaient sur le parvis du Parlement bosniaque pour clamer leur opposition à la guerre et réclamer l'élection d'un gouvernement de salut national. Des convois d'autobus venus de toutes les grandes villes du pays s'apprêtaient à les rejoindre. Mais les nationalistes serbes avaient dressé des barricades sur leur route. Seuls quelques cars de mineurs, avec leurs drapeaux verts aux deux pioches entrecroisées, avaient réussi à rallier la capitale. Plus de 60 000 personnes manifestaient pour la paix, contre la logique ethnique, lorsque les hommes de Radovan Karadzic, postés aux fenêtres de l'Holiday Inn, face au Parlement, ouvrirent le feu, tuant une étudiante et blessant une dizaine de personnes.

Le siège de Sarajevo

Une unité spéciale de la police bosniaque fondit sur l'hôtel, désarma les tireurs et évacua les dix étages de ce cube multicolore, construit à l'occasion des Jeux olympiques de 1984. Les rues se vidèrent. Des barrages de police apparurent un peu partout en ville. Mais d'autres barricades tenues par les milices du SDS bouclaient déjà la capitale tandis que, sur les hauteurs, les batteries de la JNA, en ordre de bataille, tenaient ses 450 000 habitants dans leur ligne de mire. À la faveur de la nuit, la JNA déploya ses blindés sur l'aéroport de Sarajevo. La ville était verrouillée, ses habitants pris au piège. Le siège de Sarajevo avait commencé. Le sifflement et la détonation des obus qui, près de quatre ans durant, allaient rythmer la vie des Sarajeviens, venaient de briser le silence. L'artillerie aux ordres de Belgrade pilonnait les pourtours de la ville.

La reconnaissance de la Bosnie-Herzégovine

annoncée dans le courant de la journée par les Douze avait fourni à Slobodan Milosevic le prétexte qu'il attendait pour déclarer la guerre (les États-Unis reconnurent à leur tour la Bosnie-Herzégovine le lendemain, le 7 avril). Ses affidés objectèrent aussitôt le droit des peuples à disposer d'eux-mêmes pour proclamer l'indépendance de leur « république » et rompre les derniers liens qui les unissaient encore aux autorités bosniaques. Puis Radovan Karadzic désertait la capitale et s'installait à Pale, une petite station de sports d'hiver de 6 000 habitants juchée sur les hauteurs de Sarajevo et transformée en véritable camp retranché serbe.

Un nouvel ajournement de la reconnaissance internationale de la Bosnie-Herzégovine, préconisé par certains diplomates, n'aurait pas dissuadé Slobodan Milosevic de mettre la république multiethnique à feu et à sang. Son projet de dépeçage, ébauché à l'époque où la Bosnie-Herzégovine défendait farouchement le maintien de la Yougoslavie, ne visait pas seulement à étendre la souveraineté de Belgrade jusqu'aux deux tiers du territoire bosniaque. Le président serbe aspirait à détruire toute forme de cohabitation pacifique entre les différentes communautés bosniaques afin de mener à son terme le processus de séparation des peuples yougoslaves qu'il avait entamé avec la rébellion des rondins en Krajina et poursuivi pendant la guerre contre la Croatie. Aucune solution négociée, ni même le projet d'« union de trois unités ethniques » que les Serbes avaient arraché à Lisbonne, ne pouvait lui permettre d'accomplir son dessein. La guerre contre la Croatie, en dépit de son accord avec Franjo Tudjman et du refus des Occidentaux de reconnaître

Zagreb, en était la preuve. Toutefois, Slobodan Milosevic se complaisait à faire coïncider la guerre avec une reconnaissance qu'il n'avait pu empêcher. Il savait qu'il jetterait le trouble au sein d'une communauté internationale prompte à croire que sa décision avait été le détonateur d'une guerre civile. Il pouvait dès lors clamer, contre toute évidence, son extranéité à la guerre et encourager les Occidentaux à chercher dans le partage de la Bosnie-Herzégovine une solution aux rivalités entre les peuples yougoslaves.

Slobodan Milosevic avait demandé aux stratèges militaires de peaufiner le plan RAM qui avait été complété, depuis, par des annexes aux noms de code « Drina » et « Most » (Pont). L'objectif prioritaire de Belgrade consistait à tailler dans le territoire bosniaque une entité serbe cohérente et ethniquement homogène englobant les différentes poches de peuplement serbe. À défaut d'être reliées entre elles, la JNA lançait une campagne de conquêtes visant à assurer la continuité territoriale, d'une part dans l'est de la Bosnie, le plan Drina, et d'autre part dans le nord où elle allait percer, en vertu du plan Most, un corridor afin de rattacher à la Serbie la région à dominante serbe de Banja Luka, jusqu'ici isolée. La réalité de la carte ethnique témoignant de l'exceptionnel enchevêtrement des communautés serbe, croate et musulmane ne constituait pas, pour Slobodan Milosevic, un véritable obstacle. Il pouvait compter sur les sections d'intervention de son ministère de l'Intérieur pour appliquer, avec une férocité méthodique, la politique systématique de nettoyage ethnique froidement planifiée à Belgrade.

Le nettoyage ethnique encore

Les Tigres d'Arkan, les hommes de Franko Simatovic-Frenki et de Radovan Stojicic-Badza, les troupes du capitaine Dragan, les Aigles blancs de Mirko Jovic, les Tchetniks de Seselj, fondaient sur les villes et les villages à majorité musulmane de la vallée de la Drina et rééditaient le scénario de Bijeljina. À la tête du corps d'armée d'Uzice, le général Dragoljub Ojdanic commandait l'offensive serbe dans l'est de la Bosnie. Le 8 avril, il postait son artillerie sur la rive serbe de la Drina, face à Zvornik. Le lendemain, les forces supplétives serbes regroupées dans le faubourg de Karakaj avançaient sur la ville. Quelques policiers et volontaires musulmans tentèrent de leur opposer résistance. Dans la soirée, le verrou sautait. Arkan et ses pairs se rendaient maîtres de la ville. Lorsque les médias serbes annoncèrent, le 10 avril, la « libération » de Zvornik, près d'un millier de corps jonchaient les rues. Mais sur le pont marquant la frontière entre la Bosnie et la Serbie, Zeljko Raznjatovic était là, en personne, pour empêcher les journalistes de pénétrer dans la ville [5]. Méticuleusement organisée, cette campagne se fit loin des caméras des télévisions occidentales, interdites d'accès dans la zone pendant près de trois mois.

José Maria Mendiluce, responsable pour l'ex-Yougoslavie du Haut Commissariat des Nations unies pour les réfugiés, parvenait néanmoins à franchir le pont et à longer Zvornik avant d'être arrêté par un groupe de miliciens. Quelques années plus tard, lorsqu'il eut quitté ses fonctions, il décrivit la scène suivante : « Dans un virage, avant d'être interceptée, ma voiture a patiné sur du sang [...]. J'ai croisé des camions remplis de cadavres ; devant les maisons, des miliciens ramassaient les corps de femmes, d'enfants et de vieillards, et les jetaient dans des camions. J'ai vu quatre ou cinq camions remplis de cadavres. » Mais le devoir de réserve du fonctionnaire onusien et les menaces d'Arkan à l'encontre de deux cameramen serbes qui, le 10 avril, avaient filmé la scène privaient l'opinion publique internationale de la réalité [6]. Les hommes de Slobodan Milosevic pouvaient poursuivre leur sinistre besogne.

Les massacres et les internements se poursuivirent les jours suivants, sans que personne ne sût vraiment ce qu'il se passait à l'ombre des victoires serbes. Plus au sud, toujours sur les rives de la Drina, Foca, peuplée à parité de Serbes et de Musulmans, allait connaître le même sort [7]. Velibor Ostojic, alors ministre de l'Information de Bosnie-Herzégovine, Vojislav Maksimovic, poète et professeur de littérature à l'université de Sarajevo, Petko Cankar, avocat et président de la Chambre des communes du Parlement bosniaque, tous trois natifs de Foca et membres fondateurs du SDS, rejoignaient la ville, le 5 avril, pour prendre la tête de l'état-major de crise et orchestrer le nettoyage ethnique. Dès le 6 avril, ils ordonnaient la séparation des forces de police. Les policiers serbes, même réfractaires, furent contraints de rejoindre la police serbe, placée sous le commandement de Dragan Gagovic [8]. Autour de la ville, les bataillons du corps d'armée d'Uzice déployaient leur artillerie. Foca était encerclée, Serbes et Musulmans pris dans le même piège. Les villages à dominante musulmane, proches de la ville, furent les premières cibles des bombardements et des opérations meurtrières des troupes supplétives serbes. Le 9 avril, les canons serbes se tournaient vers la ville. Serbes et Musulmans se tapirent dans les caves. Quatre jours plus tard, les forces serbes ouvraient pendant quelques heures un « couloir de sécurité » pour permettre aux Musulmans de quitter la ville. Rares furent ceux qui s'y engouffrèrent.

Le lendemain, la police serbe soutenue par une légion de paramilitaires venus de Serbie et du Monténégro s'emparait du centre puis des faubourgs. Ces quelques jours de guerre n'avaient pas encore eu raison de la bonne entente entre les communautés. Voisins serbes et musulmans s'entraidèrent, solidaires contre les Tchetniks barbus qui sillonnaient les rues, semaient la terreur, pillaient et insultaient les Serbes, restés avec « les Turcs » dans les caves. Le 16 avril, Foca tombait entièrement sous contrôle serbe. Miro Stanic, le chef local du SDS, ordonnait alors la mobilisation de tous les hommes âgés de 18 à 65 ans. L'appel allait permettre de séparer Serbes et Musulmans. Les jours suivants l'élite musulmane de la ville fut arrêtée. Puis la plupart des hommes furent conduits au centre pénitencier de Foca, l'un des plus importants de l'ancienne Yougoslavie. Cette ancienne caserne transformée sous Tito en maison d'arrêt, où Alija Izetbegovic fut incarcéré dans les années 80, était devenue depuis le 14 avril un camp de détention pour les non-Serbes. En ville, les massacres succédèrent aux massacres. Tout homme soupçonné d'appartenir au SDA était exécuté sans autre forme de jugement. Des témoins racontèrent avoir vu des civils conduits sur le pont qui enjambe la Drina être égorgés par les policiers serbes avant d'être jetés dans la rivière. Progressivement les femmes, les enfants et les vieillards furent à leur tour internés dans des camps installés dans le gymnase Partizan, le motel de Miljevina ou le lycée de Foca. Nombre de femmes y furent battues et violées avant d'être déportées. La terreur se poursuivit jusqu'à ce que la ville complètement nettoyée de sa population musulmane fût rebaptisée Srbinje.

À la fin du mois d'avril, des dizaines de milliers de Musulmans bosniaques avaient été expulsés de Zvornik, Visegrad, Vlasenica et Foca. Nul ne pouvait échapper à la logique implacable du nettoyage ethnique. Après s'être emparées des principales villes et des axes de communication de la vallée de la Drina, les troupes serbes semèrent la terreur dans les campagnes. Dans les villages aux populations mélangées, les habitants serbes recevaient discrètement l'ordre de partir quelques jours se mettre à l'abri. Puis les miliciens entraient dans le village et exécutaient une partie des hommes musulmans. Les populations qui n'avaient pas fui dans les forêts étaient regroupées et emmenées jusqu'aux lignes de front, en direction de Tuzla. Les maisons étaient alors saccagées pour dissuader ceux qui auraient envisagé de rentrer. Lorsque les camions militaires avaient emporté tout ce qui pouvait être pillé — machines à laver, téléviseurs, cadres de fenêtres, portes, robinetterie, etc. —, les maisons musulmanes étaient incendiées, la mosquée dynamitée, le cimetière profané. Les bourgs échappaient parfois aux flammes pour être repeuplés par des Serbes restés dans les territoires de l'autre côté de la ligne de front. Comme Kozluk, sur les bords de la Drina, au nord de Zvornik. Ses 4 000 habitants, tous musulmans, eurent à peine dix minutes pour se regrouper sur la place et monter dans les bus. Arrivés à la gare de Sabac, en Serbie, ils furent chargés comme du bétail dans des wagons et déportés vers la Hongrie. Le processus du nettoyage ethnique se voulait irréversible. Au début du mois de mai 1992, on comptait, pour l'ensemble du pays, près de 300 000 réfugiés. Un mois plus tard, ils étaient 750 000.

Pendant qu'à Belgrade Slobodan Milosevic continuait d'affirmer qu'« aucune troupe armée de Serbie ne se trouvait sur le territoire bosniaque », Franko Simatovic et Radovan Stojicic coordonnaient sur le terrain les opérations des groupes paramilitaires. Leurs Bérets rouges, les unités spéciales du ministère serbe de l'Intérieur sous la responsabilité de Radovan Stojicic, entraient les premiers dans les villes pour effectuer le nettoyage ethnique. Les supplétifs serbes organisés en milices et placés sous la responsabilité de Franko Simatovic intervenaient après la chute des villes pour poursuivre les opérations de nettoyage ethnique et de pillage, et assurer le contrôle des villages et des campagnes alentour. Pour canaliser tous les volontaires qui, assoiffés de violence et attirés par le pillage, cherchaient à rejoindre la Bosnie, Frenki installa au début du printemps 1992 un camp d'entraînement dans la ville frontalière de Bajina Basta, sur la rive serbe de la Drina, qu'il transféra début 1993 sur le mont Tara voisin. Dans les régions où les Serbes étaient minoritaires et les structures du SDS insuffisantes, des membres ou des collaborateurs des services secrets de Serbie furent chargés aux côtés de Serbes locaux d'installer le pouvoir sur les régions conquises. À Zvornik, Belgrade commettait à la tête de la Défense territoriale l'un de ses hommes recrutés en Voïvodine en 1988, au moment de la reprise en main de la province. Marko Pavlovic (Branko Popovic dans le civil) organisa les déportations dans toute la région et se vanta de s'être montré prodigue envers les Musulmans en laissant la vie sauve aux habitants de Kozluk contre le passage de 5 000 Serbes qui souhaitaient quitter Tuzla, restée sous l'autorité bosniaque. À Bijeljina, Arkan plaça l'un des membres de sa milice, le major Vojkan Djurkovic, à la tête de la « Commission étatique de libre transfert de population » qui exigeait des personnes expulsées qu'elles renoncent à leurs biens et payent les frais de transfert vers les zones sous contrôle bosniaque. Lorsque le nettoyage ethnique de la région fut achevé, Vojkan Djurkovic commanda le camp de Batkovici, à quelques kilomètres de Bijeljina, où furent transférés des milliers de non-Serbes détenus en zone sous contrôle serbe afin d'être échangés contre des prisonniers serbes. Mais ces échanges s'effectuaient à la condition que les non-Serbes quittent la Bosnie-Herzégovine et soient accueillis par un pays tiers.

Désinformation télévisée

Les actes de barbarie des milices supplétives serbes entraînaient, dans les zones conquises, les populations serbes dans l'entreprise du nettoyage ethnique, par conviction, par suivisme ou par peur. Parce qu'ils étaient commis en Bosnie-Herzégovine au nom du peuple serbe, ces crimes compromettaient l'ensemble des Serbes de Bosnie et en faisaient des complices. Des complices volontaires pour ceux qui y participèrent, par défaut pour ceux qui refusèrent d'y prendre part sans avoir pour autant les moyens de s'y opposer. Grâce à une propagande habile, méthodique et sans scrupule, les dirigeants serbes étaient parvenus à s'assurer le consensus tacite de la majorité des Serbes de Bosnie. Pendant que Belgrade ourdissait la guerre en Bosnie-Herzégovine, la télévision serbe, pilier essentiel du pouvoir de Slobodan Milosevic, avait orchestré une campagne de haine contre les Musulmans. Elle appelait les Serbes à s'armer pour se protéger contre la menace intégriste musulmane, accusait Croates et Musulmans de s'allier pour anéantir les Serbes. Lorsque la guerre éclata, les forces serbes s'emparèrent des principaux émetteurs de radio et de télévision afin d'empêcher la diffusion des médias de Sarajevo ou de Zagreb dans les zones qu'elles s'apprêtaient à conquérir. Ces territoires promis au nettoyage ethnique furent ainsi soumis à la seule propagande serbe. Celle de la télévision de Serbie retransmise dès lors dans tout le nord, l'est et le sud-ouest de la Bosnie-Herzégovine. Mais également celle des chaînes bosno-serbes créées à la hâte à Banja Luka puis à Pale avec des équipements fournis par Belgrade. Au fur et à mesure de leurs conquêtes, les forces serbes prenaient le contrôle des radios locales pour en faire les instruments d'une propagande guerrière et haineuse. Les « journalistes » qui y officiaient portaient tous l'uniforme. Mais la pièce maîtresse du dispositif médiatique des extrémistes bosno-serbes fut l'agence SRNA (Srpska Republika Novinska Agencija, Agence de presse de la République serbe), créée le 8 avril 1992 à Pale par Todor Dutina, professeur de littérature à Sarajevo et éminence grise du SDS. Un homme qui poussait le mépris de la vérité aussi loin que sa haine pour les Musulmans. Et sa philosophie de l'apartheid n'avait rien à envier à celle de Radovan Karadzic [9]. Modèle de mensonge, de manipulation et de désinformation, SRNA fut relayée par les médias officiels de Serbie et obtint une fenêtre sur le monde grâce au réseau d'abonnés étrangers de l'ex-agence yougoslave Tanjug, placée sous la férule du régime de Belgrade. L'ensemble des médias serbes multiplièrent les appels aux armes, soulignèrent à l'envi le péril islamiste, prétendirent que le djihad était à l'œuvre, que depuis des décennies les Musulmans procédaient à « l'occupation silencieuse des terres serbes », construisant des maisons le long des principaux axes routiers et encourageant un fort taux de natalité dans le seul but de modifier la structure ethnique du pays. Les Musulmans, selon la propagande serbe, se préparaient depuis longtemps à cette « guerre sainte » dont l'objectif était l'anéantissement du peuple serbe et la construction d'une transversale verte à travers les Balkans, destinée à faciliter l'invasion musulmane de l'Europe occidentale. Slaves islamisés sous l'Empire ottoman, athées pour beaucoup après quarante-cinq ans de communisme, les Musulmans bosniaques étaient comparés à « des hordes venues d'Orient menaçant l'Occident chrétien d'une nouvelle croisade ». À la dénonciation du complot du Vatican, d'un IVe Reich en construction pendant la guerre en Croatie, succédait le péril islamiste. Sous-informés et méthodiquement intoxiqués, nombre de Serbes de Bosnie mais aussi de Serbie finirent par y croire. L'information avait fait place aux mensonges. Au début du siège de Sarajevo, alors que la ville était coupée du reste du monde, SRNA parlait des lions affamés du zoo de la ville auxquels « les Musulmans donnaient des femmes et des enfants serbes en pâture ». Maîtres d'œuvre de la violence intercommunautaire, les médias devenaient plus que jamais une arme de guerre. Ils ne se contentèrent pas de faire appel à l'irrationnel collectif et de convaincre les Serbes qu'ils combattaient des ennemis décidés à les exterminer, mais distillaient à l'intention des populations serbes un véritable programme d'action, à peine masqué. La méthode consista avant la guerre à annoncer leurs intentions sous forme de prophéties, ce que fit Radovan Karadzic à maintes reprises, puis, une fois la guerre déclenchée, à attribuer à la future victime les crimes qu'ils s'apprêtaient à commettre sur elle. Les incessants récits de cruauté incitaient la population serbe à appliquer sur le terrain ce que les idéologues dénonçaient avec tant de détails. Et ils étaient d'autant plus incitatifs que la propagande serbe avait inscrit, cinq années durant, le renouveau du nationalisme serbe dans un passé de souffrances jamais vengées et prétendument niées en tant que telles par l'Histoire. Dans ce contexte où la population serbe était littéralement hypnotisée par la peur de disparaître, les diatribes incendiaires des responsables civils ou militaires relayées sur les ondes faisaient figure de mode d'emploi.

Avant chaque attaque, les médias serbes annonçaient un regain de tension qui, disaient-ils, poussait les Serbes à plier bagage. Les Serbes comprenaient qu'ils devaient mettre leur famille à l'abri. Ensuite, les médias affirmaient que la ville convoitée par les Serbes avait été attaquée par « les extrémistes musulmans », des « moudjahidin » soutenus par des « shiptars », ou encore par « les bérets verts » ou « l'armée d'Alija » qui avaient pris en otage « les populations serbes sans défense ». Les jours suivants, ils titraient sur « la libération » de la ville et célébraient l'attitude héroïque des combattants serbes. Ainsi fut relatée la prise de toutes les villes à majorité musulmane de la vallée de la Drina ou de la région de Prjiedor. Quelques semaines après les massacres de Zvornik et la déportation de la totalité de sa population non serbe, la presse de Belgrade continuait de glorifier la courageuse victoire serbe, affirmant que le seul préjudice subi par cette ville à la frontière avec la Serbie se résumait à « quelques vitres brisées ». Les médias serbes nièrent aussi le siège de Sarajevo, assurant qu'il était « tenu de l'intérieur par les autorités musulmanes ». Ce qui se passait n'était jamais montré aux Serbes. L'écart entre la réalité et la version officielle était tel que les crimes commis s'en trouvaient déréalisés. Ainsi un sondage réalisé en juin 1992 en Serbie montrait que les deux tiers de la population ne savaient pas qui encerclait et pilonnait Sarajevo.

Un faible blâme

Lorsque, le 15 mai 1992, le Conseil de sécurité de l'ONU exigea la cessation immédiate de toute forme d'ingérence extérieure en Bosnie-Herzégovine et le retrait des troupes de la JNA, celles-ci avaient conquis, sous l'autorité directe de Slobodan Milosevic, plus de la moitié du territoire bosniaque et ainsi réalisé la majeure partie des objectifs militaires serbes [10]. La communauté internationale ne dénonça pas pour autant l'agression contre l'État qu'elle venait de reconnaître. Elle se contenta de blâmer Slobodan Milosevic et la JNA pour leur « soutien » aux Serbes de Bosnie.

Le président serbe s'était méticuleusement préparé à l'inévitable demande de retrait de son armée. Le 27 avril, il avait précipité la proclamation de la République fédérale de Yougoslavie (RFY), un État composé de la Serbie et du Monténégro et ouvert à « tous ceux qui souhaiteraient s'y associer ». Convoquée d'urgence, l'ancienne Assemblée fédérale, un corps législatif inexistant où seuls les députés serbes et monténégrins siégeaient encore, se prononçait en moins de quinze minutes en faveur de ce nouvel État, doté d'une Constitution rédigée à la hâte, « en moins de dix jours », sans que les populations concernées fussent consultées. Fort de cette argutie juridique qui, *de jure*, privait Belgrade de toute autorité sur la Bosnie-Herzégovine, Slobodan Milosevic objectait qu'il ne pourrait être tenu pour responsable des agissements criminels des extrémistes bosno-serbes, ni demander aux ressortissants d'un État étranger de quitter leur pays sous prétexte qu'ils portaient l'uniforme de l'ancienne armée yougoslave. Milosevic s'était offert un cadre légal pour imposer le mensonge de son extranéité à la guerre et aux exactions commises en Bosnie-Herzégovine. Il est remarquable qu'aucune instance internationale, sept années plus tard, ne l'ait encore infirmé.

Slobodan Milosevic pouvait désormais parachever le démantèlement de la JNA en plusieurs armées serbes. Le 30 avril, il ordonna d'achever au plus vite la redistribution des effectifs serbes, entamée en décembre 1991, et de procéder à la transformation définitive de la deuxième armée en armée bosno-serbe. Les ordres étaient simples : rapatrier les derniers militaires qui n'étaient pas natifs de Bosnie-Herzégovine et affecter d'urgence en territoire bosniaque les quelques officiers bosno-serbes servant encore à l'extérieur de leur république d'origine. Le président serbe expliqua : « Le retrait de 10 000 personnes ne pose aucun problème ni d'un point de vue technique ni même au niveau de la circulation [...]. Sur place, les 90 000 soldats de la JNA restent sous l'autorité politique de la direction serbe de Bosnie-Herzégovine. Et puisque nous devons retirer les généraux qui ne sont pas natifs de Bosnie, le général Vukovic [chef d'état-major de la deuxième armée, originaire du Monténégro] sera remplacé par le général Mladic [natif de Bosnie]. » Et Borisav Jovic, son homme lige, de conclure : « Ces décisions étaient cruciales pour nous. Elles le furent plus encore pour les Serbes de Bosnie qui héritaient d'une armée [11]. »

Le 12 mai 1992, les extrémistes bosno-serbes se dotaient d'un président, d'une armée et d'un commandant militaire. Désigné par le Parlement indépendantiste, Radovan Karadzic devenait le premier président d'une « République serbe » taillée par la force des armes et des exactions. Le général Ratko Mladic, commis par Belgrade à la tête de la deuxième armée en remplacement du général Kukanjac, brutalement évincé le 8 mai, prenait les habits de commandant en chef de l'armée de la « République serbe », Vojska Republike Srpske (VRS). Une semaine plus tard, Belgrade annonçait avoir achevé le retrait de la JNA. La quasi-totalité de ses unités et de son armement restait en Bosnie-Herzégovine sous l'autorité du général Mladic.

Les jours suivants, les troupes basées en Serbie et au Monténégro se transformaient en Armée de Yougoslavie, Vojska Jugoslavije (VJ), celles restées dans les territoires occupés en Croatie en Armée serbe de Krajina, Vojska Srpske Krajine (VSK). Le général Veljko Kadijevic reconnaissait alors : « La JNA a fourni les fondements nécessaires à la création des trois armées, l'armée de la République fédérale de Yougoslavie, l'armée de la République serbe et l'armée de la République serbe de Krajina [12]. » « Les unités et les quartiers généraux de la JNA formèrent l'ossature de l'armée de la République serbe [de Bosnie-Herzégovine], y compris l'armement et l'équipement [13]. » « En Bosnie-Herzégovine, d'abord la JNA, puis l'armée de la République serbe, que la JNA a mise sur pied, ont aidé à libérer le territoire serbe, à défendre la nation serbe et à créer les conditions militaires qui devaient permettre la réalisation, par des moyens politiques, des intérêts et des droits de la nation serbe en Bosnie-Herzégovine, autant qu'il se pouvait dans le contexte international [14]. »

Par cette manœuvre, Slobodan Milosevic pouvait poursuivre son projet criminel sans être inquiété. Il en profitait aussi pour se débarrasser des derniers vestiges d'une JNA qui trop longtemps avait été le pouvoir derrière le trône, et qui, grisée par la guerre, risquait de lui faire ombrage. Le 8 mai, il limogeait 38 généraux, les derniers tenants de la ligne proyougoslave au sein de la JNA, ceux qui s'étaient déclarés farouchement hostiles à son retrait de Bosnie-Herzégovine et à son morcellement, ceux qui restaient réticents à sa politique. Dès lors, il avait les mains libres pour confier la direction de l'armée aux officiers du réseau mis en place par « la ligne militaire » du ministère serbe de l'Intérieur. Le général Zivota Panic, commandant des opérations de Vukovar et de la première armée, était placé à la tête de la nouvelle armée yougoslave.

Belgrade ne cessait pas pour autant de contrôler l'armée bosno-serbe, ni d'intervenir directement en Bosnie-Herzégovine. Slobodan Milosevic n'était pas homme à partager le pouvoir et encore moins à donner à des affidés zélés mais ambitieux le moyen de le détrôner et de toucher à sa place les dividendes de sa politique. Jamais il n'aurait accepté de livrer clé en main une armée de 90 000 hommes avec plus d'un millier de canons, des chasseurs bombardiers, des réserves en munitions et en essence à Radovan Karadzic et à ses pairs. Les trois armées serbes continuaient d'appartenir à un même système unifié sous un seul et même commandement. Les officiers restaient sous l'autorité de l'état-major général à Belgrade et leurs salaires étaient imputés au budget de la Fédération serbo-monténégrine. « Ils n'ont pas de budget, ils n'auraient pas de quoi payer leurs officiers. Nous avons promis de prendre en charge toutes leurs dépenses », se vantait Borisav Jovic.

Sur le plan opérationnel, l'état-major général à Belgrade continua de donner ses instructions aux officiers restés en Bosnie-Herzégovine. L'armée du général Mladic poursuivit sa coopération avec les troupes du ministère serbe de l'Intérieur et appliqua la stratégie dictée par Belgrade, parfois même au préjudice de la direction politique bosno-serbe qui n'exerça que fictivement ses prérogatives de chef suprême des armées. Ou seulement lorsque les décisions relevant de son autorité avaient été préalablement convenues avec Belgrade. Sur le plan logistique, les systèmes de transmission et de défense antiaérienne restaient intégrés à une seule et même structure. Belgrade refusa d'interrompre les livraisons de carburant et de munitions, prétendant qu'il s'agissait d'« une aide humanitaire » accordée « aux civils et combattants serbes » de Bosnie-Herzégovine. Et elle continua d'envoyer secrètement en Bosnie-Herzégovine des officiers, des pilotes, des médecins militaires, des spécialistes en explosifs ou en transmission et ses redoutables commandos de parachutistes.

Sous couvert du retrait de la JNA de Bosnie-Herzégovine, Belgrade avait opéré un repli tactique de ses troupes. Dès le 30 avril, Slobodan Milosevic avait donné l'ordre d'évacuer les unités restées dans les casernes et les postes de commandement à l'intérieur des villes assiégées. Si leur maintien avait servi quelque temps à circonvenir les autorités bosniaques, la JNA ne pouvait plus clamer sa neutralité après avoir conquis et remis aux nationalistes serbes plus de la moitié de la Bosnie-Herzégovine. Ces troupes isolées devenaient des proies faciles et leur armement l'objet de toutes les convoitises dans un pays soumis, depuis septembre 1991, à un embargo sur les armes. Dès les premiers jours de mai, les troupes de la JNA abandonnèrent les villes situées hors des zones convoitées par les Serbes, emportant avec elles tout leur armement, jusqu'aux installations militaires qu'elles démantelèrent.

À Sarajevo, le général Kukanjac tentait depuis plusieurs semaines de négocier l'évacuation du commandement de la deuxième armée, situé dans le quartier de Bistrik, face à Bascarsija. Mais il se heurtait au refus des autorités bosniaques de laisser partir la JNA du centre-ville avec son armement. Son échec lui avait valu les critiques de la direction serbe, pressée de diviser la ville avant que le gouvernement bosniaque ne fût en mesure d'organiser une véritable résistance. Depuis le 6 avril, la JNA resserrait l'étau autour de la capitale. Mais la présence de 400 officiers et soldats en position d'otages en plein cœur de Sarajevo l'avait obligée à une certaine retenue. Début mai, Belgrade craignait un nouvel enlisement comme à Vukovar si la JNA tardait à effectuer une percée dans le quartier central de Grbavica, partiellement aux mains des milices de Radovan Karadzic.

Sarajevo dans la tenaille

Le 2 mai, plus de deux cents obus s'abattaient sur la ville. L'aviation yougoslave bombardait l'émetteur de télévision sur le mont Hum. L'artillerie cadrait ses tirs sur l'Hôtel Europa, la poste centrale, l'hôtel de ville. Pendant ce temps, à l'ouest de la ville, une colonne de blindés prenait position, près du siège du journal *Oslobodjenje* et du bâtiment de la télévision de Sarajevo. Une autre colonne pénétrait dans Grbavica et s'enfonçait dans le centre jusqu'à la rivière Miljacka, face au bâtiment de la Présidence bosniaque. Puis d'autres blindés s'emparaient des quartiers attenants à l'aéroport. L'armée aux ordres de Belgrade menaçait de couper Sarajevo en deux. Les leaders nationalistes serbes revendiquaient ouvertement cette division. Radovan Karadzic appelait à la construction d'un mur au beau milieu de la cité où chaque rue, chaque immeuble, chaque palier abritait des populations mélangées. Un mur de Berlin qui délimiterait un Sarajevo serbe homogénéisé par une nouvelle vague de nettoyage ethnique, d'un Sarajevo croato-musulman confiné autour de la vieille ville ottomane et du centre habsbourgeois.

Les autorités de Sarajevo avaient un besoin urgent d'armes pour contenir l'avancée des forces serbo-yougoslaves qui semblaient décidées à achever au plus vite la partition de la capitale. Sefer Halilovic, un ancien officier de la JNA, commandait la Ligue patriotique, l'une des nombreuses formations créées pour pallier l'absence d'armée bosniaque. Il ordonna l'encerclement du QG du général Kukanjac à Bistrik et somma les officiers de la JNA de remettre leur armement aux autorités bosniaques en échange de leur évacuation. Pris au piège, le général Kukanjac appela le commandant du corps d'armée de Sarajevo, le général Djurdjevac, et lui demanda d'arrêter Alija Izetbegovic. Le président bosniaque rentrait de Lisbonne après un nouvel échec des pourparlers. L'aéroport de Sarajevo où il devait atterrir était sous contrôle de la JNA. Le général Djurdjevac n'eut qu'à attendre pour le faire prisonnier et l'emmener à la caserne de Lukavica, un faubourg sous contrôle serbe d'où la JNA commandait le siège de Sarajevo. Belgrade approuva l'initiative du général Kukanjac et lui demanda de négocier l'évacuation complète du QG de Bistrik, en échange de la libération du président bosniaque.

Le lendemain, Alija Izetbegovic rejoignait la base militaire de Bistrik. Des camions chargés d'armes et de munitions avec à leur bord les 400 hommes du commandement attendaient dans l'enceinte du bâtiment. Le président bosniaque ordonna à ses hommes de laisser passer le convoi et de garantir sa sécurité. Le général Kukanjac et Alija Izetbegovic prirent place dans un blindé de l'ONU et ouvrirent la route à la colonne militaire [15]. Cinq minutes plus tard, la Ligue patriotique faisait feu. La tête de la colonne poursuivait son chemin tandis que le reste des véhicules militaires était rapidement neutralisé. Les milices bosniaques se saisirent des cargaisons d'armes et de munitions. L'embuscade avait fait 6 morts du côté de la JNA. Sefer Halilovic et sa Ligue patriotique avaient ignoré les ordres d'Alija Izebegovic mais le président bosniaque était libre.

La JNA, quant à elle, échouait à prendre la moitié de Sarajevo. Les lignes de front établies le 2 mai 1992, à l'intérieur de la capitale bosniaque, allaient rester presque inchangées jusqu'à la fin de la guerre. Grbavica et les faubourgs sous contrôle serbe enserrant la capitale furent baptisés Sarajevo serbe. Des champs de mines et des murs de carcasses de voitures empilées contre les snipers symbolisèrent cette frontière instaurée par la violence. L'arrivée du général Mladic marqua le début du pilonnage systématique du centre de Sarajevo. « Ouvrez le feu ! Tirez sans répit. Il faut leur faire perdre la raison », ordonnait-il à ses officiers qui tenaient Sarajevo dans le creux de la main [16]. Les obus serbes n'épargnaient pas les Serbes restés partager le sort de leurs voisins dans les quartiers assiégés. Tous ceux qui malgré le siège, les privations, les bombardements, les humiliations et la peur croyaient encore à la cohabitation pacifique et à l'unité de la Bosnie étaient la cible de Ratko Mladic et de ses hommes. Parce que, sans Bosniaques, la Bosnie-

Herzégovine ne pourrait préserver son intégrité, ils s'acharnaient sur les Sarajeviens. Parce que, avec les Sarajeviens, disparaîtrait le symbole d'une vie commune, ils détruisirent leur ville, les empêchèrent de travailler, de communiquer, les confinèrent dans des caves pour leur extirper toute humanité, pour leur arracher toute envie d'espérer, de vivre. Et une fois que les Sarajeviens auraient renoncé à vivre ensemble, ils pourraient justifier le dépeçage de la Bosnie-Herzégovine et l'épuration des territoires serbes. « C'est à Sarajevo que l'on démontre qu'il ne peut y avoir d'État commun », reconnaissait Momcilo Krajisnik[17]. « Si nous ne tenions pas Sarajevo, notre État [serbe] n'existerait pas. [...] Le serpent ne saisit jamais sa proie par la queue mais par la gorge. C'est ce que nous avons fait », renchérissait Radovan Karadzic.

Le 27 mai, un obus s'écrasait au milieu de la rue piétonne Vase Miskina. Une centaine de personnes faisaient la queue depuis le petit matin devant l'une des rares boulangeries du centre-ville encore ravitaillées. Le bombardement fit 17 morts. Les images saisies sur le vif de victimes mutilées firent le tour de la planète. Cette scène d'horreur révéla au monde entier l'inhumanité du siège de Sarajevo. Mais la communauté internationale ne répondit pas à l'appel lancé au début du mois par le gouvernement bosniaque en faveur d'une intervention étrangère. Elle n'ignorait pourtant rien de la situation en Bosnie-Herzégovine. La veille du massacre du marché, le secrétaire général des Nations unies soulignait dans son rapport au Conseil de sécurité : « La dévastation de la Bosnie-Herzégovine se poursuit et le déplacement des civils quittant leurs villes et leurs villages se fait à un rythme jamais vu en Europe depuis la Seconde Guerre mondiale. Selon de nombreuses observations, les plus élémentaires des règles humanitaires relatives à la protection des civils en temps de conflit sont violées de manière flagrante [...], le harcèlement des civils représente effectivement un but de guerre pour certaines des parties. » Le 30 mai, les Nations unies décrétaient un embargo commercial, pétrolier et aérien à l'encontre de la toute nouvelle République fédérale de Yougoslavie. Le régime serbe, personnifié par Slobodan Milosevic, était alors considéré comme le principal responsable du conflit.

Les sanctions contre la Serbie et le Monténégro allaient accélérer l'effondrement économique de la mini-Fédération yougoslave mais n'entamèrent pas l'effort de guerre fourni par Belgrade en Bosnie-Herzégovine. Les Serbes s'étaient octroyé la logistique et les impressionnants stocks de munitions et de carburant de la JNA, abrités en partie dans les galeries souterraines du plateau de la Romanija, au nord-est de Sarajevo, s'assurant ainsi une supériorité militaire écrasante que l'embargo sur les armes n'avait rendue que plus inaltérable, du moins pendant les premières années du conflit. Belgrade s'employa à maintenir ce déséquilibre militaire en faveur des Serbes. En dépit des sanctions et des pénuries de matières premières, elle continua de faire tourner ses usines d'armement, sans hésiter pour cela à sacrifier d'autres secteurs de l'industrie. Mais la prééminence serbe dans cette guerre reposait aussi sur la capacité de Slobodan Milosevic de phagocyter ses adversaires. Grâce à ses tractations en coulisses, le président serbe empêchait l'émergence d'un front bosniaque contre l'agression serbe. Comme il avait, à l'été 1991, fait capoter la coopération militaire croato-slovène en obtenant la neutralité de Franjo Tudjman lorsque la JNA intervenait en Slovénie, puis celle de Milan Kucan lorsque l'armée fédérale concentrait ses forces en Croatie.

Une faible armée bosniaque

Lorsque la guerre éclata, le jeune État bosniaque n'avait ni armée pour se défendre, ni même l'espoir de souder une alliance avec les forces croates pour faire front à la fulgurante avancée serbe. La Bosnie-Herzégovine s'était engagée dans la voie de l'indépendance, privée de l'armement de sa Défense territoriale, réquisitionné par la JNA au lendemain des premières élections libres. Divisés sur l'avenir du pays, les trois partis nationalistes qui formaient la coalition au pouvoir ne s'étaient jamais entendus pour doter le jeune État bosniaque d'une armée capable de garantir son indépendance et son intégrité territoriale. Chaque camp avait ainsi créé ses propres milices. Face aux premières attaques serbes, les autorités bosniaques décrétèrent, le 8 avril, la mobilisation générale et appelèrent à la création des forces armées de Bosnie-Herzégovine [18]. Les multiples milices apparues sur le territoire bosniaque avaient une semaine pour se regrouper sous un commandement unique. Mais le jour même, Mate Boban et les ultras du HDZ refusaient et créaient leurs propres forces armées, le Conseil croate de défense (HVO) [19].

De leur côté, les milices à dominante musulmane se fondaient au sein de la Défense territoriale bosniaque qui fut transformée en Armée [20] de Bosnie-Herzégovine le 5 juillet 1992. À la mi-avril, une centaine d'officiers de la JNA, musulmans mais aussi croates et serbes, avaient rejoint la Défense territoriale bosniaque. L'armée bosniaque que Belgrade et Zagreb avaient cherché à empêcher par l'entremise de leurs affidés au sein du SDS et du HDZ voyait le jour. Née pour ainsi dire spontanément de la résistance à l'agression grand-serbe, elle fondait sa légitimité dans son caractère multiethnique, que l'agression serbe puis croate estompera au fil des années [21]. Mais avec 30 000 hommes sous les drapeaux à la fin du printemps 1992, 50 000 à l'été, l'armée bosniaque, très inférieure en armement par rapport aux autres forces, ne put opposer de véritable résistance avant le mois d'août. À cette date, les forces serbes contrôlaient plus des deux tiers de la république.

Pour s'assurer le contrôle des principales zones de peuplement croate, le HVO combattit aux côtés de l'armée bosniaque. La résistance acharnée qu'opposèrent, au début du printemps, le HVO et les unités bosniaques aux forces serbes dans la vallée de la Save, aux portes de la Croatie, ou dans la région de Mostar au sud-ouest du pays, donna l'illusion d'une alliance militaire en faveur de la défense de l'intégrité de la Bosnie-Herzégovine. Mais cette coopération ponctuelle des deux armées avait pour seul but de soustraire aux forces serbes les territoires que Slobodan Milosevic refusait de concéder à Franjo Tudjman dans leur projet de partage de la Bosnie-Herzégovine. Ainsi Croates et Musulmans résistèrent des semaines durant dans Bosanski Brod, fuirent ensemble de Modrica et Derventa dévastées par l'artillerie serbe, puis s'allièrent dans Mostar, la capitale historique de l'Herzégovine, encerclée et violemment bombardée par les troupes sous le commandement du général Momcilo Perisic.

Mais cette alliance de circonstance visait à occulter la double agression que subissait alors la Bosnie-Herzégovine. À l'ombre des offensives serbes, le HVO procédait à une occupation silencieuse des territoires autoproclamés en entité autonome d'Herzeg-Bosna. À la faveur d'un pacte de non-agression entre forces serbes et croates, il s'assurait le contrôle exclusif d'une grande partie de l'Herzégovine occidentale et d'une portion de la Bosnie centrale, le long de la rivière Lastva. Observé dès le début des hostilités dans les régions qui ne faisaient l'objet d'aucun désaccord entre Belgrade et Zagreb, ce pacte évolua parfois en une coopération économique et militaire, au niveau local, entre les deux armées théoriquement ennemies. À Sarajevo, les unités du HVO restèrent l'arme au pied pendant que la JNA étranglait la ville[22]. Puis elles prêtèrent main-forte aux Serbes pour maintenir le siège de la capitale. Lorsqu'à la mi-mai les forces bosniaques tentèrent d'ouvrir une brèche en prenant de revers le bastion serbe d'Ilidza, elles se heurtèrent aux hommes d'Ivica Rajic, le commandant du HVO de Kiseljak[23].

Un armistice factice

Conforté par l'attitude des nationalistes bosno-croates, Slobodan Milosevic encourageait la poursuite des discussions sur la partition de la Bosnie-

Herzégovine. Le 6 mai, Mate Boban et Radovan Karadzic se retrouvaient à Graz pour peaufiner les cartes de partage. À l'issue de ces pourparlers, Mate Boban affirma qu'« il n'y avait plus aucun litige entre Bosno-Serbes et Bosno-Croates [24] ». Les deux hommes venaient de convenir de la reconnaissance mutuelle de leurs deux États fantoches, la République serbe de Pale et l'Herzeg-Bosna, et d'un armistice entre les deux communautés.

Les Européens encourageant « les discussions bilatérales entre belligérants en vue de trouver une issue au conflit », la rencontre ne fut pas tenue secrète. Dans sa forme rendue publique, l'accord Boban-Karadzic conclu à Graz stipulait :

« Décidés à résoudre pacifiquement toutes les questions litigieuses, y compris la délimitation entre les deux entités croate et serbe en Bosnie-Herzégovine, les représentants des communautés nationales serbe et croate ont mis en évidence les points de désaccord qui persistent dans l'établissement de la carte du partage. Dans la ville de Mostar, la partie serbe considère que la frontière devrait être établie le long de la Neretva tandis que la partie croate revendique la totalité de la ville de Mostar. Au sud de Mostar, la partie croate estime que tous les territoires qui faisaient partie en 1939 de la Banovina croate doivent revenir à l'entité croate. La partie serbe réclame cependant que la rivière Neretva serve de frontière naturelle entre les deux entités. Les deux parties conviennent que la délimitation entre les deux unités constitutives dans la zone de Kupres et de la Posavina (constituée par les communes de Derventa, Bosanski Brod, Bosanski Samac, Odzak, Orasje, Modrica et Brcko) doit tenir compte des voies de communication mais aussi de la nécessité d'obtenir des ensembles géographiques cohérents [...]. Les points sus-cités étant convenus, Serbes et Croates n'ont plus de raisons de s'affronter en Bosnie-Herzégovine. Un cessez-le-feu général est décrété sous les auspices de la Communauté européenne et entre en vigueur le 6 mai 1992 à minuit [25]. »

Le pacte Boban-Karadzic suscita de vives réactions au sein de la communauté internationale. La Croatie fut accusée de voler au secours de Slobodan Milosevic en acceptant de participer au dépeçage de la Bosnie-Herzégovine. Franjo Tudjman s'inscrivit en faux et s'empressa de conclure, le 18 mai, un accord de coopération militaire et politique entre la Croatie et la Bosnie-Herzégovine, qu'il renouvela un mois plus tard, faute d'avoir tenu ses promesses. Menacé de sanctions internationales s'il n'épaulait pas Sarajevo, il feignit de jouer le jeu de l'alliance. Son armée, autorisée par le pacte militaire à opérer en Bosnie, se battit aux côtés du HVO et de l'armée bosniaque dans deux régions à dominante croate et musulmane mais revendiquées par les Serbes. En juin, elle prêtait main-forte au HVO en Herzégovine et infligeait une défaite aux forces serbes sur la rive gauche de la Neretva. Dans le Nord, la conjugaison des forces croates et de l'armée bosniaque permit de contenir l'avancée de l'armée serbe dans la vallée de la Save et d'éviter la chute immédiate de la Posavina. Franjo Tudjman profitait de l'alliance forcée avec les Bosniaques pour régler à son avantage les points litigieux de l'accord serbo-croate. Slobodan Milosevic n'était pas homme à se laisser damer le pion. Il avait les moyens de brider les ambitions croates et d'empêcher son ennemi préféré de le défier plus longtemps. Chantage et marchandage réglaient la relation serbo-croate. Le général Momcilo Perisic, resté en territoire bosniaque bien que natif de Serbie, tenait en respect avec son artillerie lourde Mostar, la capitale de l'Herzégovine. Début juillet, Zagreb ordonnait le retrait de l'armée croate de Posavina contre le retrait des forces serbes de Mostar. Le HVO s'exécutait à son corps défendant. Son commandant en Posavina, Milivoj Petkovic, organisait le départ des Croates de la vallée de la Save, évacués sous protection serbe vers la Croatie tandis que les populations musulmanes de la région étaient abandonnées aux Serbes[26]. La capitulation croate en Posavina sonnait le glas de la résistance bosniaque dans le Nord. Les forces serbes avaient désormais la voie libre pour relier leurs conquêtes et consolider l'étroit corridor qu'elles venaient de percer dans la vallée de la Save. En échange, le général Momcilo Perisic levait, fin juillet, le blocus de Mostar et rentrait à Belgrade.

La fin de la Bosnie-Herzégovine

Au mépris de leurs peuples respectifs, Slobodan Milosevic et Franjo Tudjman avaient tranché les derniers points d'achoppement du partage et marqué leurs territoires. Rien ne pouvait plus entraver la mise en œuvre de l'accord Boban-Karadzic. Dès lors, Serbes et Croates cessèrent de s'affronter en Bosnie-Herzégovine et poursuivirent la constitution de leurs États nationaux. À l'instigation de Zagreb, Mate Boban proclamait, le 3 juillet, l'indépendance de « la Communauté croate d'Herzeg-Bosna » sur tous les territoires contrôlés par le HVO. Le HDZ quittait à son tour le gouvernement et la Présidence collégiale de Bosnie-Herzégovine, abandonnant volontairement les institutions communes aux mains du SDA pour mieux dénigrer ensuite leur légitimité. Slobodan Milosevic pouvait continuer de brandir à plaisir le spectre du djihad et souligner avec toujours plus de véhémence le péril islamiste au cœur de l'Europe. Les efforts déployés par Belgrade et Zagreb pour détruire l'État multiethnique ne pouvaient que contribuer à la radicalisation des Musulmans.

En moins de trois mois, Belgrade avait démembré la Bosnie-Herzégovine. Ses affidés avaient le contrôle politique et militaire d'un territoire compact, attenant à la Serbie, englobant 70 % de la république. Les extrémistes croates avaient fait main basse sur l'Herzégovine occidentale et une partie de la Bosnie centrale. L'État bosniaque, réduit comme une peau de chagrin, n'existait plus que sur 15 % du territoire. Encouragés par les atermoiements de la communauté internationale qui, résignée, s'interrogeait encore sur la nécessité de déployer des casques bleus en Bosnie-Herzégovine, les extrémistes serbes avaient eu tout le temps de réduire à néant les principales zones de peuplement non serbe restées à l'intérieur du territoire conquis. « Le pourcentage de non-Serbes ne doit pas dépasser 2 % de la population en territoire serbe. » La consigne émanait de Radoslav Brdjanin, un dirigeant du SDS, président de la « région serbe » de Banja Luka. Il préconisait de procéder en trois étapes : d'abord en leur rendant la vie impossible pour les inciter à partir de leur propre chef, notamment par la pression et la terreur, ensuite par la déportation et le bannissement puis par la liquidation de ceux qui restaient. Trois cent mille Musulmans vivaient avant-guerre en Bosnie orientale, plus de cinq cent mille Musulmans et Croates dans le nord de la Bosnie, tous condamnés par la volonté affichée des dirigeants serbes de constituer sur ces terres une entité ethnique homogène.

Conformément aux directives secrètes du SDS du 19 décembre 1991, élaborées avec la complicité des émissaires de Slobodan Milosevic, les états-majors de crise avaient dressé des listes recensant les dirigeants politiques, les militants influents, les activistes présumés, ceux qui s'étaient élevés contre la guerre en Croatie en organisant des manifestations pour la paix, les médecins, les juges, les professeurs, les chefs d'entreprise, les riches commerçants. En clair, tous ceux qui incarnaient la conscience et l'identité collective du groupe et qui devaient être arrachés, par l'élimination physique ou l'internement, à leur communauté afin qu'affaiblie celle-ci ne puisse s'organiser et finisse par acquiescer à son propre effacement sur une grande partie du territoire bosniaque.

Éliminations systématiques

Lorsque les forces serbes s'emparaient d'une ville ou d'un village, elles savaient les personnes qu'elles devaient rechercher, arrêter ou exécuter. « Nous avions ordre d'abattre les personnes inscrites sur les listes et de tuer le plus de Musulmans possible », confessa Goran Jelisic, un jeune mécanicien serbe recruté à Bijeljina par Arkan pour participer au nettoyage ethnique de Brcko dans le nord de la Bosnie[27]. Celui qui se faisait appeler Adolf dirigea le camp du faubourg de Luka, sur les bords de la Save, où des centaines de Musulmans et de Croates, issus de l'élite de Brcko, furent torturés puis exécutés durant la première quinzaine de mai 1992. Slobodan Milosevic, qui prenait toujours soin de s'exposer le moins possible, n'eut sans doute jamais besoin de donner d'ordres aussi formels. Ils étaient inhérents à la mission qu'il avait confiée à l'appareil militaro-policier mis en place par Belgrade en Bosnie-Herzégovine. Slobodan Milosevic n'avait pas l'habitude de partager ses prérogatives mais, pour les sales besognes, il savait déléguer ses pouvoirs.

Au printemps 1992, les forces serbes n'étaient pas en mesure de déporter 800 000 non-Serbes et d'éliminer leur élite, en l'espace de quelques semaines. Aussi firent-elles des camps de concentration l'une des pièces maîtresses du système de persécution à l'encontre des non-Serbes. Dès le mois d'avril, lors de l'impitoyable campagne de nettoyage ethnique dans la vallée de la Drina, les élites musulmanes furent confinées dans des prisons de fortune pour empêcher toute possibilité de résistance. Installés, au fur et à mesure des conquêtes serbes, dans des sous-sols de restaurants ou de motels, des maisons privées, des écoles, des hangars d'usine ou des gymnases, ou comme à Susica, près de Visegrad, dans une ancienne base militaire, ces camps, nombreux mais éparpillés, échappèrent à l'indiscrétion des rares étrangers qui parvenaient à pénétrer en zones sous contrôle serbe. Lorsque, début mai, les premières villes de la vallée de la Save tombèrent aux mains des Serbes, d'autres camps furent ouverts comme à Brcko ou Bosanski Samac. Ce fut toutefois au cœur de la Krajina bosniaque, région à dominante serbe qui n'avait pas connu la guerre, que les camps les plus terribles furent installés. Le corps d'armée de Banja Luka, laissé à dessein par la JNA, assurait l'emprise serbe sur la région. Ses troupes contrôlaient les principaux axes de communication, les communes à majorité musulmane étaient isolées. Jusqu'à la mi-mai 1992, les Serbes contournaient les villages musulmans et les Musulmans évitaient les villages et les barrages de police serbes. À cette date, les extrémistes serbes, ayant achevé la plupart de leurs conquêtes, entreprirent de « nettoyer » les zones de peuplement non serbe enclavées dans « leur » territoire.

Ils commencèrent par la région de Bosanski Novi, adossée à la Krajina de Knin [28]. En quelques jours, onze villages musulmans étaient rayés de la carte. Un millier d'hommes âgés de plus de 16 ans furent enfermés dans le stade de football de Bosanski Novi, au bord de la rivière Una, face à la ville croate de Dvor. Chaque jour, quelques dizaines d'entre eux, en colonne, les mains liées, partaient pour interrogatoires au siège de la police militaire, à l'Hôtel Una. Systématiquement battus, ils étaient ramenés au stade puis à nouveau passés à tabac. Les femmes, les enfants et les vieillards de la région furent rassemblés puis transportés dans des wagons de marchandises jusqu'à la frontière croate. Puis ce fut au tour de Bosanska Krupa, de Ripac, de Kljuc, de Kulen Vakuf, des villes où cohabitaient jusque-là Serbes et Musulmans. À chaque fois, le même scénario se répétait : arrestations, exécutions, viols, internements et déportations.

Lorsqu'ils s'attaquèrent à la région de Prijedor, Slobodan Milosevic envoya en renfort les unités spéciales de sa police. Les Bérets rouges commandés par Radovan Stojicic-Badza et une kyrielle de miliciens venus de Serbie entraient, le 22 mai, aux côtés des forces bosno-serbes dans Hambarine, un village de 7 000 habitants, musulmans pour la plupart, au sud-ouest de Prijedor [29]. Trois jours durant, ils pillèrent et brûlèrent le village. Les villageois tentèrent de prendre la fuite, la plupart furent arrêtés, d'autres exécutés. Le 24 mai, les forces serbes encerclaient Kozarac, un bourg de 26 000 habitants à l'est de Prijedor. Elles avaient préalablement coupé les lignes téléphoniques et l'électricité et demandé aux 6 000 Serbes de partir. Le lendemain 5 600 projectiles s'abattaient sur la ville. Puis, le 26 mai, les chars et 3 600 hommes, dont les unités spéciales de Belgrade, entraient dans la ville. Méthodiquement, ils passèrent de maison en maison avec des listes préétablies des personnes à arrêter ou à exécuter. Mise à mort immédiate : une partie de la population était liquidée, par balle ou égorgée en pleine rue. Les hommes entre 16 ans et 60 ans qui avaient été épargnés furent regroupés puis emmenés par convoi. Les femmes, les enfants et les vieillards furent contraints d'assister à la destruction et au pillage systématique avant d'être à leur tour emmenés. Les mosquées et le cimetière musulman rasés, Kozarac était rebaptisé Radmilovo, en l'honneur du major Radmilo Zeljaja, le commandant militaire de la région de Prijedor. Au milieu des ruines fumantes, seules l'église orthodoxe et quelques dizaines de maisons signalées par une inscription en cyrillique, *Srpska kuca* (maison serbe), étaient encore debout. Le long de la grand-route qui reliait Banja Luka, la place forte bosno-serbe, à Knin, la place forte serbe en Croatie, s'alignaient désormais des maisons calcinées, des bâtiments systématiquement dynamités, vestiges de villages musulmans engloutis dans la fureur meurtrière serbe, rayés froidement de la carte en quelques heures ou quelques jours parce qu'ils faisaient tache au cœur d'une région à prédominance serbe.

Dans la nuit du 25 au 26 mai, les hommes de Simo Drljaca, le chef de la police serbe, arrêtaient à Prijedor 68 Musulmans parmi lesquels des juges, des hommes d'affaires, des professeurs, des médecins, des fonctionnaires et le maire, Muhamed Cehajic. Toute l'élite de la ville qui ne reviendra jamais des camps. Quatre jours plus tard, l'armée encerclait Prijedor et pilonnait le vieux quartier musulman. À l'autre bout de la ville, la police invitait les habitants à descendre dans la rue pour vérification d'identité. Des centaines de personnes furent alors exécutées, près de 200 dans la seule rue des Partisans. Plus de 3 000 habitants non serbes étaient arrêtés le 30 mai. Les arrestations continueront sans répit jusqu'au mois d'août.

Civils de la région de Prijedor ou de Kozarac, rescapés des massacres, arrêtés sous le seul prétexte qu'ils étaient musulmans, ils furent transférés dans les camps de Keraterm, Trnopolje, Manjaca ou Omarska. Les femmes, les enfants et les vieillards étaient acheminés dans des wagons de marchandises jusqu'à Trnopolje, un gigantesque camp, situé entre Omarska et Prijedor, le long de la ligne de chemin de fer, où étaient internées les personnes destinées à être déportées petit à petit vers les régions sous contrôle bosniaque ou hors de Bosnie. Le pouvoir serbe le qualifiait de camp de transit. De nombreuses femmes et jeunes filles y furent violées, des centaines d'hommes torturés et exécutés [30]. Une partie des hommes en âge de porter l'uniforme étaient conduits à Manjaca, près de Banja Luka. Installé dans les étables d'une grosse exploitation agricole, ce camp avait été utilisé par la JNA comme camp de prisonniers au cours de la guerre contre la Croatie. Les hommes y subissaient des interrogatoires musclés à l'issue desquels ils pouvaient être transférés vers Omarska ou Keraterm, dans d'anciennes installations industrielles transformées en camp de concentration. Au début de l'été, des détenus non serbes provenant des camps de Sanski Most et de Kljuc furent également internés à Manjaca.

L'élite musulmane, parfois croate, les hommes soupçonnés d'avoir pris les armes, de militer pour le SDA ou le HDZ, étaient emprisonnés dans la tuilerie désaffectée de Keraterm, dans la ville même de Prijedor, ou à Omarska, un vaste complexe minier de plusieurs kilomètres carrés, entre Prijedor et Banja Luka. Deux camps de la mort où parfois plus de 150 personnes pouvaient être exécutées le même jour. Comme cette nuit du 24 juillet 1992 à Keraterm. Dans la chambre n° 3 où s'entassaient 230 personnes, les gardes serbes jetèrent des grenades lacrymogènes. Les détenus cherchèrent à s'échapper. Les miliciens les abattaient dès qu'ils sortaient. 180 furent tués sur le coup, les blessés jetés avec les morts dans une fosse commune. Les 26 et 27 juillet à Omarska, les gardiens appelaient 50 noms, toute l'intelligentsia de Prijedor expédiée dans un bâtiment annexe dont aucun ne ressortit vivant.

Les détenus entendaient clairement les hurlements des suppliciés s'échapper de la « maison blanche » d'Omarska. Cette annexe, à une centaine de mètres des installations principales, était un lieu de torture. Les gardiens utilisaient des gourdins, des barres de fer, des crosses de fusil, visaient la tête, les reins, les parties génitales ou la colonne vertébrale, jusqu'à ce que mort s'ensuive. Parfois forçant un prisonnier à en castrer un autre. Les premières victimes de ces exactions : les activistes politiques, les notables, les intellectuels, les imams, les journalistes, 90 % d'entre eux auraient péri à Omarska. Les cadavres des détenus étaient entassés sur l'herbe près de la maison blanche puis chargés dans des camions qui les emmenaient hors du camp.

Entassés dans des pièces, souvent contraints de dormir assis, parfois debout, les détenus devaient se contenter comme seule nourriture d'un bouillon maigre et d'une tranche de pain une fois par jour. Au repas, les prisonniers étaient mis en colonne par deux. Ils avaient deux à trois minutes pour manger. Les gardiens s'arrangeaient pour qu'il y ait des bousculades, lançant parfois des tranches de pain au milieu des prisonniers pour les forcer à se battre. Les gardiens intervenaient, les battaient et renversaient leur écuelle. La plupart des gardes étaient connus des détenus. Des enfants du pays, avec qui ils étaient allés à l'école ou qu'ils connaissaient de vue. Souvent des voisins.

Trente-six femmes musulmanes et croates furent internées à Omarska, un camp *a priori* réservé aux hommes. Des femmes originaires de Prijedor emprisonnées pour assouvir les besoins des gardiens ou du commandant du camp, Zeljko

Meakic. Lors de la prise des villes et villages comme à l'intérieur des camps, le viol était un instrument du nettoyage ethnique au même titre que la terreur, la torture et les massacres. Le viol n'était pas l'un des corollaires inévitables de la guerre mais l'un des éléments de la politique systématique d'humiliation perpétrée dans l'intention délibérée de démoraliser, de terroriser, de faire fuir les communautés non serbes.

Quelques Serbes furent également détenus dans ce camp pour s'être opposés à la guerre et avoir défendu l'idée d'une Bosnie multiethnique. Ils ne furent pas nombreux mais subirent les mêmes sévices que les non-Serbes. L'arrivée régulière de nouveaux détenus compensant les morts, le camp d'Omarska renferma en moyenne 3 000 prisonniers. À Keraterm, ils furent en moyenne 1 500. À Trnopolje et à Manjaca des milliers, remplacés au fur et à mesure des déportations.

Aucune région sous contrôle serbe n'était épargnée par le nettoyage ethnique. Même Banja Luka où les Serbes étaient majoritaires et maîtres des lieux. Là-bas, ils n'eurent pas recours à des camps de concentration. Mais ils firent de leur ville et de l'ensemble de l'agglomération une prison à ciel ouvert pour les quelque 60 000 non-Serbes qui y vivaient. La Présidence de guerre, responsable de l'ensemble de la Bosanska Krajina et dirigée par Radoslav Brdjanin, appela sur les ondes de la radio locale à l'élimination des non-Serbes. Le chef de file du SDS de la région, Radislav Vukic, également membre de la Présidence de guerre, interdit les mariages mixtes et affirma que les enfants qui en étaient issus « n'étaient bons qu'à faire du savon [31] ». À partir du mois de mai 1992, les populations croates et musulmanes furent soumises à un régime d'apartheid institutionnalisé sous le nom de « statut spécifique pour les non-Serbes ». Dans la ville même de Banja Luka, la quasi-totalité des Musulmans et une partie des Croates furent chassés de leur travail, privés de l'aide humanitaire internationale et de l'accès aux soins médicaux. Un décret interdisait de surcroît aux femmes non serbes d'accoucher à l'hôpital de Banja Luka. La plupart des Musulmans de la ville furent assignés à résidence, parfois après avoir été expulsés de leur appartement et relogés dans des quartiers transformés en ghettos. Dans le reste de la municipalité, il leur fut interdit « de sortir de chez eux entre 16 heures et 6 heures, de se rassembler à plus de trois dans la rue, de pénétrer dans les lieux publics, de pêcher et de nager dans les rivières, de quitter la ville ou d'avoir des contacts avec leurs familles résidant dans d'autres communes de la région, de gérer ou de fonder un négoce ou une entreprise, de vendre ou d'échanger des biens et des immeubles sans autorisation ». Il ne s'agissait là que d'un sursis avant la déportation définitive effectuée après la signature obligatoire d'une déclaration affirmant qu'ils partaient « volontairement et pour toujours » en cédant « de leur plein gré » tous leurs biens à la commune. Des réfractaires, des prêtres catholiques, des imams furent assassinés, d'autres raflés, conduits pour interrogatoires et exécutés. D'autres encore mobilisés de force dans les brigades chargées de creuser des tranchées en première ligne de front. Les Serbes qui s'opposaient à la politique du SDS ou tentaient de venir en aide aux Musulmans ou aux Croates furent réduits au silence. Licenciés à leur tour, menacés de mort ou agressés physiquement, nombre d'entre eux quittèrent la ville dans les premiers mois de la guerre.

Intervention « humanitaire »

Lorsque, le 8 juin 1992, Boutros Boutros-Ghali décidait finalement d'élargir à la Bosnie-Herzégovine le mandat de la Forpronu, initialement limité à la Croatie, il était loin de soupçonner ce qui se passait dans les territoires sous contrôle serbe. Les caméras de télévision bannies de la vallée de la Drina et du nord de la Bosnie étaient braquées sur Sarajevo. Ville martyre chaque jour harcelée par les artilleurs du général Mladic, soumise à un siège moyenâgeux que l'armement moderne rendait d'autant plus impitoyable. Sous le regard d'une opinion internationale abreuvée d'images chaque jour plus insoutenables, Sarajevo se mourait. Après deux mois de blocus, la ville privée d'eau et d'électricité voyait ses réserves de nourriture s'amenuiser. Réticente à une option militaire, la communauté internationale choisit d'agir sur le plan humanitaire. Le secrétaire général des Nations unies autorisait le déploiement d'un millier de casques bleus sur l'aéroport de Sarajevo afin d'établir un pont aérien humanitaire (résolution 758, du 8 juin 1992). « Soulager les populations assiégées » devenait le maître mot d'une organisation créée pour préserver les peuples du fléau de la guerre.

Maîtres de l'aéroport, les Serbes refusèrent de céder la place à la Forpronu. Le 26 juin, Boutros Boutros-Ghali lançait un ultimatum leur enjoignant de quitter l'aéroport sous quarante-huit heures. Leur refus d'obtempérer risquait pour la première fois de provoquer des frappes aériennes contre les positions serbes autour de Sarajevo. L'ambassadeur des États-Unis en ex-Yougoslavie, Warren Zimmermann, avait sollicité Washington. Très réticente à une action militaire, l'administration Bush envisageait cependant de consulter les pays membres de la coalition de la guerre du Golfe sur un recours à la force aérienne pour obtenir la levée du blocus de l'aéroport [32]. Réunis le 27 juin à Lisbonne, les ministres des Affaires étrangères de la Communauté européenne se déclarèrent favorables à une éventuelle résolution des Nations unies autorisant « le recours à la force pour soutenir une opération humanitaire ». Dans les coulisses du sommet, le président François Mitterrand accusa les États-Unis de faire le forcing et s'opposa à l'usage de la force avant d'avoir épuisé tous les autres recours. Le 28 juin, sans prévenir aucun de ses partenaires à l'exception du chancelier Helmut Kohl, Mitterrand quittait Lisbonne pour Sarajevo. Farouchement hostile à une intervention, Paris menait depuis plusieurs jours d'intenses négociations avec Slobodan Milosevic et le général Ratko Mladic pour obtenir la réouverture de l'aéroport et couper ainsi l'herbe sous le pied des interventionnistes de Washington. Lorsque le président serbe reçut l'assurance de François Mitterrand que l'aéroport ne servirait qu'à des fins humanitaires et que le gouvernement bosniaque ne pourrait pas en disposer, il donna l'ordre au général Ratko Mladic de se retirer. Le 29 juin dans la soirée, le dernier soldat serbe quittait les lieux. Peu après, un premier Transall français débarquait six tonnes de vivres et de médicaments. L'intervention était écartée et Sarajevo était placé sous perfusion tandis que les obus serbes allaient continuer à s'abattre sur les populations civiles. La sixième flotte américaine, entrée quelques jours auparavant dans l'Adriatique, rebroussait chemin. Loin des caméras de télévision qui célébraient l'ouverture du pont aérien humanitaire, le général Ratko Mladic perçait, à travers le nord de la Bosnie, le fameux corridor reliant toutes les conquêtes serbes à la Serbie.

La passivité occidentale

Lors de sa visite à Sarajevo, François Mitterrand avait rencontré Alija Izetbegovic. Le gouvernement bosniaque commençait à accumuler des preuves sur les atrocités commises par les forces serbes. Début juin, il avait établi une liste de 94 lieux de détention dont certains pouvaient être de véritables camps de concentration. Mais il était dans l'incapacité de vérifier l'exactitude de ses informations. Le président bosniaque alerta son homologue français et lui transmit la liste en le priant de « tout faire pour qu'une mission de défense des droits de l'homme vienne sur place » mener une enquête [33]. De retour à Paris, François Mitterrand ne chercha pas à vérifier les informations du gouvernement de Sarajevo. Et les renseignements corroborant les allégations de la direction bosniaque, recueillis en juillet 1992 par l'ambassade de France à Zagreb, furent passés sous silence. Il faudra attendre le premier article du journaliste américain Roy Gutman faisant état d'atrocités massives commises à Omarska [34] et, cinq jours plus tard, les images des télévisions britanniques Channel Four et ITN tournées sous la protection de la garde prétorienne de Radovan Karadzic pour que l'existence des camps soit révélée. L'opinion internationale découvrait sur ses écrans de télévision les visages émaciés, les corps décharnés des prisonniers de Trnopolje et d'Omarska. Les deux sites avaient été nettoyés et arrangés avant l'arrivée des médias, les prisonniers triés sur le volet, dotés de couvertures et nourris. Mais la mise en scène du chef de file des extrémistes serbes n'avait pas réussi à masquer l'horreur qui se lisait sur ces visages. Les images des massacres de Zvornik avaient gardé leur secret mais celles-ci révélaient finalement à la face du monde ce que signifiait le terme de « nettoyage ethnique ».

La France n'était pas le seul pays alerté. Les gouvernements occidentaux et les Nations unies étaient au courant depuis un mois de l'existence de camps de concentration. Une unité danoise de la Force de protection des Nations unies basée de l'autre côté de la frontière bosniaque, à Dvor, dans le territoire croate occupé par les Serbes, avait livré dans un rapport confidentiel daté du 3 juillet 1992 des informations détaillées présumant « l'existence de camps de concentration ». Le Haut Commissariat aux réfugiés et les missions de la Communauté européenne avaient, eux aussi, reçu un rapport complet sur les atrocités perpétrées dans les quatre camps de la région de Prijedor, et tout particulièrement dans celui d'Omarska. Il dénonçait « l'internement massif de civils, la prise d'otages, la torture, la déportation et les exécutions sommaires ». Les atrocités décrites relevaient de crimes de guerre et de crimes contre l'humanité, donnant par leur nature l'obligation aux États d'agir. Plusieurs

ONG dont Helsinki Watch, organisation pour la défense des droits de l'homme, reprochèrent aux Nations unies d'avoir occulté les informations qu'elles détenaient dès le début juillet sur les camps [35]. Entre le premier rapport émanant de l'ONU et les révélations des médias, cinq semaines s'étaient écoulées durant lesquelles des dizaines de milliers de non-Serbes avaient été déportés du nord de la Bosnie, des milliers internés dans les camps et au moins un millier y avaient trouvé la mort.

L'Europe n'avait pas connu tant d'horreurs depuis 1945. De nouveau, l'appartenance ethnique ou religieuse servait de base à la déportation et au massacre des populations. Le 13 août, le Conseil de sécurité autorisait dans le cadre du fameux chapitre VII de la charte des Nations unies le recours à la force pour assurer l'acheminement de l'aide humanitaire [36]. La formule, identique à celle qui avait légitimé l'intervention militaire contre l'Irak en 1991, inquiéta Paris qui dut, néanmoins, se résoudre à voter la résolution. La France craignait que toute mesure qui pourrait apparaître comme punitive à l'égard des Serbes ne suscitât des représailles contre les soldats de l'ONU en Bosnie-Herzégovine. La présence des casques bleus allait empêcher pendant longtemps toute action coercitive.

Nul n'avait pourtant l'intention d'intervenir. Pas même les États-Unis qui entraient en campagne électorale. Au lendemain des révélations des médias sur les camps, Washington s'employa à rassurer l'opinion publique internationale, craignant que le scandale ne contraigne les capitales occidentales à un changement de politique. Lawrence Eagleberger, le nouveau secrétaire d'État américain, affirmait le 18 août que le gouvernement des États-Unis n'avait pas trouvé de preuves de tueries systématiques mais seulement des « conditions déplaisantes » de détention. Tous les diplomates américains sur le terrain réfutèrent ses propos. Mais le ton était donné : la communauté internationale se soustrayait à ses obligations en niant les crimes. Progressivement, elle abandonna la thèse de l'agression dénoncée dans les premières semaines du conflit pour défendre celle d'une guerre civile résultant de haines séculaires et où les responsabilités étaient partagées entre les belligérants. Les partisans de la politique du *lift and strike*, qui préconisaient la levée de l'embargo sur les armes pour permettre à l'État bosniaque de défendre son existence menacée ainsi que des frappes aériennes de l'OTAN contre les batteries serbes qui bombardaient Sarajevo et d'autres villes à majorité musulmane, perdaient la bataille. L'un des plus éminents défenseurs de cette politique, le candidat Bill Clinton, fit marche arrière après sa prise de fonctions en janvier 1993, arguant alors du manque d'enthousiasme de ses alliés occidentaux. À ces massacres, tortures, viols, déportations, la communauté internationale opposait le choix « humanitaire ». À l'ONU, les résolutions allaient se succéder sans vraiment modifier la situation sur le terrain. Slobodan Milosevic avait gagné son pari. Il pouvait continuer en toute impunité d'orchestrer en coulisses l'effacement des populations non serbes des territoires promis à l'annexion.

Slobodan Milosevic demanda à Radovan Karadzic de promettre aux Occidentaux la libération de tous les détenus civils des camps. Les jours suivants, Omarska, le plus terrible des camps, était fermé. Mais les rescapés de l'enfer de ce complexe minier furent transférés à Manjaca et Trnopolje. Fin août 1992, le nombre de détenus à Manjaca avait doublé, atteignant près de 4 500 non-Serbes. Slobodan Milosevic et Radovan Karadzic s'étaient entendus pour monnayer le démantèlement des camps qui n'avait pas encore été exigé par le Conseil de sécurité contre l'évacuation des détenus hors de Bosnie [37]. Des milliers de survivants furent alors conduits par les Nations unies dans les camps de réfugiés de Croatie d'où ils partirent pour l'Europe, parfois l'Amérique, mais aussi l'Australie et la Nouvelle-Zélande. En octobre, Keraterm et Trnopolje étaient fermés, en décembre, Manjaca et Bosanski Samac. Fin 92, 53 000 des 56 000 non-Serbes de la région de Prijedor avaient été chassés de chez eux. Ceux qui avaient échappé à la déportation étaient réquisitionnés pour effectuer des tâches pénibles ou dangereuses. Réduits en esclavage, constamment harcelés, certains périrent en creusant des tranchées, d'autres furent assassinés.

Entre août et novembre, 40 000 Musulmans et Croates étaient chassés de Banja Luka et de sa région. Déportés à travers les monts Vlasic vers la Bosnie centrale, ils devaient franchir des ravins minés avant de rejoindre les lignes bosniaques. Sur le chemin de la déportation, ils étaient rançonnés, des femmes étaient violées, des hommes exécutés. Leur départ avait été facturé plusieurs centaines de marks allemands, et conditionné à la cession de leurs biens aux autorités bosno-serbes. Dans le reste des territoires sous leur contrôle, les extrémistes serbes continuèrent de faire fonctionner des camps et d'en refuser l'accès aux délégués internationaux du CICR, au mépris des résolutions de l'ONU.

Pour justifier leur refus de céder aux pressions croissantes de l'opinion publique internationale en faveur d'une épreuve de force contre les Serbes, les capitales occidentales décidaient de lancer une nouvelle initiative diplomatique en réunissant une conférence internationale à Londres les 26, 27 et 28 août sous la présidence conjointe de la Communauté européenne et des Nations unies. En dépit des résolutions de l'ONU, l'aide humanitaire était paralysée. À peine rouvert, l'aéroport de Sarajevo était constamment fermé sous la pression de l'artillerie serbe. Les casques bleus menaçaient de quitter la capitale bosniaque, bombardée jour et nuit. La conférence de Londres devait permettre aux Occidentaux de définir une politique commune capable de les exonérer d'une intervention militaire en Bosnie-Herzégovine, désormais autorisée dans le cadre du chapitre VII de la charte des Nations unies.

Les grandes puissances misaient sur la volonté des Serbes de négocier. Pour donner une chance à la paix, elles condamnèrent le nettoyage ethnique mais refusèrent de le dénoncer comme l'un des principaux buts de la guerre en Bosnie-Herzégovine. Elles ne réprouvèrent pas non plus l'agression serbe, ni l'attitude alors ambiguë des Croates. Toutes les parties furent placées sur un pied d'égalité et qualifiées de « belligérants ». Cette politique d'apaisement à l'égard de Slobodan Milosevic et des dirigeants serbes, dont l'écrasante responsabilité avait été à maintes reprises établie, devait encourager la coopération de Belgrade au processus de paix. Promu interlocuteur incontournable dans la négociation, le président serbe était réhabilité. Ses hommes de main bénéficiaient, quant à eux, d'un nouveau répit pour achever la purification ethnique.

La conférence de Londres fut présentée comme un succès diplomatique. Les « parties belligérantes » s'étaient engagées à travailler ensemble pour concrétiser un cessez-le-feu, lever le siège des villes et placer les armes lourdes sous contrôle international. Elles promettaient de faciliter l'acheminement de l'aide humanitaire, de démanteler les camps et d'assurer le retour des réfugiés. Un certain nombre de principes étaient réaffirmés : la non-reconnaissance des acquis territoriaux obtenus par la force, le respect des frontières, des droits de l'homme et des minorités, et l'accès international aux prisonniers de guerre. À en croire les documents adoptés à Londres, la Bosnie-Herzégovine allait sortir rapidement de la guerre. À cette fin, deux négociateurs étaient nommés : Cyrus Vance, ancien secrétaire d'État américain sous le président Carter, représentant les Nations unies, et lord Owen, ancien ministre des Affaires étrangères britannique pour la Communauté européenne, en remplacement de lord Carrington qui venait de démissionner. Cyrus Vance estimait alors qu'en quatre mois l'essentiel des négociations serait accompli.

Dans les coulisses pourtant, un incident laissait mal augurer d'un véritable tournant dans le drame bosniaque. Slobodan Milosevic avait assisté impassible aux délibérations. Il resta aussi de marbre lorsque Milan Panic, le nouveau premier ministre de la mini-Fédération yougoslave, lui coupa brutalement la parole pendant une session plénière pour annoncer de sa propre autorité que Belgrade acceptait de reconnaître la Bosnie-

Herzégovine et toutes les républiques issues de l'ex-Yougoslavie. Quelques heures plus tard, loin des regards des diplomates occidentaux, le président serbe fulminait contre l'ambitieux Milan Panic. Cet homme d'affaires américain d'origine serbe, que Slobodan Milosevic avait fait revenir de Californie dans l'espoir de desserrer l'étau des sanctions internationales, avait promis « d'arrêter la guerre » dans les premiers cent jours de son mandat. Son initiative obtenait le soutien d'une partie du gouvernement monténégrin. Mais le président serbe opposa une fin de non-recevoir à ce trublion, partisan d'une politique de paix et de compromis. Sa mission était de sillonner les capitales occidentales en faisant des promesses mirobolantes, d'utiliser ses relations haut placées au sein de l'administration américaine et particulièrement au sein du Parti démocrate de Bill Clinton. Nullement de joindre le geste à la parole. Nommé en juillet à la tête du gouvernement de la toute nouvelle Yougoslavie, Milan Panic était destitué par le Parlement fédéral le 20 décembre 1992, suite à un vote de censure initié par les alliés de Slobodan Milosevic. La guerre en Bosnie-Herzégovine était loin d'être terminée.

Maître du double langage, le président de la Serbie sut néanmoins envoyer des signaux encourageants et convaincre Cyrus Vance et David Owen de sa volonté de parvenir à une solution négociée. Il jouait avec la communauté internationale le même jeu qu'avec ses complices croates ou jadis slovènes, leur faisant miroiter une issue possible. Ils devenaient ainsi les prisonniers d'un espoir de paix qui les entraînait au-delà de leurs intentions et les obligeait à conforter, chaque fois un peu plus, la politique de Belgrade.

Slobodan Milosevic pensait ainsi pouvoir faire capoter toutes les initiatives diplomatiques jusqu'à ce qu'il obtienne gain de cause. Pendant ce temps, la guerre et le nettoyage ethnique se poursuivaient.

La conférence de Londres ne calma pas les ardeurs guerrières en Bosnie-Herzégovine. Français et Britanniques envoyèrent des renforts de casques bleus pour escorter les convois humanitaires à travers tout le pays. Mais ils resteront bloqués à chaque fois que les Serbes voudront empêcher les livraisons de vivres dans les territoires qu'ils assiégeaient. Côté croate, les extrémistes n'avaient plus de scrupule à poursuivre leur projet de Grande Croatie. La communauté internationale ne semblait pas décidée à « changer le cours de l'Histoire » en s'engageant plus à fond et le déploiement de nouveaux contingents de casques bleus paralysait toute intervention militaire occidentale. Les Serbes, fustigés autrefois pour leur agression contre la Bosnie-Herzégovine, avaient atteint leurs objectifs militaires sans subir de représailles autres qu'un embargo international qu'ils contournaient autant qu'ils le voulaient (ce n'est qu'un an après l'entrée en vigueur des sanctions internationales que les Occidentaux mettront un dispositif de contrôle aux frontières de la RFY). Les Occidentaux agissaient comme s'ils n'avaient d'autre stratégie que de laisser le plus fort gagner au plus vite et les populations s'adapter bon gré mal gré à la nouvelle carte tracée par la force. Dans ce contexte, rien ne pouvait plus dissuader Mate Boban et ses mentors de Zagreb d'instaurer par la force des armes un État croate ethniquement homogène en Bosnie-Herzégovine. L'armée bosniaque allait désormais se battre sur deux fronts [38].

La fausse accalmie

La réalité de la double agression n'empêcha pas la communauté internationale de soutenir le consensus serbo-croate sur la partition de la Bosnie-Herzégovine. Le 2 janvier 1993, Cyrus Vance et lord David Owen, les deux coprésidents de la Conférence permanente sur l'ex-Yougoslavie, présentaient, à Genève, un plan de paix inspiré du projet de cantonisation présenté le 9 mars 1992 à Lisbonne. Le plan Vance-Owen proposait un découpage territorial en dix provinces très autonomes, trois pour chaque groupe ethnique et une pour Sarajevo, promise à un statut international.

Satisfaits, les Croates acceptèrent le plan sans objection. La communauté internationale leur promettait ce qu'ils revendiquaient. Elle leur attribuait 25 % du territoire de la Bosnie-Herzégovine répartis en trois cantons jouxtant la Croatie, deux contigus dans le Sud et un dans le Nord. Ils obtenaient des villes comme Mostar, Travnik, Jajce, où les Musulmans étaient dominants avant la guerre, et récupéraient une partie de la Posavina qu'ils avaient cédée à Belgrade. Le conflit croato-musulman allait connaître une période d'accalmie ; une trêve fragile et trompeuse qui débouchera en avril sur une nouvelle explosion de violence conséquente au refus serbe du plan. Les Musulmans, à qui était dévolu 30 % du territoire alors qu'ils représentaient 44 % de la population, se rallièrent au plan en mars 1993 sous la pression de l'armée serbe qui menaçait de leur imposer une défaite totale.

Avec 43 % du territoire, les Serbes voyaient une

partie de leur conquête récompensée. Pour autant, ils n'obtenaient pas l'ensemble géographique cohérent qu'ils voulaient rattacher à la Serbie. Les provinces serbes n'étaient pas reliées les unes aux autres et la vallée de la Drina, que Slobodan Milosevic rêvait d'annexer plus que toute autre région, était restituée aux Musulmans, du moins pour les communes où ils étaient majoritaires avant la guerre. Le plan Vance-Owen était très en retrait par rapport au projet d'« Union de trois unités ethniques » arraché par les Serbes à la veille de la guerre. Slobodan Milosevic ne pouvait donc l'accepter. Mais son refus lui aurait fait perdre toute créance auprès de la communauté internationale. Et il ne voulait pas non plus que les Occidentaux qui venaient de réintroduire le principe de partition territoriale de la Bosnie-Herzégovine, pourtant rejeté à Londres, fassent marche arrière. Il lui fallut recourir à la ruse pour encourager les Occidentaux à abandonner leur plan et à aller plus loin dans le partage ethnique de la Bosnie-Herzégovine.

Le plan Vance-Owen témoignait une fois de plus de l'absence de volonté politique des Occidentaux d'intervenir contre l'agresseur serbe. Slobodan Milosevic ordonna alors au général Mladic de rendre obsolètes les cartes de Cyrus Vance et David Owen en supprimant les dernières poches musulmanes de Bosnie orientale où s'étaient réfugiés des milliers de rescapés de la purification ethnique. Fin janvier, des colonnes de chars, suivies par les unités spéciales de la police et de l'armée de Serbie, franchissaient la Drina en direction de Bratunac, une petite ville bosniaque au bord du fleuve, nettoyée en mai 1992. Leur objectif était l'enclave de Srebrenica, bastion de la résistance dans la région.

Lorsque les milices serbes déferlèrent en avril 1992 dans la vallée de la Drina, une poignée de policiers musulmans de Srebrenica s'étaient retranchés dans les forêts. Leur chef, âgé de vingt-cinq ans, s'appelait Naser Oric. Ancien membre des forces spéciales de Serbie, il avait servi au Kosovo puis dans la garde rapprochée de Slobodan Milosevic avant de rejoindre à l'été 1991 son village natal de Potocari et d'intégrer la police de Srebrenica. Le 7 mai 1992, il reprenait, avec seulement quelques hommes, Srebrenica, tombée aux mains des Serbes le 17 avril. Libérée, la petite ville thermale de quelque 5 000 âmes était devenue un sanctuaire pour les rescapés du nettoyage ethnique. Des dizaines de milliers de Musulmans de la région de Zvornik avaient trouvé refuge en ville ou dans les villages alentour échappant au contrôle serbe. Mais ce territoire libre était exigu et enclavé. À la tête d'une armada de *torbari* [39] affamés et assoiffés de vengeance, Naser Oric lançait des assauts contre les villages serbes isolés en bordure de l'enclave pour y voler de la nourriture, quelques armes. Parfois pour libérer une vallée et élargir ce territoire montagneux que les forces serbes préféraient jusque-là étouffer plutôt que de s'y aventurer. En janvier 1993, l'enclave de Srebrenica s'étendait des forêts derrière Milici aux portes de la Drina, menaçant de couper en deux le territoire sous contrôle serbe dans l'est de la Bosnie. Mais la résistance bosniaque équipée d'armes légères ne pouvait faire face à une offensive serbe. L'enclave de Srebrenica allait être considérablement réduite.

L'enfer de Srebrenica

Les forces serbes attaquèrent d'abord les localités de l'ouest de l'enclave. Kamenica, Cerska, Konjevic Polje, furent encerclées, bombardées sans répit jusqu'à l'ouverture d'une brèche pour chasser les populations civiles avant l'assaut final. Des milliers de femmes, d'enfants et de vieillards empruntèrent ces « couloirs de purification ethnique » pour gagner à pied, dans la neige et le froid, les territoires sous contrôle bosniaque, éloignés de plus de 40 kilomètres. Les hommes en âge de se battre s'enfuirent dans les forêts dans l'espoir de rejoindre le reste de l'enclave. Ils savaient que résister constituait un crime de guerre dans les régions où les forces serbes entendaient établir leur État ethnique, ce qui signifiait que tout homme en âge de porter un fusil était passible de mort sans autre forme de jugement.

En février, Bill Clinton, le nouveau président des États-Unis, décidait de parachuter vivres et médicaments aux populations assiégées de l'est de la Bosnie. L'opération lancée le 1er mars visait alors la poche de Cerska. Le lendemain, cette bourgade de montagne tombait aux mains des Serbes, jetant sur la route de l'exode 25 000 civils musulmans. Réunis à New York à la demande de la nouvelle administration américaine décidée à participer « activement et directement » au processus de paix, lord Owen et Cyrus Vance tentaient de convaincre Serbes et Musulmans d'accepter le plan de paix. L'offensive serbe n'avait pas entraîné la suspension des négociations. Au contraire. Les médiateurs internationaux, ajoutant foi aux promesses de Slobodan

Milosevic, pensaient être très près d'un accord. Et ils voyaient dans la signature du plan de paix le meilleur moyen d'empêcher le drame qui se jouait alors autour de Srebrenica. Les Serbes, eux, cherchaient à gagner du temps.

Bombardée sans relâche depuis le début de l'offensive serbe, Srebrenica comptait ses morts et ses blessés. Le général Philippe Morillon recevait l'ordre de ses supérieurs de rejoindre la ville pour « empêcher une véritable catastrophe ». Le 11 mars au soir, le commandant de la Forpronu en Bosnie-Herzégovine entrait dans Srebrenica accompagné de trois médecins et de quelques observateurs militaires. Le lendemain, il découvrait l'enfer de l'enclave. Des centaines de blessés entassés dans un hôpital sans eau ni électricité, où planait l'odeur âcre de la gangrène; des femmes, des enfants, des hommes amputés sans anesthésie; des milliers de réfugiés épuisés arrivant des villages conquis dans ce réduit surpeuplé, contraints de passer la nuit dehors dans le froid, faute d'abris.

Convaincu de la nécessité d'ouvrir un couloir routier et aérien pour permettre l'acheminement de vivres et de médicaments et l'évacuation des blessés les plus graves, le général Morillon quittait l'enclave le 12 en début d'après-midi. Mais il se heurta à un groupe de femmes et d'enfants qui bloquaient la route. Le commandant de la Forpronu était retenu en otage par une population qui se savait condamnée. Les officiers serbes avaient juré de se venger de ce foyer de résistance qui abritait « des criminels musulmans qui ont commis des crimes de génocide contre les populations serbes de la Drina ». Les habitants de l'enclave n'avaient d'autre garantie que ce général venu s'enquérir de leur situation. Dans la nuit, l'officier français tentait de prendre la fuite, à pied. En vain. Au petit matin, il décidait de rester et de prendre l'enclave sous sa protection. « Je ne vous abandonnerai pas. Vous êtes désormais sous la protection des Nations unies », lança-t-il à la foule.

Le général Morillon devenait un véritable héros. Les médias internationaux célébraient « le général courage », tandis que ses supérieurs à Paris et à New York pestaient. Philippe Morillon ne tardera pas à être rappelé en France mais son intervention permit de sauver l'enclave encore deux ans. Le 16 avril, Srebrenica était décrétée « zone protégée » par les Nations unies (résolution 819). Entre-temps, les forces serbes avaient poursuivi leur avance et se trouvaient à moins de deux kilomètres de la ville, prêtes à lancer l'assaut final. L'enclave venait d'annoncer sa reddition et les combattants de demander leur évacuation par hélicoptère, conscients du sort que leur réserveraient les forces serbes s'ils se rendaient. Le général Mladic, en vainqueur, avait accepté l'évacuation des civils à condition que les hommes entre 15 et 60 ans se constituent prisonniers. Ne voulant pas se faire complice du processus de nettoyage ethnique, l'ONU refusa de superviser le transfert des populations civiles et arracha au général Mladic un accord de désarmement. Les forces serbes cessèrent leur offensive et l'enclave fut démilitarisée. Le 18 avril, une compagnie de 140 casques bleus canadiens entrait dans Srebrenica. Le 6 mai, les Nations unies définissaient cinq autres « zones de sécurité » : Sarajevo, Tuzla, Zepa, Gorazde et Bihac, cinq enclaves assiégées. Les officiers bosno-serbes estimaient s'être fait voler la victoire et promettaient de venir un jour à bout de Srebrenica. Le numéro deux de l'armée bosno-serbe, le général Milan Gvero, affirmait alors : « Srebrenica doit être placée sous contrôle serbe pour que les Musulmans qui ont commis des crimes soient punis. »

Sous la menace de nouvelles sanctions contre Belgrade et de possibles frappes aériennes contre la Serbie, dont le soutien à l'offensive dans la vallée de la Drina avait été dénoncé, Slobodan Milosevic appela les Serbes de Bosnie à ratifier le plan Vance-Owen. Les 1er et 2 mai 1993, le premier ministre grec Constantin Mitsotakis invitait à Athènes Slobodan Milosevic, Dobrica Cosic, président de la Fédération serbo-monténégrine, et Radovan Karadzic pour une « rencontre de la dernière chance ». Au terme de longues tractations, le leader bosno-serbe paraphait le plan de paix, laissant toutefois au « Parlement » bosno-serbe le soin de le ratifier. Trois jours plus tard, il appelait les députés réunis en session extraordinaire dans un hôtel de la station de ski de Jahorina, près de Pale, à accepter le plan Vance-Owen. Slobodan Milosevic, Dobrica Cosic et Constantin Mitsotakis s'étaient rendus sur place dans l'espoir d'influencer le vote.

Les débats duraient depuis plusieurs heures lorsque le général Mladic monta à la tribune. Muni d'une baguette, le général serbe se lança devant des cartes dans une démonstration qui allait faire basculer l'assemblée. Ratko Mladic dressa un plaidoyer contre la communauté internationale, dépeinte comme une coalition antiserbe, puis il énuméra les lieux de massacres où des Serbes avaient péri pendant la Seconde

Guerre mondiale et que le plan ne leur attribuait pas. Principaux points d'achoppement : la région de Prijedor, rattachée en partie au canton à prédominance musulmane de Bihac, et la vallée de la Drina, regroupée avec Tuzla dans un canton échu aux Musulmans. « Le peuple serbe n'a rien. Pendant des décennies les Croates et les Musulmans se sont préparés à cette guerre. Il est faux qu'ils n'ont pas d'armes. Ils sont mieux armés que notre armée et celle de la Serbie et du Monténégro ensemble. Nous, les militaires, sommes inquiets du protectorat qu'a instauré la communauté internationale à Srebrenica. Toute la population musulmane de Srebrenica pourrait tenir dans quelques immeubles de Sarajevo, Tuzla ou Zenica... [40]. »

Un interlocuteur incontournable

À l'issue de dix-sept heures de débats dramatiques, la majorité des députés bosno-serbes rejetait le plan Vance-Owen qui, à leurs yeux, sonnait le glas de la « République serbe » autoproclamée en Bosnie-Herzégovine. Et, dans une manœuvre dilatoire, ils appelèrent à un référendum les 15 et 16 mai dont l'issue ne faisait aucun doute (le référendum se solda par 94 % de non au plan Vance-Owen). Dobrica Cosic dénonça cette « funeste décision » qu'il qualifia de « défaite de la raison ». Slobodan Milosevic réitéra qu'« il n'y a pas d'alternative à la paix » et annonça qu'il n'enverrait plus aux Serbes de Bosnie « ni argent, ni pétrole, ni autres matériels » et refuserait l'hospitalité aux dirigeants de Pale qui « vivent confortablement à Belgrade alors qu'ils offrent à leur peuple une politique de sacrifices et de misère ». La menace paraissait crédible, comme l'engagement de Slobodan Milosevic en faveur d'un accord de paix. Cependant, le général Mladic, officier bosno-serbe rémunéré par la Serbie et subordonné *de facto* au pouvoir de Belgrade, n'avait pu s'opposer à la ratification du plan de paix contre la volonté de ses mentors.

Slobodan Milosevic n'adhérait pas plus que le général Mladic au plan Vance-Owen. Son soutien visait seulement à ménager une communauté internationale qui s'était ralliée au principe de la partition ethnique. Il lui fallait à tout prix obtenir un réajustement du plan de paix tout en sauvegardant les fondements d'un document qui, à ses yeux, constituait « une première étape » vers la reconnaissance d'une entité serbe en Bosnie-Herzégovine. La manœuvre à laquelle s'était volontiers prêté le général Mladic, enorgueilli par ses nouvelles conquêtes et opposé à toute rétrocession de territoires, avait permis au président serbe de rejeter la responsabilité du refus sur les Serbes de Bosnie et d'écarter la menace d'une intervention militaire des Occidentaux. Son « échec » apparent à convaincre les Serbes de Bosnie le renforçait dans sa position d'interlocuteur indispensable de la communauté internationale. Considéré comme le seul dirigeant capable de ramener les Bosno-Serbes à la raison, Slobodan Milosevic pouvait désormais faire monter les enchères et obtenir ce que le plan Vance-Owen n'accordait pas aux Serbes en Bosnie-Herzégovine. Notamment la vallée de la Drina et le corridor de Brcko, deux régions stratégiques assurant la continuité des conquêtes serbes.

Slobodan Milosevic ne s'attendait sans doute

pas à une telle victoire. L'entrée dans le jeu des États-Unis l'avait vivement inquiété. Et il avait commencé à prendre au sérieux la menace de blocus total de la Serbie et d'une intervention militaire si les Serbes rejetaient le règlement proposé. Restés à l'écart du temps de l'administration Bush, les Américains s'étaient impliqués début 1993 en apportant leur soutien au plan Vance-Owen. Contre l'avis de leurs alliés, les États-Unis avaient envoyé l'aviation américaine en Bosnie pour parachuter l'aide humanitaire aux enclaves musulmanes. Puis, sous l'impulsion de Washington, le Conseil de sécurité des Nations unies avait adopté, le 27 avril 1993, un mécanisme pour assurer l'application de l'embargo international voté onze mois auparavant contre Belgrade [41]. Le dispositif prévoyait le déploiement d'observateurs de l'ONU aux frontières terrestres et fluviales de la Serbie et un contrôle des ports monténégrins. Par ailleurs, le Conseil de sécurité avait décidé la création d'un tribunal international pour juger les criminels de guerre. Les Américains appelaient à des frappes aériennes pour faire cesser le siège et le bombardement des villes bosniaques. L'étau se resserrait autour des Serbes. Mais Slobodan Milosevic ne tarda pas à comprendre qu'il pouvait miser sur la paralysie de la communauté internationale du fait de l'hostilité de la Russie et de la réticence des Européens — France et Grande-Bretagne en tête — à une intervention militaire. Le silence des Américains pendant que ses hommes rayaient de la carte les enclaves musulmanes de Bosnie orientale avait achevé de le convaincre que les États-Unis n'utiliseraient pas la force contre les Serbes sans l'accord de leurs partenaires. Au lendemain du rejet du plan

Vance-Owen par le Parlement des Serbes de Bosnie, les États-Unis se retiraient du dossier yougoslave. S'ils étaient favorables aux frappes pour arrêter les Serbes, ils refusaient d'envisager l'envoi de troupes américaines sur un terrain où de toute évidence elles risquaient de s'enliser. Le fiasco de l'intervention américaine dans le désert somalien ayant entamé sa popularité dans son propre pays, Bill Clinton refusait d'engager sa crédibilité dans une nouvelle opération à risques. Abandonné par la communauté internationale, le plan Vance-Owen était enterré. Satisfaits, les dirigeants serbes allaient dès lors mettre tout en œuvre pour obtenir la reconnaissance de la « République serbe » instaurée par la force et le nettoyage ethnique.

Trois républiques ethniques

Encouragés par une communauté internationale prête à renier ses propres principes pour ne pas avoir à recourir à la force, Slobodan Milosevic et Franjo Tudjman appelèrent, le 16 juin 1993 à Genève, au partage de la Bosnie-Herzégovine en trois entités autonomes en vue de créer une union de trois républiques où les Musulmans seraient confinés sur moins d'un tiers du territoire. Thorvald Stoltenberg, un diplomate norvégien qui remplaçait Cyrus Vance, démissionnaire après le rejet de son plan, et lord Owen ne virent aucune objection à soutenir le plan de dépeçage des présidents serbe et croate. L'échec du processus diplomatique et la multiplication des incidents armés en Croatie les incitaient à chercher dans un compromis serbo-croate en Bosnie-Herzégovine une solution aux rivalités serbo-croates dans l'ensemble de la région. Le refus serbe du plan Vance-Owen s'avéra payant. En juillet 1993, les deux médiateurs reprenaient à leur compte l'idée d'une Union des républiques de Bosnie-Herzégovine que Radovan Karadzic, plus prolixe que Slobodan Milosevic, appelait de ses vœux parce que « la réalité est de créer trois États, car la Bosnie n'a jamais existé en tant qu'État ».

Le plan Owen-Stoltenberg prévoyait la partition de la Bosnie-Herzégovine en trois républiques constitutives et proposait un statut spécial pour Sarajevo et Mostar. Il octroyait 51 % du territoire aux Serbes contre 43 % dans le plan précédent, au détriment des Croates qui se voyaient attribuer 16 % du territoire. Les Musulmans devaient toujours se contenter de 30 %. Quant à Sarajevo et Mostar, elles seraient placées, pour une période transitoire, sous administration internationale. Le plan Owen-Stoltenberg exigeait des Serbes de céder environ 20 % de leurs conquêtes, mais en contrepartie ils obtenaient la continuité territoriale qu'ils réclamaient et restaient maîtres d'une grande partie de la vallée de la Save et de la Drina, dévolues dans le plan précédent aux Croates et aux Musulmans. Les Bosniaques, ramenés par les médiateurs internationaux à la seule identité musulmane, devaient se contenter de plusieurs enclaves, reliées entre elles par des routes censées être protégées par des forces internationales.

Les trois républiques ethniques devaient disposer chacune de leur propre Constitution et être reliées par des institutions centrales aux compétences très réduites. Amendé au cours des négociations à la demande des Serbes, le plan prévoyait l'accession à l'indépendance des républiques constitutives. Le plan de paix « permet à ceux qui veulent quitter l'union de le faire », confirmait lord Owen tout en exprimant l'espoir « qu'une fois la paix revenue, les peuples bosniaques choisiront de rester ensemble ». L'idée du partage de la Bosnie-Herzégovine ainsi validée, les dirigeants serbes et croates ratifièrent le plan Owen-Stoltenberg. Slobodan Milosevic et Franjo Tudjman avaient gagné la partie de bras de fer dans laquelle ils avaient entraîné, à son insu, la communauté internationale. Les accords de Karadjordjevo prenaient forme, ceux conclus entre Mate Boban et Radovan Karadzic se concrétisaient. Le 24 août 1993, Mate Boban constituait l'Herzeg-Bosna en république. Quatre jours plus tard, l'assemblée bosno-serbe entérinait le plan de paix qui faisait de la « République serbe » « un État dont la communauté internationale ne pouvait plus contester l'existence ».

Grand perdant du plan de paix, le gouvernement bosniaque rechignait à signer. Zagreb et Belgrade craignaient de voir leur victoire compromise par un refus bosniaque. Radovan Karadzic monta au créneau : « Les Serbes ne se contenteront pas des 52 % du territoire qu'on leur accorde. Si les Musulmans n'acceptent pas le plan de Genève, [les Serbes] garderont tous les territoires sous leur contrôle. » Soit plus de 70 % de la Bosnie-Herzégovine. Quelques semaines auparavant, le leader bosno-serbe avait déjà dit : « C'est l'ultime chance pour les Musulmans de créer leur État, une occasion qu'ils n'auront plus par la suite. »

Pour convaincre Alija Izetbegovic de parapher le plan, Slobodan Milosevic et Franjo Tudjman accédèrent, en septembre, à certaines revendications de la partie bosniaque. Celle-ci obtenait des Croates un accès à la mer, des Serbes un élargissement de ses territoires en Bosnie orientale de sorte que l'enclave de Gorazde, reliée dans le projet initial par un simple corridor, était finalement rattachée à la Bosnie centrale. Aux termes de ces réajustements, les Serbes devaient se contenter de 49 % de la Bosnie-Herzégovine. Mais le 21 septembre, alors que les médiateurs convoquaient sur l'aéroport de Sarajevo les trois parties pour finaliser un accord, Alija Izetbegovic, soutenu par le Parlement bosniaque, refusa de signer tant que l'OTAN, seule force capable, à ses yeux, de donner une réelle crédibilité au plan de paix, ne serait pas chargée de sa mise en application. « Nous voulons des Occidentaux qu'ils s'engagent à envoyer le nombre de soldats nécessaires avec un mandat leur permettant d'assurer le retrait des troupes serbes des territoires qui doivent être restitués aux Musulmans, l'ouverture des frontières et des corridors entre les trois républiques de l'Union », avait déclaré la direction bosniaque. Devant le refus réitéré des États-Unis d'envoyer des troupes au sol pour garantir un accord de paix auquel ils ne souscrivaient pas et les débats interminables sur les principes devant régler les rapports entre l'ONU et l'OTAN aussi bien en cas de frappes aériennes que d'application du plan de paix, la communauté internationale, paralysée, finit par abandonner le plan Owen-Stoltenberg.

Les plans succédaient aux plans, attisant toujours un peu plus les combats et jetant, au nom de leur lugubre cartographie, des dizaines de milliers de personnes sur les routes de l'exode. À l'été 1993, les troupes serbes et croates s'allièrent ouvertement pour forcer l'armée bosniaque à capituler. Le général Mladic resserrait l'étau autour de Sarajevo, de Gorazde et de Tuzla. Le HVO tentait de s'emparer de Mostar. L'armée bosniaque n'avait aucun espoir de reconquérir les territoires amputés par Belgrade et Zagreb. La quasi-totalité des 1,9 million de Musulmans bosniaques était désormais confinée sur un cinquième du territoire. La plupart des quelque 100 000 personnes tuées, au cours de la première année de guerre, étaient d'identité musulmane [42]. Les Occidentaux, qui avaient renoncé à défendre l'idée d'une Bosnie-Herzégovine pluriethnique, s'interrogeaient déjà sur l'opportunité de maintenir l'État bosniaque dans ses frontières. Alija Izetbegovic fit alors de la survie du peuple musulman son objectif prioritaire. Et cédant aux sirènes du nationalisme, il s'attacha à défendre la possibilité d'un État musulman. Il prêtait ainsi le flanc aux instigateurs de Karadjordjevo mais aussi aux extrémistes politiques et religieux de son propre camp, à qui la guerre avait donné une influence inespérée. Dans le même temps, l'afflux de centaines de milliers de victimes du nettoyage ethnique dans une Bosnie réduite à la portion congrue avait, en un an, modifié la structure ethnique de ce territoire. Mais aussi les mentalités, car ceux qui au sein de la population avaient le plus souffert avaient désormais d'autres priorités que de cultiver les valeurs de la vie en commun. Petit à petit, Croates et Serbes furent mis à l'index, et les Bosniaques marginalisés. Ces résistants, musulmans, serbes ou croates, hostiles à toute division ethnique et qui ont défendu la Bosnie-Herzégovine, l'arme à la main, contre ses deux agresseurs, subissaient une nouvelle défaite. La dynamique de la guerre et du crime opérait sur les victimes, bien au-delà des campagnes de nettoyage ethnique, comme une force irrésistible que les Bosniaques seuls ne pouvaient plus refréner. Abandonnés peu à peu par le gouvernement de Sarajevo, trahis par l'Europe dont ils partageaient les valeurs, les Bosniaques perdaient foi. Désespérant de voir un jour leur pays renaître de ses cendres, ils furent de plus en plus nombreux à chercher leur salut dans la fuite hors de Bosnie-Herzégovine. Dès le milieu de 1993, Serbes et Croates furent de moins en moins nombreux à se battre dans l'armée gouvernementale, et l'influence des officiers non musulmans au sein de l'état-major se réduisit au fur et à mesure que la partition ethnique prenait forme. L'armée bosniaque cessait d'être vraiment multiethnique, les territoires qu'elle contrôlait, transformés en sanctuaire des rescapés musulmans de la purification ethnique, cessaient d'être vraiment bosniaques. Les dépeceurs de la Bosnie s'acheminaient vers une victoire totale.

L'impossible État musulman

Face à la poursuite de la guerre, à la paralysie de l'aide humanitaire et à l'incapacité de la communauté internationale de parler d'une même voix sur le dossier bosniaque, les Européens décidèrent de reprendre le flambeau aux médiateurs internationaux et de réaffirmer un plan de partage de la Bosnie-Herzégovine. Le 8 novembre 1993, Alain Juppé, alors chef de la diplomatie française (il avait succédé en mars à Roland Dumas), et Klaus Kinkel, son homologue allemand, lancèrent une initiative diplomatique qui allait devenir quinze jours plus tard le plan de la Communauté européenne, désormais transformée en Union européenne. Le plan reprenait la proposition de partage de la Bosnie-Herzégovine en trois républiques autonomes faite en juin par Slobodan Milosevic et Franjo Tudjman, et demandait aux Serbes de confirmer leurs concessions de septembre portant à 33,5 % la part dévolue aux Musulmans et réduisant la leur à 49 % du territoire bosniaque. La coopération serbe au processus de paix devait être récompensée par une suspension progressive des sanctions imposées à la Serbie et au Monténégro.

Alain Juppé et ses partenaires européens avaient la conviction que le plan Owen-Stoltenberg avait été une occasion manquée puisque Serbes et Croates y avaient souscrit et que la direction bosniaque, si elle ne l'avait pas ratifié, avait néanmoins donné son accord de principe. Aussi pensaient-ils qu'un accord de paix était possible à condition de donner un petit coup de pouce. Le principe était simple : Slobodan Milosevic promettait un accord global en ex-Yougoslavie en échange de la levée des sanctions internationales contre Belgrade et de l'indépendance pour les Serbes de Bosnie. Il en avait déjà discuté les modalités avec Zagreb en s'engageant secrètement à restituer les territoires occupés en Croatie dès que les Occidentaux auraient accepté de reconnaître l'État fantoche des Serbes en Bosnie-Herzégovine. Les Européens suggérèrent donc de « globaliser » l'approche des problèmes et de préparer une conférence où seraient traitées simultanément les questions de la Bosnie-Herzégovine et de la Croatie.

Les Américains entendaient les choses autrement. La guerre croato-musulmane avait aidé les Serbes à consolider leurs conquêtes. Ils ne voulaient pas qu'un allégement même progressif des sanctions contre Belgrade les renforçât encore un peu plus. Pour Washington, la levée de l'embargo pétrolier, aérien et économique ne pouvait être envisagée qu'après le retrait effectif des troupes serbes de tous les territoires qu'ils s'engageraient à rétrocéder, en Bosnie-Herzégovine comme en Croatie. Et à l'inverse des Européens, les États-Unis estimaient qu'il ne fallait pas relâcher les pressions sur Belgrade si l'on souhaitait obtenir un accord de paix. À cette fin, Washington envoya au mois de janvier 1994 le diplomate Charles Redman explorer les possibilités d'arrêter le conflit entre l'armée bosniaque et le HVO et de renouveler une alliance croato-musulmane contre les Serbes. En février, Charles Redman proposait à la Croatie de l'aider à récupérer ses territoires occupés si elle contribuait à mettre fin à la guerre contre les Musulmans. Menacée de sanctions économiques par le Conseil de sécurité des Nations unies, réprouvée pour les exactions commises par son armée et celle de ses affidés en Bosnie-Herzégovine, Zagreb acceptait de pactiser avec Sarajevo. Le 18 mars, les accords de Washington instauraient une Fédération croato-musulmane et fixaient les principes d'une confédération entre la Croatie et la Bosnie-Herzégovine. Cette Fédération aux contours alors vagues était amenée, si les Serbes maintenaient leur promesse de se retirer sur 49 % du territoire, à s'étendre sur 51 % du pays.

Les Américains n'avaient pas pour autant arrêté la guerre dans toute la Bosnie. Mais ils avaient empêché un partage du pays en trois et la constitution d'un mini-État musulman au cœur de l'Europe. Ils estimaient en effet qu'un État croupion, qu'il fût musulman ou non, submergé de victimes de la purification ethnique, enclavé entre des territoires hostiles, n'aurait pas tardé à s'armer et à devenir source de nouvelles instabilités dans les Balkans. Une alliance avec les Croates offrait en revanche aux Musulmans un espace vital plus viable, relié à l'extérieur par des routes et avec un accès à la mer [43]. Les accords de Washington n'enregistrèrent qu'un succès partiel. La « République » d'Herzeg-Bosna ne se saborda pas, le HVO refusa de fusionner avec l'armée bosniaque et empêcha le retour des réfugiés musulmans dans les territoires qu'il contrôlait. Ils aboutirent néanmoins au renouvellement, entre les deux armées restées distinctes, d'une coopération militaire qui allait permettre, à partir de la fin 1994, de notables avancées contre les forces serbes. En contrepartie, les États-Unis apportèrent une assistance militaire à Zagreb et à Sarajevo qui présidera au rééquilibrage des forces sur le terrain et obligera les extrémistes serbes à conclure la paix. Franjo Tudjman avait consenti à ce mariage contre nature à la condition de ravaler la Fédération au rang de satellite croate. Il ne renonçait pas au partage de la Bosnie-Herzégovine, ni à l'annexion de la moitié de son territoire, désormais légitimée par les accords de Washington. Il allait épauler les Musulmans comme la corde soutient le pendu et continuer de pactiser avec Slobodan Milosevic.

Le coup de force de la diplomatie américaine auprès des Croates et des Musulmans n'enlevait rien à la nécessité d'un véritable partenariat entre les grandes puissances pour mettre fin à la guerre dans l'ex-Yougoslavie. Le massacre du marché de Markale en plein cœur de Sarajevo, début février, l'avait cruellement souligné en mettant plus que jamais en évidence l'incapacité des Européens à faire appliquer les résolutions de l'ONU sans le soutien de l'OTAN et donc les Américains. Le 5 février 1994, en fin de matinée, un obus de mortier de 120 millimètres s'était abattu sur ce marché du centre, faisant 68 morts et près de 200 blessés. Les images des corps déchiquetés par les éclats de l'obus, au milieu des étals, suscitèrent horreur et indignation. Sarajevo, zone censée être protégée par l'ONU, entrait dans son vingt-deuxième mois de siège sans que les milliers de casques bleus déployés dans la capitale bosniaque fussent en mesure de mettre fin à son calvaire. Devant cette tragédie, Européens et Américains décidaient de s'associer pour obliger les Serbes à retirer leurs armes lourdes à 20 kilomètres de Sarajevo et à les placer sous contrôle de la Force des Nations unies. Washington acceptait de « mettre tout son poids dans la balance », comme le demandaient les Douze si l'ultimatum lancé aux Serbes était formulé par l'OTAN et non par l'ONU. Le 9 février, l'Alliance atlantique donnait aux Serbes jusqu'au 21 février pour obtempérer sous peine de frappes aériennes. La menace était suffisamment crédible pour que le général Mladic amorçât le retrait des pièces d'artillerie concentrées autour de la capitale bosniaque.

Mais les dirigeants serbes arrachèrent avec le soutien de Slobodan Milosevic une série de concessions qui allaient rendre fictive la démilitarisation de Sarajevo et empêcher qu'elle débouchât comme prévu sur le « déblocage » de la capitale bosniaque. Ils exigèrent notamment qu'une partie de leurs armes lourdes fussent placées sous le contrôle de casques bleus sans être déplacées. Ils obtinrent également le déploiement de casques bleus russes qui arrivèrent sous les applaudissements de la population de Pale. Puis ils négocièrent, quelques semaines plus tard, avec Yasushi Akashi, le représentant du secrétaire général de l'ONU en ex-Yougoslavie, le droit de déplacer leurs chars immobilisés à Sarajevo pour les engager sur d'autres fronts. La capitale bosniaque connut cependant plusieurs mois de répit, les premiers depuis le début de la guerre.

Milosevic accroît son emprise

Ni l'entrée en jeu de l'OTAN ni la coopération entre Européens, Américains et Russes dans l'affaire de Sarajevo n'allaient toutefois dissuader les Serbes de poursuivre la guerre en Bosnie-Herzégovine. Le 28 février 1994, les avions de l'OTAN détruisaient quatre appareils de l'armée de l'air de Belgrade qui en violation de l'interdiction de survol de la Bosnie-Herzégovine avaient bombardé des usines d'armement en Bosnie centrale [44]. C'était la première intervention de l'OTAN dans l'ex-Yougoslavie. Mais les atermoiements de la communauté internationale, qui renonça à étendre l'expérience de Sarajevo aux cinq autres zones de sécurité contrôlées par l'ONU, achevaient de convaincre les Serbes qu'il leur restait une marge de manœuvre suffisante pour peaufiner sur le terrain les cartes de partage de la Bosnie-Herzégovine avant qu'un accord de paix n'intervienne.

Depuis le début de l'année, Slobodan Milosevic

pressait le général Mladic de terminer sa campagne de conquête. Belgrade avait envoyé en renfort ses commandos de parachutistes et plusieurs unités d'élite de son armée, et renvoyé sur le front des milliers de Bosno-Serbes, réfugiés en Serbie et au Monténégro. Slobodan Milosevic voulait s'assurer le contrôle de la totalité de la Bosnie orientale, contiguë à la Serbie, et convoitait toujours les trois enclaves musulmanes que l'ONU s'était promis de protéger. Le 11 novembre 1993, six mois seulement après l'intervention du général Morillon en faveur de Srebrenica, Slobodan Milosevic avait proposé un marché à son homologue bosniaque Alija Izetbegovic. Les Serbes abandonneraient la totalité de Sarajevo aux Bosniaques s'ils renonçaient à la Bosnie orientale [45]. La conversation téléphonique avait tourné court. En mars 1994, le général Mladic massait ses troupes autour de Gorazde. Le 1er avril, il lançait une violente offensive visant à rayer de la carte la plus importante des trois enclaves de Bosnie orientale où s'entassaient soixante mille personnes. Le commandant de la Forpronu en Bosnie-Herzégovine, le général britannique Michael Rose, minimisa l'attaque serbe. Il espérait bientôt signer un cessez-le-feu global dans tout le pays, préalable à une reprise du processus diplomatique, et ne voulait pas s'aliéner les Serbes dont dépendait l'issue de la négociation. Le 7 avril, après une semaine de bombardements intensifs, il déclara : « Nous avons la conviction que Gorazde n'est nullement menacée. » Quinze mois plus tard, la même erreur d'appréciation coûtera la vie à 8 000 personnes dans l'enclave de Srebrenica.

L'avancée foudroyante des forces serbes et les

cris d'alarme lancés depuis l'enclave par les représentants des organisations humanitaires internationales, grâce aux radioamateurs, obligeaient l'ONU à reconnaître la gravité de la situation dans cette zone de sécurité. Le 10 avril, les bombardiers de l'OTAN pilonnaient une position d'artillerie serbe. Le général Mladic ne se laissa pas intimider. Il ordonna à ses troupes de poursuivre l'offensive et d'avancer jusqu'aux portes de la ville. L'OTAN répliqua contre un autre char serbe. Quelques jours plus tard, les Serbes abattaient un Sea Harrier britannique en mission de survol sans susciter de réaction de l'OTAN. Le général Mladic défiait impunément la seule alliance militaire sortie intacte de la guerre froide. Orgueilleux et sûr de lui. Il la savait paralysée par un mandat qui ne lui permettait pas d'intervenir efficacement, par la présence de casques bleus au sol et par l'absence de volonté politique de faire la guerre aux Serbes. Il fit alors la preuve de l'inadéquation de la force aérienne aux tâches de sécurité des troupes au sol et des populations civiles. Il ordonna la fermeture de tous les points de contrôle serbes autour de Sarajevo, verrouillant ainsi les 4 500 soldats de l'ONU à l'intérieur de la capitale. Les casques bleus déployés en territoire serbe furent assignés à résidence ou séquestrés dans des casernes serbes ou encore bloqués avec leurs convois par des chapelets de mines.

Le général Mladic gagnait son pari. L'action militaire occidentale était incompatible avec les opérations humanitaires des 25 000 hommes de la Forpronu. Les Nations unies faisaient l'aveu de leur impuissance et suspendaient les frappes de l'OTAN. Les troupes serbes entraient dans Gorazde. Considérablement réduite, l'enclave qui s'étendait avant l'offensive serbe sur 200 kilomètres carrés se limitait désormais au seul centre-ville ravagé par les bombardements. Gorazde comptait ses morts : 300, peut-être 400, des centaines de blessés entassés dans les couloirs de l'hôpital, planté sur la rive droite de la Drina, à quelques centaines de mètres seulement des lignes d'artillerie serbes. À l'issue de vingt jours d'offensive, le général Mladic mit en demeure la communauté internationale de reconnaître la victoire serbe et de négocier la reddition de la ville. Les casques bleus britanniques, les observateurs de l'ONU et le personnel humanitaire attendaient, cloîtrés dans leur abri. 60 000 personnes entassées dans le centre se savaient condamnées à la déportation. Gorazde, « tache » musulmane au milieu de territoires entièrement nettoyés, était sur le point de disparaître. L'ONU, en charge de l'enclave, perdait le peu de crédibilité qui lui restait. Le 21 avril, les Occidentaux répondaient aux injonctions du général Mladic par un nouvel ultimatum. L'OTAN déclencherait de nouveaux raids aériens si les forces serbes ne se retiraient pas à trois kilomètres du centre-ville et ne laissaient pas entrer les troupes de l'ONU et les convois humanitaires. Le général Mladic finit par obtempérer sous la pression de Belgrade. Slobodan Milosevic craignait que les Occidentaux, humiliés, ne changent de stratégie et renoncent, sous l'impulsion des États-Unis, à un partage de la Bosnie-Herzégovine propre à entériner les conquêtes serbes. Les troupes serbes se replièrent. L'ONU leur offrait finalement un compromis puisqu'elle n'exigeait plus un retrait aux positions antérieures à l'offensive. Les Occidentaux avaient fait la preuve de leur incapacité à protéger véritablement les enclaves. Les territoires décrétés « zones de sécurité » par les Nations unies n'étaient pas inviolables. Gorazde, comme Srebrenica un an auparavant, était sauvée, mais l'enclave se limitait désormais à la ville même, soit un petit réduit de 10 kilomètres carrés, surpeuplé, encerclé, transformé en prison à ciel ouvert et entièrement dépendant de l'aide humanitaire internationale. Le président Alija Izetbegovic comprenait qu'il ne pouvait compter que sur ses propres forces pour sauver les enclaves de Bosnie orientale. Les frappes aériennes qu'il appelait de ses vœux depuis le début du conflit n'avaient pas changé le cours de la guerre. « Ces événements nous ont appris une leçon : nous devons être forts car seule la force est respectée dans ce monde. Nous aussi nous tenterons le tout pour le tout », expliqua-t-il en annonçant aux Bosniaques que la guerre risquait d'être longue.

Naissance du Groupe de contact

Le 25 avril 1994, le Groupe de contact, une structure diplomatique entièrement nouvelle destinée à faciliter la coopération entre Européens, Américains et Russes, voyait le jour. Un mois plus tard, les cinq pays membres, les États-Unis, la Russie, la France, la Grande-Bretagne et l'Allemagne, présentaient à Genève une initiative commune qui alliait des éléments du plan européen et les avancées de la diplomatie américaine. Basé sur une division territoriale de la Bosnie-Herzégovine en deux entités, le plan des Cinq prévoyait de céder 51 % du territoire à la Fédération croato-musulmane et 49 % aux Serbes, selon un principe déjà accepté par Slobodan Milosevic mais désormais contesté par Radovan Karadzic. Début juillet, les Cinq soumettaient aux parties une première carte et leur accordaient quinze jours pour accepter le plan « de la dernière chance ». Les Serbes devaient restituer une partie des territoires sous leur contrôle dans les vallées de la Save au nord, de la Drina à l'est et de la Sana à l'ouest. Sarajevo obtenait un statut spécial plaçant la ville sous administration des Nations unies. Les enclaves de Bosnie orientale, reliées entre elles et rattachées à Sarajevo, formaient un appendice sous l'autorité de la Fédération croato-musulmane qui avançait jusqu'à la Serbie et coupait presque en deux l'entité serbe. Le 18 juillet, Croates et Bosniaques avaient donné leur assentiment...

À Pale, Radovan Karadzic opposait une fin de non-recevoir. Le plan était pour lui « inacceptable » et « humiliant ». « Jamais aucun Serbe ne l'acceptera. Le plan demande à la République serbe de rester dans les frontières de l'ex-Bosnie-Herzégovine et de céder des territoires à la Fédération croato-musulmane. Dans ce plan, il n'y a ni République serbe [de Bosnie] ni République serbe de Krajina », protestait le leader bosno-serbe. À Belgrade, Slobodan Milosevic rétorquait une nouvelle fois : « Il n'y a pas d'alternative à l'acceptation du plan par les Serbes. » Les Cinq avaient accepté de diviser le pays en deux entités semi-souveraines disposant chacune d'une constitution et de forces armées propres. Le président de la Serbie contestait les cartes de partage mais ne pouvait rejeter une initiative qui réduisait l'État bosniaque à sa plus simple expression et conduisait à la levée des sanctions internationales qui étranglaient son pays. Le Groupe de contact compta sur l'influence de Slobodan Milosevic pour les persuader de signer. S'ensuivirent deux semaines de tractations entre Occidentaux, Belgrade et Pale. Slobodan Milosevic tenta de jouer des divisions persistantes entre les pays membres du Groupe de contact et de monnayer au prix fort le feu vert de Pale contre une levée immédiate des sanctions. Les Européens, qui dénonçaient les pressions américaines en faveur de la levée de l'embargo sur les armes, adjurèrent les Serbes de trouver une issue, assurant qu'en cas de refus ils ne pourraient plus s'opposer à la volonté des Américains d'armer les Musulmans et de renforcer les sanctions internationales contre Belgrade. En moins d'une semaine, la direction civile et militaire de Pale fut convoquée à quatre reprises sur la très secrète base militaire de Dobanovci, près de Belgrade. Slobodan Milosevic était décidé à leur imposer une formule susceptible de satisfaire la communauté internationale et d'écarter la menace de nouvelles sanctions. Sa proposition consistait à accepter les principes de base du plan qui sanctionnaient la partition de la Bosnie-Herzégovine sans s'engager sur la carte de découpage qui resterait ouverte à de possibles ajustements. Slobodan Milosevic pensait qu'il viendrait vite à bout de leur résistance. La direction de Pale restait à la merci d'une Serbie qui, depuis trois ans, maintenait à bout de bras les troupes et les territoires serbes de Croatie et de Bosnie-Herzégovine. Radovan Karadzic n'avait pourtant pas l'intention de céder malgré les injonctions répétées du président serbe. Et la visite de Pavel Gratchev, le ministre russe de la Défense, et de Vitaly Churkin, l'émissaire spécial de Boris Eltsine, appelés en renfort par Belgrade, n'y changea rien.

Milosevic contre Karadzic

Le 3 août, Slobodan Milosevic durcissait le ton. Dans une lettre ouverte adressée aux dirigeants de Pale, il disait : « Vous refusez une frontière sûre, garantie par la communauté internationale. Vous refusez la poursuite du processus de paix au moment où la République serbe est reconnue sur la moitié du territoire de l'ex-Bosnie-Herzégovine. Si vous rejetez la paix, vous trahirez les intérêts nationaux serbes comme personne ne les a jamais trahis. [...] Si, en ce moment où la paix vous est proposée, vous vous adjugez le droit de décider du destin de la République fédérale de Yougoslavie, toutes les possibilités de coopération entre nous seront rompues. » Deux jours plus tard, Slobodan Milosevic mettait sa menace à exécution et rompait « ses relations politiques et économiques » avec les Serbes de Bosnie. Et pour joindre le geste à la parole, il fermait la frontière sur la Drina, restée jusque-là fictive, et instaurait un blocus.

Les médias de Serbie entamèrent alors une virulente campagne contre la direction de Pale. Elle dénonçait l'aveuglement de Radovan Karadzic, l'« irresponsabilité » de la « clique de Pale », l'accusant de prolonger la guerre pour poursuivre ses activités lucratives. Ainsi, les alliés d'hier étaient devenus des « profiteurs de guerre » prêts « à sacrifier leur peuple au nom de leur pouvoir et de leur enrichissement personnel ». Coupables d'assiéger des villes, de bombarder des civils innocents, de persécuter des non-Serbes et de commettre des crimes de guerre. Déterminé à convaincre sa propre opinion publique, rompue aux ruses de son président, qu'il y avait bien rupture entre Pale et Belgrade, Slobodan Milosevic confiait aux médias à sa botte la tâche ingrate de justifier son revirement tactique.

De son côté, l'opposition ultranationaliste en Serbie se mobilisa contre « la trahison » à l'encontre des « frères serbes hors de Serbie » et exigea la levée immédiate du blocus sur la Drina. L'Église prit elle aussi parti, pourfendant avec véhémence la politique de Milosevic qui « détruit l'unité du peuple serbe ». La volte-face de Slobodan Milosevic en faveur de la paix provoqua une fracture au sein de l'élite serbe qui fit voler en éclats l'alliance soudée en 1988 entre le chef du Parti communiste de Serbie et l'intelligentsia nationaliste serbe. Dobrica Cosic, le chantre de la Grande Serbie, qui avait alors cédé sa place de « guide spirituel de la nation » à Slobodan Milosevic, volait au secours de Radovan Karadzic, son disciple. Les thuriféraires avoués de la Grande Serbie ne furent pas les seuls à jeter l'anathème sur Belgrade. Tout le lobby guerrier de la capitale serbe se fractionna, provoquant des remous au sein même du parti de Slobodan Milosevic. L'idéologue du SPS, l'académicien Mihailo Markovic, qui orchestra le virage guerrier de l'appareil politique serbe, prit ouvertement la défense de Radovan Karadzic, accusant le maître de Belgrade d'avoir trahi le projet grand-serbe.

Radovan Karadzic semblait sortir renforcé de la rupture avec Belgrade. Jamais, jusqu'à présent, un dirigeant serbe n'avait survécu politiquement à un affrontement avec Slobodan Milosevic. Celui-ci ne tolérait pas le moindre écart de ses alliés. Tous ceux qui avaient exprimé leurs divergences de vues avaient été systématiquement écartés. Radovan Karadzic, en revanche, renforçait son emprise sur son opinion publique qui lui avait exprimé son soutien en votant, lors d'un référendum organisé fin août, contre les cartes du plan du Groupe de contact. Maître en son royaume, il pourfendait avec toujours plus de virulence les dirigeants de Belgrade, détournant à son profit leurs propres arguments. Manipulateur hors pair, joueur invétéré toujours à la recherche d'un nouveau défi, Karadzic se complaisait à brocarder l'intouchable Slobodan Milosevic. Ainsi, disait-il, le président de la Serbie « est peut-être contraint de s'incliner devant les pressions occidentales mais les Serbes de Bosnie, eux, ne courberont jamais l'échine ». Radovan Karadzic lui tenait tête impunément. Rusé, Slobodan laissait faire, préparant patiemment son implacable vengeance.

Dès l'été 1993, des divergences étaient apparues entre Pale et Belgrade. Pressé de mettre fin à l'État bosniaque et de faire avaliser par la communauté internationale les résultats de sa politique criminelle, Slobodan Milosevic reconsidérait ses convoitises et acceptait de se satisfaire de 49 % du territoire de la Bosnie-Herzégovine. Poète mégalomane, persuadé de son destin planétaire, Radovan Karadzic ignorait la manœuvre pragmatique de son mentor et continuait à rêver d'un État serbe indépendant sur les deux tiers de la Bosnie-Herzégovine. Pour lui, les Serbes avaient gagné la guerre et pouvaient imposer les conditions de la paix. Ils n'avaient plus besoin de négocier secrètement avec Zagreb ni de faire des concessions à la communauté internationale. « Pas un seul dirigeant de la République serbe ne survivra politiquement à l'abandon de 20 % de notre territoire », confiait, à l'époque, Momcilo Krajisnik, le bras droit de Radovan Karadzic. Encouragé par Dobrica Cosic, Radovan Karadzic se posa en rival de Slobodan Milosevic et lui contesta se place de guide de la nation serbe. Il promit alors de faire la Grande Serbie, avec ou sans le consentement de Belgrade, et prôna l'unification des États serbes autoproclamés en Bosnie-Herzégovine et en Croatie. Dobrica Cosic, l'instigateur du Mémorandum, qui occupait alors la présidence de la Fédération serbo-monténégrine, pensait que l'heure était venue d'évincer Slobodan Milosevic et de réaliser, sans lui, le projet grand-serbe. Slobodan Milosevic ordonna la mise à pied de l'académicien, destitué quelques jours plus tard, en juin 1993, par le Parlement fédéral au cours d'une procédure expéditive. Radovan Karadzic essuyait, quant à lui, un premier coup de semonce avec la mutinerie de Banja Luka. En septembre 1993, plusieurs unités de l'armée bosno-serbe prenaient le contrôle de bâtiments publics et formaient avec le soutien d'officiers un état-major de crise appelé « septembre 1993 ». Ils réclamaient, déjà, l'arrestation des profiteurs de guerre au sein du pouvoir, une taxation des commerces les plus lucratifs au profit de l'effort de guerre, une augmentation de leurs soldes, des élections anticipées et la démission du gouvernement de Pale. Expression d'un réel malaise au sein de l'armée, cette crise qui s'acheva sans heurt au bout du septième jour avait été fomentée par les membres de l'état-major du général Mladic à l'instigation de Belgrade. Elle fit éclater au grand jour plusieurs affaires de corruption impliquant des ministres bosno-serbes. Son régime fragilisé, Radovan

Karadzic adoptait, quelque temps, un profil bas. Mais la rupture était déjà consommée.

Mladic aux ordres

Depuis, la politique de Milosevic avait consisté à isoler cet affidé pressé de s'affranchir d'un maître servi jadis avec zèle. En novembre 1993, l'homme fort de Belgrade rognait les ailes de ses faucons et jetait l'opprobre sur Vojislav Seselj, l'un des plus ardents soutiens de Pale. Le 4 août 1994, il coupait les vivres à Radovan Karadzic, rappelant que la guerre avait déjà coûté 5 milliards de dollars à la Serbie et qu'il n'était pas disposé à sacrifier son pouvoir pour financer les lubies de son ingrate créature [46]. Le président de la Serbie joua alors la carte Mladic. Le commandant en chef de l'armée bosno-serbe, qui avait soustrait la Krajina au contrôle de Zagreb avant de se faire le maître d'œuvre du sanglant nettoyage ethnique mené en Bosnie, était resté aux ordres et à la solde de Belgrade. À l'instar de Radovan Karadzic, il avait épousé la doctrine de la haine pour se propulser sur le devant d'une scène qui, jusque-là, lui était restée inaccessible. Entré dans l'armée à l'âge de quinze ans, Ratko (Martial, en serbe) Mladic n'était à quarante-huit ans qu'un colonel, ballotté d'une garnison à l'autre, de la Macédoine au Kosovo jusqu'à Knin. Là-bas, au sein d'une armée encore hésitante et toujours multiethnique, il se mit au service de la Grande Serbie sans rechigner à effectuer les sales besognes. L'année suivante, il obtenait le grade tant rêvé de général et devenait commandant en chef de l'armée bosno-serbe. Après avoir comparé la cocarde des milices tchetniks à la croix gammée et vénéré Tito, il troquait son étoile rouge contre le képi des officiers serbes de l'armée royale et sa « mère Yougoslavie » contre la Grande Serbie, sans laquelle, disait-il, « les Serbes se sentiraient comme du bétail destiné à l'abattoir ». Brutal et arrogant, le général au regard d'acier qui rasait les villes et faisait de la chasse aux Musulmans son occupation favorite objectait : « Ce n'est pas un crime de défendre son peuple, c'est une sainte mission. » Et d'ajouter : « Les frontières ont toujours été tracées dans le sang et les États bornés par des tombes. »

Ratko Mladic et Radovan Karadzic ne s'appréciaient guère. Lorsque, sur ordre de Belgrade, il avait pris le commandement de l'armée bosno-serbe, Mladic avait immédiatement demandé aux dirigeants de Pale de se placer sous sa tutelle et de ne prendre aucune décision politique sans le feu vert de la direction militaire [47]. Fort de sa légitimité populaire, Radovan Karadzic avait alors refusé. Depuis, Ratko Mladic n'avait cessé de lui rappeler que la « République serbe » était son œuvre à lui et aucunement celle de Pale [48]. Les deux hommes avaient fini par trouver un modus vivendi en s'ignorant autant qu'ils le pouvaient. L'un contrôlait l'appareil politique, l'autre l'appareil militaire, disposant ainsi d'assez de pouvoir pour assouvir leurs ambitions. Les deux hommes partageaient la même volonté de prendre leur revanche sur une société qui les avait dédaignés ou insuffisamment choyés. Orphelin de père dès l'âge de deux ans, Ratko Mladic avait passé son enfance dans un petit village des montagnes herzégoviniennes avant de rejoindre, comme pupille de la nation, Belgrade et l'académie militaire.

Radovan Karadzic était né, deux ans plus tard, dans un village perdu des montagnes monténégrines toutes proches, dans une famille stigmatisée pour son passé tchetnik. Fuyant l'isolement familial, il s'installait à Sarajevo et entamait de longues études de médecine qui le conduisirent à la psychiatrie. Avide de reconnaissance, ce spécialiste de la névrose et de la dépression, qui occupait ses nuits d'insomnie à écrire des poèmes, aurait voulu entrer dans les cercles littéraires de Sarajevo. Mais l'élite intellectuelle méprisa ce grand gaillard récitant des poèmes aussi sombres que médiocres. Il finit tout de même par publier quatre recueils, laissant derrière lui des vers prémonitoires : « Je suis né pour vivre sans tombeau, ce corps humain ne mourra jamais, il n'est pas né seulement pour sentir les fleurs mais aussi pour incendier, tuer et tout réduire en poussière. » Parce que l'élite intellectuelle l'avait méconnu, il se lança en politique et devint le héraut d'un nationalisme outrancier. Joueur invétéré, expert du double langage et du mensonge, Radovan Karadzic se livra, avec un plaisir affiché, à des débauches de violence verbale qui s'avéreront tout aussi meurtrières que les canons serbes du général Mladic. Enivré par l'âcre saveur de la revanche, il joignit le geste à la parole et mit l'appareil politique qu'il dirigeait au service du nettoyage ethnique.

Vénéré à l'égal d'un dieu par ses hommes parce qu'il les conduisait dans les offensives, dormait sous la tente et partageait leurs gamelles, Ratko Mladic aspirait à inscrire à tout jamais ses conquêtes dans les livres d'Histoire. Pour assouvir sa soif de vengeance et de gloire, Radovan Karadzic voulait son royaume et Sarajevo pour capitale.

Radmilo Bogdanovic, le chef de la police de Milosevic qui l'avait mis en selle en 1990, constatait : « Lorsque la République serbe a commencé à prendre forme, quand [Radovan Karadzic et la direction de Pale] ont commencé à voyager un peu partout et que la communauté internationale les a traités en interlocuteurs, leur demandant leur avis ou négociant directement avec eux, la communication est devenue de plus en plus difficile[49]. »

L'idéologue et le stratège militaire auraient pu s'allier contre Slobodan Milosevic et prévenir l'abandon de Knin. Ils auraient alors changé le cours de l'Histoire en réalisant une véritable Grande Serbie ou, au contraire, en suscitant une intervention militaire occidentale, à l'image de celle déclenchée cinq ans plus tard contre la Serbie. Ratko Mladic n'était pas, cependant, l'aventurier cherchant à tout prix à profiter des avantages qui agrémentent la vie des puissants tel Radovan Karadzic. Les petits plaisirs de l'existence semblaient le laisser froid. Il ne connaissait que l'armée et la discipline. Or la hiérarchie militaire bosno-serbe et son commandant étaient sous la férule de Belgrade. Le général Mladic n'avait jamais rendu de comptes à Radovan Karadzic. L'armée bosno-serbe et l'armée de la mini-Yougoslavie disposaient d'un système de commandement intégré. Le général Mladic recevait ainsi ses ordres de Belgrade et n'obéissait qu'à un seul chef suprême, le président de la Serbie. En août 1994, Slobodan Milosevic intima néanmoins à son général de choisir entre devenir le « de Gaulle serbe » ou « le commandant d'une armée tchetnik vaincue ». Ratko Mladic ne sera ni l'un ni l'autre, mais il continua à exécuter les ordres de Belgrade à la lettre. Quelques semaines plus tard, il entamait la dernière phase de sa campagne de conquête et modifiait par la force des armes la carte du Groupe de contact. Slobodan Milosevic pouvait alors rassurer son entourage : « Mladic est avec nous à 200 %. » Le blocus sur la Drina allait être sélectif, constamment violé pour alimenter les forces du général Mladic, hermétique pour Radovan Karadzic et ses partisans. Dès lors, l'affrontement entre l'appareil politique bosno-serbe et la hiérarchie militaire ne cessera de s'intensifier.

Milosevic, le recours

Slobodan Milosevic prépara la mise à pied de Radovan Karadzic. Le 12 décembre 1994, il expliquait à l'un de ses visiteurs : « Les Serbes ne peuvent pas revendiquer plus de la moitié de la Bosnie. Moi, j'ai atteint mon but et je veux me consacrer à la paix. Ceux de Pale ont complètement perdu la tête. J'ai décidé d'organiser leur éviction mais je dois, pour cela, passer par leur Parlement. Quarante-trois députés suffisent pour détenir la majorité. Je suis en contact avec nombre d'entre eux. Je reçois aujourd'hui dix-sept députés de la région de Banja Luka. Ce sont les plus raisonnables et ils vont me permettre de renverser [la direction de Pale]. Ensuite nous pourrons accepter le plan du Groupe de contact. Je suis d'accord pour que les enclaves [de Bosnie orientale] reviennent aux Serbes en échange de territoires dans l'ouest de la Bosnie. Ensuite, les Serbes en Bosnie formeront une confédération avec la Serbie. Cela ne posera pas de problème car tout le monde est d'accord. Les Russes mais aussi les Américains, même s'ils ne veulent pas le dire ouvertement [50]. » Un mois plus tard, il insistait : « Karadzic est politiquement mort. Il y aura bientôt des élections en République serbe — et il ne fera pas plus de 12 %. Le peuple va l'éliminer, personne ne le soutient, ni chez lui ni à l'étranger. Les Serbes ne peuvent pas demander plus de la moitié de la Bosnie et Sarajevo ne peut pas être une ville serbe [51]. » Dès la fin de l'été 1994, Slobodan Milosevic avait cherché à se rallier les députés bosno-serbes hostiles au jusqu'au-boutisme de Radovan Karadzic et favorables à un règlement du conflit. Le 30 décembre, sept députés du SDS de la région de Banja Luka et du nord de la Bosnie entraient en dissidence et formaient un groupe parlementaire indépendant conduit par Milorad Dodik [52]. Qualifiée de « schisme » à Pale, cette scission fragilisa Radovan Karadzic mais n'entraîna pas la réaction en chaîne qu'escomptait Slobodan Milosevic. Son rival se maintenait au pouvoir tandis que le processus diplomatique s'enlisait.

Slobodan Milosevic avait sous-estimé Radovan Karadzic. Mais même contesté par ses propres alliés, presque dépassé par les événements, le président de la Serbie restait implacable. Il savait tirer profit des situations de crise et celle-là, la première interne à la communauté serbe depuis le début de la guerre, lui avait finalement permis de modifier sensiblement son image sur la scène diplomatique internationale. De dirigeant inflexible et cynique toujours prompt à s'asseoir sur ses engagements, celui que la presse occidentale surnommait désormais « le boucher des Balkans », Slobodan Milosevic s'imposait de nouveau en partenaire incontournable d'une solution négociée, presque en homme de paix. Rusé, il avait laissé la communauté internationale assister à la montée en puissance de ce front grand-serbe autour de Radovan Karadzic pour convaincre les chancelleries qu'il était le seul « recours » contre les extrémistes. Fin septembre, il touchait les premiers dividendes de cette politique : les sanctions internationales contre son pays étaient partiellement levées pour une durée probatoire de 100 jours [53]. La Serbie mise au ban des nations commençait lentement à sortir de l'isolement international et Slobodan Milosevic s'imposait en interlocuteur fréquentable. Le blocus sur la Drina se révélait un argument de négociation efficace. Mais s'il savait jeter du lest, il ne renonçait jamais véritablement à ses objectifs. Pendant que Pale et Belgrade affichaient publiquement leurs désaccords, Slobodan Milosevic préparait l'après-guerre et consolidait son pouvoir en Serbie. Il éliminait un à un les détracteurs percés à jour au sein de son régime et dressait la liste des boucs émissaires qui allaient endosser à sa place la responsabilité d'une guerre qui avait ruiné son pays et que les Serbes n'allaient ni perdre ni gagner.

Après le refus de Radovan Karadzic, le Groupe de contact tenta de surmonter les divisions et d'imposer son plan au prix de quelques aménagements. En novembre 1994, il proposait un plan B qui, à l'initiative de la France et de la Grande-Bretagne, octroyait à l'entité serbe de Bosnie-Herzégovine le droit de se confédérer à la Serbie. Il fut pareillement rejeté par Pale. La cohésion des Cinq ne résista pas au nouvel enlisement de l'action diplomatique. Les uns insistèrent pour jouer pleinement la carte Milosevic et modifier le plan de paix en faveur des Serbes. Les autres misèrent sur l'isolement de la direction de Pale et le renforcement militaire des Croates et des Bosniaques.

Pendant ce temps, le général Mladic se lançait à l'assaut de Bihac, l'enclave à l'extrémité nord-ouest du pays que le plan des Cinq prévoyait d'élargir au sud et à l'est au profit de la Fédération croato-musulmane et où vivaient plus de 200 000 personnes, parmi lesquelles un cinquième de réfugiés, rescapés du nettoyage ethnique. Le 21 novembre, les troupes serbes entraient dans les faubourgs de la ville même de Bihac. L'OTAN déclenchait de nouvelles frappes. Le général Mladic prenait de nouveaux casques bleus en otages. L'OTAN, une nouvelle fois paralysée, ne pouvait modifier la situation militaire. Sa crédibilité était mise à mal. Finalement, en décembre, la neige arrêta le général Mladic tandis que les Occidentaux n'étaient pas parvenus à s'entendre sur une politique commune au service de laquelle serait le recours à la force.

Petits arrangements secrets

Le processus diplomatique au point mort, Belgrade et Zagreb décidaient, à l'automne, de reprendre leurs négociations secrètes en vue d'un règlement global du conflit, à leur convenance. Les discussions portaient sur la réintégration des territoires arrachés par les Serbes à la Croatie en 1991 et sur l'aménagement de la carte du plan du Groupe de contact. Les dirigeants serbes et croates souhaitaient une redistribution des territoires afin de partager la Bosnie-Herzégovine en deux ensembles plus cohérents, délimités par des frontières mieux adaptées à la perspective d'un rattachement pour les uns à la Croatie, pour les autres à la Serbie. En novembre, Zagreb et Belgrade convenaient d'échanger les enclaves musulmanes de l'est de la Bosnie contre des territoires tenus par les Serbes à l'ouest du pays. Les Serbes abandonneraient aux Croates le flanc ouest de la Bosnie, un territoire à la frontière de la Croatie, adossé à la Krajina alors sous contrôle des Serbes de Croatie. L'accord préfigurait ainsi l'abandon de Knin à la Croatie et tendait à faciliter l'annexion de la Fédération croato-musulmane à la Croatie. En contrepartie, les Serbes garderaient les territoires dévolus aux Croates par le plan du Groupe de contact dans la vallée de la Save, au nord de la Bosnie, à l'exception d'Orasije, une petite enclave tenue par le HVO sur la rive gauche de la Save et reliée directement à la Croatie. Les accords négociés depuis la rencontre entre Slobodan Milosevic et Franjo Tudjman à Karadjordjevo allaient ainsi servir de base à un règlement de paix qu'ils s'efforceraient de faire avaliser par la communauté internationale.

Lors d'un entretien, le 18 novembre 1994, avec l'ambassadeur de Grande-Bretagne en Croatie, Gavin Hewitt, Franjo Tudjman expliqua : « Il n'y a pas d'autre solution que de permettre aux Serbes de Bosnie de se confédérer avec la Serbie. Dans sa forme actuelle, l'initiative du Groupe de contact sur la base 49/51 % n'est acceptable ni pour les Serbes ni pour les Musulmans. Les Serbes n'ont pas leur État, les Musulmans, quant à eux, n'ont pas l'État unitaire qu'ils souhaitaient. Le maintien de l'unité de la Bosnie, tel que les Musulmans le réclament, est une utopie. Aussi l'Europe et les

États-Unis doivent continuer de réfléchir, trouver une sorte de traité de Berlin [de 1878]. Les Serbes semblent disposés à renoncer à la Bosnie occidentale jusqu'à la rivière Vrbas s'ils obtenaient en contrepartie les enclaves de Bosnie orientale [54]. » Quelques jours plus tard, les forces croates de Bosnie soutenues par l'armée de Croatie s'emparaient du plateau de Kupres et donnaient le coup d'envoi à une offensive sur l'axe Livno-Grahovo, qui allait leur permettre de reprendre aux Serbes tous les territoires le long de la frontière croate jusqu'à Bihac.

Les chancelleries occidentales ne restèrent pas indifférentes à l'idée d'échanger les enclaves de Bosnie orientale qu'elles considéraient comme l'un des principaux obstacles à la paix. Empêchée par la communauté internationale de prendre Srebrenica et Gorazde, l'armée de Mladic s'était employée à rendre non viables ses poches musulmanes assiégées au point que la population, entassée, affamée, désœuvrée, privée d'eau et d'électricité, demanderait à être évacuée et qu'à terme le gouvernement de Sarajevo accepterait de les céder aux Serbes. Le Groupe de contact avait sciemment évité le piège serbe en élargissant le territoire sous contrôle bosniaque dans la vallée de la Drina. Mais, après le rejet de leur plan par les Serbes, Russes et Européens reconnaissaient que leur suppression était « la solution la plus réaliste ». À l'automne 1994, les États-Unis, qui jusque-là contestaient la moralité d'un tel marchandage, demandèrent aux dirigeants croates de plaider auprès de leurs alliés musulmans en faveur de l'abandon des enclaves [55]. Toutefois, aucun gouvernement occidental n'était prêt à défendre officiellement cette option, de crainte d'être tancé par des opinions publiques généralement opposées à tout compromis qui consacrerait la victoire du nettoyage ethnique en Bosnie-Herzégovine. Ainsi, les autorités de Sarajevo pouvaient-elles, encore quelque temps, résister aux pressions de plus en plus fortes.

L'ONU dans la tourmente

La reprise des hostilités en février 1995, après deux mois d'accalmie hivernale, avait relancé le débat sur l'éventuel retrait de l'ONU de Bosnie, évoqué depuis août 1994. Devant la situation de plus en plus intenable de leurs casques bleus, Londres et Paris avaient averti qu'ils ne maintiendraient pas leurs troupes en Bosnie un hiver de plus. Si la paix n'était pas rétablie d'ici là, les Américains seraient alors obligés de tenir leurs promesses et d'envoyer 20 000 hommes dans le bourbier balkanique pour encadrer le retrait. À l'approche des élections américaines de 1996, l'administration Clinton n'était pas prête à se laisser entraîner dans une opération aussi dangereuse qu'humiliante. Déterminée à conclure la paix avant la fin de l'année, elle décidait au mois de mai de reprendre en main la négociation. Ni les États-Unis ni les Européens ne souhaitaient, pour autant, imposer une solution par la force. Le chemin de la paix passait, dès lors, par un compromis avec Slobodan Milosevic. Robert Frasure, l'envoyé spécial de Bill Clinton en Bosnie, partit pour Belgrade à la recherche d'un terrain d'entente. L'assouplissement des sanctions, voté fin septembre, n'avait pas modifié la situation économique en Serbie. La population, d'abord satisfaite, avait vite déchanté. La Serbie exsangue était devenue une véritable bombe à retardement. Slobodan Milosevic craignait des troubles sociaux, l'inexorable effritement de son pouvoir s'il ne pouvait pas mettre fin rapidement à l'isolement international de son pays. « J'ai besoin de la levée de l'embargo, je suis prêt à payer le prix », concédait-il à ses interlocuteurs étrangers depuis le début de l'année.

Robert Frasure arriva aux premiers jours de mai à Belgrade avec la ferme intention de convaincre le président serbe de reconnaître la Bosnie-Herzégovine en échange d'une suspension de l'ensemble des sanctions internationales pour une période probatoire de 200 jours [56]. Slobodan Milosevic accepta d'en discuter et convia son hôte américain quelques jours dans le pavillon de chasse du domaine de Karadjordjevo, loin des oreilles indiscrètes. Le président serbe confirma sa volonté de faire la paix et de reconnaître la Bosnie-Herzégovine dans ses frontières. Mais il savait Washington pressé de parvenir à un accord et tenta d'obtenir beaucoup plus. Il exigea la levée définitive des sanctions, la reconnaissance internationale de la petite Yougoslavie qu'il avait créée en 1992, le siège vacant de l'ancienne Yougoslavie au sein des instances internationales et une aide financière substantielle pour remettre à flot l'économie de son pays, ruinée par l'effort de guerre et les sanctions. Mais ses exigences ne s'arrêtaient pas là. Il revendiquait également les trois enclaves de Bosnie orientale et l'officialisation de la « République serbe » en tant qu'entité serbe autonome de la Bosnie-Herzégovine. Le 18 mai, Robert Frasure repartait pour Washington avec la conviction que, le temps jouant contre lui, Slobodan Milosevic finirait par faire des concessions. « Il faut le considérer comme un chef de la mafia, fatigué de contrôler le trafic de drogue dans le Bronx, qui aspirerait à se retirer à Palm Beach pour se consacrer à la spéculation en bourse », ironisait le diplomate [57]. L'administration américaine jugea néanmoins les revendications de Belgrade excessives. Après une nouvelle rencontre avec Slobodan Milosevic le 3 juin, la mission de Robert Frasure s'achevait sur un échec. Au grand dam des Européens qui faisaient dépendre le maintien de leurs troupes en Bosnie de l'issue des pourparlers Frasure-Milosevic.

Encouragé par Slobodan Milosevic qui n'avait pas réussi à consolider ses conquêtes par la voie diplomatique, le général Ratko Mladic reprenait les armes lourdes dans les points de regroupement sous surveillance de l'ONU autour de Sarajevo. Depuis le début du printemps, le général savait que les Serbes étaient en train de perdre l'avantage. Son armée fatiguée, démotivée, dispersée sur 1 500 kilomètres de front, devait désormais affronter deux adversaires redevenus alliés, déterminés à en découdre et de mieux en mieux équipés. Le général Mladic se rangea à l'avis de Belgrade : le temps jouant contre eux, les Serbes devaient conclure la guerre d'ici l'été. Le 22 mai, ses hommes faisaient irruption dans un centre de regroupement d'armes lourdes contrôlé par les casques bleus français et s'emparaient des chars et des canons qui s'y trouvaient. Le lendemain, ils récidivaient dans d'autres points et soumettaient la capitale bosniaque à d'intenses bombardements. Puis ils interdisaient l'accès des enclaves aux convois de ravitaillement, laissant les populations assiégées, déjà épuisées par la malnutrition, sans nourriture et les casques bleus sans aide logistique. Le général britannique Rupert Smith, qui avait succédé au général Michael Rose à la tête de la Forpronu en Bosnie-Herzégovine, ordonnait les 25 et 26 mai des raids aériens de l'OTAN contre des dépôts de munitions près de Pale, la « capitale » bosno-serbe. Contrairement à son prédécesseur, le général Smith considérait que l'arme aérienne n'était pas une autre forme de gesticulation mais bien une force de dissuasion contre les Serbes. Le général Mladic s'inquiéta de ce changement de ton. Sa riposte fut immédiate. Quelques heures après la première frappe, l'artillerie serbe bombardait les six zones de sécurité. En début de soirée un obus s'abattait dans le centre de Tuzla où des jeunes s'étaient rassemblés. 71 personnes, dont la plupart avaient moins de vingt-cinq ans, furent tuées. Smith ne recula pas. Mais quelques heures après le deuxième raid de l'OTAN, les Serbes prenaient plus de 300 casques bleus en otages.

Pour achever au plus vite leurs conquêtes, les dirigeants serbes devaient neutraliser le dispositif qui lentement mais sûrement avait fini par se mettre en place en Bosnie-Herzégovine, depuis l'ultimatum de l'OTAN de février 1994. Face à l'opposition européenne au *lift and strike* américain — levée de l'embargo sur les armes en faveur des forces bosniaques et frappes aériennes contre les Serbes — justifiée par la vulnérabilité des casques bleus au sol, les États-Unis avaient encouragé secrètement le réarmement des Bosniaques et des Croates et réclamé des actions plus fermes contre les forces serbes qui menaçaient les zones de sécurité de l'ONU. Depuis 1994, les bombardiers de l'OTAN se tenaient prêts sur les bases aériennes italiennes et étaient déjà intervenus à cinq reprises dans le cadre d'opérations, certes circonscrites, mais qui avaient montré aux Serbes que la présence des casques bleus n'excluait plus les frappes aériennes [58]. Toutefois, Slobodan Milosevic continuait à miser sur les dissensions de plus en plus fortes entre Washington et Paris pour faire obstacle aux bombardements de l'OTAN. Les gouvernements français et britannique dénonçaient la situation impossible dans laquelle se trouvaient les forces de l'ONU censées maintenir une paix qui n'existait pas, aidant, comme elles le pouvaient, les populations civiles à survivre, mais risquant à chaque instant d'être reprises en otages, sans avoir la capacité de se défendre. Paris et Londres accusaient les Américains, absents sur le terrain, de se donner le beau rôle en voulant intervenir « au-delà de dix mille mètres d'altitude » comme le disait François Mitterrand. Le 24 mai, à la veille de la frappe, le général français Bernard Janvier, qui commandait depuis le début de l'année la Forpronu en ex-Yougoslavie, s'était d'ailleurs rendu à New York pour dénoncer devant le Conseil de sécurité la situation « totalement intenable » des casques bleus en Bosnie. Lors d'une réunion à huis clos, il avait expliqué qu'à défaut de renforts les troupes étaient trop vulnérables pour qu'on puisse recourir à des frappes aériennes sans craindre de possibles représailles sur les soldats de l'ONU. L'usage de la dissuasion aérienne, « seule arme puissante dont nous disposons », nécessitait selon lui un regroupement préalable des troupes les plus isolées. Il préconisait en conséquence un retrait des enclaves de Bosnie orientale, zones de sécurité à la charge de l'ONU qu'il jugeait « indéfendables ». « Faute de paratonnerre efficace, éloignons-nous des zones où tombe la foudre », avait-il insisté. Mais le Conseil de sécurité avait rejeté son plan : il n'y aurait ni renforcement ni retrait des troupes au sol. Les Serbes pouvaient continuer de se jouer de la vulnérabilité de la Forpronu et de l'inanité de son mandat.

Le général Smith préconisa la poursuite des frappes, ne voyant dans cette prise d'otages qu'un nouveau « bluff » de Mladic. L'officier britannique avait sans doute raison lorsqu'il jugea exclu que le général sous la férule de Belgrade joue avec la vie des otages et s'expose ainsi à une intervention musclée de l'OTAN au moment où Slobodan Milosevic appelait à la paix et était sur le point de faire avaliser le partage de la Bosnie-Herzégovine. Mais le général Janvier, son supérieur hiérarchique, ne partageait pas la même analyse. La majorité des otages étaient français. Et les images humiliantes des légionnaires hissant le drapeau blanc et des casques bleus canadiens enchaînés à des pylônes, fournies par la télévision de Pale, avaient fait basculer les Occidentaux. S'il s'avéra rapidement que ces otages avaient été humiliés à dessein et qu'aussitôt les prises de vues terminées ils furent détachés et correctement traités, aucun gouvernement n'osa, face à des opinions publiques choquées par ces images, risquer la vie de ces 324 hommes. L'ingénieuse opération de propagande serbe avait été un succès. Le jour même, la France, la Grande-Bretagne et le Canada, dont les casques bleus étaient entre les mains des Serbes, annoncèrent l'arrêt des frappes aériennes.

Le représentant du secrétaire général de l'ONU en ex-Yougoslavie, Yasushi Akashi, foncièrement opposé au recours à la force, s'empressa de souligner que les événements de ces derniers jours avaient « démontré l'inefficacité des frappes aériennes ». Le 29 mai, Rupert Smith recevait une missive confidentielle de Janvier, son commandant en chef : « L'exécution du mandat passe après la sécurité du personnel de l'ONU. [...] Nous devons éviter toute action qui pourrait conduire à de nouveaux affrontements, à une escalade supplémentaire de tensions et au recours aux frappes aériennes. » Le message du général français était assorti de nouvelles directives privant le général Rupert Smith du droit de faire appel à l'OTAN. Désormais toute demande de frappe aérienne devait recevoir le feu vert du secrétaire général de l'ONU, Boutros Boutros-Ghali en personne. Dans ce nouveau dispositif, la décision appartenait *de facto* à Yasushi Akashi et Bernard Janvier, les mandataires civil et militaire de l'ONU en ex-Yougoslavie.

Les jours suivants, les forces serbes massaient de nouvelles troupes autour de Srebrenica et s'emparaient d'un poste d'observation tenu par les casques bleus néerlandais à l'extrême sud de l'enclave. Au cours de l'attaque, deux soldats de l'ONU étaient blessés. Le commandant du bataillon hollandais à Srebrenica, le colonel Ton Karremans, demandait aussitôt le soutien aérien de l'OTAN pour protéger ses hommes. Mais sa requête était rejetée.

Le 3 juin, Bernard Janvier, de retour de New York, se rendait à Zvornik pour rencontrer secrètement le général Mladic, l'homme qui tenait plus de 300 de ses soldats en otages. À l'Hôtel Vidikovac, qui surplombait la Drina, le général bosno-serbe soumit un document au commandant français : « L'armée de la République serbe [de Bosnie] ne fera plus usage de la force, ni ne menacera la vie et la sécurité des membres de la Forpronu. La Forpronu s'engagera à ne plus recourir à des frappes aériennes contre les cibles et le territoire de la République serbe. La signature de cet accord aura pour effet immédiat la libération des otages. » Janvier ne signa pas. Il n'en avait pas besoin. En refusant le plan qu'il avait proposé à New York, les diplomates onusiens avaient *de facto* entériné cet accord à sa place. Lorsqu'il présenta le papier de Mladic à Yasushi Akashi, celui-ci souligna : « La Forpronu s'en tiendra aux principes stricts de maintien de la paix. » En clair, il n'y aura plus de frappes. L'ONU venait de se priver de la seule force de dissuasion face aux Serbes. Trois jours plus tard, 111 otages étaient libérés.

Le 9 juin, Janvier et Akashi convoquaient le général Rupert Smith dans le port croate de Split. « Nous ne sommes plus en mesure de recourir au soutien aérien de l'OTAN tant que nous avons des soldats au sol. Qu'on le veuille ou non, les Serbes contrôlent la situation », expliqua le général Janvier à son subordonné avant d'ajouter que l'usage de la force risquait par ailleurs « de compromettre le processus politique en cours ». Le général Rupert Smith rétorqua : « Je reste convaincu que les Serbes veulent conclure la guerre cette année et qu'ils sont prêts à prendre tous les risques nécessaires pour y parvenir. [...] Ils veulent neutraliser l'OTAN et l'ONU, le temps de combattre les Musulmans. » Depuis le mois de mars, l'officier britannique annonçait comme inévitable une attaque serbe sur les trois enclaves musulmanes de Bosnie orientale. Le rapport des observateurs militaires de l'ONU signalant le 2 juin l'arrivée des milices d'Arkan aux abords de

Srebrenica renforçait cette analyse. Mais Bernard Janvier resta sourd à ces arguments : « Les Serbes veulent une reconnaissance internationale et un allégement du blocus. J'espère que ces conditions seront remplies rapidement compte tenu de l'urgence de la situation. Je pense que les Serbes savent combien le contexte politique leur est favorable. Ils ne chercheront pas à aggraver la crise, au contraire ils veulent changer d'attitude et montrer qu'ils sont des interlocuteurs valables. C'est pour cela que nous devons leur parler, pas négocier mais leur montrer combien il est important d'avoir une attitude normale. » Contraint de se soumettre, Rupert Smith lança néanmoins : « Si nous ne sommes pas prêts à nous battre, nous perdrons toute crédibilité aux yeux de l'armée bosno-serbe. C'est dangereux car nous sommes dans la même situation qu'à Mogadiscio, les Serbes ne nous considèrent plus comme des soldats de la paix. » Au lendemain de cette réunion, Slobodan Milosevic affirmait avoir reçu en haut lieu l'assurance qu'il n'y aurait plus de frappes. Le 13 juin, 118 otages supplémentaires étaient libérés. Le 17 juin, il rencontrait à Belgrade Yasushi Akashi et lui confiait : « Jacques Chirac m'a informé qu'il n'y aurait plus de frappes aériennes sans le consentement de la France. » Le mandataire civil de l'ONU ne protesta pas du contraire. Les derniers otages étaient relâchés. Slobodan Milosevic avait neutralisé le dispositif militaire de la communauté internationale.

Contre-attaque bosniaque

Pendant ce temps, l'armée bosniaque avait lancé une offensive de grande envergure visant à briser le siège de Sarajevo. Depuis des mois, l'état-major bosniaque préparait en secret l'opération. Le 21 mars, il avait demandé à Naser Oric et à dix-huit de ses officiers de quitter Srebrenica et de rejoindre Tuzla pour participer aux préparatifs. Depuis les enclaves de Bosnie orientale, les unités bosniaques devaient appuyer l'offensive pour la libération de Sarajevo. Et si celle-ci réussissait, le deuxième corps de l'armée bosniaque, basé à Tuzla, profiterait de la déroute serbe pour effectuer une percée dans la vallée de la Drina et faire la jonction avec les unités de Srebrenica et de Gorazde. L'armée bosniaque imposerait ainsi par la force la carte du Groupe de contact. Les experts militaires occidentaux savaient l'opération vouée à l'échec. Ils estimaient qu'une action de cette ampleur nécessitait au moins 40 000 hommes bien entraînés et bien équipés, des chars, des pièces d'artillerie et un soutien aérien. L'armée bosniaque avait les hommes mais pas la logistique. Washington ne chercha pas à la dissuader d'entreprendre une aventure aussi périlleuse. Si elle réussissait, les dirigeants de Pale seraient contraints de s'asseoir à la table des négociations avant de subir une nouvelle débâcle. En revanche, si elle échouait, le gouvernement de Sarajevo n'aurait plus d'autre choix que d'échanger les enclaves contre la périphérie de Sarajevo. D'une manière ou d'une autre, l'opération contribuerait à débloquer le processus diplomatique. L'armée bosniaque déclencha l'offensive le 15 juin. Quatre jours plus tard, les combattants de Srebrenica et de Zepa recevaient l'ordre de harceler les positions serbes afin de susciter la panique chez l'adversaire et de l'obliger à se disperser sur plusieurs fronts pendant que le premier corps de l'armée bosniaque desserrerait l'étau autour de Sarajevo. Le 26 juin, 200 hommes s'infiltraient à cinq kilomètres à l'intérieur des lignes serbes et attaquaient puis brûlaient le village de Visnja. Mais à Sarajevo, la bataille était déjà perdue depuis plusieurs jours.

Jusqu'alors divisée, l'administration américaine consentait à accorder aux Serbes les enclaves de Bosnie orientale. Pendant l'offensive bosniaque autour de Sarajevo, Slobodan Milosevic avait menacé de remettre en cause l'accord serbo-croate sur lequel reposait l'ensemble du processus de paix si les Serbes n'obtenaient pas les enclaves. En clair, la Krajina de Knin retournerait sous souveraineté croate quand Srebrenica, Zepa et Gorazde seraient serbes. Depuis l'échec de la mission Frasure, le président de la Serbie n'avait cessé de durcir le ton. Plus question de céder Sarajevo à la Fédération croato-musulmane comme il le proposait, il réclamait désormais la moitié de la capitale bosniaque et son aéroport. Washington redoutait l'opération d'extraction des casques bleus, il en précipitait l'échéance par une prise d'otages. L'homme clé de la paix sur lequel les Occidentaux avaient misé se rétractait. Mis au pied du mur par l'arrogance martiale de leur interlocuteur privilégié, les Occidentaux devaient choisir entre les enclaves et la pleine coopération de Belgrade à un règlement de paix.

Srebrenica sacrifiée

Le 17 juin, les services de renseignements américains interceptaient une conversation téléphonique entre le général Ratko Mladic, le chef de l'armée bosno-serbe, et son homologue à Belgrade, le général Momcilo Perisic. Au téléphone, les deux généraux planifiaient une importante opération militaire contre la zone de protection de l'ONU de Srebrenica. De ces conversations qui devinrent presque quotidiennes, il ressortait clairement que l'initiative venait de Belgrade et que l'opération serait placée sous le commandement du chef d'état-major de la VJ, l'armée aux ordres de Slobodan Milosevic. Les avions U2 américains avaient par ailleurs fourni des photographies confirmant le déploiement et le regroupement de chars et de troupes serbes aux abords de Srebrenica [59]. Mais ces informations, tout comme les rapports des observateurs militaires de l'ONU sur le terrain remis au général Janvier et faisant état de l'arrivée des milices et de la multiplication des passages de camions-citernes en provenance de Serbie vers la région de Srebrenica, furent gardées secrètes.

Le 6 juillet à 5 heures du matin, les casques bleus néerlandais étaient réveillés à la base de Potocari par le bruit sourd des bombardements. Deux heures plus tard, des obus s'abattaient sur le poste d'observation fox-trot dans le sud-est de l'enclave. Les soldats hollandais lancèrent un appel radio au poste de commandement du bataillon. 429 casques bleus hollandais soumis également au blocus serbe avaient été déployés pour défendre une enclave au lieu des 7 000 prévus en 1993 lorsqu'elle fut décrétée « zone protégée » par l'ONU. Pendant les cinq jours que dura la conquête de Srebrenica, les chars serbes progressèrent de manière parfaitement orchestrée jusqu'aux portes de la ville. Depuis le mont Tara, de l'autre côté de la frontière, en Serbie, le général

Momcilo Perisic et le général Mladic supervisaient les opérations. Les casques bleus hollandais étaient désormais sous le feu direct des Serbes. Le lieutenant-colonel Ton Karremans réitérait sa demande de soutien aérien. Au QG de Zagreb, le général Janvier opposait une nouvelle fin de non-recevoir. Il assurait que les Serbes n'avaient pas l'intention de conquérir l'enclave mais de prendre seulement une portion de route au sud-est afin de relier des villages serbes isolés et de les protéger des brutalités vengeresses des hommes de Naser Oric. L'intervention de l'OTAN était donc inutile. En fait, Bernard Janvier ne faisait qu'appliquer les directives. Il devait se débarrasser de l'enclave et se débrouiller pour gérer la chose le mieux possible. C'était à lui qu'incombait cette tâche. Yasushi Akashi se reposait sur la côte dalmate. La moitié de son état-major était partie soudainement en congé, à la veille de l'offensive serbe. Dont deux Américains et un Britannique. Et à Belgrade, l'ancien premier ministre suédois et tout nouveau médiateur de l'Union européenne, Carl Bildt, rencontrait Slobodan Milosevic pour tenter de remettre le processus de négociation sur les rails. Les Serbes avaient bien reçu le feu vert des grandes puissances.

« Nul n'ignorait que les Serbes cherchaient à prendre l'enclave », confiera sous couvert de l'anonymat un haut responsable du renseignement militaire français, « mais nous n'avions pas prévu les massacres. Des autobus et des camions attendaient depuis plusieurs jours à la frontière avec la Serbie. Nous savions qu'ils procéderaient à un transfert massif de population. Mais nous n'imaginions pas les massacres. Les bus étaient là... » En sacrifiant Srebrenica sur l'autel de la paix, les gouvernements occidentaux avaient oublié les menaces sans cesse proférées par Ratko Mladic et ses hommes contre la population masculine de l'enclave. Ils avaient aussi omis de voir qu'avec les bus, des pelleteuses et des bulldozers avaient été acheminés près du théâtre des opérations. Que plusieurs milliers de miliciens serbes, les Tigres d'Arkan, les Bérets rouges et d'autres supplétifs habituellement engagés dans les opérations de nettoyage ethnique, attendaient également à la frontière.

Ramiz Becirovic, qui avait pris le commandement de l'enclave après le départ de Naser Oric, savait que les Serbes ne se laisseraient pas voler la victoire une nouvelle fois. Qu'ils iraient jusqu'au bout. Avec ses quelque 4 000 hommes armés de simples fusils, deux chars et quelques pièces d'artillerie sous clé de l'ONU, il ne pouvait pas défendre l'enclave. Il misa tous ses espoirs sur une intervention de l'OTAN. Après tout, Srebrenica était une zone de sécurité sous la responsabilité de l'ONU. Le 11 au matin, alors que les forces serbes menaçaient d'entrer en ville, la population entière scrutait le ciel dans l'attente de frappes de l'OTAN. Dans la nuit, le lieutenant-colonel Karre mans avait averti ses hommes et les autorités de Srebrenica que l'OTAN interviendrait si les Serbes ne s'étaient pas retirés avant l'aube. Ramiz Becirovic s'était replié avec ses hommes et une partie de la population sur les hauteurs au nord de la ville, loin des lignes serbes et en dehors de la zone d'action de l'OTAN. Le jour s'était levé mais les avions tant attendus n'avaient toujours pas fait leur apparition. Vers 11 heures, l'artillerie serbe bombardait à nouveau la ville. Les civils qui n'avaient pas encore rejoint le village de Potocari se précipitèrent sous les bombes sur la route, en direction de la base du bataillon hollandais. Au même moment, à Zagreb, le général Janvier et Yasushi Akashi, qui venait de rentrer de week-end, expliquaient par téléphone à Slobodan Milosevic la différence entre un soutien aérien destiné à détruire les pièces d'artillerie qui tireraient sur les casques bleus et des frappes aériennes visant à empêcher les assaillants d'avancer. Le président rétorqua : « Je doute que Mladic fasse la différence. Les forces des Nations unies à Srebrenica risquent d'être prises pour cibles [par les Serbes]. » À midi, le général Janvier autorisait l'intervention de l'OTAN qu'il avait jusque-là refusée. L'ordre était clair : les avions de l'Alliance ne frapperaient que les pièces d'artillerie ouvrant le feu sur les positions de l'ONU. Avant l'arrivée des avions, les Serbes avaient lancé l'assaut final. Les responsables de Srebrenica comprenaient alors que les casques bleus étaient en train d'abandonner l'enclave aux Serbes. Désespérés, les hommes cherchèrent leur salut dans la forêt. Les familles se séparèrent : les hommes tenteraient de rejoindre à pied les territoires bosniaques, les femmes, les enfants et les vieillards, les blessés et tous ceux qui n'étaient pas en mesure de parcourir à pied 65 kilomètres jusqu'à Tuzla se réfugieraient dans la base de l'ONU dans l'espoir d'être évacués sous protection internationale. Une colonne de 12 000 personnes, des hommes pour la plupart, quelques femmes aussi, s'enfonça dans les collines boisées. À 14 h 30, lorsque les avions de l'OTAN survolèrent Srebrenica, la ville était aux mains des Serbes. Les appareils bombardèrent deux cibles, détruisant un char serbe. Depuis la ville voisine de Bratunac, les quelques casques bleus hollandais faits prisonniers au début de l'offensive serbe furent sommés d'appeler leur base : si les frappes se poursuivent, les Serbes exécuteront les otages. Les frappes étaient stoppées. À 16 h 30, Yasushi Akashi annonçait la chute de Srebrenica et ordonnait au bataillon de l'ONU de négocier son retrait. Ratko Mladic, en vainqueur gonflé d'orgueil, lançait à ses hommes : « À la veille d'une grande fête serbe, nous offrons cette ville au peuple serbe... Le moment est venu de prendre notre revanche contre les Turcs de cette région. »

Le lendemain, les soldats serbes procédaient, sous les yeux des officiers et des soldats néerlandais, à un abominable tri des 30 000 personnes qui s'étaient réfugiées à la base de l'ONU, dans le village de Potocari. Les femmes, les enfants et les vieillards furent, pour la plupart, déportés vers Tuzla. Les autres furent emmenés puis exécutés. Les blindés serbes s'engagèrent sur la route qui longeait entre Srebrenica et Konjevic Polje les forêts empruntées par la colonne de fuyards. Les unités spéciales serbes commençaient une chasse à l'homme qui dura plusieurs jours. Plus de la moitié des hommes furent pris en embuscade ou exécutés sur le chemin. Les autres parvinrent à rejoindre les lignes bosniaques après des jours de marche à travers des bois jonchés des cadavres de ceux qui avaient péri dans les embuscades ou sous les bombardements. Certains errèrent pendant des semaines, voire des mois, avant de trouver leur route vers la liberté.

Les massacres qui suivirent la chute de Srebrenica ne relevèrent pas d'un acte de folie meurtrière suscitée, comme l'affirma le général Mladic, par la soif de vengeance des soldats serbes locaux dont les familles avaient été tuées au cours de la guerre par les forces bosniaques. Les massacres d'au moins 8 000 hommes, civils pour la plupart, se firent de manière organisée et planifiée. Ils se déroulèrent sur quatre jours, simultanément dans toute la région. Des autobus et des camions, immatriculés en Serbie, attendaient sur la route, prêts à transporter les hommes faits prisonniers vers des lieux de regroupement puis vers les sites d'exécution où des pelleteuses et des bulldozers avaient été acheminés pour enfouir les cadavres dans le sol. Les messages radio alors interceptés parlaient de « tri », transmettaient l'ordre de « tuer tout le monde, je ne veux pas de vivants », « détruisez-les », « tuez-les lentement » ou « pas d'exception, il ne faut pas de témoin ». Un an jour pour jour après l'entrée des forces serbes à Srebrenica, Ratko Mladic et Radovan Karadzic étaient inculpés de génocide par le Tribunal pénal international.

Soucieuse avant tout du processus de paix, la communauté internationale refusa d'envisager l'implication de Belgrade dans l'infamie de Srebrenica. Pourtant Slobodan Milosevic avait autorisé le général Perisic à planifier puis à superviser depuis la Serbie les opérations, envoyé sur place des troupes de son ministère de l'Intérieur et fourni l'essence, les munitions, les bus et les bulldozers. Pourtant il avait laissé le général Mladic se « venger des Turcs » et franchir, presque au grand jour, le seuil de l'insupportable parce qu'il méprisait au point de lui faire tout subir une communauté internationale capable, après tant d'humiliations, d'autant de renoncements.

Le 15 juillet, Yasushi Akashi, Carl Bildt et Thorwald Stoltenberg, le médiateur des Nations unies pour l'ex-Yougoslavie, se rendaient à Belgrade. À l'heure où des officiers payés par Belgrade ordonnaient l'élimination systématique des hommes de Srebrenica, ils demandaient à Slobodan Milosevic d'organiser une rencontre secrète avec le général Ratko Mladic, le maître d'œuvre de cette politique génocidaire. Le bataillon hollandais en charge de Srebrenica n'avait pas été autorisé à se retirer. 450 soldats néerlandais étaient alors retenus en otages dans la base de Potocari. Leur libération passait avant toute autre considération. Le général Mladic décida de satisfaire leur demande. Six jours plus tard, lorsque ses hommes eurent achevé leur sinistre besogne, le bataillon batave était finalement autorisé à quitter l'enclave. Le 17 juin, Bill Clinton réunissait dans son bureau ovale ses principaux conseillers pour préparer une nouvelle initiative diplomatique. Les massacres de Srebrenica n'avaient pas modifié les priorités des Occidentaux.

Pendant ce temps, les troupes serbes resserraient l'étau autour de Zepa. Nul doute que la petite enclave au sud-est de Srebrenica qui abritait 15 000 personnes et ne disposait que de 69 casques bleus, des Ukrainiens, était leur prochaine cible. Mais pour les Occidentaux, il était déjà trop tard. Zepa ne serait pas sauvée. Janvier ordonna aux soldats ukrainiens de quitter leurs postes d'observation et de se mettre à l'abri. « Nous ne pouvons faire de la défense de Zepa notre objectif », déclara-t-il, refusant de faire appel à l'appui aérien de l'OTAN pour secourir cette « zone de protection » de l'ONU. Ni la libération des otages néerlandais de Srebrenica arrivés à Zagreb à l'aube le 24 juillet, ni même les rapports confidentiels affirmant, sur la base des récits de survivants, qu'une bonne partie des hommes capturés à Srebrenica avaient été exécutés, ni même les images satellites saisies par les avions espions et qui corroboraient ces informations ne devaient convaincre les Occidentaux de reconsidérer leur refus de faire appel aux avions de l'OTAN. Le 21 juillet, ils s'étaient réunis à Londres pour faire le point après la chute de Srebrenica. Ils s'étaient alors engagés à recourir à des frappes aériennes massives pour défendre l'enclave de Gorazde. La « Déclaration de Londres » entérinait implicitement l'abandon de Zepa mais elle marquait aussi un tournant. Les Occidentaux venaient de se résoudre à changer leur dispositif sur le terrain.

Le 26 juillet 1995, les forces serbes prenaient le contrôle de la petite bourgade et évacuaient les personnes restées sur place. Le lendemain, le commandant bosniaque de la zone, qui s'était replié dans les montagnes avec 3 000 hommes et une partie de la population civile, capitulait. Craignant de nouveaux massacres, les Occidentaux avaient demandé à Slobodan Milosevic d'imposer au général Mladic la présence d'observateurs occidentaux à Zepa. Mais ils n'en informèrent pas leur opinion publique, choquée par la chute de Srebrenica et prompte à dénoncer la complicité de leur gouvernement. Une unité spéciale française et deux officiers de renseignement américains rejoignirent Zepa dans le plus grand secret afin de surveiller les évacuations et de prévenir de nouveaux massacres. Début août, les femmes, les enfants et les vieillards étaient déportés vers Tuzla sans incident majeur. Les hommes qui n'avaient obtenu aucune garantie de sécurité en dépit de la présence internationale refusèrent de se rendre au général Mladic et marchèrent à travers bois vers la Bosnie centrale, distante de près de 85 kilomètres. 800 sur les 3 000 choisirent de traverser la Drina voisine et de se constituer prisonniers en Serbie afin d'échapper à la mort. Les autorités de Serbie ne les accueillirent pas comme des réfugiés. Ils furent jetés en prison, battus et mal nourris. Lorsque Slobodan Milosevic obtint l'assurance qu'ils ne retourneraient pas en Bosnie et qu'ils seraient évacués hors de l'ex-Yougoslavie, il les relâcha.

La fin des enclaves musulmanes

Déterminés à imposer les conditions de la paix, les Serbes poursuivirent leur ultime campagne de conquête. Le 19 juillet, alors qu'ils déclenchaient l'attaque contre Zepa, à l'autre bout du pays d'autres troupes enfonçaient les lignes bosniaques à Bihac et s'emparaient de 100 kilomètres carrés en une journée. La chute de la ville paraissait imminente. Contrairement à Srebrenica, Bihac avait, aux yeux des Occidentaux, une importance stratégique. Sa chute aurait indéniablement renforcé la Krajina et compromis l'offensive que les Croates s'apprêtaient à lancer pour reconquérir Knin. Une opération planifiée de longue date et préparée avec l'appui de 76 instructeurs militaires américains. Le 23 juillet, Franjo Tudjman et Alija Izetbegovic se rencontraient à Split pour signer un pacte de défense commune. Le lendemain, une partie des unités destinées à l'attaque contre Knin passèrent en Bosnie et se dirigèrent sur l'enclave de Bihac. Le 29 juillet, Glamoc et Bosansko Grahovo, deux villes stratégiques sous contrôle serbe reliant, au sud de Bihac, Knin à Banja Luka, capitulaient. À l'initiative des Américains, l'armée croate avait été chargée d'écarter l'offensive serbe sur Bihac et d'en briser l'encerclement avant de reprendre la Krajina. À l'issue de leur opération éclair de l'autre côté de la frontière, les forces croates tenaient Knin prisonnière dans leur étau. La Krajina tombait le 5 août. Le lendemain, l'enclave de Bihac était libérée et désormais directement reliée à la Fédération croato-musulmane de Bosnie-Herzégovine.

Toutes les enclaves musulmanes en territoire serbe avaient été éliminées. À l'exception de Gorazde qui abritait 60 000 personnes et quelque 5 000 soldats mieux armés qu'à Srebrenica. Slobodan Milosevic revendiquait l'enclave mais, face à la détermination des Occidentaux à la défendre en cas d'attaque serbe, il choisit de l'obtenir à la table des négociations. Le processus diplomatique était remis sur les rails. L'initiative américaine reprenait les acquis du plan du Groupe de contact mais proposait des frontières plus simples et la disparition des enclaves. Un plan qui cautionnait le génocide de Srebrenica et qui abandonnait Gorazde aux Serbes, mais qui, aux yeux des pragmatiques, pouvait apporter une solution stable au conflit. Le 9 août, Anthony Lake, président du Comité national de sécurité et conseiller spécial de Bill Clinton, entreprit une tournée européenne pour présenter son projet. Les Européens saluèrent la volonté des États-Unis de s'investir dans le processus de paix mais se montrèrent plutôt rétifs face aux mesures coercitives envisagées. Les Américains proposaient de recourir à des frappes aériennes massives si les Serbes ne coopéraient pas à la résolution du conflit, et d'étendre à Sarajevo, Bihac et Tuzla le concept adopté à Londres pour défendre Gorazde. Paris et Londres allaient finir par se rallier à l'option musclée américaine à laquelle ils étaient jusque-là opposés et plaidèrent en faveur d'une action combinée de l'aviation de l'OTAN et de la Force de réaction rapide au sol. Cette force de 12 000 hommes équipés de chars, d'artillerie lourde et d'hélicoptères d'assaut et destinée à protéger les casques bleus en Bosnie avait été créée le 3 juin, en pleine crise des otages, à l'initiative du nouvel hôte de l'Élysée, Jacques Chirac, avec la Grande-Bretagne. Début août, les premiers contingents de la FRR arrivaient près de Sarajevo. Le 14 août, le sous-secrétaire d'État américain Richard Holbrooke regagnait les Balkans avec pour mission de mener la négociation. Il se rendit d'abord à Zagreb et à Belgrade puis à Sarajevo.

La nouvelle carte, version simplifiée du plan du Groupe de contact, divisait la Bosnie-Herzégovine entre une Fédération croato-musulmane sur 51 % du territoire et une entité serbe bosniaque sur 49 % du territoire. Mais l'accumulation de preuves sur les massacres à Srebrenica avait poussé Washington à reconsidérer l'échange de Gorazde contre la partie sous contrôle serbe de Sarajevo. Après une modification de dernière minute, l'ultime enclave de Bosnie orientale restait sous contrôle de la Fédération croato-musulmane, et le projet de réunification de Sarajevo sous l'autorité bosniaque était maintenu. En contrepartie, les Serbes conservaient le corridor dans le nord de la Bosnie reliant, au niveau de Brcko, l'est et l'ouest de leurs territoires. Le plan de paix prévoyait, en outre, la reconnaissance mutuelle de la Croatie, de la Bosnie-Herzégovine et de la République fédérale de Yougoslavie. Pendant que Richard Holbrooke faisait la navette entre les trois capitales, les Serbes de Bosnie subissaient d'importants revers à l'ouest du pays. Dès la fin de l'hiver, les forces croates et bosniaques avaient lancé une double offensive dans l'ouest du pays et repris une large bande de territoires le long de la frontière avec la Croatie jusqu'à Bihac. Elles ne se limitaient plus à un grignotage tactique et toujours réversible faute d'armement lourd. La violation de l'embargo sur les armes et l'alliance renouée entre les deux armées avaient finalement modifié le rapport de forces. Même si elles avaient des canons et des munitions, les forces bosno-serbes manquaient d'hommes pour tenir des lignes étirées sur près de 1 500 kilomètres. Interdites d'aviation par l'OTAN et sans renforts de Belgrade, elles étaient désormais incapables de résister à des assauts massifs. À la mi-août, les forces croates étaient à 30 kilomètres de Banja Luka et menaçaient la place forte serbe. Les Serbes contrôlaient alors à peine 60 % du territoire bosniaque. Les cartes du plan de paix étaient sur le point de se concrétiser sur le terrain. Impatient d'obtenir la levée des sanctions internationales, pressé aussi de conclure avant que l'armée bosniaque ne cherche dans une option militaire radicale à empêcher la partition du pays, Slobodan Milosevic acceptait un compromis qui impliquait la reconnaissance de la Croatie mais surtout de la Bosnie-Herzégovine, l'État qu'il avait rayé de la carte et qu'il appelait depuis « l'ancienne Bosnie-Herzégovine ».

Le coup de grâce

Slobodan Milosevic savait irréalisable, pour l'heure, son rêve de mettre fin à l'État bosniaque. Il accepta donc l'initiative américaine qui, tout en affirmant l'intégrité territoriale de la Bosnie-Herzégovine, consacrait la partition ethnique du pays et avalisait internationalement son entreprise criminelle de conquête et de nettoyage ethnique. Ce plan, plus que tous les précédents, satisfaisait l'essentiel de ses revendications. Le territoire attribué aux Serbes formait désormais un ensemble cohérent, à l'exception de Gorazde. Les cartes simplifiées offraient des lignes de partage stables qui inévitablement se transformeraient un jour en frontières. Les Musulmans bosniaques, placés sous protectorat croate, étaient confinés sur un réduit coincé entre des territoires homogènes, serbes d'un côté, croates de l'autre, comme le prévoyait l'accord secret conclu entre Belgrade et Zagreb. Slobodan Milosevic était ainsi assuré de l'adhésion des dirigeants croates et de celle résignée des Bosniaques qui, isolés, n'auraient d'autre choix que de jouer le jeu de la négociation. Radovan Karadzic restait le seul obstacle à une solution négociée. Slobodan Milosevic décidait de lui porter le coup de grâce.

Depuis plusieurs mois, le spectre d'un coup d'État planait sur Pale. En avril, le général Mladic avait réclamé au Parlement bosno-serbe les pleins pouvoirs, arguant des conséquences catastrophiques des dissensions serbes sur les capacités de défense des Serbes de Bosnie mais aussi de Croatie. Craignant une nouvelle initiative du général Mladic, Radovan Karadzic annonçait, le

4 août, en pleine offensive croate contre la Krajina, qu'il userait désormais de ses prérogatives de commandant suprême des forces bosno-serbes, et destituait *de facto* Ratko Mladic. Le général inféodé à Belgrade ignora la menace. Jamais, depuis le début de la guerre, le président de la « République serbe » autoproclamée n'avait eu le moindre ascendant sur la hiérarchie militaire bosno-serbe. Ratko Mladic avait constitué un état-major composé de dix-huit généraux, tous issus des services de contre-espionnage de l'ex-armée yougoslave, qui fonctionnait indépendamment de la direction de Pale. Belgrade réaffirma son soutien inconditionnel au général Mladic, qualifié d'« homme de paix », et s'empressa d'attaquer Radovan Karadzic et les dirigeants de Pale, les accusant une fois de plus d'avoir « sacrifié la cause serbe au nom de leur pouvoir et de leur enrichissement personnel ». Le 19 août, une rumeur de putsch fit le tour de la Serbie affirmant que le général Mladic avait pris les commandes à Pale. Deux jours plus tard, Radovan Karadzic réapparaissait à la télévision de Pale pour couper court à la rumeur. Mais du haut de son petit royaume d'opérette, le roi était nu. Slobodan Milosevic serait maître du sort de la République serbe.

Le 28 août dans la matinée, un obus s'abattait sur le marché couvert du centre de Sarajevo. 37 personnes étaient tuées sur le coup et 48 blessées. Depuis la réunion de Londres, les Occidentaux avaient changé leur dispositif sur le terrain. Les postes isolés avaient été évacués, le retrait des 6 000 casques bleus britanniques de Gorazde s'achevait, l'artillerie lourde de la FRR était en position sur le mont Igman, en surplomb de Sarajevo, les casques bleus avaient cessé d'être les cibles faciles des représailles serbes. Le principal obstacle à l'intervention de l'aviation de l'OTAN avait été levé et l'heure n'était plus au bluff. Pour la première fois depuis le début de la guerre, les Occidentaux s'étaient mis en ordre de bataille. Le 30 août, avant l'aube, les avions de l'OTAN bombardaient Pale, la capitale autoproclamée des Serbes de Bosnie. L'opération « Force délibérée » (Deliberate Force) avait commencé. Pendant trois jours, l'OTAN, soutenue par l'artillerie de la FRR, pilonna les positions serbes autour de Sarajevo. La réponse des Occidentaux était d'une ampleur inusitée, leur volonté politique inébranlable, l'ultimatum précis. Ratko Mladic devait lever le siège de Sarajevo qu'il tenait impunément depuis trois ans et demi ou être bombardé sans répit. L'OTAN lui accorda quarante-huit heures pour retirer ses armes lourdes autour de la capitale bosniaque. Mladic ne céda pas. L'intervention militaire massive menée conjointement par l'OTAN et par la FRR, en application des résolutions de l'ONU restées jusque-là lettre morte, reprit le 5 septembre. Les systèmes de communication serbes, les dépôts d'armes et de carburant, les principaux postes de commandement furent sérieusement endommagés. En même temps, Bosniaques et Croates poursuivaient, avec le feu vert des Américains, leur offensive conjointe en Bosnie occidentale. L'armée serbe battait en retraite, perdant en l'espace d'une semaine plus de 150 kilomètres carrés de territoire au sud de Banja Luka. Elle contrôlait désormais à peine 50 % de la Bosnie-Herzégovine. Décidé à mettre les Occidentaux dans l'impasse et à attendre que le consensus entre Washington, Londres et Paris se brise, le général Mladic exhorta les Serbes à ne pas céder malgré les 18 morts et les 56 blessés que les canons français déployés sur le mont Igman avaient infligés dans ses rangs. Mais l'heure n'était plus à l'épreuve de force. Belgrade, qui ne voulait pas perdre davantage de territoires en Bosnie-Herzégovine et risquer de fragiliser sa position à la table des négociations, rappela à l'ordre son fougueux général. Le 14 septembre, les Serbes de Bosnie capitulaient. Ratko Mladic et Radovan Karadzic acceptaient de retirer leurs armes lourdes autour de Sarajevo et de participer aux négociations de paix. Les jours suivants, le siège de Sarajevo, le plus long de l'Histoire moderne, était levé. Cette première intervention massive de l'OTAN dans la région avait porté ses fruits. Elle avait permis à Slobodan Milosevic de se débarrasser de l'encombrant Radovan Karadzic [60] et d'imposer aux Bosno-Serbes la carte de partage qui leur octroyait 49 % de la Bosnie-Herzégovine sans Sarajevo. Le général Mladic fut opportunément rappelé à Belgrade, officiellement pour y être opéré, laissant son armée achever de perdre sur le champ de bataille les territoires qu'il devait restituer. Grisé par ses victoires militaires et incapable de jouer le jeu de la paix, Ratko Mladic évitait ainsi l'humiliation de céder ses conquêtes dans les salons lambrissés d'une chancellerie occidentale.

À Banja Luka, la population serbe, prise de panique, commençait à plier bagage. Après la levée du siège de Sarajevo, elle pensait que les Occidentaux chercheraient à imposer une défaite aux Serbes. L'armée croate menaçait d'investir Banja Luka, la plus grande ville de Bosnie sous contrôle serbe, les forces bosniaques rêvaient de reprendre Prijedor et de se venger de l'infamie que les Musulmans y avaient endurée. L'armée bosno-serbe semblait au bord de la débâcle. Mais l'effondrement territorial du para-État serbe ne semblait pas inquiéter outre mesure Slobodan Milosevic qui, à Belgrade, rencontrait Richard Holbrooke. Il avait accepté de perdre des territoires éloignés qui, à ses yeux, ne représentaient finalement qu'un intérêt limité dans la perspective du partage de la Bosnie-Herzégovine. Il pouvait laisser Franjo Tudjman se forger la légende de chef de guerre dont il avait tant besoin pour effacer sa déroute de 1991. Et même tolérer que son armée menace Banja Luka. Il savait que l'ancien général titiste ordonnerait aux troupes croates de se battre dans les limites du plan américain et surtout de l'accord secret conclu en novembre avec Belgrade. Slobodan Milosevic n'avait pas encore reconnu la Croatie dans ses frontières et ses séides tenaient toujours la Slavonie orientale. De fait, les troupes croates dissuadèrent leurs alliés bosniaques d'attaquer le fragile corridor de Brcko et de couper en deux l'entité serbe, et les empêchèrent d'avancer sur Prijedor. Ainsi l'armée bosno-serbe reculait là où Slobodan Milosevic le voulait bien. Ailleurs, elle continuait à tenir ses fronts. Lorsque l'offensive croato-musulmane ramena les conquêtes serbes à moins de 50 % du territoire bosniaque, le président serbe demanda aux Américains de la stopper, allant jusqu'à leur proposer une riposte des troupes bosno-serbes s'ils ne parvenaient pas à raisonner leurs alliés. Le 5 octobre, Richard Holbrooke imposait un cessez-le-feu de deux mois. Une semaine plus tard, les combattants rangeaient leurs armes. La guerre touchait à sa fin.

La drôle de paix

Slobodan Milosevic ne protesta pas non plus pendant l'intervention aérienne contre les Serbes de Bosnie. Il ne s'y était pas trompé : elle n'était pas le choix de la guerre. La volonté politique des Occidentaux, qui jusque-là avait fait cruellement défaut, consistait non pas à faire justice et à empêcher le partage ethnique de la Bosnie-Herzégovine, mais à donner l'impulsion nécessaire et décisive à une négociation de paix, fondée sur les résultats de plus de trois années de nettoyage ethnique. L'opération militaire, engagée le 30 août, se limitait à la levée *manu militari* du siège imposé par les Serbes à Sarajevo. Slobodan Milosevic avait été informé, la veille, de ce recours à des frappes aériennes massives. Il n'avait pas annulé le rendez-vous qu'il avait le lendemain avec Richard Holbrooke. Pour la première fois depuis le début de la guerre, la presse de Belgrade aux ordres n'avait pas contesté l'origine serbe de l'obus meurtrier sur le marché de Sarajevo. Elle l'avait clairement imputé au « lobby guerrier » de Pale et qualifié d'« acte barbare et antiserbe [61] ». Slobodan Milosevic lâcha alors à son entourage : « Je suppose que maintenant notre opinion publique a enfin, et une fois pour toutes, compris pourquoi, dans l'intérêt de l'ensemble du peuple serbe, nous avons réprouvé aussi sévèrement les dirigeants de Pale [62]. » Pendant les quinze jours que durèrent les frappes occidentales, Slobodan Milosevic, assuré du soutien de son opinion publique, continua de négocier, de pied ferme, les conditions de la paix. À l'ombre des bombes de l'OTAN, il arrachait d'importantes concessions.

Le 29 août dans la soirée, quelques heures seulement avant le déclenchement des frappes aériennes, les dirigeants de Pale cédaient à Slobodan Milosevic leur place à la table des négociations. Après avoir résisté pendant quatorze mois aux injonctions de Belgrade, Radovan Karadzic capitulait. Le président de la Serbie avait désormais toute latitude pour signer, au nom des Serbes de Bosnie, le plan de paix. Fort de cet atout majeur aux yeux des Occidentaux, il arracha, le 8 septembre à Genève, la reconnaissance officielle de l'existence de la Republika Srpska, la République serbe autoproclamée en Bosnie-Herzégovine et dirigée par deux hommes inculpés six semaines auparavant par la justice internationale de crimes contre l'humanité [63]. Réunis à Genève pour jeter les principes de base du futur accord de paix, Serbes, Croates et Bosniaques avaient décidé d'officialiser la « République serbe » en tant que composante de la Bosnie-Herzégovine, de l'autoriser à conserver sa Constitution et de lui octroyer, comme à la Fédération croato-musulmane, « le droit d'établir une relation spéciale » avec ses voisins. Belgrade remportait une importante victoire. Dès la première phase des pourparlers, l'intégrité territoriale de la Bosnie-Herzégovine tout juste réaffirmée était écornée par ces trois concessions majeures faites aux Serbes. Slobodan Milosevic avait désormais l'assurance que l'État bosniaque qu'il s'engageait à reconnaître après la signature de la paix ne sauvegarderait qu'une unité de façade. Mise en minorité par le soutien croate aux revendications serbes, la délégation bosniaque se résignait.

Le 29 août à Belgrade, Slobodan Milosevic avait préparé secrètement avec l'émissaire de

Franjo Tudjman la réunion de Genève. Ils avaient décidé de se soutenir lors des pourparlers et d'exiger l'égalité de statut pour les deux entités, de sorte que les concessions faites à l'un bénéficieraient à l'autre. Ainsi le maintien de la République de Bosnie-Herzégovine dans ses frontières, imposé par la communauté internationale, resterait de pure forme. « Nous allons régler le problème entre nous, sans la communauté internationale. Nous rattacherons chacun notre morceau de Bosnie. Mais il faut qu'à la Conférence [de paix] nous obtenions la symétrie des statuts entre les deux entités et que nous défendions, d'entrée, les mêmes positions. À la réunion de Genève, il ne sera pas nécessaire de parler des liens confédéraux [avec la Serbie et la Croatie] car nous risquerions de semer inutilement la zizanie. Notre priorité est d'obtenir la tenue d'une Conférence de paix où nous pourrons alors régler les questions importantes », expliqua Slobodan Milosevic à l'envoyé de Franjo Tudjman[64].

Le 1er novembre, Slobodan Milosevic, Franjo Tudjman et Alija Izetbegovic arrivèrent à Dayton, dans l'Ohio, pour discuter des accords de paix. La conférence fut organisée sur la base militaire de Wright-Patterson. Les hôtes étaient en résidence surveillée, de luxe, condamnés à travailler jour et nuit à la paix, reliés à l'extérieur par les seules lignes téléphoniques. Le président serbe, accompagné du ministre fédéral des Affaires étrangères, Milan Milutinovic, et d'une délégation de Bosno-Serbes dans le rôle de simples figurants, avait exigé une ligne directe avec son épouse, Mirijana Markovic. Tout au long des pourparlers, Slobodan Milosevic se montra très conciliant, à la grande surprise des négociateurs. Il renonça à

Gorazde et céda à la Fédération croato-musulmane un étroit corridor reliant l'enclave à Sarajevo, il accepta après quelques hésitations la réunification de Sarajevo sans véritables contreparties et consentit à soumettre la commune stratégique de Brcko à un arbitrage international plutôt que d'exiger son rattachement définitif à l'entité serbe. Il ne contesta pas aux Croates les territoires reconquis depuis le début de l'année sur le flanc de la Bosnie occidentale, et son homologue et complice de Zagreb se contenta de deux petites poches dans la vallée de la Save, Orasije et Odzak. Slobodan Milosevic voulait autant que les Américains aboutir à un accord de paix. Au point de se montrer si prodigue au cours de la négociation qu'il ramena, par inadvertance, l'entité serbe à 45 % du territoire bosniaque. Une erreur que les diplomates américains eurent bien du mal à rectifier, la délégation bosniaque répugnant à restituer ce qu'elle venait d'arracher aux Serbes. Franjo Tudjman s'empressa de rogner sur ses acquis pour sauver l'accord. Mais à l'issue de vingt et un jours d'âpres négociations, la partie bosniaque, grande perdante, opposait finalement une fin de non-recevoir. Sous la pression des Américains et la menace de Slobodan Milosevic et de Franjo Tudjman de signer la paix sans lui, Alija Izetbegovic s'inclina, reconnaissant ensuite avoir « avalé une potion amère mais utile ». Le 21 novembre, les accords de paix étaient paraphés. Ils seront ratifiés le 14 décembre 1995 à Paris.

Conciliant, Slobodan Milosevic l'avait été, mais seulement sur les questions relatives à la délimitation des frontières entre les deux entités. En somme, il avait en partie reculé sur la forme, nullement sur le fond. Le plan de paix signé à Dayton était un compromis. Il ne faisait pas de Slobodan Milosevic le champion de la Grande Serbie. Il lui offrait cependant une victoire politique. Un accord propre à assurer son maintien au pouvoir. Il avait atteint la plupart de ses objectifs. Srebrenica et Zepa restaient acquises aux Serbes. Ceux-ci, qui ne représentaient que 31,3 % de la population, se voyaient attribuer 49 % de la Bosnie-Herzégovine et l'État ethniquement pur qu'ils avaient imposé par la force des armes, des massacres et des déportations. Les Musulmans, qui représentaient avant-guerre 44 % de la population, étaient confinés sur 25 % du territoire et, *de facto*, placés sous protectorat croate au sein de la Fédération croato-musulmane. Les Croates, 17 % de la population d'avant-guerre, obtenaient 25 % du territoire avec l'ambition d'y régner sans partage. Les accords de Dayton consacraient le partage ethnique. La Bosnie-Herzégovine était maintenue dans ses frontières internationalement reconnues mais divisée en deux entités quasi souveraines, autorisées à établir des « relations parallèles spéciales » respectivement avec la Serbie et la Croatie. Tout l'échafaudage constitutionnel et juridique arrêté à Dayton favorisait la division politique et ethnique de l'État bosniaque et la paralysie de ses institutions. La Bosnie-Herzégovine d'avant-guerre était morte et enterrée, et l'État hybride qui renaissait des accords de paix ressemblait plus que jamais à l'entente secrète Milosevic-Tudjman. Au terme de quatre années de guerre, au prix de centaines de milliers de morts et de millions de déracinés, le régime de Milosevic avait créé sur plus de la moitié de la défunte Yougoslavie de nouveaux ensembles ethniquement homogènes [65]. En janvier 1996, les faubourgs sous contrôle serbe de Sarajevo étaient remis aux autorités bosniaques, vides de leur population. Comme en Krajina ou en Slavonie occidentale, 100 000 Serbes furent poussés à l'exode par leurs propres dirigeants, soucieux de repeupler Srebrenica et les campagnes baignées de sang de la vallée de la Drina. Une fois de plus, Belgrade arrachait des Serbes à leur terre afin de peaufiner les nouvelles cartes ethniques et d'empêcher la reconstitution d'espaces multiethniques à même de démentir, au fil des années, le mensonge érigé en postulat sur lequel était fondé son projet d'État-nation. De retour à Belgrade, Slobodan Milosevic célébra les accords de Dayton comme une grande victoire. La Fédération serbo-monténégrine savourait la levée des sanctions internationales. Il pensait alors qu'à terme il parviendrait à annexer cette République serbe contiguë à la Serbie et au Monténégro. Qu'une fois de plus le temps jouerait pour lui. Que l'incapacité de la communauté internationale à mettre en œuvre les dispositions pour le moins ambiguës sinon contradictoires des accords ferait rejaillir le doute sur la viabilité politique de l'existence d'une Bosnie-Herzégovine unifiée. Qu'au fil des mois le statu quo issu de la guerre se renforcerait et qu'au bout du compte la partition définitive de ce pays serait acceptée comme une fatalité. Tout en encourageant la nouvelle direction bosno-serbe à jouer le jeu de la communauté internationale pour bénéficier de l'aide financière indispensable à la reconstruction du pays, Slobodan Milosevic continua de favoriser un éclatement en douceur de la Bosnie-Herzégovine. Trois ans et demi après les accords de Dayton, la longue et lancinante partie de bras de fer avec une communauté internationale contrainte d'instaurer un semi-protectorat pour maintenir l'intégrité de la Bosnie-Herzégovine se poursuivait tandis que se figeait l'essentiel de la purification ethnique. Les extrémistes serbes étaient parvenus à chasser de chez eux, tuer ou emprisonner 90 % des 1,73 million de Musulmans et de Croates qui vivaient avant la guerre dans les territoires de l'actuelle République serbe. 90 % de la population serbe bosniaque avait quitté, parfois sous la contrainte, le plus souvent à l'appel de ses propres dirigeants ou par crainte de représailles, le territoire de la Fédération croato-musulmane. En 1999, 70 % de la population de Bosnie-Herzégovine d'avant-guerre ne vivait plus dans ses foyers. 96 % des habitants de l'entité serbe étaient serbes et les territoires respectivement contrôlés par les partenaires fédéraux étaient homogènes, à 96 % pour la partie croate et à 80 % pour la partie musulmane.

Ce ne fut qu'après Dayton que les Occidentaux admirent leur passivité à Srebrenica. Ils divulguèrent alors une partie des photos aériennes prises pendant les massacres, inspectèrent les charniers et reconnurent le génocide en inculpant Ratko Mladic et Radovan Karadzic. Mais s'ils participèrent ainsi à la prise de conscience d'une opinion publique restée d'abord incrédule face à l'ampleur des tueries, c'est qu'ils avaient la certitude que de tels massacres ne pouvaient plus se reproduire.

9

La tourmente

Au lendemain de Dayton, Slobodan Milosevic, sacré « faiseur de paix » par la communauté internationale, célébrait son triomphe. « Aux citoyens de la République serbe, je souhaite une glorieuse République serbe. [...] À ceux de Yougoslavie, je dis la guerre est désormais terminée. » La Serbie, promettait-il, entrait dans « une ère nouvelle », celle de la prospérité et de l'intégration dans l'Europe. Les sanctions internationales étaient levées, la population lasse de la guerre et épuisée par trois ans et demi d'embargo semblait soulagée. Sans complexe, les médias vantaient la paix comme « la victoire finale de la raison et de l'intelligence sur les forces de l'obscurantisme et de la destruction ». Fini les discours belliqueux, les slogans « La Serbie ne pliera jamais », « La Serbie peut vivre mille ans sous sanctions ». La télévision d'État accaparait l'attention d'une population déboussolée par les volte-face de son président avec des promesses d'avenir, d'ouverture sur le monde, de coopération avec un Occident jusqu'ici honni mais qui subitement devenait un partenaire. Un ministre ouvrait dans la capitale une pompe à essence luxueuse qu'il baptisait Dayton. Un groupe d'habitants de Nis, l'un des bastions du Parti socialiste serbe, appelait à la candidature de Slobodan Milosevic au prix Nobel de la paix. Les médias affichaient une soudaine dévotion à la paix et s'appropriaient le langage des opposants pacifistes, stigmatisés jusqu'ici comme traîtres.

Slobodan Milosevic restait convaincu qu'avec une télévision aux ordres tout pouvait être servi à ses concitoyens. Qu'un battage continuel suffisait à retourner l'opinion, qu'après sept ans d'exaltation nationaliste il pouvait créer la cohésion autour de l'illusion d'une possible démocratisation, qu'il pouvait effacer son échec à faire la Grande Serbie à coups de nouveaux mensonges, que des mots assenés sans relâche pouvaient occulter la triste réalité d'un pays en faillite et d'un pouvoir incapable d'offrir le moindre avenir à son peuple.

Le faiseur de paix

Pour l'incendiaire des Balkans métamorphosé en architecte de la paix, Dayton était une victoire. En signant avec lui les accords, la communauté internationale lui accordait une nouvelle légitimité dont il allait se servir pour consolider son pouvoir chez lui. Le spectre d'une inculpation que les Occidentaux avaient discrètement brandi à la veille des négociations disparaissait avec la signature des accords de paix. Les responsabilités directes de la Serbie dans la guerre et ses liens avec les groupes paramilitaires, mis en évidence, documents à l'appui, par Christiane Amanpour dans un documentaire sur Arkan diffusé début novembre 1995 par CNN, étaient jetés aux oubliettes. Slobodan Milosevic, l'homme clé sur lequel reposait désormais une bonne partie du fragile édifice élaboré à Dayton, était assuré de son immunité. En contrepartie, il s'était engagé à veiller à ce que Radovan Karadzic et Ratko Mladic ne fassent pas obstacle au processus de paix. Slobodan Milosevic finit par tenir ses promesses et les grandes puissances les leurs. Le 11 juillet 1996, le TPI était rappelé à l'ordre pour avoir annoncé publiquement qu'il demandait l'ouverture d'une enquête sur les responsabilités hiérarchiques et personnelles de Slobodan Milosevic dans la planification de la guerre en Bosnie-Herzégovine. La chambre d'accusation du Tribunal, qui inculpait ce jour-là Radovan Karadzic et Ratko Mladic de génocide et de crimes de guerre à Srebrenica, déclarait connaître l'existence du plan RAM et détenir des preuves de l'implication de Slobodan Milosevic, aux côtés de Radovan Karadzic, dans « l'exécution d'un plan conçu pour créer par la violence un nouvel État [serbe] ». Quelques heures plus tard, le Tribunal pénal international était sommé de démentir ces informations. Il nia en mai 1997 l'implication de la Serbie dans la guerre en Bosnie-Herzégovine lors du procès de Dusko Tadic, l'un des gardiens du camp d'Omarska [1]. Puis, fin 1997, il garda secrète l'inculpation de Zeljko Raznjatovic-Arkan, un homme qui se savait déjà recherché par toutes les polices, pour ne pas inquiéter le maître de Belgrade. Pourtant, le dossier Arkan, maintenu sous scellés aujourd'hui encore, comportait inévitablement de nouveaux faisceaux de preuves contre Slobodan Milosevic...

En faisant de Slobodan Milosevic l'indispensable pivot du rétablissement de la paix, les Occidentaux liaient celle-ci à son maintien au pouvoir, oubliant que son régime constituait l'obstacle majeur à un règlement durable des conflits dans l'ex-Yougoslavie. Pendant les mois qui précédèrent et ceux qui suivirent la signature de Dayton, ils fermèrent les yeux sur toutes les dérives totalitaires du régime de Belgrade. Le muselage de la presse indépendante serbe, seule capable de mettre Slobodan Milosevic devant la réalité de son échec et de la ruine économique de la Serbie, et donc de démonter son discours sur la prospérité et l'avenir démocratique de la Serbie, ne suscita que quelques protestations d'usage. Le quotidien *Borba* et la télévision belgradoise Studio B, les deux principaux médias sur lesquels l'opposition au régime pouvait s'appuyer, disparaissaient dans la tourmente, mis *manu militari* sous contrôle du pouvoir. Slobodan Milosevic restait maître du jeu, conforté par un appareil répressif intact.

À Dayton, il avait refusé de traiter de la question du Kosovo, les Américains avaient obtempéré de crainte de voir leurs efforts de paix voler en éclats et de ranimer l'humeur guerrière d'un peuple serbe déjà réticent aux concessions faites par son leader en Bosnie-Herzégovine et en Croatie. Les efforts déployés par les leaders de la communauté albanaise pour internationaliser la question du Kosovo et mettre fin au régime d'apartheid que Belgrade avait instauré depuis la suppression de l'autonomie restèrent vains. Slobodan Milosevic était réhabilité par la communauté internationale en dépit de la répression policière ininterrompue qui régnait depuis au

Kosovo. Début 1990, Belgrade avait encore réprimé dans le sang les manifestations des Albanais en faveur de la levée de l'état d'urgence. Puis elle avait parachevé, de la manière la plus brutale, la reprise en main de la province. En juillet 1990, le Parlement et le gouvernement local étaient dissous, les émissions en langue albanaise de la radio et de la télévision de Pristina supprimées, *Rilindija*, le seul quotidien en langue albanaise, étouffé. À partir de l'automne 1990 commençait l'expulsion systématique des Albanais des postes de responsabilité dans les entreprises, les administrations, les hôpitaux, qui s'amplifia avec la dissolution de la police du Kosovo et le licenciement de tous les employés du service public et des universitaires albanais qui protestèrent par des mouvements de grève. La nouvelle loi sur l'enseignement, imposant au Kosovo les nouveaux programmes scolaires serbes fortement teintés de nationalisme et instaurant des quotas d'inscription dans les écoles, provoqua le licenciement de plus de 20 000 enseignants albanais et l'exclusion de 350 000 élèves et étudiants.

À la violence de l'État, les Albanais avaient répondu par la résistance non violente et la non-reconnaissance du nouveau pouvoir qui cherchait à remettre en cause non seulement leurs droits politiques mais leur statut social. En juillet 1990, ils créaient des institutions parallèles et proclamaient unilatéralement le 18 octobre 1990 la « République de Kosova » au sein de la Yougoslavie. Le régime d'exclusion généralisé qui les enfonçait dans la misère donna naissance à une société parallèle qui se mit progressivement en place à partir de 1991 sous la houlette de la Ligue démocratique du Kosovo (LDK), dirigée par l'écrivain Ibrahim Rugova. Les Albanais assurèrent alors la scolarisation des enfants dans des écoles clandestines, organisèrent une université clandestine, mirent en place un système de santé parallèle et développèrent une économie privée afin de répondre aux licenciements dans les emplois publics. Un système d'imposition parallèle, appliqué à tous les Albanais du Kosovo et de la diaspora, permit de financer ces dispositifs. Puis, en mai 1992, ils élurent clandestinement un président et un Parlement [2]. La stratégie de la LDK, qui prônait l'indépendance par des moyens pacifiques, était une réponse pragmatique à la politique serbe qui depuis le début ne laissait aux Albanais qu'une alternative : la guerre pour laquelle ils n'étaient pas prêts ou l'allégeance qu'ils ne pouvaient accepter de leur plein gré. Mais la résistance passive n'avait pas mis fin à la répression. Des dizaines de milliers d'Albanais avaient été interpellés par la police serbe, emprisonnés, souvent torturés. Les contrôles policiers dans les rues et les rafles, les perquisitions dans les appartements ou dans les villages caractérisaient la vie au Kosovo. L'espace de survie que les Albanais avaient réussi à construire était sans cesse menacé par la terreur administrative et policière serbe, poussant pendant ces années quelque 100 000 Albanais à l'exode.

Deux options pour le Kosovo

L'échec des dirigeants albanais à obtenir dans le cadre de la Conférence de paix sur l'ex-Yougoslavie et notamment à Dayton un règlement du statut du Kosovo marqua un tournant dans la vie politique kosovare. Les Albanais se sentirent trahis et abandonnés. La résistance passive soutenue autrefois par la majorité d'entre eux commença à être contestée et qualifiée d'« attentisme politique ». Des voix s'élevèrent pour dénoncer « le statu quo intenable » et appeler à une résistance plus active autour du slogan « Ni la guerre ni la capitulation ». Mais elles ne furent guère entendues. L'inévitable réactivation de la question du Kosovo par un régime serbe contraint de se replier sur la Serbie et la Fédération serbo-monténégrine, où la fin de la guerre en Croatie et en Bosnie-Herzégovine le confinait, cristallisa brusquement deux options radicalement opposées sur la scène politique kosovare. Les tenants de ces deux courants furent vite surnommés par certains journalistes albanais « les prisonniers de la paix » et « les prisonniers de la guerre ». Les premiers, regroupés autour d'Ibrahim Rugova, continuèrent de miser sur la seule action diplomatique pour obtenir autour du tapis vert l'indépendance du Kosovo, pendant que les seconds, conduits par des leaders de la diaspora, se préparèrent à la lutte armée. À la mi-février 1996, quelques mois seulement après Dayton, une organisation clandestine jusqu'alors inconnue, l'UÇK (Ushtria Çlirimtare e Kosovës), l'Armée de libération du Kosovo, se manifestait pour la première fois en revendiquant une série d'attentats à la bombe contre des postes de police. La population albanaise resta un temps incrédule, ne comprenant pas comment, dans le climat de répression systématique, une telle organisation militaire avait pu émerger. Née de l'impasse à laquelle avait finalement abouti la stratégie non violente d'Ibrahim Rugova, l'UÇK bénéficia sans doute du laxisme volontaire et ciblé d'un pouvoir serbe qui cherchait déjà un prétexte pour entreprendre « le règlement définitif » de la question du Kosovo. « Si les Albanais refusent de reconnaître la Serbie comme leur pays, s'ils en demandent un autre, alors nous devons les considérer comme des étrangers », disait, en septembre 1996, Radmilo Bogdanovic, alors président de la commission de défense et de sécurité auprès du Parlement serbo-monténégrin [3]. À la même époque, les amis de Dobrica Cosic publiaient les cartes de partage du Kosovo. À partir du printemps 1997, la répression des forces de Belgrade ne cessait de s'intensifier. Les autorités serbes justifièrent le renforcement du dispositif militaro-policier dans la province et le harcèlement des villages albanais de la Drenica par la lutte légitime d'un État contre des réseaux terroristes. Mais la répression brutale s'abattit aussi sur les étudiants albanais qui, à l'automne 1997, réinvestissaient la rue, pour la première fois depuis sept ans, et demandaient la réouverture de leur université.

En septembre 1996, Slobodan Milosevic avait donné de faux espoirs aux étudiants albanais et du même coup à la communauté internationale en signant, sous le patronage de l'association San Egidio de Rome, un accord sur l'enseignement prévoyant le retour des élèves et des étudiants albanais dans les établissements publics. Le président de la Serbie tenait à la levée définitive des sanctions, afin de libérer son régime des dernières pressions que la communauté internationale faisait encore peser sur Belgrade. Il obtenait gain de cause, fin octobre 1996. Absents depuis quatre ans de Belgrade, les ambassadeurs occidentaux regagnaient la capitale d'une République fédérale de Yougoslavie (RFY) désormais reconnue. Slobodan Milosevic estimait dès lors avoir les mains libres pour faire chez lui ce qu'il voulait, convaincu qu'au nom de la paix les Occidentaux ne s'ingéreraient pas dans les affaires intérieures de la Serbie.

Le besoin de guerre

Dès 1996, l'opposition serbe mit en garde : « Slobodan Milosevic a construit son pouvoir sur la guerre et ne pourra se maintenir au pouvoir qu'avec la guerre. » Plus encline à conspuer l'absence de démocratie et l'appropriation du pouvoir par Milosevic et son clan qu'à faire la critique du nationalisme grand-serbe, l'opposition ne pensait pas au conflit au Kosovo qui déjà s'ourdissait. Elle croyait d'abord à une guerre civile entre Serbes, entre un pouvoir en perte de légitimité prêt à user de la force brutale et son peuple qu'il avait plongé dans la misère. Un peuple qui, tôt ou tard, finirait par sortir de l'implacable apathie qui l'avait envahi pendant la guerre et par se soulever contre les inégalités et le pur arbitraire du dictateur. Le raidissement du régime, au lendemain de Dayton, inquiétait tous les opposants. Pendant plus de sept ans, Slobodan Milosevic avait maintenu la Serbie dans un état permanent de guerre, contre les Albanais du Kosovo d'abord, contre la Yougoslavie ensuite, puis contre ses voisins, pour renouveler un pouvoir autoritaire et empêcher la démocratisation du système. Le retour à la paix ouvrait la voie non pas à un assouplissement mais à une nouvelle bataille contre la démocratie. Cette fois à l'intérieur des frontières de la Serbie et de la Fédération serbo-monténégrine. Vuk Draskovic, le leader du Mouvement du renouveau serbe, écrivait dans une lettre adressée aux chefs de la diplomatie des cinq pays membres du Groupe de contact : « J'estime que la communauté internationale perd un temps précieux si elle compte pour rétablir une paix durable sur ceux qui ont commencé et mené la guerre, et si elle croit que les dictateurs peuvent se transformer en démocrates. » Personne ne voulut l'entendre, pas même la presse occidentale. Slobodan Milosevic ne s'inquiéta pas, assurant à son entourage que « la Maison-Blanche [était son] meilleur allié ».

Slobodan Milosevic avait survécu à l'effondrement du communisme, aux sanctions, à la guerre, à la défaite de la Grande Serbie telle que l'imaginaient ceux qui l'avaient suivi, à la ruine économique du pays qui n'affectait que la population. Mais sa cote de popularité s'était effondrée en Serbie. En mars 1996, elle atteignait à peine 18 % contre plus de 30 % deux ans auparavant. Il gouvernait d'une main de fer et n'avait pas l'intention de lâcher une miette du pouvoir à ses adversaires, encore moins d'affronter la réalité de son échec. Et s'il n'avait plus aucun argument pour justifier la dérive familiale de son pouvoir, son appropriation de la Serbie, son règne sans partage, il avait encore les moyens de l'imposer. Slobodan Milosevic ou « le dernier dictateur d'Europe », disait Vesna Pesic, la présidente de l'Alliance civique de Serbie (GSS), le seul parti d'opposition réellement attaché aux valeurs démocratiques. La drôle de dictature de Slobodan Milosevic, comme la drôle de guerre, jouait sur les apparences trompeuses.

Fondé au départ sur le consensus ouvert puis résigné de la population, le pouvoir n'avait pas besoin de recourir à la terreur pour se maintenir en place. Sauf au Kosovo. En Serbie, Slobodan Milosevic était élu démocratiquement, donc légitime aux yeux de l'Occident. Il tolérait une presse libre, même si elle était contenue dans des limites d'audience qui ne menaçaient pas le pouvoir et était étouffée à chaque fois qu'elle risquait d'en sortir. Tous les leaders de l'opposition au régime n'étaient pas en prison, même s'ils se retrouvèrent derrière les barreaux à chaque fois qu'ils gagnaient en puissance. Mais derrière cette façade démocratique que les autorités serbes ne cessaient de vanter devant la communauté internationale en disant qu'« à Belgrade, il y a plus de démocratie qu'à Zagreb », se cachait un pouvoir autoritaire que l'Occident ne stigmatisera que onze ans après sa mise en place. Slobodan Milosevic avait concentré tous les pouvoirs entre ses mains et constitué un réseau de l'ombre autour de sa police qui surveillait tous les segments de la société. Et il avait empêché l'émergence de personnalités politiques fortes.

Le système Milosevic

Dans sa Serbie, il n'y avait pas de numéro deux. Deux numéros un avec sa femme mais pas le moindre dauphin. Pour avoir lui-même poignardé son mentor, Slobodan Milosevic ne faisait jamais confiance à personne. « Il n'y a pas d'amitié en politique », disait-il souvent en privé. Le maître de Belgrade faisait et défaisait les responsables au gré de ses suspicions ou de ses revirements, rééquilibrant continuellement son entourage et ne laissant à personne une marge suffisante pour se constituer une assise populaire ou s'attribuer une parcelle de pouvoir. L'homme le plus puissant derrière Milosevic, si l'on devait en chercher un, fut sans doute, jusqu'à la fin 1998, le chef de la police secrète serbe, Jovica Stanisic. Un homme de l'ombre sans assise populaire comme la plupart de ceux qui survécurent au ballet incessant des personnes choyées puis rejetées par le régime. « Slobodan Milosevic fait tout, tout seul. Personne ne semble pouvoir influencer ses choix, hormis sa femme. Il est le maître et traite tout le monde en vassal. Jamais il n'a traité en partenaire avec un autre homme politique, qu'il soit dans son camp ou dans celui de l'opposition. Même son parti au pouvoir, il l'a transformé en une cour de serviteurs empressés », expliquait Kosta Cavoski, un opposant qui avait fait ses études à la faculté de droit en même temps que Slobodan Milosevic. « Ses collaborateurs ne sont que des instruments, pas des créateurs de la politique », ajoutait son biographe Slavoljub Djukic. Les purges succédaient aux purges au sein même du clan des fidèles, réduisant le noyau dur comme peau de chagrin. Slobodan Milosevic avait progressivement construit une structure pyramidale du pouvoir dont le sommet était désormais aux mains de la famille. Slobodan et Mira Milosevic, chacun chef d'un parti, le SPS et la JUL, l'Union des forces de gauche, créée en juillet 1994, servant de piliers au régime. Deux cours où se bousculaient désormais toutes les médiocrités de la Serbie dont le régime satisfaisait la cupidité pour mieux émousser leurs autres ambitions.

Grâce à ce système, Slobodan Milosevic exerçait un monopole absolu sur la politique mais aussi sur l'économie. Dès son arrivée au pouvoir, il avait accaparé le contrôle des entreprises et des banques d'État, confiées au clan de la famille en Serbie comme à étranger. L'homme qui n'aimait « ni l'argent ni le luxe, mais seulement le pouvoir » avait, là aussi, joué sur les apparences. Il avait commencé, dès 1989, à s'enrichir aux dépens de son peuple. Il ne s'était pas fait le dépositaire des valeurs véhiculées par le mythe du Kosovo seulement pour conduire son peuple à la guerre et assurer la pérennité de son propre pouvoir, mais pour le spolier. En 1989 donc, à l'apogée de l'euphorie nationaliste, il lançait l'« Emprunt pour le redressement économique » de la Serbie. L'idée venait de son ami et témoin de mariage, Miodrag Zecevic, le directeur général de la Banque franco-yougoslave de Paris que Roland Dumas, alors chef de la diplomatie, avait décoré de la Légion d'honneur à l'occasion du bicentenaire de la Révolution française. L'objectif de l'emprunt : collecter en Serbie et à l'étranger au sein de la diaspora environ 7 milliards de francs. En dépit du battage inouï qui faisait de toute personne refusant d'y souscrire un mauvais Serbe et des contributions obligatoires imposées aux petites entreprises, l'emprunt se solda par un échec. L'État serbe ne recueillit, au bout d'un an, que 500 millions de francs...

Slobodan Milosevic renonça alors aux mécanismes classiques de collecte des devises de la population. Début 1990, il recourut à l'émission frauduleuse de monnaie, délestant le budget fédéral d'une Yougoslavie déjà chancelante de 10 milliards de francs, puis gelait les dépôts en devises de la population, s'appropriant ainsi près de

30 milliards de francs. Lorsque Milosevic se débarrassa de la Fédération yougoslave et de son premier ministre, Ante Markovic, il fit main basse sur le reste des économies en devises de ses concitoyens grâce à un monstrueux système qui, bien plus que la guerre, ruina le pays. L'hyper-inflation qui dévasta la Serbie entre 1992 et 1993, battant les records historiques de la République de Weimar, ne fut pas la conséquence de la guerre. Elle fut voulue et maîtrisée par le régime serbe qui parvint ainsi à rafler la plupart des devises disponibles, cachées dans les bas de laine d'une population qui avait perdu confiance dans les banques [4]. Pour financer la guerre, Slobodan Milosevic fit marcher la planche à billets. Les sommes faramineuses de dinars flambant neufs déversées sur le marché provoquaient la flambée des prix. La population, voyant ses maigres revenus en dinars fondre à vue d'œil, était alors obligée pour survivre de vendre ses devises. Attirée par la plus-value, elle les cédait à deux fois le taux officiel sur le marché noir aux « dealers », de faux clandestins qui s'empressaient de les remettre à l'État. Grâce à ce tour de passe-passe, les autorités serbes transformaient de la monnaie de singe en devises lourdes. Puis elles eurent recours aux sociétés pyramidales, dont s'inspirèrent tous les pays des Balkans et notamment l'Albanie. Début 1991, une première banque privée voyait le jour en Serbie, Karic Banka. Ses propriétaires, trois frères, musiciens serbes du Kosovo qui gagnaient leur vie en chantant dans les banquets et les mariages avant de se reconvertir dans la politique puis dans les affaires, avaient mené bataille pour la « recolonisation » du Kosovo, autre projet avorté de Slobodan Milosevic, et récolté dans la

province le fameux « emprunt serbe ». Quelques mois après son ouverture, la petite banque se vantait de drainer 500 millions de francs par mois, par une politique d'intéressements élevés sur les devises. 45 % d'intérêts annuels qui passeront à 90 % fin 1991, contre 10 % dans les banques d'État. Fin 1991, les frères Karic et leur très populaire banque quittaient toutefois le devant de la scène pour réapparaître quelques années plus tard à la tête d'un empire financier implanté jusqu'à Moscou. Le modèle Karic Banka ayant fait ses preuves, Slobodan Milosevic décidait de passer à la vitesse supérieure. De même qu'il avait instauré un système paramilitaire pour faire la guerre à sa place, il créa un réseau bancaire para-étatique pour ne pas porter la responsabilité de la grande spoliation qui allait suivre. Quelques semaines après le début de la guerre contre la Croatie, l'État serbe monta à la hâte deux banques : Dafiment Banka puis Jugoskandic qu'il confiait à deux inconnus, Dafina Milanovic, une ancienne employée de la Beogradska Banka poursuivie à plusieurs reprises pour malversations financières et faux en écritures, et Jezdimir Vasiljevic, propriétaire d'une petite boutique de matériel vidéo, marié à une Sicilienne. Ces deux banques attiraient les épargnants au moyen d'intérêts mirobolants, jusqu'à 15 % mensuels sur les devises étrangères, et payaient les intérêts avec l'argent frais de nouveaux dépositaires. Les médias officiels serbes donnaient de Dafina Milanovic une image de bienfaitrice qui accordait des crédits aux chemins de fer serbes ou faisait de généreux dons pour « aider à la défense des Serbes de Bosnie ». La confiance établie, des centaines de milliers de personnes, désemparées par la récession, y déposèrent leurs économies. Avec un modeste dépôt de 1 000 marks allemands, le petit épargnant pouvait gagner jusqu'à 150 marks par mois, plus qu'un salaire moyen, qu'il s'empressait de changer en dinars au cours du marché noir, entièrement contrôlé par les équipes de ces mêmes banques, donc par le régime de Slobodan Milosevic.

Lorsque Dafiment et Jugoskandic mirent la clé sous la porte au printemps 1993, la population avait été délestée, en un peu plus d'un an, de 6 milliards de francs. L'effondrement des deux banques déclencha un scandale retentissant mais ne provoqua pas d'émeutes comme en Albanie, quelques années plus tard. La guerre battait son plein en Bosnie-Herzégovine et le sacrifice au nom des intérêts nationaux était de mise. En mai 1993, Slobodan Milosevic, qui venait de spolier son peuple, déclarait : « Depuis plusieurs années, la République de Serbie, en assistant les Serbes hors de Serbie, a contraint son économie à des efforts considérables et ses citoyens à des sacrifices substantiels. La plupart de l'assistance a été envoyée aux Serbes de Bosnie, ce qui leur a permis d'atteindre les objectifs qu'ils s'étaient fixés. » Jezdimir Vasiljevic prit la fuite. Dafina Milanovic resta à Belgrade où elle continua de circuler en Mercedes et d'habiter une luxueuse villa. Et à ceux qui lui demandaient des comptes, elle répondait : « Vous avez été assez bêtes pour croire que vous pourriez gagner de l'argent sans travailler. »

Une grande partie de l'argent extorqué fut transférée en liquide à Chypre sur le compte de la Cyprus Offshore Banking Unit, filiale de la Beobanka dirigée par Borka Vucic, une intime de la famille et ancienne assistante de Slobodan Milosevic lorsqu'il présidait l'Union des banques belgradoises à la fin des années 70. Lorsque, en 1992, la Serbie et le Monténégro furent soumis à l'embargo international, cet argent fut versé sur le compte de sociétés écrans étrangères créées par l'establishment belgradois à travers toute l'Europe. Les filiales des grandes entreprises serbes gardaient toutefois pignon sur rue dans la plupart des pays de l'Est européen et notamment en Russie. 450 compagnies offshore détenues par des Serbes, ancien vice-premier ministre ou ministre de l'Économie, membres du parti au pouvoir ou fidèles du président, furent enregistrées en moins d'un an rien qu'à Nicosie et Limassol avec la bénédiction du gouvernement chypriote grec, qui avait maintenu pendant la guerre des relations diplomatiques étroites avec Belgrade. L'argent frais amassé servait à financer l'effort de guerre et tout particulièrement les milices, mais aussi à acheter les matières premières nécessaires pour faire fonctionner les secteurs stratégiques de l'industrie du pays, confiés aux dirigeants du SPS. Il servait aussi à financer la police serbe, une force de près de 80 000 hommes dotée de blindés et d'hélicoptères et équipée comme les unités d'intervention des pays occidentaux. Le reste était déposé sur des comptes privés. Jamais ce racket institutionnalisé n'aurait été possible sans le monopole total sur la politique et l'économie d'un petit groupe de personnes aux ordres d'un leader autoritaire.

La politique du chaos

Le système Milosevic survivait en produisant le chaos, à tous les niveaux, même celui de l'économie. Toutefois le jeu de l'hyperinflation devint vite dangereux. L'opposition serbe, affaiblie depuis le début de la guerre par l'appel à l'union sacrée « pour la défense du peuple serbe », retrouvait un second souffle grâce au mécontentement social. Le Mouvement du renouveau serbe, le SPO de Vuk Draskovic, distribuait gratuitement du pain dans le centre de Belgrade. Les petits épargnants spoliés se constituaient en association. Slobodan Milosevic empêcha le mouvement de s'amplifier par la méthode forte. En juin 1993, Vuk et sa femme Danica Draskovic étaient arrêtés et sévèrement battus. Début 1994, Slobodan Milosevic appelait à la rescousse Dragoslav Avramovic, un économiste serbe à la retraite qui avait fait carrière dans les institutions financières internationales. Le billet de 500 milliards de dinars qui permettait tout juste d'acheter un kilo de pain disparaissait au profit d'un nouveau dinar aligné sur le deutsche Mark. Le nouveau gouverneur de la Banque centrale, qui ne trouvait plus que 200 millions de francs dans les réserves fédérales contre 14 milliards de francs à la mi-91, administra pendant huit mois un remède de cheval à l'économie gangrenée et devint l'homme le plus populaire de Serbie. Slobodan Milosevic et son clan ne renonçaient pas pour autant à s'enrichir et à capitaliser sur le malheur. À l'ère de la spéculation succédait celle du « business ». L'équipe au pouvoir avait détourné assez d'argent pour se lancer à bride abattue dans les affaires et faire fructifier son pactole. L'embargo et la guerre aux portes de la Serbie se prêtaient à merveille à toutes sortes de trafics. Devant l'urgence, le régime s'était appuyé sur la pègre pour développer les réseaux de contrebande. En 1994, il reprenait le monopole des trafics les plus juteux : essence, cigarettes, alcool. Cette reprise en main s'accompagna d'une épuration en règle de tous les petits caïds qui refusaient de céder la place. Belgrade n'allait pas tarder à être surnommée « Palerme sur Danube ». Assassinats en pleine rue, attentats à la voiture piégée devinrent monnaie courante à partir de 1994 : en quelques mois le pavé belgradois était décimé. Le régime s'était ainsi libéré d'autant d'anciens miliciens décidés à faire payer sans limite leurs missions commandées, de serviteurs peu dociles et de témoins encombrants. Marko Milosevic, le fils du président de Serbie, à tout juste vingt ans, se voyait confier avec un associé le trafic de cigarettes et d'alcool qui rapportait chaque année plus d'un milliard de francs. Après l'assouplissement des sanctions et la reprise du trafic aérien à l'automne 1994, des avions atterrirent à Belgrade chargés de marchandises pour Marko Milosevic qui les récupérait sans passer en douane. L'administration douanière était entre les mains de Mihalj Kertes, et le rejeton du président dirigeait les magasins hors taxe de toute la Serbie. Après la levée de l'embargo, en 1996, le pouvoir ne renonça pas à son monopole sur les produits stratégiques, à savoir les plus lucratifs. Le gouvernement serbe délivrait les licences d'importation et d'exportation et les cédait à qui bon lui semblait. Ce qui restait était soumis à des quotas et octroyé au compte-gouttes et moyennant bakchich à des entrepreneurs privés qui pour survivre au chômage avaient investi leurs économies dans de petites affaires. Grâce aux monopoles d'État, le pouvoir gardait le secteur privé dans son entière dépendance.

Corruption et népotisme à tous les étages

Le régime de Slobodan Milosevic avait fait de la Serbie le royaume de la corruption, du népotisme et du crime organisé et sponsorisé par l'État. Dans le pays à l'économie dévastée, des millionnaires faisaient leur apparition. Des villas pharaoniques poussaient à côté des demeures bourgeoises de l'entre-deux-guerres (mondiales). Les nouveaux riches, fauteurs et profiteurs de guerre, ne cachaient pas leur fortune. Au vu et au su de tous, les alliés du président prospéraient, ceux qu'il avait évincés se taisaient et ceux qui dénonçaient la corruption, comme le fit parfois Vojislav Seselj, se retrouvaient en prison. Slobodan Milosevic, qui fut longtemp décrit, même par ses détracteurs, comme un « incorruptible » que l'argent n'attirait pas, resté blanc comme neige au milieu de serviteurs médiocres qui accumulaient les privilèges et s'enrichissaient dans l'ombre, cachait son vrai visage. Une image que les listes noires de détenteurs de comptes occultes à l'étranger publiées par le Trésor américain ne vint pas troubler jusqu'en 1998. Il avait depuis longtemps troqué son antique Zastava contre une BMW, son appartement modeste contre une villa bourgeoise. Aussitôt devenu président de la Serbie, en 1989, il s'installait dans une maison cossue de Dedinje, chassant la famille d'un dignitaire titiste qui l'occupait depuis plus de quarante ans pour finalement la racheter contre une bouchée de pain. Mais malgré ces petites marques de vanité, il n'était pas l'homme d'apparat qu'était Franjo Tudjman. Austère, il gardait l'allure de l'apparatchik d'autrefois, en costume et cravate sombre, sans la moindre once d'extravagance. En apparence seulement car sa famille était la première bénéficiaire de cette dérive mafieuse de l'économie serbe et, dans l'ombre, elle accumulait sur des comptes en banque à l'étranger de colossales fortunes personnelles. Rien d'étonnant pour l'autocrate qu'il était d'être toujours sorti indemne des scandales financiers qui de temps à autre éclaboussèrent l'establishment serbe. Le plus souvent il en était l'instigateur, cherchant ainsi à restreindre l'avidité de ses barons et à éliminer ceux qui essayaient de se soustraire à sa tutelle. Et parce que toute l'économie yougoslave reposait sur son bon vouloir, rares furent ceux qui osèrent vilipender son enrichissement personnel. L'opposition, elle aussi, préféra garder le silence de peur de perdre le peu d'espace que le maître tacticien lui avait concédé dans la jungle économique serbe.

Marko Milosevic, coureur automobile et turbulent cadet de la famille, affichait après cinq ans dans les affaires un curieux capital : « Madona », censée être la plus grande discothèque des Balkans, une radio du même nom à Pozarevac, un parc d'attractions, Bambipark, construit pendant les bombardements de l'OTAN contre la Serbie, d'une valeur de 20 millions de francs, une pizzeria-boulangerie, un magasin de téléphones portables et un provider Internet. La partie visible d'un empire familial qui s'étendait sur des comptes à l'étranger, une villa près d'Athènes, une autre en Crète et un yacht mouillant en mer Égée. Plus passionné par les armes et les belles voitures que par les études, Marko Milosevic rêvait à vingt ans de devenir champion de rallye automobile. Parfois, il essayait ses bolides sur la piste de l'aéroport de Belgrade, fermée pour cause d'embargo. Son père ne manquait pas de prendre place dans la tour de contrôle pour admirer les prouesses de son rejeton qui faisaient pâlir les paysans de Surcin, village près de l'aéroport, qui n'avaient même pas d'essence pour leurs tracteurs. Il ne gagna jamais une course mais démolit dix-neuf voitures. « Mon père était furieux pour les quinze premières, et puis il a cessé d'y prêter attention », affirmera le jeune homme[5]. À l'opposé de son père, il portait le cheveu jaune décoloré, des casquettes à l'américaine, et aimait tous les privilèges qui agrémentent la vie des puissants. Lorsqu'il renversa un piéton près de Pozarevac, il ne fut pas poursuivi. Quand les plaintes s'accumulèrent sur le bureau de la police, il ne fut pas inquiété. Pourtant il sortait son pistolet-mitrailleur dans les cafés et dans les rédactions, devant les journalistes qui répandaient « d'écœurants ragots » sur sa famille. Du rallye, il passa aux affaires et s'associa avec Vladimir Kovacevic alias Trèfle, son instructeur. Pendant qu'il amassait des millions, son ambitieuse mère prit le temps de l'inscrire à l'école privée de management ouverte à Belgrade par son ami Bogoljub Karic, alors que les mauvaises langues le disaient incapable de faire des études. En février 1997, Trèfle son associé fut assassiné, en pleine rue, à Belgrade. La puissante police de Slobodan Milosevic ne parvint jamais à élucider ce crime. Et Marko Milosevic resta le seul maître du trafic d'alcool et de cigarettes et de la contrebande de fausses américaines, fabriquées avec du tabac local et revendues dans des emballages de grandes marques.

Sa sœur aînée, Marija, se contentait d'être directrice, directrice de la rédaction et rédactrice en chef de Radio Kosava. La station, installée avant les bombardements en haut de la tour appartenant autrefois au PC yougoslave, avait été créée en octobre 1994 par cette jeune femme jusque-là inconnue dans les milieux professionnels journalistiques. Baptisée du nom du vent glacial qui souffle en rafales sur Belgrade, Radio Kosava ne faisait pas de politique mais des affaires avec un programme musical entrecoupé de plages publicitaires où se bousculaient les entreprises qui voulaient s'assurer les sympathies de la famille et les privilèges qui en découlaient. À l'occasion du deuxième anniversaire de Radio Kosava qu'elle célébra dans la discothèque de son frère, Marija Milosevic avait réussi à réunir tout le gratin belgradois. Les médias officiels accordèrent une grande attention à l'événement et chantèrent les louanges de cette femme à la tête d'une radio qui revendiquait déjà plus d'un demi-million d'auditeurs. « Elle manque d'ambition, de discipline, de sensibilité et n'est pas le moins du monde romantique », regrettait pourtant sa mère.

À la même époque, Mira Markovic, « le pouvoir derrière le trône », s'imposa sur le devant de la scène politique, en renfort du trône, avec son propre parti, l'Union de la gauche yougoslave (JUL). Proclamée héritière idéologique de la Ligue des communistes de Yougoslavie, la JUL récupérait les vingt étages de la tour du comité central. Dès ses débuts, le mouvement néo-communiste alliait le pouvoir et l'argent. La carte de ce parti devint rapidement le laissez-passer indispensable pour se lancer dans les affaires et s'enrichir, ou simplement être reconnu dans une société sous contrôle. Nombre de ministres, de directeurs d'entreprises publiques, d'ambassadeurs, de rédacteurs en chef, d'entrepreneurs privés, d'acteurs et autres artistes en mal de reconnaissance s'y inscrivirent pour des raisons plus pratiques qu'idéologiques. Mirijana Markovic fut alors baptisée par ses détracteurs belgradois « la Mère Teresa des profiteurs, des zélateurs et des poltrons ». Il n'y avait pourtant chez elle aucune charité. Elle avait laissé la présidence du parti à un homme de paille pour s'arroger le titre de conseillère économique auprès de la direction. À ce poste, elle dirigeait tout : les activités politiques de la JUL mais aussi le racket. Elle percevait des royalties sur les bénéfices des affairistes qu'elle avait aidés et rackettait ceux qui s'étaient déjà constitué une fortune grâce aux faveurs de son mari et voulaient continuer de régner sur le marché noir. Mais le secteur privé n'était pas sa seule cible. Elle menaçait les directeurs des entreprises publiques de destitution s'ils ne payaient pas leur dû [6]. La « dame de fer des Balkans » faisait trembler les hommes d'affaires qui n'attendaient pas la visite des collecteurs mais demandaient eux-mêmes combien ils devaient verser au parti. Ils savaient que l'égérie de Slobodan Milosevic faisait la pluie et le beau temps, qu'elle décidait qui entourerait son époux, qui devait tomber en disgrâce. Depuis le début de la guerre en Bosnie-Herzégovine, celle qui rêvait d'être écrivain tenait dans le bimensuel belgradois *Duga* une chronique vite surnommée l'« horoscope » parce qu'elle y annonçait les évictions à venir. Nul n'échappa à ses anathèmes politiques : Dobrica Cosic, Radovan Karadzic, Vojislav Seselj, ou encore Mihailo Markovic et Borisav Jovic, deux pontes du SPS, le parti de son mari. Sans doute fut-elle derrière plusieurs scandales financiers et l'éviction d'hommes d'affaires dont elle ne pouvait plus contrôler la rapacité. Jamais elle ne se répandit dans son journal intime sur ces questions. Nenad Djordjevic, un ancien agent de la police secrète qui enseignait le marxisme à l'école de police avant de devenir l'une des plus grosses fortunes de Serbie, fut son serviteur et sponsor. Il finit pourtant derrière les barreaux. Et l'un des bras droits de Mira Markovic, Zoran Todorovic, alias Kundak (la Crosse), qu'elle avait nommé à la direction de la NIS, le puissant consortium de l'industrie pétrolière serbe, fut assassiné en octobre 1997, en arrivant un matin à son bureau. L'homme portait un gilet pare-balles, le tueur le savait, il visa dans la nuque, en pleine rue, à quelques pas du siège de la JUL. Comme pour le partenaire de son fils, la police serbe ne retrouva jamais le meurtrier. La larme versée par Slobodan Milosevic lors des funérailles fit néanmoins la une de la presse indépendante belgradoise.

Pendant ce temps, le président serbe s'assurait que les millions engrangés étaient en sécurité. Quelques semaines après Dayton, il fit transférer sur des comptes privés l'argent amassé pendant la guerre par les sociétés écrans à l'étranger, qui devenaient inutiles avec la suspension des sanctions internationales. Deux virements significatifs furent alors repérés. Le 1er février, Miodrag Zecevic, toujours directeur de la Banque franco-yougoslave à Paris, versait 5 millions de francs sur un compte numéroté de la Banque nationale de Serbie en Suisse. Le 30 mai, Borka Vucic, par le biais d'une société offshore domiciliée à Nicosie du nom d'Amelia, transférait 4 millions de marks à la banque parisienne qui, le jour même, les expédiait sur un compte de la Barclay's Bank, toujours en Suisse. Le transfert de 20 millions de francs vers la Suisse via Zecevic ne passa pas complètement inaperçu. L'ami intime de la famille Milosevic était déjà dénoncé par ses anciens partenaires ex-yougoslaves pour avoir modifié les statuts de la banque parisienne et évincé les actionnaires bosniaques et croates sans leur restituer leurs investissements. Début 1997, la Banque franco-yougoslave, dont la Société générale et Paribas étaient actionnaires à 46 %, fut placée sous administration provisoire sur décision de la commission bancaire. Six mois plus tard, Miodrag Zecevic, devenu entre-temps citoyen français, frappa l'administrateur provisoire qui l'avait surpris en train de se saisir d'archives placées sous scellés. À la suite de son audition par la police française, Slobodan Milosevic préféra le rappeler d'urgence à Belgrade. Et deux mois plus tard il le nommait à la tête de la Jubmes, une banque transformée en société d'actionnaires en 1989 et administrée depuis par l'ancien président serbe Ivan Stambolic. Milosevic étatisait la banque et évinçait pour la seconde fois son ancien mentor qui, philosophe, dira : « Dans un État privé avec une économie étatisée, je m'étonne qu'on m'ait supporté jusqu'ici. » Mais le maître de Belgrade eut d'autres occasions de témoigner sa reconnaissance au grand argentier de la famille. En août 1998, Miodrag Zecevic, qui avait encore des affaires en France, notamment une école privée de management à Neuilly-sur-Seine, se rendait à Paris muni d'un passeport diplomatique yougoslave. Repéré par les hommes de la brigade financière, il était arrêté le 11 août et expédié à la prison de la Santé pour abus de biens sociaux, faux et usage de faux. Après le rejet de sa demande de remise en liberté, Slobodan Milosevic prit peur et appela Jacques Chirac. Celui-ci lui aurait alors conseillé de trouver un bon avocat en lui rappelant courtoisement le principe de l'indépendance de la justice dans les démocraties. Borka Vucic, la banquière de Nicosie, tout juste promue à la direction de la Beobanka à Belgrade, prit l'avion pour Paris afin de négocier la libération de son confrère. Le 2 septembre, en deuxième audience devant la chambre d'accusation de Paris, Miodrag Zecevic était remis en liberté sous contrôle judiciaire, sans interdiction de quitter le territoire. La Beobanka s'était acquittée de sa caution d'un montant de 2 millions de francs. Miodrag Zecevic repartait aussitôt pour Belgrade. Quelques jours plus tard, le juge d'instruction lançait un mandat d'arrêt international contre lui et sa fille, prête-nom de plusieurs comptes helvétiques. Borislav Milosevic, le frère de Slobodan Milosevic, élu fin juillet 1998 administrateur de la Banque franco-yougoslave, ne prit jamais ses fonctions. Il préférait à la France une Russie toujours complaisante où il dirigeait une grande société d'import-export et où son frère allait le nommer ambassadeur de Yougoslavie. À la même époque, Ljubisa Igic, ancien associé de Miodrag Zecevic, était expulsé de Londres où il s'apprêtait à prendre la tête de la Banque anglo-yougoslave. Les circuits occultes de la famille Milosevic commençaient à être découverts, mais ceux qui partageaient nombre de secrets financiers avec le maître de Belgrade étaient rentrés au bercail pour y poursuivre leur mission. Récidiviste impénitent, Miodrag Zecevic assurait à l'été 1999 qu'il restait encore près de 17 milliards de francs dans les bas de laine en Serbie et autant à l'étranger, et qu'il fallait encourager les petits épargnants à les déposer à la banque.

Là où la famille Milosevic ne pouvait pas prendre directement les choses en main, elle confiait le travail à ses affidés de la police. Radovan Stojicic-Badza, vice-ministre de l'Intérieur qui accéda au grade nouvellement créé de général de la police, contrôlait le trafic de drogue et surveillait les activités mafieuses au Monténégro, s'assurant qu'elles n'empiétaient pas sur celles de la Serbie. Mais en mars 1997, il était à son tour assassiné dans une pizzeria, à deux pas du siège de la police de Belgrade, sans que les circonstances du meurtre soient jamais élucidées. Arkan, lui, rackettait la pègre et les petites entreprises, et tout le secteur privé qui échappait à la JUL et au SPS. La boucle était ainsi bouclée et toute ouverture économique impossible. Les ministres du gouvernement serbe, membres du Parti socialiste au pouvoir, étaient en même temps directeurs de grandes entreprises publiques, les seules qui fonctionnaient encore. « Les don Tomic, don Marijanovic ou don Sokolovic n'ont aucun mal à obtenir des permis de construire, des licences d'import-export, des produits hors taxe, des crédits tout à fait spéciaux, des licences de distribution de cigarettes et de whisky détaxés pour leurs propres entreprises, celles de leurs fils, de leurs filles et de toute leur famille. Chez nous, il va de soi qu'un ministre est un voleur de biens publics. Mais ces familles ne sont que des rouages, au-dessus d'eux il y a le *capo di tutti* », disait en octobre 1996 Dragan Veselinov, professeur de sciences politiques, opposant au régime et leader du petit Parti paysan.

Lorsque le gouverneur de la Banque centrale, Dragoslav Avramovic, profita de la levée des sanctions pour préconiser la privatisation, tout ce petit monde des affaires, du secteur public comme du secteur privé, se leva comme un seul homme pour soutenir l'intransigeance du régime, opposé à toute réforme économique. Slobodan Milosevic ne fit d'entorses à son refus que lorsqu'il eut besoin de liquidités pour acheter la paix sociale sans piocher dans ses caisses noires. En juillet 1996, il vendait 49 % des PTT en ruine de la Serbie à des entreprises européennes, française, grecque et italienne, pour la modique somme de 925 millions de dollars, soit plus de cinq milliards de francs dont il exigea la moitié en monnaie sonnante et trébuchante. La Serbie était alors à quelques mois d'une importante échéance électorale et les grèves commençaient à se multiplier, dans la métallurgie, les hôpitaux, à Belgrade mais aussi à Nis, le bastion traditionnel du SPS. Une partie du pactole fut versée sur le compte des entreprises publiques aux mains de ses ministres qui s'empressèrent de verser les arriérés de salaires à leurs employés. « Cet argent va prolonger son régime d'au moins deux ans », s'insurgera quelques mois plus tard le premier ministre monténégrin, Milo Djukanovic...

Après Ante Markovic, l'éphémère Milan Panic, le troisième homme qui incarna l'espoir pour des centaines de milliers de Serbes, Dragoslav Avramovic, disparaissait dans les oubliettes de l'Histoire. Belgrade ne voulait pas « s'engager pour de bon dans la voie de l'économie de marché » et encore moins « réintégrer le Fonds monétaire international » ni aucune autre instance internationale tant que la République fédérale de Yougoslavie regroupant la Serbie et le Monténégro ne serait pas reconnue comme la seule héritière de la défunte Yougoslavie. « Ils sont tombés sur la tête », s'était alors exclamé le septuagénaire aux opinions libérales affichées, limogé en mai 1996. Les ventres vides criaient dans la rue « Voleurs », « Menteurs », « Nous voulons Papy Avram ». Lorsque l'opposition serbe divisée et minée par des rivalités internes décida de constituer une alliance et de faire du très populaire Dragoslav Avramovic sa figure de proue pour les élections de l'automne 1996, le régime se sentit menacé. Slobodan Milosevic misait jusque-là sur l'éclatement apparemment irrémédiable de l'opposition, auquel il avait largement contribué en courtisant l'écrivain Vuk Draskovic, nationaliste exalté devenu ensuite hostile à la guerre. Depuis sa rencontre en mars 1995 avec Mira Markovic, le leader du SPO semblait décidé à faire cavalier seul. Dragoslav Avramovic avait changé la donne. Slobodan Milosevic parvint à force de menaces à écarter l'homme providentiel, qui se désistait quelques semaines avant le scrutin. Bien que déstabilisée par ce coup de poignard dans le dos, la coalition de l'opposition, baptisée Zajedno (Ensemble), parvint à se maintenir en dépit de son manque de cohérence. Mais sans Avramovic ses chances restaient maigres.

Le double verdict des urnes

Slobodan Milosevic était désormais assuré de la victoire de son parti. En dépit des sondages et des mises en garde des dirigeants du SPS, il avait fait alliance avec la JUL de Mira Markovic. Son épouse le lui avait demandé. Il n'avait pas hésité, même si ce parti ouvertement hostile aux réformes et à la privatisation constituait un véritable handicap pour un SPS déjà très affaibli. Le 3 novembre dans la soirée, Slobodan Milosevic célébrait la victoire. Plutôt que de se rendre au siège de son parti, il alla féliciter sa femme et ses amis au QG de la JUL. Zajedno subissait une défaite cuisante aux législatives fédérales. L'Alliance des ex-communistes et des néo-communistes serbes obtenait 64 sièges sur 138 contre 47 dans la précédente législature ; l'extrême droite de Vojislav Seselj, tombé en disgrâce depuis trois ans, enregistrait une nouvelle percée électorale avec 18 % des suffrages et 16 sièges ; la coalition de l'opposition serbe devait, pour sa part, se satisfaire de 22 sièges. Slobodan Milosevic avait perdu la mine renfrognée des derniers mois. Dans l'ivresse de la victoire, il s'autorisait quelques instants d'humour : « Nous avons un grave problème », déclara-t-il devant ses amis. Puis après les avoir tenus en haleine quelques instants, il ajouta : « Nous allons être confrontés à l'effondrement total de l'opposition. Vous vous demandiez comment nous allions quitter le pouvoir. Eh bien, la question ne se pose même plus. Jamais l'opposition actuelle ne prendra notre place [7]. »

L'électorat serbe légitimait un pouvoir qui avait sorti la mini-Fédération serbo-monténégrine de l'isolement et qui jouissait désormais du soutien de la communauté internationale.

Aux municipales qui se déroulaient parallèlement, il allait, en revanche, sanctionner ce même pouvoir pour avoir ruiné la Serbie et plongé les trois quarts de sa population dans la misère. Le

17 novembre, à l'issue du second tour des municipales, l'opposition remportait la plupart des grandes villes de Serbie. Slobodan Milosevic et Mira Markovic, avertis par téléphone, étaient sous le choc. La déconfiture était totale. Même Belgrade tombait aux mains de l'opposition. Les gens investissaient les rues de Nis, Cacak, Novi Sad, Uzice, Pancevo... La place de la République, dans le centre de Belgrade, était noire de monde. Le lendemain, Slobodan Milosevic admettait sa défaite. « C'est une bonne leçon pour le SPS. Cela l'obligera à mieux se préparer pour les prochaines élections. Et puis la perte de ces villes ne change rien à ma position sur la scène internationale. Je reste le seul partenaire des Occidentaux [8]. » Le maire déchu de Belgrade, Nebojsa Covic, félicitait Zajedno pour sa victoire. Vuk Draskovic, Zoran Djindjic, le chef de file du Parti démocrate (DS), et Vesna Pesic, la présidente de l'Alliance civique, restaient abasourdis. Jamais ils n'avaient imaginé un instant ce revirement de l'électorat. La victoire allait être de courte durée.

Mira Markovic ne pouvait tolérer de voir son mari ainsi désavoué. Elle lui conseilla de ne pas reconnaître sa défaite. En fin d'après-midi, Slobodan Milosevic réunissait son état-major et donnait de nouvelles directives. Jusqu'au petit matin, les dirigeants du SPS et de la JUL falsifièrent les résultats, ou annulèrent le scrutin dans certaines communes, convaincus que la population plongée dans la désespérance et la léthargie ne réagirait pas. Le régime croyait « le peuple politiquement mort ». Il n'en était rien. À l'annonce des nouveaux résultats, des milliers de personnes descendirent dans la rue à Nis, à Kragujevac puis à Belgrade pour dénoncer la grossière manœuvre du régime. Le 20 novembre, les leaders de Zajedno prirent la tête de ce mouvement populaire spontané. « Ils ont pris le pouvoir avec des yaourts », disait Zoran Djindjic, « nous les renverserons avec des œufs. » La télévision de Belgrade, le siège de *Politika*, les deux principaux symboles de la propagande, étaient couverts d'œufs. Le 25 novembre, les étudiants rejoignaient les manifestants décidés à se battre « pour un État de droit et contre un régime autocratique ». Contrairement à ce qu'escomptait Slobodan Milosevic, le mouvement ne s'essoufflait pas. Lorsque Mira Markovic rentra de son voyage en Inde où elle présentait son livre *Noc i Dan* (Nuit et Jour), recueil de ses chroniques publiées dans *Duga*, la Serbie était en effervescence. 100 000, bientôt 200 000 personnes qui chaque jour battaient le pavé de Belgrade ou d'autres grandes villes. Des jeunes, des moins jeunes, une province jusqu'ici endormie qui se réveillait subitement pour dénoncer la corruption, la misère et l'autocratie, et conspuer le leader qu'ils avaient choisi mais qu'ils accusaient désormais de les avoir floués. Slobodan Milosevic avait mobilisé sa police et sollicité l'armée. Mais sur les conseils de Jovica Stanisic, le chef de la police secrète, il préféra jouer le pourrissement quitte, pour l'accélérer, à adopter la voie des concessions. Mira Markovic n'était pas du même avis. Dès son retour à Belgrade début décembre, B92, figure de proue de ce qui restait de médias libres à Belgrade, était fermée ainsi que Radio Index, la station des étudiants belgradois. La télévision d'État, qui jusque-là passait sous silence les manifestations, commença à diffuser des images de vitrines brisées, de rues jonchées de papiers et de détritus. Dragan Tomic, président de l'Assemblée serbe et ami intime de Mira Markovic, dénonça le mouvement pacifiste comme « profasciste » et les manifestations comme « violentes et destructrices », voire « terroristes », leur seul but étant de « créer un nouveau Beyrouth ». La contestation redoubla d'ampleur, toujours plus joyeuse et plus pacifiste. La peur d'une guerre civile qui hantait la population et qui l'avait clouée chez elle depuis de longues années avait disparu.

Sous le regard de l'Occident

L'Occident commença à tourner les yeux vers la Serbie. Les États-Unis appelaient Slobodan Milosevic à éviter tout emploi de la force, l'Union européenne le priait de « reconnaître la volonté démocratique du peuple ». Il consentit finalement à une mission d'enquête de l'OSCE, l'Organisation pour la sécurité et la coopération en Europe. Mais il céda aussi aux appels de plus en plus pressants de sa femme. Le 18 décembre, des contre-manifestations faisaient leur apparition dans plusieurs villes de province. Puis, le 24 décembre, pendant que l'Occident s'apprêtait à réveillonner, le régime déversait 100 000 personnes dans le centre de Belgrade pour un contre-meeting autour du slogan « Pour la Serbie » [9]. Les recettes de la « révolution antidémocratique » n'avaient pas changé. Les manifestants étaient rémunérés et cette fois munis de bâtons et de barres de fer, chargés de provoquer des affrontements avec les pacifistes qui tenaient meeting de l'autre côté de la rue. Slobodan Milosevic prit la parole devant ses partisans pour dénoncer les ennemis étrangers qui cherchaient à déstabiliser la Serbie et accusa ses opposants d'être leur « cinquième colonne ». Bilan : un mort, Predarg Starcevic, un sympathisant de l'opposition âgé de trente-neuf ans, et une centaine de blessés. L'intervention de la police, ordonnée par Jovica Stanisic, empêcha un véritable carnage. Mira Markovic ne lui pardonnera jamais.

Pendant que Belgrade fêtait dans la liesse le Nouvel An sur la place de la République et que le ciel de la capitale s'embrasait de mille feux de joie, Slobodan Milosevic et son épouse se retiraient dans le domaine de Karadjordjevo pour passer le réveillon en tête à tête, contre toute habitude. Jamais le président de la Serbie n'avait été aussi isolé. L'Église orthodoxe serbe s'était rangée du côté des manifestants. Elle accusait Milosevic de « tenter de semer la discorde et de provoquer l'effusion de sang, uniquement pour garder le pouvoir ». Mais celle qui avait suivi le maître de Belgrade lorsqu'il s'était fait le champion de la défense des intérêts serbes en profitait pour lui rappeler qu'il avait « aussi, et avant tout, foulé aux pieds notre glorieuse et douloureuse histoire, nos valeurs nationales et morales, et trahi les territoires occidentaux serbes ». L'Académie serbe et l'Union des écrivains qui l'avaient, elles aussi, encouragé dans son aventure guerrière, dénonçaient son régime et les risques « d'une dictature policière totale ou de la guerre civile » qu'il faisait peser sur la Serbie. L'armée prenait également ses distances. Le chef d'état-major, le général Momcilo Perisic, avait averti Slobodan Milosevic qu'il ne lancerait pas ses chars contre les manifestants. Plusieurs unités avaient d'ailleurs exprimé un soutien ouvert à la contestation en déclarant : « S'il le faut nous nous mettrons à la tête du peuple pour faire triompher la vérité. » Même la police, véritable bras séculier du régime, ne montrait pas un zèle excessif et semblait parfois dans la rue se prendre de sympathie pour les manifestants. Les rédactions des médias aux ordres se fractionnaient entre les zélateurs, inconditionnels de la propagande, et ceux soudainement tentés par la dissidence. Et le SPS, le parti de Slobodan Milosevic, conscient de l'impuissance du régime à contenir la contestation, était favorable au rétablissement de la victoire de l'opposition dans les grandes villes, remettant ainsi implicitement en cause son alliance avec la JUL.

Premières failles

Tout l'édifice de Slobodan Milosevic était en train de se fissurer, ébranlant même les assises de la Fédération serbo-monténégrine qu'il dirigeait en sous-main depuis la Présidence de la Serbie avec le consentement des Monténégrins. Le fidèle allié renâclait. Dès le début, la direction monténégrine avait demandé à Milosevic de reconnaître sa défaite aux municipales puis l'avait appelé à trouver « un moyen démocratique » de résoudre la crise. « Celui qui détient le pouvoir doit savoir qu'il n'est pas éternel », avait même lancé Momir Bulatovic, le président monténégrin. Son premier ministre, Milo Djukanovic, et le président de l'Assemblée monténégrine, Svetozar Marovic, avaient quant à eux exprimé ouvertement leur soutien à l'opposition serbe. Depuis plusieurs mois, Podgorica commençait à se tenir à l'écart.

Les dirigeants monténégrins, favorables aux réformes et à la privatisation de l'économie, n'avaient pas apprécié le limogeage du gouverneur de la Banque centrale alors qu'ils misaient sur la réintégration de la mini-Fédération dans les instances financières internationales. Depuis, Podgorica n'avait cessé de s'émanciper de Belgrade, développant une politique extérieure autonome, notamment pour attirer les investisseurs étrangers. En décembre 1996, certains dirigeants monténégrins ne cachaient même plus leur volonté de ne plus lier leur destin à la Serbie. Svetozar Marovic brandissait la menace d'un retrait du Parlement fédéral des députés DPS, le Parti démocratique des socialistes, au pouvoir au Monténégro. La Voïvodine regrettait son autonomie perdue quelques années plus tôt, et les Serbes du Kosovo s'estimaient oubliés et craignaient d'être sacrifiés par un pouvoir qui n'avait pas tenu ses promesses. Même sa puissante machine de propagande ne semblait plus avoir beaucoup d'effet sur la population. Chaque soir à l'heure du journal télévisé, des milliers de personnes sortaient sur les balcons de leur immeuble pour couvrir par le bruit des casseroles les mensonges du pouvoir. « Ah ! que j'aimerais vivre dans le monde de la télévision de Serbie », avait été l'un des slogans préférés des étudiants pour se moquer du monde virtuel d'une Serbie prospère où des officiels inauguraient des hôpitaux et des usines, alors que, dans le monde réel, chômeurs et travailleurs « en congés forcés » vivaient d'expédients.

Diviser pour régner

Le 3 janvier 1997, Slobodan Milosevic commençait à lâcher du lest. Il reconnaissait la victoire de l'opposition dans neuf circonscriptions de Belgrade et trois villes de province. Les manifestants rejetaient la fausse concession du pouvoir et maintenaient la pression. Ils voulaient la reconnaissance de leur victoire dans quatorze grandes villes de Serbie, conformément aux recommandations de l'OSCE. Dans l'impasse, le régime se durcissait. Il entamait un grand ménage dans ses rangs. Tous les responsables du SPS qui avaient encouragé Milosevic à accepter la défaite étaient limogés. Les durs, proches de Mira Markovic, montaient encore en grade. Puis le maître de Belgrade employa l'arme la plus efficace en essayant de réveiller les dissensions entre les leaders de Zajedno. Début janvier, il recevait coup sur coup Zoran Djindjic et Vuk Draskovic pour leur proposer d'entrer dans un gouvernement d'union nationale. Fidèle à sa tactique, il jouait les leaders de la contestation les uns contre les autres. Il disait de l'opposition : « Ils ne sont pas différents des autres, ils aiment trop le pouvoir pour ne pas composer avec lui, surtout quand ils savent qu'ils n'ont pas la force de s'en emparer tout seuls. » Les deux hommes ne cédèrent pas, conscients du danger que constituait une telle alliance à quelques mois des élections générales en Serbie.

Début février 1997, les manifestants défilaient depuis soixante-seize jours dans l'attente d'un geste politique de Slobodan Milosevic lorsque celui-ci opta pour la démonstration de force. Le

2 février, les unités anti-émeutes investissaient les rues de Belgrade et chargeaient les manifestants, matraquant sans discernement tout ce qui se trouvait sur leur passage. Une centaine de personnes étaient blessées, dont Vesna Pesic. Le lendemain, la répression se poursuivait, faisant encore une dizaine de blessés. La répression policière suscita de vives critiques de l'ensemble de la communauté internationale sans mettre fin à la contestation pacifique. Au pied du mur, Milosevic finissait par céder le 5 février. « Avec lui, c'est toujours la même chose. L'arrogance et la force d'abord, le compromis ensuite ! » s'exclamait Zoran Djindjic après l'annonce de la reconnaissance de la victoire de Zajedno. Petit à petit, l'opposition allait intégrer les assemblées municipales. La prise de pouvoir réveilla les rivalités entre les démocrates de Djindjic et le SPO de Vuk Draskovic, précipitant l'éclatement de Zajedno. La vague de contestation qui avait fait vaciller le régime de Slobodan Milosevic disparaissait comme elle avait surgi. Et l'opposition faisait une fois de plus la piteuse démonstration de sa complète inconsistance.

Slobodan Milosevic restait juché au faîte, maître absolu de la Serbie. Comme si rien ne s'était passé. Le régime avait été quotidiennement défié deux mois et demi durant par une classe moyenne laminée, sans que les classes populaires, ouvriers et paysans, viennent la rejoindre. En dépit des appels des chefs de file de l'opposition. L'électorat de Slobodan Milosevic et de son turbulent lieutenant de l'extrême droite, Vojislav Seselj, n'avait pas été atteint par l'onde de choc. Le président serbe avait encore quelques ressources et plusieurs jokers en poche. Déjà, il montrait sa détermination à jouer les boutefeux au Kosovo, ressortant la carte de ses débuts qu'il gardait sous le coude depuis l'apothéose du Champ-des-Merles, le 28 juin 1989. Presque une décennie durant laquelle jamais il n'essaya de prendre langue avec les dirigeants de la communauté albanaise, de travailler à la recherche d'un modus vivendi afin d'éviter l'enlisement qui conduisait irrémédiablement à la guerre. Slobodan Milosevic préférait laisser la situation se dégrader au risque d'encourager la radicalisation de la communauté albanaise et de creuser le fossé entre Serbes et Albanais. Cette puissante bombe à retardement, appelée Kosovo, était entre les mains du plus machiavélique des opportunistes

En janvier 1997, alors qu'une série d'attentats contre des représentants du pouvoir serbe au Kosovo et des « collaborateurs » albanais, revendiqués pour certains par la fantomatique UÇK, venait de faire plusieurs morts dans la province, le président serbe s'en était servi pour dénoncer une opposition qui « donne le feu vert aux terroristes albanais [10] ». Le 2 février, lorsque ses unités anti-émeutes réprimaient brutalement les manifestants belgradois, il s'empressait de féliciter sa police pour « l'arrestation de 66 membres d'organisations terroristes » albanaises. Vuk Draskovic comme Vesna Pesic l'accusèrent d'avoir sciemment fomenté des troubles au Kosovo. « Milosevic essaye de jouer sa dernière carte en préparant la guerre au Kosovo, sans se soucier des conséquences et du bain de sang prévisible », avait déclaré devant les manifestants Vuk Draskovic le 16 janvier 1997. À nouveau, Slobodan Milosevic paraissait décidé à déplacer les frustrations sociales et politiques de la population serbe vers le terrain des revendications nationalistes, un terrain porteur de cohésion. La tension au Kosovo ne cessera de monter tout au long de l'année 1997, autre année de grandes échéances électorales.

Président de la Yougoslavie

Slobodan Milosevic achevait en fin d'année son second mandat de président de la Serbie. Aux termes de la Constitution serbe, promulguée le 28 septembre 1990, il devait céder sa place. Il ne prit pas le risque d'imposer une réforme constitutionnelle pour se maintenir au pouvoir en Serbie. Il préféra briguer la présidence de la Yougoslavie et devenir le chef suprême des armées. Mais il ne pouvait se satisfaire d'un poste jusqu'ici uniquement honorifique qu'avaient occupé pendant une année Dobrica Cosic puis Zoran Lilic, homme lige de Milosevic dont le mandat expirait fin juin. Le maître de Belgrade escomptait un élargissement constitutionnel des pouvoirs présidentiels afin qu'ils correspondent à ceux qu'il entendait exercer. Mais les dirigeants monténégrins s'y opposèrent, conscients que leur petite république de 600 000 habitants perdrait toute souveraineté dans une Fédération soumise à un régime présidentiel tel que l'entendait Slobodan Milosevic. Le Monténégro avait choisi de demeurer dans la « Yougoslavie tronquée » mais s'était toujours montré sourcilleux sur la défense de son identité et de ses prérogatives. Milo Djukanovic fut le plus fervent opposant à la réforme constitutionnelle voulue par Slobodan Milosevic. Le jeune et puissant premier ministre monténégrin ne voulait même pas entendre parler de la candidature du maître de Belgrade à la tête de la Fédération. La Yougoslavie, selon lui, n'avait pas d'avenir avec cet homme qu'il qualifiait désormais de dictateur. L'Histoire se répétait : aux côtés de Slobodan Milosevic, le petit Monténégro rêvait déjà de transformer la Fédération en une Confédération de deux États souverains et de battre sa propre monnaie, comme le demandait alors Slavko Drljevic, le vice-premier ministre. « Oui à la Yougoslavie mais pas à celle de Slobodan Milosevic » était devenu le slogan de Milo Djukanovic qui croyait Milosevic suffisamment affaibli par la contestation de l'hiver pour pouvoir lui tenir tête.

Les plans de Slobodan Milosevic semblaient sérieusement compromis. Le président serbe avait toutefois les moyens de faire plier le Monténégro. Sans attendre, Belgrade soumit le partenaire fédéral à un véritable embargo économique. La police serbe se déployait aux frontières entre les deux républiques et mettait fin au marché unique. Toute importation en Serbie de pétrole en provenance du Monténégro était désormais interdite, quant aux autres marchandises, elles ne pouvaient entrer en Serbie qu'après paiement d'une taxe à l'importation prohibitive, fixée à 70 % de la valeur des marchandises. Momir Bulatovic, porté au pouvoir en 1989 par Belgrade, s'empressa de passer un marché avec Slobodan Milosevic. Le Monténégro soutiendrait sa candidature s'il renonçait à modifier la Constitution yougoslave. Milosevic accepta mais exigea les pleins pouvoirs et la prééminence serbe au gouvernement fédéral. Le 20 mars, à la faveur d'un remaniement ministériel soutenu par le Monténégro, Slobodan Milosevic faisait entrer son clan au gouvernement fédéral. Les fidèles parmi les fidèles accaparaient l'intérieur, les finances, la diplomatie et les postes de vice-premiers ministres. Quatre mois plus tard, candidat unique, il était intronisé président de la Yougoslavie pour quatre ans. Et en violation de la Constitution, il restait chef du Parti socialiste serbe.

Lors de son discours inaugural devant le Parlement le 23 juillet 1997, Slobodan Milosevic déclara sans sourciller : « Six années difficiles sont derrière nous, les plus difficiles qu'ait connues le peuple depuis la Seconde Guerre mondiale. Les coups que nous avons reçus durant ces années ont profondément transformé cet espace, sur le plan territorial mais aussi économique, politique, culturel et démographique. Ils ont également épuisé la Serbie et le Monténégro. » Puis il promit à la Yougoslavie dont il présidait désormais la destinée « paix et prospérité ». Après le rituel des poignées de main, le nouveau président yougoslave entouré de sa famille et de ses gardes du corps salua la foule qui l'attendait devant le Parlement. Belgrade ne lui lançait pas de fleurs mais des centaines de vieilles chaussures qui s'amoncelaient sur la chaussée, en mémoire « des victimes de la tyrannie »... Avec sa famille, il prit place dans la longue Mercedes noire à six portes de Tito. Mirijana vivait enfin son rêve de jeune fille. À l'automne, la famille déménageait dans la villa de Tito sur les hauteurs de Dedinje. La demeure, transformée en musée depuis la mort du Maréchal, avait été réaménagée. Puis Slobodan Milosevic installa son bureau dans le Palais blanc, que la dynastie des Karadjordjevic avait fait construire dans les années 30. Situé au milieu d'un immense parc privé, le palais n'avait servi jusqu'ici qu'à recevoir des chefs d'État de pays amis. Personne, pas même Tito, n'y avait élu demeure. Slobodan Milosevic inaugurait, satisfaisant ainsi les penchants mégalomanes de son épouse. Elle lui avait appris à boire du whisky parce qu'elle méprisait la *rakija,* l'alcool national de prune, « la boisson de la plèbe », disait-elle [11]. Elle l'avait initié au cigare, comme Tito qui fumait des Cohiba. Maintenant il trônait dans un palais byzantino-mauresque, entouré de meubles d'époque, de quelques tableaux de maîtres et de magnifiques tapis d'Orient. Seul ou presque, loin du monde extérieur, de la réalité.

Slobodan Milosevic haïssait les conférences de presse. Et surtout l'impertinence des journalistes. Les rares fois où il s'y résigna contraint par le protocole lors de visites officielles, un maître de séance sélectionnait les journalistes et leur demandait de préciser à l'avance et par écrit les questions qu'ils souhaitaient poser. Dans les rares interviews qu'il distillait surtout lorsqu'il avait besoin de rehausser son image en Occident, Slobodan Milosevic alignait les lieux communs et les mensonges éhontés. Homme politique d'une exceptionnelle rouerie ou folie d'un homme qui s'accrochait à ses certitudes et avait perdu toute notion de la réalité ? Sans doute les deux. « C'est aujourd'hui en Yougoslavie que le taux de production est le plus élevé et le chômage le plus faible. La Yougoslavie se trouve dans une situation économique et sociale meilleure que la plupart des pays de l'Est qui n'ont pourtant connu ni sanctions ni guerre », déclarait-il en février 1997 au journal grec *Tovima*. Il disait aussi : « Pour moi, ce sont les habitants de tous les côtés qui ont été les perdants de la guerre en Bosnie. Ils ont été victimes de cette guerre, leurs maisons ont été détruites et leurs villages aussi. La défaite de cette guerre réside dans les morts, les blessés et les pauvres gens qui ont survécu. La victoire, c'est la paix et la possibilité de vivre paisiblement et d'avoir compris qu'aucune nouvelle guerre n'aura lieu s'il est possible. » En décembre 1998, il disait à une journaliste de *Newsweek* : « Je peux être fier de mon rôle, je protège les intérêts de mon peuple et de mon pays. » Et les milliers de personnes massacrées par Mladic et Karadzic ? « Nous n'avons aucune preuve de cela. [...] Nous avons toujours été pour une solution pacifique. [...] Vous ne trouverez jamais la moindre thèse nationaliste dans mes discours. Nous n'avons jamais suivi le programme de la Grande Serbie, nous voulions le maintien de la Yougoslavie. » Et le nettoyage ethnique ? « Quel nettoyage ethnique, où ? » Avez-vous le moindre remords ? « De quoi [12] ? » Dans son Palais blanc, Slobodan Milosevic continuait à vivre dans la certitude d'être un homme d'État et un bienfaiteur du peuple.

Nouvel échec

La Serbie pourtant le désavouait une nouvelle fois à l'automne 1997. Lors des élections générales, son parti, le SPS, subissait une défaite cuisante. Pour la première fois depuis sa création en 1990, il perdait la majorité absolue à l'Assemblée de Serbie [13]. Et l'homme de paille que Slobodan Milosevic avait choisi pour lui succéder à la présidence serbe était battu à plate couture par le candidat de l'extrême droite, Vojislav Seselj. Malgré le soutien de la machine de propagande serbe, Zoran Lilic, le grand moustachu à lunettes qui fut quatre ans durant le président de la Yougoslavie sans que son nom franchisse jamais les frontières de la mini-Fédération, recueillait à peine 1,5 million de voix contre les 3,5 millions obtenues par Slobodan Milosevic en 1990, en pleine croisade nationaliste. Une bonne partie de l'électorat de Slobodan Milosevic se tournait vers Vojislav Seselj. La rhétorique nationaliste et populiste du leader ultranationaliste qui promettait pain et travail pour tout le monde emportait l'adhésion des plus démunis, déçus par l'échec guerrier de Slobodan Milosevic et la corruption de son régime. Vojislav Seselj dans le rôle du Milosevic de 1990 faisait recette. Les grandes manifestations de l'hiver n'avaient pas changé la Serbie en une nuit. Le nationalisme outrancier, le front du refus et de la haine, sur lesquels s'était appuyé le maître de l'appareil pour revitaliser son pouvoir, n'avaient pas disparu. Slobodan Milosevic pouvait dormir sur ses deux oreilles. La Serbie n'avait pas rompu avec son passé et n'était donc pas encore prête à de véritables changements. Maire depuis 1996 de la municipalité de Zemun, Vojislav Seselj avait fait la démonstration de ce qu'était son idéologie : expulsion des Croates de la petite municipalité proche de Belgrade, synagogue cédée en concession à des restaurateurs, fermeture des écoles publiques aux non-Serbes, violence en tout genre, tolérée par une justice et une police aux ordres. L'image du chef fort, hostile à la corruption et au laisser-aller, déterminé à défendre les intérêts serbes contre le grand complot international orchestré par l'Occident, au premier chef par les États-Unis, avait séduit les classes populaires. Découragée par la désintégration de Zajedno et l'incapacité de l'opposition à constituer un véritable programme, l'« autre Serbie », celle qui avait battu le pavé pendant près de trois mois, retombait en léthargie. Les divisions de l'opposition et l'absence de véritable alternative faisaient le jeu du régime serbe. Avec l'aide des socialistes de Slobodan Milosevic, le chef de file du Mouvement serbe du renouveau (SPO), Vuk Draskovic, avait chassé Zoran Djindjic du poste de maire de Belgrade et mis la main sur la municipalité et sa télévision, Studio B. Puis l'écrivain versatile avait trahi la directive de boycott des anciens membres de Zajedno pour se présenter aux élections. Il était éliminé dès le premier tour de la présidentielle mais son parti décrochait 45 sièges à l'Assemblée serbe.

Près de la moitié de l'électorat serbe avait boudé la consultation. Les uns par dépit, persuadés que les jeux étaient déjà faits, les autres pour sanctionner un pouvoir qui, comme à l'habitude, avait fixé sans consulter l'opposition les règles électorales. Slobodan Milosevic se saisit de ce prétexte pour invalider la présidentielle, assurant que la barrière légale des 50 % de participation n'avait pas été franchie. Vojislav Seselj ne protesta pas et se présenta à la nouvelle présidentielle du 7 décembre. Le nouveau candidat socialiste, Milan Milutinovic, homme lige de Milosevic et ministre fédéral des Affaires étrangères, eut du mal à s'imposer devant son rival néofasciste. Il finit par remporter l'élection de justesse, lors d'un scrutin émaillé de fraudes [14]. Slobodan Milosevic était le véritable vainqueur de cette mascarade. Son candidat porté au pouvoir dans l'irrégularité ne risquait pas de se soustraire à son contrôle, et la poussée fulgurante de Vojislav Seselj, tenu à l'écart depuis 1993, constituait un formidable repoussoir face à une communauté internationale qui commençait à douter des capacités d'« homme de paix » de son partenaire serbe. En l'absence d'alternative démocratique, Slobodan Milosevic restait une fois de plus pour l'Occident le seul interlocuteur crédible et fréquentable dans le camp serbe. Un homme qu'il ne fallait pas déstabiliser.

Un nouvel ennemi

La véritable menace pour son régime allait venir du Monténégro voisin qui avait choisi pour président la bête noire de Milosevic. À tout juste trente-cinq ans, Milo Djukanovic, métamorphosé en libéral convaincu, évinçait Momir Bulatovic, le dévoué serviteur de Belgrade, lors de l'élection présidentielle d'octobre 1997. Son opposition de plus en plus violente à l'homme fort de Belgrade lui avait valu le soutien de tous les courants politiques autonomistes et des minorités ethniques musulmane et albanaise. Le parti frère du SPS, le Parti démocrate des socialistes (DPS) que dirigeaient les deux candidats, éclatait en deux factions, privant Slobodan Milosevic du soutien monténégrin au Parlement fédéral élu un an auparavant. Slobodan Milosevic tenta de déstabiliser le Monténégro. Avec son soutien, les partisans de Momir Bulatovic orchestrèrent une série d'incidents pour empêcher l'investiture de Milo Djukanovic prévue pour le 15 janvier. Des manifestations furent organisées comme du temps de la « révolution antibureaucratique ». Des attentats visèrent plusieurs personnalités proches de Djukanovic, sans faire de blessés. Mais Slobodan

Milosevic dut renoncer à sa tentative de coup d'État, l'armée par la voix de son chef d'état-major, le général Momcilo Perisic, ayant une nouvelle fois refusé d'écraser sous les chars la volonté démocratique de la population. Jamais Slobodan Milosevic ne reconnaîtra la victoire du jeune président monténégrin qui dotait, en février 1998, le Monténégro d'un gouvernement résolument réformiste. La rupture entre les deux républiques fédérales était consommée. Dès lors le Monténégro se comporta en république indépendante.

Subissant échec sur échec, Slobodan Milosevic choisit la fuite en avant. Au lendemain des élections, il partit en guerre au Kosovo. L'engouement pour le nationalisme et la paranoïa collective d'un complot international contre la Serbie étaient encore fortement ancrés dans les esprits. Une nouvelle aventure guerrière, si elle n'était pas, cette fois-ci, à même de lui redonner une véritable légitimité, distrairait les ventres creux et retarderait l'inévitable échéance des réformes que l'exemple monténégrin risquait de précipiter. Et elle justifierait son maintien au pouvoir qu'il ne détenait désormais qu'à la seule faveur de son arbitraire, de ses manœuvres, menaces et tricheries.

Tout au long de l'année 1997, Européens, Américains, ainsi que l'Assemblée générale des Nations unies avaient lancé des appels en faveur de la cessation de la répression de plus en plus féroce contre les Albanais au Kosovo et de l'ouverture d'un dialogue afin de résoudre la crise. Mais Slobodan Milosevic ne les avait pas entendus et, en novembre, il avait sèchement rejeté la proposition franco-allemande de définir un « statut spécial » pour le Kosovo. En février 1998, les unités spéciales de la police, appuyées par les commandos paramilitaires serbes, lançaient des assauts meurtriers contre des villages de la Drenica, fief historique de la résistance albanaise contre le pouvoir serbe et bastion des premiers groupuscules armés de l'UÇK. Les attaques étaient toujours identiques, les forces de sécurité serbes encerclaient les villages albanais, leurs hélicoptères et blindés commençaient les bombardements puis elles lançaient l'assaut, ne laissant aucun survivant parmi les familles soupçonnées d'appartenir à la rébellion armée. Entre le 26 février et le 1er mars, les raids des sinistres SAJ firent plus de 100 morts [15]. Hommes, femmes, enfants, vieillards étaient massacrés à Prekaz, Likoshan ou ailleurs. La terreur au Kosovo avait changé de visage. La guerre contre les Albanais avait commencé. Le piège mortel se refermait sur le plateau de la Drenica.

La communauté internationale essaya de contraindre Slobodan Milosevic à entamer des négociations avec Ibrahim Rugova, reconduit à la tête de la « République du Kosovo » le 22 mars 1998 lors d'élections parallèles, encouragées par les Américains afin que sa légitimité d'interlocuteur soit incontestable... Mais le président yougoslave refusa le dialogue et la médiation internationale. Il préférait jouer la politique de la citadelle assiégée et de la patrie en danger, afin de resserrer les rangs derrière son pouvoir. Face à cette stratégie, tous les moyens de pression des Occidentaux se révélaient inefficaces. Pire encore, le maître de Belgrade les retournait à son avantage. Comme l'embargo sur les armes et les nouvelles sanctions commerciales et financières imposées en mars 1998 par les pays du Groupe de contact qu'il brandissait à l'envi pour réveiller la paranoïa collective des Serbes et stigmatiser l'Occident qui ne poursuivrait qu'un seul but : anéantir le peuple serbe et « détruire la Serbie comme il avait détruit la Yougoslavie ». Son peuple, qu'il consulta par référendum le 23 avril, s'empressait de légitimer sa politique suicidaire en approuvant massivement son rejet d'une médiation étrangère dans la résolution de la crise au Kosovo. Slobodan Milosevic refusait alors de retirer ses unités spéciales du Kosovo comme la communauté internationale lui enjoignait de le faire. Puis fin mai, après une rencontre sans médiateurs étrangers avec Ibrahim Rugova où il promettait d'entamer des discussions hebdomadaires avec les Albanais, il renforçait ses troupes au Kosovo et lançait une offensive dans l'ouest de la province. À l'automne 1998, le Kosovo comptait déjà plus de 2 000 morts et 200 000 Albanais terrorisés avaient fui leurs villages et les raids de la police serbe. Des camps de réfugiés improvisés s'organisaient dans les forêts. Des villages entiers dormaient sous des bâches de plastique, menacés par les rigueurs de l'hiver. Les Occidentaux brandirent la menace de frappes aériennes de l'OTAN dans l'espoir de faire plier Milosevic. Le 13 octobre, le président yougoslave acceptait de signer un accord avec le médiateur américain Richard Holbrooke pour ne pas porter devant son peuple la responsabilité de la confrontation qu'il allait précipiter. Il savait que l'époque des rodomontades était révolue et que la menace occidentale était désormais sérieuse. Pour la première fois depuis le début de ses aventures guerrières en ex-Yougoslavie, un gouvernement occidental, en l'occurrence le Département d'État américain, le désignait comme « le problème des Balkans ». Si l'intervention militaire devait avoir lieu, il aurait par cette signature montré à son peuple qu'il avait tout fait pour l'éviter. « La souveraineté, l'intégrité territoriale et la dignité de notre pays sont sauvegardées », titrait le journal *Politika* qui célébrait la « sage » politique du président yougoslave. Slobodan Milosevic s'engageait donc à retirer ses forces de sécurité, à faciliter le retour des personnes déplacées, à permettre le déploiement d'observateurs civils de l'OSCE pour vérifier le respect du cessez-le-feu et à ouvrir des négociations. Mais il n'avait nullement l'intention de tenir ses promesses. Il se contenta d'accorder quelques jours de congé à ses troupes, le temps que l'OTAN renonce à « l'usage immédiat de la force » et que la mission de l'OSCE s'installe au Kosovo. Il misait sur la présence de ces « vérificateurs » sans armes pour neutraliser une intervention aérienne de l'OTAN pendant qu'il poursuivrait le nettoyage ethnique du Kosovo. Slobodan Milosevic ne voulait pas créer les conditions d'un dialogue. Car il n'avait rien à gagner autour du tapis vert sinon battre en retraite. Toute négociation était pour lui un suicide politique. Il était prêt en revanche à sacrifier les Albanais, et son propre peuple si nécessaire, au profit de ses seuls intérêts personnels et de sa soif insatiable de pouvoir. Il s'était engagé dans cette guerre comme dans toutes les autres pour prolonger son règne. Et il se préparait à la continuer quel qu'en fût le prix...

Vers le pire

Slobodan Milosevic n'était plus le fin manœuvrier de la guerre en Bosnie-Herzégovine. Il ne louvoyait plus, ne cherchait plus vraiment à gagner du temps et encore moins à cacher son jeu. Il défiait ouvertement la communauté internationale et revendiquait l'initiative de cette brutale démonstration de force, arguant du droit légitime de tout État à éradiquer le terrorisme. Il n'agissait plus par procuration, ne cherchait plus d'intermédiaires pour masquer sa responsabilité. Tyran aux abois, il jouait quitte ou double, résolu à entraîner les Occidentaux dans un jeu diabolique où il n'avait rien à perdre. Ce jeu auquel il faillit gagner consistait à mettre la détermination des Occidentaux à intervenir à l'épreuve de sa détermination meurtrière. Si la communauté internationale cédait, il imposait ses conditions au Kosovo. Si elle ne pliait pas, il avait une excuse pour abandonner le « berceau de la nation serbe » sans compromettre son pouvoir.

Slobodan Milosevic n'avait pas d'autre plan que la politique du pire. Toutes les options étaient ouvertes. Depuis longtemps les maîtres à penser du nationalisme serbe reconnaissaient que le Kosovo était perdu. En 1990, Dobrica Cosic, alors allié de Slobodan Milosevic, avait rencontré les dirigeants serbes pour leur exposer les solutions possibles. « Nous ne pouvons pas garder le Kosovo. C'est un fait historique que les Serbes se déplacent vers le Nord et abandonnent le Sud. Ils ne peuvent pas quitter le Sud et garder en même temps les territoires. Nous avons pris la Voïvodine. Il serait réaliste de partager le Kosovo en gardant les mines de charbon et les quelques lieux saints. Notamment Gracanica et Gazimestan (le Champ-des-Merles). Il faut préparer ce plan en secret et le mettre en œuvre au moment propice [16]. » Les cartes qu'évoquait Dobrica Cosic étaient déjà prêtes. Il les avait tracées entre 1985 et 1986, pendant que ses amis rédigeaient sous ses ordres le Mémorandum. « Mais il était trop tôt pour les publier [car] elles supposaient d'importants transferts de population [17]. »

En 1996, quelques mois après les accords de Dayton, il estimait sans doute que le moment était venu. Le 9 juin 1996, son ami Aleksandar Despic, président de l'Académie serbe des sciences et des arts, prônait en public le partage du Kosovo et distillait quelques cartes par voie de presse. La proposition n'ayant pas fait scandale, Dobrica Cosic défendit les années suivantes cette idée dans plusieurs forums, notamment en octobre 1998 à Bijeljina, assurant que c'était le seul moyen de permettre aux deux peuples ennemis de réaliser leurs droits nationaux. Autrefois, Vaso Cubrilovic, conjuré de l'attentat de Sarajevo contre l'archiduc François-Ferdinand, devenu ministre sous Tito et membre de l'Académie serbe, avait théorisé le nettoyage ethnique du Kosovo. Dans un mémorandum intitulé « L'expulsion des Arnautes [Albanais] [18] » présenté le 7 mars 1937 à Belgrade, il analysait l'échec des différentes tentatives de colonisation des « terres du Sud », stigmatisait « les méthodes occidentales utilisées jusqu'ici pour résoudre les grandes questions ethniques » et préconisait « la force brutale ». Selon lui, il fallait d'abord recourir à la terreur de l'appareil d'État qui devait rendre la vie impossible aux Albanais, notamment en multipliant les emprisonnements, en utilisant la rigueur des lois, en licenciant ; puis fomenter des troubles que les colons serbes et monténégrins « qu'il faut armer » réprimeront dans le sang, ensuite « incendier furtivement » des villages ou des quartiers non serbes ; et enfin « vider les villages et les villes »... « Il ne faut pas commettre l'erreur de transplanter seulement les pauvres », ajoutait en 1937 Vaso Cubrilovic, « la couche moyenne et aisée constitue la colonne vertébrale de tout peuple et c'est elle qu'il faut persécuter et déporter » vers la Turquie et l'Albanie.

Les zélateurs de la « Serbie homogène » ne manquaient pas. Au gré des circonstances, Slobodan Milosevic pouvait appliquer l'un ou l'autre de ces programmes ou même, s'il le fallait, se draper dans le rôle de victime et admettre, comme le disait Dobrica Cosic, que le Kosovo était à tout jamais perdu. Il lui importait avant tout de se défaire de deux millions d'Albanais. En effet, depuis la suppression de l'autonomie, ces derniers boycottaient systématiquement les élections serbes, ce qui était indispensable pour son pouvoir. Milosevic redoutait une solution négociée pouvant amener les Albanais à participer de nouveau à des élections. « Slobodan Milosevic a toujours dit que le Kosovo lui posait un vrai problème car jamais les Albanais ne voteront pour lui. Il n'était pas inquiet pour le Sandjak. Il affirmait qu'il avait fait arrêter les extrémistes et mis leur plan en échec, et que 70 % des Musulmans de la région voteraient pour lui », confiait l'un de ses interlocuteurs croates [19].

Après avoir signé le 13 octobre 1998 avec Richard Holbrooke, Slobodan Milosevic prépara son pays à l'épreuve de force. Tout le monde dans son entourage n'était pas prêt à le suivre dans sa politique du pire. Le 27 octobre, il révoquait le chef de la police secrète serbe, Jovica Stanisic, son bras droit depuis le début de son règne... Jovica Stanisic ne s'était pas seulement attiré les foudres de la première dame pour avoir suggéré à son patron de reconnaître la victoire de Zajedno aux municipales et pour avoir été hostile à des mesures punitives contre la république rétive du Monténégro. Il n'approuvait pas la politique officielle au Kosovo qui ne faisait que renforcer les rangs de l'UÇK et susciter une véritable rébellion armée albanaise. Il reprochait à Slobodan Milosevic de faire sciemment monter la tension au Kosovo pour renforcer sa dictature en Serbie. Son successeur, Radomir Markovic, policier de carrière également, était pour sa part un proche de Mira Markovic.

Le 23 novembre, le général Momcilo Perisic, chef d'état-major des armées, était à son tour remercié. Ce général qui avait bombardé Zadar puis Mostar et codirigé l'offensive contre Srebrenica ne voulait pas non plus suivre Slobodan Milosevic dans sa dérive autoritaire. Il avait refusé d'envoyer ses chars contre les sympathisants de Zajedno et de cautionner un coup d'État contre Milo Djukanovic, le nouveau président monténégrin. Il reprochait au régime de briser l'armée en la plongeant dans la misère et de renforcer à ses dépens les forces de police. Le général au franc-parler soulignait que cette méthode était caractéristique des pays instables et suggérait aux autorités de se défendre contre les pressions extérieures en réintégrant la communauté internationale plutôt qu'en cherchant la confrontation. À l'été 1998, lorsque Slobodan Milosevic ordonna l'intensification de la guerre contre le Kosovo, le général Perisic lui envoya une lettre dénonçant l'engagement illégal et « anticonstitutionnel » de l'armée dans la province. En renfort de la police serbe, le président yougoslave avait engagé le corps d'armée de Pristina, commandé par le colonel Nebojsa Pavkovic, sans consulter la direction militaire ni le président monténégrin, conformément à la loi. En octobre, le général Perisic avait également conseillé « aux politiciens de ne pas entrer en guerre contre le monde entier ». Il avait alors recommandé l'entrée de la République fédérale de Yougoslavie dans le Partenariat pour la paix.

En décembre, Slobodan Milosevic achevait la reprise en main de l'armée qu'il confiait à l'un des maîtres d'œuvre du nettoyage ethnique en Bosnie orientale, le général Dragoljub Ojdanic, ancien commandant du corps d'armée d'Uzice. La grande purge au sein de la hiérarchie militaire allait écarter tous les alliés du général Perisic, tous ceux qui étaient opposés à une confrontation avec l'OTAN et à une guerre totale au Kosovo. Slobodan Milosevic récompensait alors le colonel Nebojsa Pavkovic pour sa participation à la guerre. Promu général, il prenait la tête de la troisième armée, dont les prérogatives s'étendaient à l'ensemble du Kosovo. Après deux mois de trêve plus ou mois respectée, le Kosovo plongeait une nouvelle fois dans la guerre. Les massacres succédaient aux massacres pendant que l'OTAN paralysée par la présence des vérificateurs de l'OSCE appelait à un règlement politique de la crise.

La main de fer de Slobodan Milosevic ne s'abattait pas seulement sur l'armée et la police. C'était toute la Serbie qu'il mettait au pas en prévision de l'épreuve de force d'envergure qu'il ourdissait. En mars 1998, son parti minoritaire à l'Assemblée de Serbie avait formé un gouvernement avec la JUL et les néofascistes de Vojislav Seselj. Jusque-là, Slobodan Milosevic s'était toujours opposé à une alliance ouverte avec l'extrême droite, conscient qu'elle pouvait nuire à son image à l'étranger. Mais il ne cherchait plus à sauver les apparences, seulement son pouvoir. Or le triumvirat « Hitler-Staline-Mussolini », comme l'appelait le sociologue belgradois Nebojsa Popov, était une arme efficace pour mettre en coupe réglée une Serbie à nouveau confrontée aux pénuries, à la valse des étiquettes et à la misère. Prétextant la montée de la tension au Kosovo qu'il avait lui-même fomentée, Slobodan Milosevic s'attaquait, dès le printemps, aux derniers espaces de liberté qui avaient survécu. L'université était placée sous le contrôle direct du pouvoir. Confiée aux radicaux de Vojislav Seselj et à la JUL de Mira Markovic, elle était purgée de ses professeurs les plus contestataires. Ceux qui avaient participé ou seulement soutenu le mouvement de protestation de l'hiver 1996-97. Les étudiants, sympathisants de l'opposition ou de la toute nouvelle « Campagne contre la guerre », étaient étroitement surveillés, sinon intimidés. Début octobre 1998, Milosevic profitait de la menace de frappes aériennes pour instaurer la censure. Toute critique à l'encontre de sa politique suicidaire était désormais considérée comme une incitation « à la peur, à la panique et au défaitisme qui agissent négativement sur les capacités des citoyens à défendre l'intégrité de la Serbie et de la Yougoslavie ». Soumis à des amendes pouvant s'élever à plusieurs centaines de milliers de dollars, payables dans les vingt-quatre heures, les médias indépendants serbes étaient condamnés au silence. Les principaux quotidiens libres de Belgrade fermaient, les radios étaient muselées, les émissions internationales en langue serbe comme celles de la BBC ou de RFI étaient interdites sur les antennes locales. Des journalistes étaient traînés devant la justice pour « atteinte à l'ordre constitutionnel et à l'intégrité territoriale de la Serbie et de la Yougoslavie », leur salaire et leur passeport confisqués. Et Vojislav Seselj, en vice-premier ministre, menaçait de « sanctions adéquates » les « collaborateurs » de l'Occident tout en appelant à la création d'une fédération avec la Russie et le Bélarus.

La chape de plomb qui s'abattait sur la Serbie condamnait aussi au silence les parents d'appelés envoyés au Kosovo qui protestaient depuis le mois de juin devant le commandement militaire au cri de : « Rendez-nous nos fils, nous sommes pour la paix. Assez. » Elle visait également à bâillonner la république sœur qui condamnait depuis des mois la politique de Slobodan Milosevic comme « une menace pour la paix et la sécurité dans les Balkans » et interdisait l'enrôlement des ressortissants monténégrins dans l'armée au Kosovo. Slobodan Milosevic ne pouvait plus compter sur l'enthousiasme du début de la décennie lorsque Belgrade jetait des fleurs aux « libérateurs » qui partaient sur le front en Croatie ou en Bosnie. Ni le mythe de « la terre sacrée » ni celui de la « Jérusalem serbe » n'avaient plus de prise sur la population. Les déserteurs étaient chaque jour plus nombreux. Mais Slobodan Milosevic savait que son opinion publique, si elle refusait de participer à la guerre, resterait insensible aux souffrances causées aux civils albanais. « La majorité des déserteurs persistent à croire que la meilleure solution serait de tuer ou de chasser tous les Albanais, mais ils préféreraient que quelqu'un d'autre s'en charge à leur place », soulignait le psychologue belgradois Zarko Korac, pacifiste de la première heure. Slobodan Milosevic avait les mains libres pour poursuivre sa politique du pire. Les Occidentaux croyaient, pour leur part, que l'homme fort de Belgrade serrait la vis avant de s'engager dans la négociation avec les Albanais.

« L'année qui est devant nous doit être l'année d'une grande entreprise. L'année de l'entente nationale, de la sagesse, de l'optimisme, de la patience, de la confiance et de la détermination », disait Slobodan Milosevic dans son message de Nouvel An 1999. Le 15 janvier, son vice-premier ministre, Nikola Sainovic, ordonnait aux forces serbes de foncer sur Raçak et de « taper fort ». 45 civils albanais étaient exécutés, en représailles contre l'UÇK retranchée sur les collines, près du village. William Walker, le chef de la mission de vérificateurs de l'OSCE au Kosovo, accusait les forces serbes de « massacre » et de « crime contre l'humanité ». Belgrade le déclarait *persona non grata*. Les Occidentaux réactivaient leur menace de frappes aériennes mais n'étaient toujours pas prêts pour la suite, faute d'être parvenus, depuis octobre, à amener Serbes et Albanais à la table des négociations. La plupart des capitales occidentales, Européens en tête, ne voulaient pas d'une opération punitive sans but précis. Une intervention militaire dans la région devait servir à mettre en œuvre une solution négociée, voire à l'imposer, mais elles ne voulaient en aucun cas réitérer l'expérience de la Forpronu, gardienne impuissante du fait accompli. Fin janvier, le Groupe de contact auquel était désormais associée l'Italie adressait une double injonction aux Serbes mais aussi aux Albanais : ils devaient non seulement rejoindre la table des négociations pour discuter d'une « autonomie substantielle » pour le Kosovo mais aboutir à un accord dans un délai très court.

L'échec de Rambouillet

Le 6 février, les délégations serbe et albanaise arrivaient au château de Rambouillet. Slobodan Milosevic ne s'était pas déplacé. Rambouillet n'était pas Dayton. Aucun accord n'avait été conclu à l'avance, en coulisses. Slobodan Milosevic ne voulait pas entendre parler d'une « autonomie substantielle » pour le Kosovo et encore moins d'un déploiement d'une force internationale de 30 000 hommes pour garantir cette autonomie. Mais il misait sur l'intransigeance des Albanais qui souhaitaient l'indépendance pour contraindre les Occidentaux à accepter ses conditions.

« Nous allons établir un Parlement régional bicaméral de sorte qu'aucun des deux peuples ne pourra imposer sa volonté à l'autre comme c'est le cas au sein de la Yougoslavie entre les Serbes et les Monténégrins. Nous sommes prêts à laisser les Albanais s'autoadministrer mais l'autonomie, il n'en est pas question. C'est peut-être moins que sous la Constitution de 1974, l'autonomie d'alors c'est l'Histoire. Nous avons réparé cette grave erreur, nous n'allons certainement pas la répéter, quel que soit le prix à payer. Je n'ai pas besoin d'entretenir de bonnes relations avec la communauté internationale. Ça m'est donc complètement égal. De toute façon, ils n'ont plus aucun moyen de me sanctionner », assurait Slobodan

Milosevic lors d'un tête-à-tête avec un diplomate croate en mars 1998 [20]. Presque un an plus tard, la délégation serbe défendait exactement cette position à Rambouillet. Le maître de Belgrade avait néanmoins trouvé une nouvelle ruse pour mieux vider de sa substance tout éventuel accord. Aux côtés de Milan Milutinovic, homme de paille et président de la Serbie, et de Nikola Sainovic, vice-premier ministre yougoslave, se trouvaient des représentants de diverses minorités ethniques vivant au Kosovo. Des Roms, des Slaves islamisés, des Turcs et même des Égyptiens. En revanche, aucun Monténégrin, la troisième communauté du Kosovo après les Albanais et les Serbes. En imposant ces minorités qui au total ne devaient guère représenter plus de 1 % de la population du Kosovo, Belgrade escomptait s'assurer un droit de veto au Parlement local si un accord était signé.

Le 11 février, Slobodan Milosevic recevait à Belgrade le ministre grec des Affaires étrangères, Théodore Pangalos. À Rambouillet, la proposition de la délégation serbe avait été écartée. Les négociations piétinaient. Il confia alors à son invité grec qu'une issue pourrait être trouvée dans le partage territorial du Kosovo. Le 18 février, la conférence de Rambouillet s'achevait sur un échec. Les volets politique et militaire peaufinés pendant les négociations n'étaient signés par aucune des parties. Après trois jours de prolongation, la délégation albanaise à laquelle participaient des commandants de l'UÇK finissait par demander un délai de trois semaines pour consulter sa base. Les Serbes, eux, se disaient disposés à poursuivre les négociations sur le volet politique. Les diplomates dans l'impasse décidaient de donner une dernière chance à un accord de paix. Le rendez-vous était pris pour le 15 mars, à Paris.

Slobodan Milosevic prenait acte du refus des Occidentaux d'envisager une partition du Kosovo. Une décennie durant, il avait tenté de dicter le cours de l'Histoire dans les Balkans par la force, la terreur et la déportation. Il n'allait pas changer de méthode même si, cette fois, il ne semblait plus pouvoir agir en toute impunité. Cela ne devait pas l'arrêter. Au contraire, il allait intégrer l'éventualité des frappes dans sa stratégie. Le 29 février, un plan du nom de code « Fer à cheval » (Potkovica), fortement inspiré du Mémorandum de Vaso Cubrilovic, était prêt. Il visait à prendre en tenaille les populations albanaises et à les repousser vers les pays voisins. La question du Kosovo serait réglée par le vide. Dès les premiers jours de mars, Milosevic mettait ses troupes en état d'alerte et renforçait son dispositif au Kosovo. Comme pour Vukovar ou Srebrenica, chars, artillerie, infanterie, forces spéciales et miliciens se mettaient en ordre de bataille. Et Vojislav Seselj à son poste de vice-premier ministre serbe prévenait publiquement : « Si les Américains décident toutefois de nous attaquer, alors il ne restera plus un Albanais au Kosovo. »

Dans le bureau de Slobodan Milosevic, les diplomates se succédaient, persuadés qu'il finirait par céder à condition de trouver un arrangement sur le volet militaire. Pendant ce temps, Mira Markovic appelait à la « résistance » face aux États-Unis qualifiés de « tyrans du XXe siècle ». Et le général Pavkovic disait être prêt à « défendre le pays » contre « les brutes de l'OTAN ». La propagande préparait les esprits à l'épreuve de force. Le 15 mars, la délégation serbe se rendait au centre Kléber, à Paris, avec un document en 20 points et 80 amendements qui annulait presque la totalité du « volet politique » de Rambouillet. La manœuvre serbe échoua. Dès leur arrivée, les Albanais annonçaient leur intention de signer. Hubert Védrine, coprésident de la conférence, décida de surseoir à la signature, le temps de ramener les Serbes à la raison. En vain. Le 18 mars, l'« Accord intérimaire pour la paix et l'autonomie du Kosovo » était signé par les seuls Albanais. Les Serbes claquaient la porte : « Ils veulent nous imposer un accord qu'ils savent inacceptable pour nous. Ils ne peuvent nous contraindre à signer sous la menace des bombes. Nous aurons de graves dommages mais la responsabilité incombera à ceux qui donnent les ordres », fulminait Milan Milutinovic. En Serbie, Slobodan Milosevic massait ses renforts de troupes aux abords du Kosovo sous l'œil vigilant de l'OTAN.

Cherchant une explication rationnelle à l'attitude de Belgrade, les Occidentaux croyaient que Milosevic souhaitait céder mais qu'il avait besoin des frappes pour sauver la face. Des rumeurs dans ce sens circulaient depuis plusieurs semaines à Belgrade. Certains affirmaient même qu'il avait commandé un sondage pour savoir s'il gagnait plus en cédant avant ou après des frappes de l'OTAN. Le 19 mars, les ambassades occidentales à Belgrade se vidaient. Le lendemain après-midi, les 1 400 observateurs de l'OSCE se retiraient du Kosovo, emportant avec eux le strict minimum, persuadés de revenir quelques jours plus tard. Au même moment, les troupes serbes lançaient une grande offensive dans la Drenica, provoquant l'exode brutal de plusieurs dizaines de milliers de personnes en moins de quarante-huit heures. Le nettoyage ethnique systématique du Kosovo avait commencé. Les Occidentaux qui avaient brandi la menace d'une intervention pour faire fléchir Belgrade se retrouvaient pris à leur propre piège.

Le 23 mars, la décision de bombarder la Serbie était prise. Richard Holbrooke se rendait néanmoins à Belgrade pour une ultime tentative. Avant de se séparer de Slobodan Milosevic, il lui demanda : « Est-ce vraiment clair pour vous ce qui va arriver lorsque je quitterai le palais présidentiel ? » Le président yougoslave répondit : « Vous allez nous bombarder. » Au même moment, Mira Markovic tentait, dans une logorrhée issue tout droit de la guerre froide, de convaincre les Européens, via l'ambassadeur de France à Belgrade, de ne pas céder au diktat américain. Elle ne cessera dès lors d'essayer, en renfort de son époux, de diviser les Occidentaux et d'exacerber l'antiaméricanisme européen. Le soir même, Javier Solana, le secrétaire général de l'OTAN, résumant l'opinion des Alliés déclarait : « Nous devons empêcher un régime autoritaire de continuer à réprimer son peuple en Europe à la fin du xxe siècle. C'est pour nous un devoir moral et nous l'assumerons. »

78 jours de bombardements

Le 24 mars, peu après 20 heures, les sirènes d'alerte retentissaient à Belgrade. L'opération « Forces alliées » avait commencé. Une demiheure plus tard, des bruits sourds résonnaient à la périphérie de la capitale serbe. Une heure plus tard, les avions de l'OTAN bombardaient Pristina et le Monténégro. Une volée de missiles de croisière s'abattait sur le pays. La télévision serbe interrompait ses émissions pour diffuser un programme unique intitulé « L'agression ». La population était sous le choc à la vue des premières images de destruction, tétanisée moins par la peur que par l'incompréhension. Des semaines durant, le régime l'avait convaincue que l'accord de paix était synonyme d'invasion et d'occupation. Elle les persuadait désormais que l'intervention de l'OTAN n'était pas dirigée contre le régime mais contre le peuple serbe. La Serbie tout entière se drapait dans le rôle de victime et faisait bloc derrière son chef. Jamais elle ne lui demandera d'arrêter les massacres. Slobodan Milosevic avait censuré l'information, imposé un black-out total sur tout ce qui pouvait briser l'unité retrouvée, mais nul n'ignorait qu'il plongeait le Kosovo dans un bain de sang. Ils vivaient dans la Serbie virtuelle qu'ils avaient conspuée lors des manifestations de l'hiver 1996-97.

L'intervention de l'OTAN n'enraya pas l'offensive d'envergure lancée quelques jours plus tôt par les forces de Milosevic. Le maître de Belgrade ne plia pas après les premières vagues de missiles. Il retournait la situation à son avantage et poussait les Alliés dans l'impasse qu'ils voulaient éviter. Insensible aux destructions infligées à la Serbie, le dictateur fou vidait le Kosovo de sa population albanaise comme l'avait annoncé Vojislav Seselj. Des centaines de milliers d'Albanais étaient jetés sur les routes, déportés dans des trains ou poussés à pied sans eau ni nourriture jusqu'aux frontières. Crimes, massacres et viols firent le quotidien de cette guerre. Trois mois durant, Slobodan Milosevic s'employa à rendre impensable le plan de paix signé par les Albanais et à forcer les Occidentaux à accepter un nouveau

Dayton. Une paix qui consacrerait l'infamie et confinerait à tout jamais les rescapés de sa folie meurtrière sur une minuscule portion du Kosovo. Le partage tel qu'il l'entendait et tel qu'il l'avait déjà pratiqué. Il misait sur l'impuissance des démocraties face au totalitarisme sanguinaire, sur l'inadéquation de la force aérienne face à la barbarie de ses milices, sur les divisions au sein de la communauté internationale. Il faillit remporter son pari. Mais l'OTAN ne céda pas.

Après avoir déporté 900 000 Albanais et couvert le Kosovo de charniers, Slobodan Milosevic capitulait. Le 3 juin, il acceptait le plan présenté par la Russie et l'OTAN. Dix jours plus tard, les troupes serbes entamaient leur retrait du Kosovo, laissant la place aux forces de l'OTAN chargées de faire appliquer une paix fondée sur les documents de Rambouillet. En 78 jours de bombardements de l'OTAN, la Serbie était dévastée. Mais ce bilan catastrophique et l'usure de l'élan patriotique serbe des premières semaines ne furent pas décisifs pour Milosevic. La rupture s'était produite le 27 mai, loin du Kosovo et de Belgrade. Devant une salle comble, la Canadienne Louise Arbour, procureur du Tribunal pénal international, annonçait à la presse la mise en accusation du président yougoslave pour crimes contre l'humanité au Kosovo. L'inculpation touchait également ses plus proches collaborateurs : Milan Milutinovic, le président en exercice de la Serbie, le général Dragoljub Ojdanic, chef de l'armée, le premier ministre adjoint fédéral, Nikola Sainovic, et le ministre serbe de l'Intérieur Vlajko Stojiljkovic. Slobodan Milosevic ne s'y attendait pas. Maître de la guerre et de la paix, il se savait incontournable. Et tant qu'il resterait le seul interlocuteur avec qui la communauté internationale pouvait traiter, il pensait être assuré de l'impunité. Pendant huit longues années, ce calcul s'était révélé juste. Mais Slobodan Milosevic venait de commettre « une guerre de trop ». Les Occidentaux brisaient le piège dans lequel ils s'étaient laissé enfermer par le « boucher des Balkans ». Celui-ci comprenait que son pouvoir était menacé. Depuis le début de ses aventures guerrières, il fondait sa légitimité autant sur la reconnaissance des Occidentaux que sur les urnes. Face à cette nouvelle donne, son inculpation, Slobodan Milosevic s'empressa immédiatement de rétablir sa légitimité en signant exactement ce qu'il avait rejeté trois mois plus tôt, avant que les grandes puissances ne l'écartent complètement du jeu et ne trouvent un nouvel interlocuteur. Il cherchait ainsi à éviter de subir le sort de Radovan Karadzic, mis hors jeu après son inculpation pour génocide...

Un peuple frappé

La paix au Kosovo ne fut pas suivie d'une cérémonie dans un salon lambrissé d'une capitale occidentale. Mais Slobodan Milosevic montra une fois de plus son aisance stupéfiante à s'adapter aux pires situations. Il maquilla sa capitulation en victoire et endossa les défroques que l'on croyait usées de l'homme de paix. Des salves de la défense antiaérienne et un concert de klaxons accompagnèrent l'annonce de l'accord de paix. « L'agression brutale contre le peuple de Serbie et de Yougoslavie est terminée », répétait la télévision. La foule envahissait les rues de la capitale, plongées dans l'obscurité depuis la destruction d'une partie du système électro-énergétique du pays. La machine de propagande sortie intacte de l'épreuve de force avec l'OTAN, en dépit du bombardement, le 23 avril, de la télévision serbe, chantait « la victoire de la politique de paix menée par la République fédérale de Yougoslavie et le président Slobodan Milosevic ». Elle martelait que l'accord signé et entériné par une résolution des Nations unies était sensiblement différent de celui présenté à la veille des frappes. « Nous n'avons pas seulement défendu notre pays, nous avons ramené sur la scène mondiale les Nations unies qui, avant l'agression, ne fonctionnaient pas, et c'est notre contribution aux efforts du monde épris de paix », affirmait le président yougoslave dans une adresse à la nation le 10 juin pour occulter sa reculade.

Tout au long de l'intervention de l'OTAN, Slobodan Milosevic n'était apparu qu'à travers les longues scènes de poignées de main avec ses interlocuteurs étrangers, retransmises à l'envi par la télévision. Il sortait désormais de son bunker, pressé de justifier la politique qui avait conduit à la dévastation de la Serbie. Il jouait la montre, cherchant à occuper le terrain avant la levée de « l'état de guerre » qui muselait encore l'opposition. Il entama une tournée dans le pays en ruine pour annoncer la reconstruction. Le 15 juin 1999, à Aleksinac, une ville minière du sud-est de la Serbie, il déclarait devant une foule éparse : « En restaurant notre pays, nous allons restaurer nos liens avec le monde entier. Nous les rétablirons d'abord et facilement avec la partie la plus démocratique et la plus progressiste du monde. [...] Nous avons fait preuve au cours de onze semaines d'agression brutale contre notre pays d'une énorme mobilisation et du plus haut degré possible d'unité de tout notre peuple. Il est nécessaire que nous maintenions ce degré de mobilisation et d'unité dans la reconstruction de notre pays. Cette mobilisation est nécessaire pour que notre pays ne connaisse plus la guerre, pour qu'il soit développé, heureux et libre tel qu'il l'est aujourd'hui, le plus libre du monde — et le pays le plus démocratique du monde. »

Mais la colère des Serbes du Kosovo allait vite couvrir les cris victorieux du cynique démagogue qui affirmait : « La question d'une possible indépendance du Kosovo a été refermée. » Slobodan Milosevic, qui avait bâti sa carrière sur le Kosovo, avait perdu à tout jamais « le berceau de la nation serbe ». Certes, le Kosovo n'était pas indépendant. Il était maintenu au sein de la Fédération serbo-monténégrine et doté d'une autonomie substantielle. Mais par ses crimes, Belgrade avait perdu toute prérogative sur la province, désormais placée sous protectorat de la communauté internationale. Les milliers de Serbes qui prenaient le chemin de l'exode alors que les déportés albanais rentraient chez eux le savaient. Et sur leurs tracteurs chargés de meubles, ils se dirigeaient vers Belgrade pour demander des comptes à Slobodan Milosevic. Le président yougoslave envoya son armée et sa police pour bloquer les routes. La révolte fut rapidement jugulée. À coups de décrets, il forçait les Serbes à rester au Kosovo. D'abord, il frappa d'interdiction de s'installer en Serbie toute personne propriétaire de biens au Kosovo. Puis pour obliger leur famille à rentrer, il interdit l'inscription des enfants kosovars serbes dans les écoles de Serbie.

Douze ans après la promesse solennelle « Personne ne frappera ce peuple » faite sur la place de Kosovo Polje, les Serbes avaient subi les frappes de la plus grande puissance militaire mondiale. Dix ans après son discours triomphal au Champ-des-Merles, le lieu sacré de la mémoire serbe forgée dans l'héroïsme de la déroute de 1389 était souillé par une nouvelle défaite. Le mythc fondateur du peuple serbe était marqué à tout jamais du sceau de l'infamie. De la Serbie digne et forte qu'il célébrait le 28 juin 1989, il ne restait plus qu'un pays ruiné aux mains d'un criminel de guerre. Un pays isolé, abandonné par ses voisins et ses meilleurs alliés. Un pays frappé de l'anathème des grandes puissances : « Tant que la Serbie n'aura pas de régime démocratique, tant que Milosevic sera là, il n'y aura pas d'aide internationale. » Une Serbie malade où Slobodan Milosevic restait en dépit de toutes ses défaites et de tous ses crimes le politicien le plus populaire.

Fin de règne

L'ère Milosevic n'en finissait pas de finir. Depuis sa montée au pouvoir, Slobodan Milosevic, seul dirigeant communiste après la chute du mur de Berlin encore au pouvoir, jouait les prolongations. Au début de l'été 1999, il narguait la foule qui signait des pétitions en faveur de sa démission en lui faisant valoir que seul le verdict des urnes était légitime. Et pour montrer qu'il n'avait rien à craindre, il levait, mi-juillet, l'interdiction frappant les manifestations de l'opposition. Les leaders de l'Alliance pour le changement, une coalition de petits partis conduite par Zoran Djindjic, sillonnaient la province, essayant de ressusciter le mouvement anti-Milosevic de l'hiver 1996-97. 20 000 personnes à Uzice, autant quelques jours plus tard à Kragujevac. Puis 100 000 en août à Belgrade. La contestation semblait prendre de l'ampleur mais cette Serbie qui se réveillait restait encore impuissante. Les sondages indépendants créditaient en juin 1999 le parti de Slobodan Milosevic de 20 % des intentions de vote et la formation néofasciste de Vojislav Seselj de 10 %. Slobodan Milosevic avait beau jeu face à une opposition divisée entre l'Alliance créditée d'à peine 8 % et le Mouvement serbe du renouveau, fort de 14,7 % des intentions de vote mais entre les mains du versatile Vuk Draskovic qui avait fait alliance avec le pouvoir et était entré au gouvernement fédéral avant de rompre en mai. Slobodan Milosevic semblait inamovible. Même le Parlement fédéral, qui l'avait élu au poste de président yougoslave et qui pouvait voter sa destitution, lui restait favorable.

Celui qui entrait dans l'Histoire comme le premier président en exercice inculpé de crime contre l'humanité ne semblait pas décidé à descendre de la scène avant l'expiration de son mandat en juillet 2001. Il paraissait même déterminé à rééditer le scénario de ses débuts et à encourager la dislocation de la Fédération serbo-monténégrine pour prolonger son règne. Empêché de briguer un nouveau mandat par la Constitution fédérale, Slobodan Milosevic cherchait par son intransigeance à pousser les Monténégrins au divorce, comme autrefois les Slovènes, et à créer un nouvel État, réduit cette fois à la seule Serbie, et sur lequel il continuerait à régner en maître. Il misait une fois de plus sur ses adversaires pour mener à bien ses desseins. Les violences commises par les extrémistes albanais contre les Serbes du Kosovo après la capitulation de Belgrade et l'arrivée des forces de l'OTAN dans la région le servaient. Elles relégitimaient peu à peu, aux yeux de la Serbie, la politique criminelle qu'il avait menée contre les Albanais. Le harcèlement systématique des quelque 30 000 Serbes restés au Kosovo, les 300 assassinats de vieillards, de femmes et d'enfants serbes commis dans le courant de l'été rouvraient le dossier de la partition du Kosovo que l'infamie de la campagne de nettoyage ethnique dirigée par les forces de sécurité serbes semblait avoir à tout jamais refermé. Fin août, l'administration internationale en charge du Kosovo envisageait le regroupement dans des cantons ethniques des Serbes restés sur place. Accusé par son peuple d'avoir perdu le Kosovo et conduit son pays à la ruine, Slobodan Milosevic rêvait toujours de récupérer une partie de la province et de rester le maître de la Serbie. Sa liberté dépendait de son maintien au pouvoir. Celle de la Serbie de son départ. Nul ne savait cependant comment les Serbes allaient résoudre cette équation. Pas même Slobodan Milosevic qui se préparait également au pire. Une Serbie bannie lorgnant sur un Monténégro allant de l'avant et un Kosovo en pleine reconstruction sous protection de 30 000 soldats de la KFOR. Une armée yougoslave humiliée par une capitulation à laquelle elle s'opposait et qui finirait peut-être par le lâcher. Des chiens de guerre trahis qui s'empresseraient aux premiers signes d'affaiblissement du régime de prêter main-forte à ses adversaires pour, à temps, se refaire une virginité. Une fin semblable à celle de Nicolas et Héléna Ceausescu, ou une Serbie qui renaîtrait en le livrant au Tribunal de

La Haye. Slobodan Milosevic n'excluait plus aucun scénario. Au début de l'été 1999, Mira Markovic activait ses réseaux à l'étranger pour négocier une éventuelle fuite. Sous le coup d'un mandat international, Slobodan Milosevic ne pouvait théoriquement envisager un jour une retraite paisible « dans la partie la plus démocratique et la plus progressiste du monde ». Au Bélarus, en Chine, au fin fond de la Russie ou ailleurs. Il ne pourrait pas déguster un sorbet au bord du lac de Lugano comme l'avait rêvé son épouse, lui âgé de soixante ans et abandonnant la politique, elle ayant troqué ses habituelles tenues noires contre une robe blanche [21]. Il ne pourrait pas non plus escompter récupérer ses comptes gelés en Suisse. Mais il détenait en otages dans ses prisons quelque 5 000 Albanais, pour la plupart des hommes et des femmes médecins, enseignants, avocats ou militants des droits de l'homme, raflés pendant la monstrueuse campagne de nettoyage ethnique et transférés en Serbie lors du retrait des forces serbes du Kosovo. L'incendiaire des Balkans n'était pas encore hors d'état de nuire.

10

La chute

Une révolution organisée

Une épaisse fumée noire s'élève au-dessus du Parlement fédéral. Des flammes s'échappent des fenêtres devant une multitude enivrée. « Gotov je, stvarno je gotov » (« Il est fini, il est vraiment fini »). À quelques centaines de mètres de là, dans la rue Takovska qui longe le flanc du Parlement, la télévision de Serbie, la célèbre « télé Bastille » est à son tour en proie aux flammes qui symbolisent, avec les cris de joie de la Serbie libérée, la chute de Milosevic.

Tout avait commencé le 24 septembre 2000. Jour d'élections. L'opposition triomphe. Elle enregistre un véritable raz de marée au scrutin municipal. Vojislav Kostunica, son candidat au poste de président de la République yougoslave face à Slobodan Milosevic, arrive nettement en tête. Selon le décompte des assesseurs de l'opposition, Kostunica a mis en échec son adversaire dès le premier tour. La foule sort dans la rue pour célébrer la victoire jusqu'au petit matin.

Milosevic fulmine. Deux jours auparavant, il

avait confié au chef de son armée escompter près de 70 % des votes et que, passée cette barre, il ferait cadeau des voix supplémentaires au candidat de l'opposition. Mais le dictateur désavoué n'est plus en humeur de générosité. Il refuse de reconnaître sa défaite. Une vive polémique éclate alors dans les coulisses du pouvoir. Les uns tentent de convaincre Milosevic de calmer le jeu en acceptant un second tour et le 26 septembre des émissaires du SPS approchent les leaders de l'opposition qui refusent le marché. Les autres prônent l'annulation du scrutin sans exclure l'usage de la force en cas de protestation. La commission électorale attend les ordres ; la Serbie, le dénouement dans l'anxiété.

Finalement, le 27 septembre, la commission électorale sort de son silence et publie ses résultats définitifs, qui n'accordent que 48,2 % des voix à Kostunica et 40,2 % à Milosevic [1]. Le pouvoir pense, avec un second tour, désamorcer la crise. Mais l'opposition a déjà tranché. Après tant d'occasions manquées, elle ne peut pas laisser passer encore une fois sa chance. En bafouant la volonté des électeurs, Milosevic a fourni à ses opposants un prétexte idéal pour soulever la Serbie. Le DOS, l'Opposition démocratique de Serbie, annonce son plan de bataille : descendre dans la rue pour faire reconnaître les résultats et la victoire de son candidat. Le slogan de la campagne « Gotov je » retrouve une seconde vie. D'importantes manifestations éclatent alors à Belgrade et dans les principales villes de province. Mais l'opposition sait qu'elle ne fera pas plier Milosevic avec un mouvement de rue. Pendant l'hiver 1996-1997, il a déjà survécu à trois mois de manifestations. Le DOS décide donc de passer à la vitesse supérieure et appelle à une grève générale.

Le 2 octobre, les usines se mettent en grève les unes après les autres, les routes du pays sont bloquées. Milosevic tente une nouvelle provocation, en ordonnant à la commission électorale d'annuler le scrutin présidentiel du 24 septembre. L'opposition fait appel de la décision devant la Cour constitutionnelle. Deux jours plus tard, alors que la mobilisation gagne en puissance, les juges constitutionnels refusent de statuer, renvoyant la décision à la commission électorale.

Milosevic reste patient. Le 8 octobre, à l'occasion du second tour, il « bourrera les urnes » et proclamera sa victoire face à Kostunica. Le mouvement de contestation s'essoufflera ou sera réprimé. Et la Serbie replongera dans la léthargie. Sauf si le DOS réussit avant le second tour à entraîner la province révoltée vers la capitale, à paralyser le pays et à forcer Milosevic à quitter le pouvoir.

Milosevic a envisagé ce scénario. À la veille des élections, il a ordonné le renforcement de ses unités militaires aux frontières, persuadé que l'opposition, ne pouvant agir seule de l'intérieur, misait sur le soutien d'unités d'élite étrangères déguisées en policiers serbes [2]. Et pour contenir un déferlement populaire sur la capitale, annoncé par le DOS pour le 5 octobre, il dispose des unités de combat de sa police. Milosevic se croit toujours intouchable. « J'ai la conscience tranquille. Mais je ne l'aurais pas si je n'avisais pas mon peuple de ce qui l'attend. Le DOS obéit aux ordres des Occidentaux et est financé par l'OTAN. S'il remporte les élections, la Yougoslavie se décomposera et le peuple serbe subira le sort des Kurdes », affirme-t-il le 2 octobre, dans une adresse à la nation.

Les principaux leaders de l'opposition ne fléchissent pas. Ils sont décidés à aller jusqu'au bout mais veulent éviter un bain de sang. Secrètement, ils tentent de rallier les plus proches collaborateurs de Milosevic au sein de l'armée et de la police. L'ancien chef des services secrets serbes, Jovica Stanisic, et l'ancien chef de l'état-major de l'armée, Momcilo Perisic, révoqués tous deux fin 1998 pour avoir critiqué les méthodes employées au Kosovo par Milosevic, vont jouer un rôle crucial dans l'établissement de cette alliance secrète avec les forces répressives de Slobodan Milosevic pour permettre une prise du pouvoir pacifique. Mais ils ne seront pas les seuls. Nombres d'anciens officiers ayant quitté les rangs de l'armée ou de la police pour rejoindre l'opposition œuvrent localement à rallier leurs anciens collègues.

Zoran Djindjic prend alors contact avec Milorad Lukovic-Ulemek alias Légion, un ancien membre des Tigres d'Arkan devenu le patron des Bérets rouges, les commandos des services secrets serbes chargés de toutes les sales besognes aussi bien en zone de guerre qu'en Serbie et destinés à défendre leur maître jusqu'à la dernière heure [3]. Selon Légion, son unité ainsi que toutes les forces spéciales de police qui ont participé à la guerre au Kosovo sont prêtes à se ranger du côté du DOS. Quant au reste des forces de police, « elles ne sont pas entraînées pour le combat et si lamentablement équipées qu'elles sont incapables de briser un mouvement de masse [4] ». De son côté, Sreten Lukic, l'ancien chef des unités antiterroristes de la police de Serbie, actives au Kosovo, confirme auprès de ses contacts au sein du DOS son refus de défendre le perdant des élections.

Du côté de l'armée, les choses semblent plus confuses. Les commandos de parachutistes de Nis et d'autres unités d'élite qui se sont battues sur tous les fronts promettent allégeance à l'opposition. Mais la direction de l'armée tergiverse. Vojislav Kostunica rencontre, à plusieurs reprises, Nebojsa Pavkovic pour le dissuader de lancer ses troupes contre le peuple serbe. Le patron de l'armée yougoslave est conscient du danger de participer à la tentative désespérée d'un président déchu pour se maintenir au pouvoir. L'armée risque de perdre toute légitimité et de disparaître dans les tumultes d'une révolution sanglante qui éclatera tôt ou tard. Mais elle risque gros en désobéissant aux ordres de celui qui détient encore le pouvoir. Pavkovic se contente alors de demander à Kostunica de prévenir toute provocation contre l'armée.

Encouragé par les prises de position des forces spéciales de police, le DOS organise le plan du blocus des principales institutions de la capitale et recrute des meneurs. « Nous avions prévu que la province déferlerait le jeudi sur la capitale et tiendrait le blocus jusqu'au dimanche pour empêcher la tenue du deuxième tour de l'élection. Nous avions décidé de répondre à la violence par la violence, s'ils frappaient nous frapperions, s'ils tiraient nous tirerions. Mais nous avions également convenu de ne pas recourir à la violence s'ils ne bougeaient pas. Nous les avons informés de notre détermination. Mais nous voulions absolument faire un coup d'éclat dès le jeudi. Plutôt que d'organiser de nouveaux meetings, nous avions décidé de prendre la télévision, le Parlement fédéral, le palais du gouvernement, de bloquer l'aéroport et la préfecture de police. Nous serions alors en position de force pour négocier leur départ. S'ils refusaient, nous poursuivrions le bras de fer et nous nous en remettrions à Dieu. Les gens avaient été avertis de prendre de la nourriture, des couvertures pour plusieurs jours. Nous avions préparé le plan du blocus de Belgrade mais nous savions qu'ils dresseraient des barrages aux portes de la ville pour empêcher la province de déferler. C'est pour cela que nous avions prévu les camions, les pelleteuses, pour que nos supporters puissent franchir les barrages de police », raconta ultérieurement Zoran Djindjic.

Et d'ajouter : « Nous avions un plan de réserve pour la RTS [la radiotélévision d'État de Serbie] car nous savions qu'elle était bien gardée. Mais nous avions des hommes à nous à l'intérieur. Nous avions prévu de prendre Studio B avec l'aide de nos alliés de l'intérieur qui se chargeraient de neutraliser les gardes armés. Ensuite, nous commencerions à émettre notre propre programme. Nous étions même prêts au cas où la RTS continuerait à émettre son programme habituel depuis le studio de Kosutnjak [dans la banlieue de Belgrade]. À l'aide d'un appareil spécial qui détourne le signal de l'émetteur, nous aurions piraté leur faisceau et émis notre programme. Le soir même, des manifestations auraient alors commencé dans toutes les villes de Serbie pour réclamer le départ de Milosevic. Jamais nous n'avions imaginé que le régime s'effondrerait aussi rapidement. La clé de ce dénouement fut nos contacts, la veille, avec la police [...]. Nous étions informés que Milosevic avait ordonné à la police de stopper les colonnes de manifestants qui tenteraient de rejoindre Belgrade, avec des lance-roquettes si nécessaire. La police avait l'ordre de tuer pour empêcher la foule de pénétrer dans Belgrade. Elle avait l'ordre de verser du sable dans les tunnels, de charger contre les manifestants, de provoquer le chaos mais de les empêcher à n'importe quel prix d'entrer dans Belgrade [5]. »

La « révolution » qui allait suivre n'avait rien de spontané. Chaque événement avait été planifié, organisé dans les moindres détails, qui allait permettre un dénouement pacifique [6]. L'apparente spontanéité allait en fait résulter de l'indiscipline des meneurs et de l'euphorie qui avait gagné une population qui venait de retrouver foi en elle-même.

Fin de partie

Le 4 octobre, les choses se présentent plutôt bien. Des dizaines de milliers d'étudiants organisent une marche pacifique dans la ville sans que la police n'intervienne. En province, 10 000 personnes repoussent la police qui encercle depuis la nuit précédente les mineurs en grève de Kolubara, l'un des principaux bassins miniers du centre du pays. La Serbie semble avoir finalement vaincu sa peur.

Dans la nuit du 4 au 5 octobre, Djindjic rencontre une nouvelle fois Légion. Dans une jeep garée dans la rue du général Geprat, au cœur de Belgrade, il lui fait part de la détermination du DOS à aller jusqu'au bout. « Si vous ne tirez pas sur l'armée ou la police, nous n'exécuterons aucun des ordres que nous avons reçus car nous savons que les résultats des élections sont truqués », promet Légion, prévenant toutefois qu'en cas d'attaque contre la police ou l'armée ses hommes interviendront. Zoran Djindjic apprend également de la bouche du patron des Bérets rouges que les SAJ, les tristement célèbres Unités spéciales antiterroristes, ainsi que toutes les unités de la police qui ont combattu au Kosovo refusent de tirer sur la foule et qu'elles ont obtenu le soutien de leur chef, le patron de la sécurité publique de Serbie, le général Vlastimir Rodja Djordjevic. « Je t'assure que tous ceux qui, au sein de la police, savent se battre ne vous attaqueront pas demain », conclut Légion [7].

La mobilisation culmine le jeudi 5 octobre. Depuis l'aube, des colonnes de voitures et de camions progressent vers la capitale en provenance de Cacak et d'Uzice, de Valjevo et de Kragujevac, de Nis et de Vranje, de Subotica et de Novi Sad... Toutes les villes aux mains de l'opposition ont organisé leur convoi. En tête, les organisateurs et leurs hommes de main, discrètement armés. Derrière, une foule décidée à en découdre. Le maire de la ville de Cacak, le charismatique Velimir Ilic, a lancé à ses hommes avant de partir : « Aujourd'hui nous serons libres ou nous mourrons. » Avec un bulldozer, des pelleteuses et des camions pleins de pierres, ils ont ouvert la route en renversant sur leur passage les voitures de police qui tentaient de faire barrage. Vers midi, près d'un demi-million de personnes sont déjà rassemblées dans le centre de Belgrade. Mais le plan du DOS ne semble pas marcher comme prévu. Ni le bâtiment du gouvernement fédéral ni l'aéroport ne sont encerclés. Ceux qui étaient en charge de cette mission ont préféré rejoindre la foule dans le centre, sur le parvis du Parlement fédéral où siège la commission électorale qui vient de déclarer les élections nulles et non avenues.

À 15 heures, l'ultimatum lancé au régime par le

DOS pour reconnaître les résultats des élections expire. Velimir Ilic n'attend pas, ses hommes donnent l'assaut au Parlement fédéral protégé par une centaine de policiers. La police tente de contenir la foule avec des gaz lacrymogènes, oppose une faible résistance avant de plier bagage. Quelques instants plus tard, les flammes lèchent la façade ocre du bâtiment. Dans un bureau voisin, les dirigeants du DOS qui avaient prévu de se barricader dans le Parlement fédéral enragent. Ils craignent d'avoir perdu le contrôle de la situation. Le siège de la radiotélévision de Serbie est emporté dans la foulée, après quelques échanges de tirs.

Dans la rue, des unités de la police pactisent avec les émeutiers. La foule chante : « Sauve la Serbie, Slobodan, suicide-toi. » Pendant ce temps, des gangs belgradois prennent le contrôle du poste de police de Stari Grad, en centre-ville. Le DOS a fait appel à des hommes de main pour neutraliser chaque poste de police de la capitale. Dragan Vasiljkovic, plus connu sous le nom de capitaine Dragan, s'empare de Studio B et de la direction des douanes fédérales. La préfecture de police est à son tour encerclée, sa reddition sera négociée dans la nuit, avec l'aide de Légion. Devant l'effondrement des symboles du régime, la foule poursuit sa course, de sa propre initiative : Tanjug, le siège du quotidien *Politika* et celui de la télévision éponyme tombent les uns après les autres. Pendant ce temps, Djindjic retrouve Légion. Le chef des Bérets rouges lui confie : « Pour moi, c'est terminé. Milosevic est fini. Si l'armée intervient, nous interviendrons contre l'armée. Nous les avons prévenus. L'armée, dans son ensemble, ne bougera pas. En revanche, certaines unités pourraient agir, mais dans ce cas nous serons là pour vous défendre [8]. » Une foule en délire fête sa victoire toute la nuit. Kostunica fait sa première apparition à la télévision de Serbie en tant que vainqueur de l'élection. Beaucoup restent cependant incrédules. Milosevic est-il vraiment hors d'état de nuire ?

Les dirigeants du DOS s'installent face au Parlement fédéral dans le bâtiment de l'assemblée municipale de Belgrade, avec une centaine d'hommes en armes. La partie n'est pas encore gagnée. Dans la soirée, Milosevic a ordonné à son armée d'intervenir et d'arrêter les leaders de l'opposition. Mais Nebojsa Pavkovic lui fait savoir qu'il n'en a pas les moyens, une partie des troupes ayant refusé d'exécuter les ordres. Des soldats avaient traversé Belgrade en début de soirée en levant les trois doigts, signe de victoire chez les Serbes. Et nombre de policiers célébraient aux côtés des manifestants la victoire du DOS. Milosevic s'empare alors du téléphone pour sommer en personne le chef de l'armée de neutraliser les télévisions qui diffusent depuis plusieurs heures des programmes du DOS. Nebojsa Pavkovic refuse : « Monsieur le Président, on ne peut plus rien faire. » Milosevic s'emporte et promet d'envoyer les forces spéciales d'intervention de la police secrète. Mais il est trop tard. Ses forces viennent de recouvrer une légitimité perdue depuis plusieurs années et de sauver leur tête. Rien ne peut plus les convaincre de suivre les ordres de leur ancien chef. Encore fidèle à Milosevic, Nebojsa Pavkovic comprend qu'à ce stade une intervention brutale provoquerait une mutinerie dans les rangs de l'armée et se solderait probablement par son arrestation. Milosevic est neutralisé.

Le 6 octobre, la commission électorale avalise le processus en reconnaissant officiellement la victoire de Vojislav Kostunica. Dans le feu de l'action, certains avaient suggéré d'en finir avec Milosevic mais Kostunica avait alors exclu tout transfert à La Haye, préférant négocier la passation de pouvoir. Vendredi 6 octobre, en fin d'après-midi, Kostunica, sans en référer à ses partenaires du DOS, prie Nebojsa Pavkovic d'organiser une rencontre avec Milosevic. Après quelques hésitations, le dictateur déchu accepte à la condition de ne pas sortir de chez lui. Escorté par l'armée, Kostunica se rend donc vers 20 heures à la villa présidentielle, toujours occupée par les Milosevic, dans le quartier cossu de Dedinje. Le président sortant fait d'abord mine de ne pas connaître la décision de la commission électorale, publiée quelques heures plus tôt au *Journal officiel*. Pourtant, il avait reçu dans la journée le ministre russe des Affaires étrangères, Sergueï Ivanov, venu d'urgence à Belgrade pour le convaincre de « tirer sa révérence ». Kostunica essaye alors de lui expliquer que « le pouvoir n'est pas obligatoirement perdu pour toujours, qu'on peut le reconquérir, que rien n'est définitif [9] ».

À l'issue d'une heure de tête-à-tête, Kostunica quitte la villa. Nebojsa Pavkovic s'entretient alors avec Milosevic, seul à seul. Une demi-heure plus tard, l'ancien dictateur accepte de se retirer sans heurts et propose de faire une apparition publique sur la chaîne Yu Info, une télévision qu'il avait créée à la veille des élections et qui émettait non seulement en Serbie mais aussi au Monténégro [10]. Devant des millions de téléspectateurs, Milosevic, l'air serein, debout à côté du drapeau yougoslave comme il le faisait pendant les frappes de l'OTAN, félicite Kostunica pour sa victoire, remercie ceux qui ont voté pour lui comme ceux qui ont voté contre lui et annonce qu'il entend consacrer plus de temps à sa famille tout en poursuivant son activité politique à la tête du SPS, qu'il aspire à transformer en un puissant parti d'opposition. « Personnellement, je suis soulagé de ne plus avoir cette immense responsabilité que j'ai portée tout au long de la décennie, j'ai l'intention de me reposer, de passer plus de temps avec ma famille, et avant tout avec mon petit-fils Marko. Ensuite, je continuerai avant tout à renforcer mon parti. »

La scène paraît surréaliste. Elle est en fait incongrue. Après treize ans de pouvoir absolu, après avoir nié les résultats des élections, ordonné à ses forces de faire couler le sang, le dictateur recourt une fois de plus au mensonge. Il met en scène, devant quelque dix millions de citoyens yougoslaves, une passation de pouvoir qui se veut ordinaire, pacifique et démocratique. Il revêt pour la galerie le costume du politicien réaliste qui a compris qu'il n'était pas trop tard pour abandonner la partie. Moins de vingt-quatre heures auparavant, il avait tenté un ultime baroud d'honneur. Maintenant, il sauve sa tête croyant ainsi acheter son immunité judiciaire [11].

Milosevic a commis là une grave erreur de jugement. De plus en plus isolé dans sa tour d'ivoire, coupé de la réalité locale et internationale, privé de ses meilleurs conseillers révoqués les uns après les autres, de plus en plus sous l'emprise de sa seule femme, il n'était plus en mesure de sonder son peuple, avec la justesse qui avait été sans aucun doute l'une des clés de sa longévité au pouvoir. Milosevic n'avait pas pris au sérieux le mécontentement grandissant d'une population plongée dans la misère ; ni le besoin de changement qui avait fini par rassembler une élite serbe désormais consciente de l'imposture d'un Milosevic qui n'avait cessé de mépriser, humilier et manipuler le peuple serbe dont il se prétendait le défenseur.

Il n'a pas non plus compris que la conjonction de ces facteurs avec la détermination toute nouvelle des Occidentaux de se débarrasser de lui pouvait lui être fatale. À aucun instant Milosevic n'a soupçonné qu'il pourrait perdre le pouvoir. Il pensait que le mensonge continuerait à opérer efficacement. Mais cette fois la coupe était pleine. Les inaugurations de ponts et d'usines, le plus souvent mises en scène pour donner l'impression que le pays tenait encore debout, les remises de médailles aux officiers de la police et de l'armée pour leur combat héroïque contre l'OTAN, la diabolisation de l'Occident pour dissuader son peuple de chercher un modèle d'avenir dans la démocratie ne pouvaient apaiser une population exsangue et privée d'avenir.

La dernière chance de l'opposition

Depuis la fin des frappes de l'OTAN, le pouvoir sérieusement affaibli de Milosevic ne reposait plus que sur l'appareil répressif. Les manifestations de rue organisées à partir de la mi-août 1999 par l'Alliance pour les changements avaient été violemment réprimées. Faute de stratégie, le mouvement s'était rapidement essoufflé. De moins en moins fréquents, les rassemblements se sont poursuivis jusqu'à la mi-décembre et le constat d'échec de l'Alliance. Elle n'avait obtenu ni la démission de Milosevic, ni la création d'un gouvernement de transition, ni l'organisation d'élections anticipées. Les Serbes ne croyaient plus en Milosevic mais n'avaient ni la force de se soulever contre son régime autoritaire, ni de recours possible, n'accordant plus aucune confiance à une opposition versatile, minée par des rivalités internes, trop occupée à réaliser ses ambitions personnelles pour servir l'intérêt général.

Le 10 janvier 2000 pourtant, l'opposition s'était ressaisie sous l'impulsion des Occidentaux impatients de voir la Serbie sortir de l'impasse. Elle s'est engagée solennellement à mener une action commune en vue d'encourager un changement de pouvoir. L'heure n'était plus aux mouvements de rue mais à une action en profondeur visant à organiser, à tous les niveaux de la société, un réseau de résistance. Sur le modèle du réseau d'Otpor qui, grâce à sa structure horizontale disséminée à travers le pays, avait survécu à plus de deux années de répression. Cette nouvelle stratégie de terrain que l'opposition avait jusque-là négligée devait également contrecarrer la propagande du régime distillée sur l'ensemble du territoire via la télévision, un instrument qui, aux yeux des Serbes, s'était avéré plus puissant que tous les bombardiers occidentaux.

L'opposition joua sans attendre la carte de la province où différents foyers de protestation étaient apparus les années précédentes sans jamais réussir à s'organiser. Ce nouvel élan renforça la résistance dans les villes aux mains de l'opposition et dans les régions les plus touchées par la débâcle économique. Mais l'opposition échoua une fois de plus à canaliser les énergies en un puissant mouvement contre le régime car elle continuait d'opérer en ordre dispersé et la population elle-même ne parvenait pas à formuler son malaise de manière cohérente. Une partie de l'opinion publique tenait le régime pour responsable de la faillite du pays ; d'autres dénonçaient l'isolement de la Serbie et craignaient une nouvelle guerre, cette fois contre le Monténégro où Milosevic avait déployé les troupes d'élite de l'armée yougoslave. D'aucuns encore déploraient la défaite subie au Kosovo. La grande majorité d'entre eux éprouvaient par ailleurs un vif ressentiment envers l'Occident qui, jugeaient-ils, les avait injustement bombardés. La Serbie anti-Milosevic peinait ainsi à trouver une cause et une stratégie communes et fut incapable de faire face efficacement à la nouvelle riposte répressive du régime.

La réponse de Milosevic à l'accord du 10 janvier 2000 fut en effet rapide et brutale. Il ferma les principales télévisions locales aux mains de l'opposition, multiplia les arrestations des membres du mouvement Otpor, mit à pied les juges devenus réfractaires, s'aliénant un peu plus l'opinion publique sans toutefois susciter une révolte. La prise de la télévision belgradoise Studio B par les forces de police et sa mise sous tutelle du régime devait permettre au pouvoir de tester la détermination de l'opposition. « Nous n'avons pas fait nos preuves », expliqua quelques mois plus tard Zoran Djindjic. « Belgrade était aux mains de l'opposition, nous contrôlions le trafic urbain, les institutions municipales. Nous avions un énorme potentiel. Mais nous nous sommes contentés de produire des communiqués de presse et d'appeler la population à descendre dans la rue. Un millier de personnes a répondu à l'appel. Elles ont été sévèrement battues par la police. Aucun journaliste de la télévision ne les a rejointes. Ce fut une véritable débâcle. Soudainement nous réalisions que l'opposition n'existait pas. Pourtant nous avions le prétexte idéal pour déclencher une révolution. Nous n'avons pas su nous saisir de cette chance. Cela signifiait que nous ne parviendrions jamais à renverser Milosevic par la pression de la rue, qu'il nous fallait changer de stratégie [12]. » Milosevic avait finement joué.

Au IVe Congrès du Parti socialiste (SPS), le 17 février suivant, Slobodan Milosevic célébra sa victoire par une virulente attaque contre ses adversaires. « Nous n'avons pas d'opposition en Serbie. Nous n'avons que des faibles et des voleurs qui profitent des temps difficiles pour manipuler, avec l'aide d'importants moyens financiers venus de l'étranger, les sentiments et les aspirations d'une partie de la population, en premier lieu des jeunes... Mais ils ne sont que les représentants du nouveau colonialisme, les fondés de pouvoir des grandes puissances colonisatrices, celles-là même qui ont bombardé la Serbie... Ils sont en fait les janissaires des temps modernes... », vitupérait Slobodan Milosevic devant les membres du SPS.

« Milosevic joue les Enver Hodja et érige autour de la Serbie une muraille de Chine. Il vit de l'isolement et de la paupérisation de son peuple. Il ne peut se maintenir au pouvoir qu'en transformant la Serbie en une prison », disait alors Ivan Stambolic [13]. Fin août 2000, cet ancien président serbe, qui depuis plusieurs mois sillonnait le pays pour convaincre la Serbie profonde de s'organiser, était enlevé devant chez lui, à Belgrade, par les forces spéciales de Milosevic. Son corps n'a jamais été retrouvé. Avant Ivan Stambolic, plusieurs personnalités avaient également été assassinées dans des circonstances non élucidées : le ministre fédéral de la Défense Pavle Bulatovic, le sanguinaire milicien Zeljko Raznjatovic-Arkan, Zika Petrovic, le directeur de la JAT, la compagnie aérienne yougoslave, et enfin Bosko Perosevic, président du conseil exécutif de la province autonome de Voïvodine.

La répression de plus en plus brutale en Serbie ne fit qu'accélérer l'agonie du pouvoir et resserrer les rangs de l'opposition autour de la nécessité d'évincer au plus vite Milosevic et son régime autocratique. Aveuglé par l'arrogance, Milosevic appela le 17 juillet 2000 à des élections anticipées, persuadé qu'elles lui apporteraient la légitimité qui lui faisait défaut. L'homme qui avait perdu toutes les guerres qu'il avait déclenchées, survécu à deux mouvements majeurs de contestation, à 78 jours de bombardements de l'OTAN, à cinq années de sanctions internationales et à l'érosion puis à l'effondrement de sa popularité, ne devait sa longévité au pouvoir qu'à l'incurie de l'opposition serbe. L'éventualité d'un échec ne l'effleura à aucun instant. Selon ses habitudes, il venait de se tailler une loi électorale sur mesure, amendant à cet effet la Constitution yougoslave en passant outre au veto des autorités monténégrines [14].

En même temps que les élections présidentielle et législatives au niveau fédéral, Milosevic convoqua des élections municipales en Serbie, convaincu qu'une campagne électorale sur plusieurs fronts diviserait plus que jamais l'opposition serbe et qu'un revers électoral la condamnerait définitivement au silence. La consultation devait non seulement lui donner une nouvelle légitimité mais réduire à néant l'opposition serbe et la contestation au Monténégro. L'inverse se produisit en dépit du boycott des forces démocratiques monténégrines qui favorisait *a priori* largement sa réélection [15].

L'heure de vérité venait de sonner pour l'opposition serbe. Soit elle disparaissait à tout jamais comme le pensait Milosevic, soit, au contraire, elle saisissait cette toute dernière chance pour changer le cours de l'Histoire. Les élections n'étaient pas nécessairement un facteur de fragilisation de l'opposition. Au contraire, elles pouvaient lui permettre de trouver enfin une cause commune et une stratégie : contraindre le dictateur à quitter le pouvoir par les urnes. Avec 70 % d'opinion défavorables, Milosevic était plus que jamais vulnérable. Il pouvait difficilement résister à un front uni de l'opposition et à une campagne électorale efficace.

Les Occidentaux qui, depuis octobre 1999, finançaient et conseillaient secrètement les mouvements de résistance sous couvert de conférences consacrées à l'avenir de la Serbie et organisées pour la plupart en Hongrie, redoublèrent d'efforts. Experts en stratégie électorale, en marketing et en sondages, principalement américains, se mirent au travail [16]. Quelques semaines plus tard, l'Opposition démocratique de Serbie, le DOS, une alliance de dix-huit partis, voyait le jour. Seul le SPO de Vuk Draskovic, favorable au boycott du scrutin, refusait de rejoindre la nouvelle alliance.

Les sondages indépendants indiquaient une victoire de l'opposition unifiée aux municipales en

Serbie mais révélaient la défaite du leader naturel du DOS, Zoran Djindjic, chef du Parti démocrate (DS), le plus puissant de la coalition, face à Slobodan Milosevic à l'élection présidentielle fédérale. « Il nous fallait un candidat commun qui symbolise la lutte pour l'intérêt général, quelqu'un d'indépendant ou à la tête d'un petit parti que les électeurs n'accuseraient pas *a priori* de vouloir réaliser des ambitions personnelles, une personnalité qui ne serait pas compromise, qui n'aurait ni gardes du corps, ni voiture », expliquait Zoran Djindjic. Le DOS consulta alors l'Académie des sciences et des arts de Serbie et l'Église serbe orthodoxe, interrogea les groupes dissidents émergeant au sein de l'armée et de la police et analysa les sondages afin de trouver le candidat capable de mettre en échec Milosevic [17]. Vojislav Kostunica recueillit le plus large consensus.

Le chef de file du Parti démocratique de Serbie (DSS), une formation mineure du DOS créditée d'à peine 4 % des intentions de vote, était connu pour ses prises de position nationalistes pendant la guerre en Bosnie-Herzégovine et ses critiques virulentes contre les bombardements de l'OTAN. Il avait en outre préservé une réputation d'homme intègre contrairement à la plupart des leaders du DOS à l'image ternie par les différents scandales qui, tout au long de la décennie, avaient éclaboussé l'opposition serbe. Aussi Kostunica n'était pas une proie facile pour le régime qui pouvait difficilement le qualifier de traître à la cause serbe et d'agent de l'Occident.

Zoran Djindjic garda néanmoins la haute main sur l'organisation de la campagne électorale et assura l'unité du DOS derrière son candidat unique. En contrepartie, le DOS s'engageait à demander des élections législatives anticipées en Serbie et, en cas de victoire, à nommer Djindjic à la tête du gouvernement serbe. Le 23 décembre 2000, le DOS s'assurait une majorité confortable à l'Assemblée et Zoran Djindjic devenait un mois plus tard premier ministre de Serbie.

Une rupture difficile

« Nombreux sont ceux qui ont évoqué l'extradition de Milosevic, ma réponse a été claire : non. Le tribunal de La Haye est une institution politique qui n'a rien d'international. C'est un tribunal américain... », avait expliqué, le 5 octobre 2000, Vojislav Kostunica, lors de sa première apparition télévisée. Depuis, Slobodan Milosevic vivait paisiblement dans sa luxueuse villa de fonction sur les hauteurs de Dedinje. Au lendemain des élections, l'heure n'est donc pas au bilan. Le 5 octobre, une page a été tournée et la Serbie estime avoir bien trop à faire chez elle pour s'interroger sur la responsabilité de Milosevic dans la guerre. Pour la majorité des Serbes, il a mené une politique criminelle contre son peuple et s'il doit un jour répondre de ses actes devant la justice, ce sera en Serbie pour abus de pouvoir, fraude électorale, répression et corruption. Les victimes de Milosevic se comptent pourtant par millions. Elles sont serbes certes, mais surtout bosniaques, musulmanes, albanaises, croates... Massacrées, persécutées ou déportées pour les unes, dépouillées, humiliées, sacrifiées pour les autres, toutes peuvent légitimement réclamer justice.

Mais la Serbie de l'après 5 octobre préfère se

voiler la face et se poser en principale victime de Milosevic. Si Slobodan Milosevic représente désormais aux yeux des Serbes « la plus grande catastrophe » de l'histoire de leur peuple, cette réalité a d'abord contribué à masquer la réalité des crimes commis par le régime de Belgrade en Croatie, en Bosnie ou au Kosovo et empêcher que s'amorce une réflexion critique sur le soutien dont le régime a joui durant treize longues années au sein de la population serbe. Milosevic ne fut jamais un corps étranger mais le produit d'une société qui l'a choyé avant de le renier. Il fut sans doute la métastase du nationalisme serbe, issue de cette tumeur commune à tous les peuples, bénigne tant qu'on ne la pique pas mais inéluctablement maligne dès qu'on l'attise.

Il fut « l'expression la plus parfaite des pires traits de notre personnalité. C'est pour cela qu'il a su trouver un langage commun, accessible à tous », disait peu avant de disparaître Ivan Stambolic que les erreurs passées avaient transformé en l'un des plus fins observateurs de la société serbe. Quatre mois avant la chute du dictateur qu'il pressentait, l'ancien président serbe soulignait : « Slobodan Milosevic n'est plus un guide, ni le sauveur du peuple, ni le défenseur de la dignité serbe. Aux yeux des Serbes, il n'est plus un messie. Le peuple serbe le vénérait comme un dieu et croyait qu'en s'identifiant à lui il deviendrait céleste. Mais Slobodan Milosevic est resté sur son nuage tandis que le peuple baignait chaque jour un peu plus dans la fange. Slobodan Milosevic et le peuple serbe ne faisaient qu'un, aujourd'hui cette fusion n'existe plus. Les Serbes doivent affronter cette réalité. Mais ils y rechignent car, pour ce faire, il leur faut reconnaître leur défaite et condamner la politique de Slobodan Milosevic. Or nous, les Serbes, nous voudrions faire le silence sur notre défaite, nous voudrions taire ces treize années de cauchemar, les effacer de notre mémoire, faire abstraction de tout ce qui s'est passé pour ne pas avoir à payer le prix, pour ne pas avoir à partager avec lui la responsabilité de ce drame. Nous ne sommes pas capables d'affronter la réalité. Pourtant, pour sortir de ce cauchemar, il faut s'attaquer aux racines du mal. Et ce mal c'est le nationalisme. C'est pourquoi nous avons si peur. Tant que nous refuserons de poser les vraies questions, de cerner le mal, de regarder en face notre passé récent, nous ne pourrons pas nous en sortir. Il ne suffit pas d'évincer Slobodan Milosevic. La question de la responsabilité ne doit être pour nous ni une question académique ni même juridique car c'est notre avenir qui est en jeu. Il nous faut comprendre comment nous en sommes arrivés là : quelles étaient les énergies existantes qui ont rendu cela possible, qui furent les inspirateurs ? Nous devons apprendre à discerner le mensonge de la vérité, cesser de chercher des parades politiques et de nous cacher derrière le terme hypocrite de “ Yougoslavie ”. Il faut en finir avec tous ces mensonges. Il faut nous réveiller [18]. »

Les conditions même de la « révolution » belgradoise ne facilitaient pas une remise en cause du passé récent de la Serbie. Les alliances de circonstance scellées dans l'urgence pour éviter un bain de sang avaient montré leur utilité. Mais elles avaient un prix. Les vainqueurs élus sur un programme démocratique avaient désormais une dette envers certains hommes de poigne de Milosevic qui se trouvaient à la tête de l'armée, de la police secrète, des unités spéciales. Tous ceux-là qui avaient participé à la mise en œuvre de la politique criminelle orchestrée par Slobodan Milosevic. Nombre d'entre eux furent maintenus à leur poste après les élections.

Par ailleurs, les réticences de la population à sortir du mensonge et à admettre la responsabilité du régime serbe dans le drame ex-yougoslave ne favorisèrent pas la rupture pourtant nécessaire. Le programme politique inspiré du nationalisme grand-serbe dont Milosevic n'avait été que le parfait exécutant et au nom duquel il avait commis une multitude de crimes n'a pas été mis en cause par le nouveau pouvoir. En se libérant eux-mêmes de leur « tyran », les Serbes pensaient pouvoir s'exonérer à bon compte d'une réflexion critique sur leur soutien aux aventures guerrières de la Grande Serbie. Uni le temps de renverser Milosevic, le DOS ne s'est jamais trouvé un projet commun pour reconstruire la société serbe ravagée et renouveler les relations profondément dégradées avec ses voisins, en premier lieu avec les anciennes républiques yougoslaves. Sa mission accomplie, le mouvement révéla en son sein de profondes divergences. Ceux qui promettaient « le changement dans la continuité » et ceux qui prônaient, au contraire, l'abandon du nationalisme au profit de réformes de fond commencèrent à s'affronter. Cette polarisation de la classe politique et de la société serbe freina le processus de transition, plongeant la Serbie dans une période d'instabilité politique.

Dans les premiers mois, Slobodan Milosevic s'accommoda aisément de sa nouvelle condition d'opposant. Déchu du trône de leader national vénéré, rabaissé au rang de petit dictateur, profiteur de guerre et usurpateur, celui qui fut un temps « le plus grand Serbe du XXe siècle » avait sauvé sa tête. Plus encore, il n'avait pas été banni de la vie politique. Il restait président du parti le plus puissant de la nouvelle opposition serbe et n'avait nullement été empêché d'être la tête de liste du SPS aux législatives serbes du 23 décembre 2000. Pour un dictateur sanguinaire, inculpé de crimes contre l'humanité par un tribunal international et accusé de tous les maux dont souffrait alors la Serbie, il ne pouvait rêver d'un destin plus clément. Ceux qui lui prédisaient une fin à la Ceausescu, qui pensaient que l'histoire serbe qui avait vu tous ses anciens maîtres sauvagement assassinés se répéterait, s'étaient trompés.

Milosevic coulait des jours paisibles dans la villa présidentielle qu'il occupait toujours, fort des assurances que lui avait apportées Kostunica lors de leur rencontre du 6 octobre et de la protection de l'armée. Sans cesse disposé à désigner les coupables de l'agonie de la décennie écoulée et à dispenser des conseils sur les moyens de redresser le pays, il ne gardait aucunement un profil bas. L'homme qui continuait à fasciner une partie de la Serbie et à faire trembler l'autre attendait avec patience et détermination l'heure de sa revanche. Il savait la coalition au pouvoir fragile maintenant que la mission qui l'avait soudée était accomplie. Il pensait que les dissensions ne tarderaient pas d'éclater au grand jour et que l'impossibilité de remettre rapidement le pays à flot finirait par avoir raison de ses adversaires.

Le 5 octobre 2000, Milosevic avait été neutralisé mais il n'avait pas pour autant été complètement mis hors d'état de nuire, laissant chez certains le sentiment amer d'une mission inachevée. En décembre 2000, avant les élections législatives serbes qui allaient le porter au poste de premier ministre de Serbie, Zoran Djindjic déclarait : « Je ne peux pas concevoir que cette phase de notre histoire se solde par un match nul, que nous ne sachions pas clairement qui a gagné. » Un mois plus tard, son gouvernement envisageait ouvertement de traduire Milosevic en justice, en Serbie même, voire de le livrer à La Haye.

« Ma protection relève du président Kostunica », avait rétorqué immédiatement Milosevic dans un entretien à *La Stampa*, le premier accordé à la presse internationale depuis sa chute. Soudainement traqué, redoutant de devoir répondre un jour de ses actes, Milosevic brandissait une fois de plus le mensonge et le déni. Comparant le Tribunal international à un « camp de concentration » qui persécute les Serbes comme le faisaient autrefois les nazis avec les Juifs, il affirmait que les Serbes et leurs dirigeants ont moins de responsabilités que les autres peuples yougoslaves et que l'Occident est à l'origine du démantèlement de l'ancienne Yougoslavie.

Les Occidentaux se réjouissent alors à l'idée que Milosevic puisse se retrouver rapidement derrière les barreaux. Mais ils craignent que la livraison de Milosevic à La Haye ne déstabilise le pays et n'entrave la reconstruction démocratique alors que l'armée, la police, les services secrets avaient été épargnés par le phénomène « révolutionnaire », et que les hommes de l'ombre du régime n'avaient pas été inquiétés. Se prévalant de l'intérêt politique et économique, ils encouragèrent Belgrade à poursuivre Milosevic en Serbie avant de le traduire devant le Tribunal pénal international. La plupart des Serbes étaient favorables à cette solution. Cependant, une minorité au sein de la nouvelle majorité parlementaire pensait que la présence de Milosevic en Serbie constituait le principal facteur d'instabilité. Elle tenta de neutraliser Milosevic en ouvrant une enquête pour corruption et abus de pouvoir en Serbie mais comprit rapidement, devant l'ampleur de la tâche, qu'une procédure locale provoquerait plus de remous qu'un transfert à La Haye.

En quelques semaines, Zoran Djindjic et son gouvernement transformèrent celui qui pendant plus d'une décennie avait incarné la Serbie et l'intérêt du peuple serbe en un malfrat, un simple imposteur, dévoré par la cupidité et le pouvoir [19]. Les archives des banques et des entreprises furent fouillées, des enquêteurs s'envolèrent pour les différents lieux par lesquels l'argent de la corruption avait transité, à la recherche du pactole mis de côté par Milosevic et ses acolytes. Mais l'enquête se heurta rapidement à la complexité du système mis en place par le dictateur pour dépouiller la Serbie de ses moindres richesses. Fin mars, ils n'avaient pas réuni assez de preuves pour le mettre en examen mais assez pour qu'un juge belgradois le convoque. Assez aussi pour le jeter en prison sans susciter la moindre réaction de ses partisans ou parmi ceux qui, au sein de la nouvelle majorité, renâclaient à poursuivre l'ancien chef d'État.

La Serbie avait, en fait, tout à gagner. Les Occidentaux avaient lié leur soutien à la transition démocratique à une coopération de Belgrade avec le TPI. Quant au Congrès américain, il menaçait de ne pas certifier, le 31 mars 2001, l'aide financière que le gouvernement des États-Unis était disposé à accorder à la Yougoslavie, si elle ne donnait pas de gages de sa volonté de coopérer avec la justice internationale. Mais la Serbie n'était pas encore prête à aider le tribunal de La Haye envers lequel la majorité des Serbes manifestait la plus grande méfiance. En arrêtant Milosevic afin de le traduire devant les tribunaux serbes pour malversations financières, ils pensaient une fois de plus pouvoir s'exonérer à bon compte de leurs obligations envers le Tribunal pénal international, du moins en ce qui concernait Milosevic. Face à l'ultimatum du Congrès américain, l'arrestation de Milosevic apparaissait finalement comme un moindre mal.

« Le dictateur a été arrêté ! »

Vendredi 30 mars 2001. Slobodan Milosevic a ignoré la convocation du juge d'instruction de Belgrade. À vingt-quatre heures de l'échéance du Congrès américain, le gouvernement serbe dispose désormais d'un alibi pour l'appréhender. En fin d'après-midi, la police se rend au 15 de la rue Uzice. Milosevic réside toujours dans la villa officielle mise à la disposition du président yougoslave qu'il n'est plus, protégé par des gardes du corps personnels et l'armée yougoslave aux ordres de Pavkovic et de Kostunica. Les unités spéciales de police se déploient autour de l'enceinte gardée. Le Parlement de Serbie est en train de siéger. Branislav Ivkovic, leader du groupe parlementaire du SPS, avertit les députés socialistes : « Six voitures "tout terrain" avec à leur bord des inconnus vêtus de noir sont garées devant la résidence de Milosevic. Nous partons le défendre. »

Députés serbes du SPS, membres de la JUL et nostalgiques du règne autocratique de Milosevic se précipitent alors devant la villa pour empêcher toute intervention. Ils sont tout au plus deux cents au milieu des télévisions du monde entier venues traquer le scoop. À la tombée de la nuit, la police serbe tente une première percée mais se heurte au barrage de l'armée. Après quelques échanges de coups de feu avec les gardes du corps de Milosevic, la police se retrouve cantonnée au seuil de l'enceinte sans pouvoir pénétrer dans la forteresse bien gardée de l'ancien dictateur. Pourtant, en milieu de soirée, le gouvernement serbe laisse courir une rumeur : Milosevic a été conduit devant le juge d'instruction où il est en train d'être interrogé, il passera la nuit en détention. De fait, vers 11 heures du soir, des policiers serbes ont formé un cordon devant le palais de justice, et quatre jeeps sont entrées par le garage souterrain. La mise en scène est convaincante. Mais il n'en est rien.

Sur les ondes de B92, Milosevic dément : « Je prends le café avec mes amis. Je me porte très bien. » À l'aube, deux BMW entrent dans le parc de la villa de la rue Uzice. Des officiels serbes sont venus remettre à Slobodan Milosevic un mandat d'arrêt. Il leur rétorque alors qu'il ne se constituera pas prisonnier. Il n'est pas inquiet, au contraire. L'armée yougoslave a, pendant la nuit, empêché son arrestation et le gouvernement serbe agit, de toute évidence, de son propre chef, sans l'aval des instances fédérales. Les apparences jouent en sa faveur. Mais Milosevic est en train de commettre une nouvelle erreur de jugement qui lui sera fatale. Comme à la veille du 5 octobre, Zoran Djindjic et ses alliés ont une fois de plus planifié l'opération dans les moindres détails.

Dans la matinée, Kostunica s'était envolé pour Genève où se tenait un sommet européen. La presse internationale, en revanche, avait rejoint Belgrade dans la perspective de l'expiration de l'ultimatum américain. Encouragée par les conseillers de Djindjic, elle se fit l'écho des premières rumeurs d'arrestation. Alerté, Jacques Chirac, qui était à Genève, demandait à son homologue yougoslave si Milosevic était sur le point d'être arrêté. Kostunica démentit fermement. Djindjic avait de fait profité de son absence pour déclencher l'opération.

Lorsque Kostunica rentre à Belgrade, samedi 31 mars, les dés sont déjà jetés. Il est trop tard pour revenir en arrière. Les télévisions du monde entier attendent en direct le dénouement du bras de fer entre Milosevic et les autorités serbes. Cedomir Jovanovic, un des jeunes conseillers de Djindjic, le ministre serbe de l'Intérieur et un représentant du parquet de Belgrade viennent d'entamer des pourparlers avec Milosevic et ses proches collaborateurs du SPS afin d'obtenir une reddition. Arrivé à Belgrade, Kostunica convoque d'urgence une réunion au sommet avec l'état-major de l'armée et le gouvernement de Serbie. La rencontre est houleuse. Le président s'insurge contre Djindjic mais se rend vite compte qu'il n'a plus les moyens de suspendre l'opération et de sauver Milosevic. Il exige alors du premier ministre l'assurance que Milosevic ne sera pas livré à La Haye. À l'issue de deux heures de discussion, Kostunica s'incline devant le fait accompli et ordonne à l'armée de ne pas s'interposer. À 19 heures, Kostunica déclare aux médias : « Qui tire sur les forces de police doit être traduit en justice, qui est convoqué par le juge d'instruction doit se présenter, qui entrave l'application de la loi doit en assumer la responsabilité, sans égard à sa fonction. » À 4 h 30 du matin, dimanche 1er avril, Milosevic est finalement arrêté. Quelques instants plus tard, deux BMW aux vitres fumées et une jeep Chrysler quittent la résidence. À leur bord, Milosevic, accompagné de son avocat Toma Fila, le juge d'instruction, Goran Cavlina, le procureur de Belgrade, Rade Terzic, et Cedomir Jovanovic, l'homme de confiance de Djindjic.

L'intouchable maître de la Serbie pendant plus de treize ans a été contraint de se rendre à l'issue de dix heures de négociations. Au moment où il s'apprêtait à quitter sa résidence, sa fille, Marija, révoltée par la décision de son père, le suppliant de mourir plutôt que de céder, a tiré des coups de feu. Stoïque, Milosevic est parti. Mais seulement après avoir reçu toutes les garanties qu'il ne serait pas conduit à l'aéroport et jeté dans un avion pour La Haye. Pour l'heure, Milosevic est placé en garde à vue dans le cadre d'une enquête pour corruption, abus de pouvoir et de biens sociaux.

À 4 h 45 du matin, Slobodan Milosevic franchit le porche de la prison centrale de Belgrade, escorté par les forces spéciales du ministère de l'Intérieur de Serbie (MUP). Avant lui, Vojislav Seselj, Vuk Draskovic, Zeljko Raznjatovic-Arkan, Ljuba Zemunac avaient séjourné dans le pénitencier. Le détenu FB CZ 101980 rejoint la cellule 1121, dans l'aile rénovée de la prison que les détenus de droit commun surnomment ironiquement « le Hyatt ». Une petite pièce de 3,5 mètres sur 4 avec une cabine de douche, un WC, un lavabo et de l'eau chaude. Plus tard, il fera installer la télévision et une bouilloire pour préparer le café. La partie supérieure de la cloison où se trouve la porte d'entrée de la cellule est en grillage. Les lits superposés en fer seront remplacés par la suite par un lit simple. Milosevic reçoit deux couvertures militaires et s'endort après son arrivée. Le lendemain vers 9 heures, Toma Fila, son avocat, vient lui rendre visite. Il lui apporte les journaux. Milosevic s'emporte en découvrant le titre de *Vecernji Novosti*, autrefois à sa botte : « Le dictateur a été arrêté. » « Tu as vu ça, lance-t-il à son avocat, moi, un dictateur [20] ! »

« Milosevic a été sacrifié pour des dollars américains », s'insurgeront ses partisans. Sans doute en partie. Mais pour Djindjic et ses alliés, l'argent fut surtout un alibi efficace face à l'opinion serbe pour achever le processus entamé le 5 octobre et mettre Milosevic hors d'état de nuire. L'arrestation de Milosevic, habilement rabaissé au rang de profiteur de guerre, ne suscita aucune secousse en Serbie. Le pari était gagné.

Milosevic derrière les barreaux, le monde applaudit sans presser les autorités de Belgrade de le remettre à la justice internationale qui l'a inculpé pour des crimes autrement plus graves que la malversation financière et l'abus de pouvoir dont il est accusé dans son pays. La manne financière s'ouvre. La Serbie est réhabilitée. Rassuré par la réaction des grandes puissances, Milosevic est convaincu qu'il ne sera jamais livré à La Haye. Il s'en doutait, les chefs d'État n'ont aucun intérêt à ce que l'un des leurs soit traduit devant un tribunal international. Pourquoi joueraient-ils contre leur propre camp en créant un aussi fâcheux précédent ? Milosevic pense qu'il a, encore une fois, sauvé sa tête. Il commet là sa troisième erreur de jugement.

Dans sa prison belgradoise, il reçoit chaque jour la visite de son épouse Mira Markovic. Elle lui apporte à manger, des journaux, des vêtements propres. Pendant une heure ou deux, ils parlent, échangeant sans cesse des mots doux. À chaque phrase, ils s'adressent l'un à l'autre avec des « mon chéri, mon petit, mon chat, ma beauté ». À chaque fois que Mira Markovic est en retard, Milosevic révèle, sans la moindre pudeur, son angoisse presque infantile. La relation fusionnelle n'est pas légende mais bien réalité.

Sa fille Marija lui rend parfois visite mais pour lui reprocher de s'être rendu de lui-même, les accusant de vivre, lui et Mira Markovic, dans un autre monde, celui des nostalgiques de la Seconde Guerre mondiale, de se tromper de combat et d'époque, en somme. Un jour où elle exigeait qu'il lui explique pourquoi il a déclaré forfait, Milosevic, en guise de réponse, lui conta la légende du Sultan et de son agha Nasrudin. « Le sultan convoque l'agha Nasrudin : “ Tu m'es cher mais j'ai décidé de te tuer car si tous mes aghas se comportaient comme tu l'as fait, je ne serais pas sultan. ” Nasrudin lui demande alors : “ Je t'en prie, accorde-moi ton pardon, je vais faire un miracle et corriger ma faute. ” Le sultan exige des détails. Nasrudin lui répond : “ J'apprendrai à parler à un âne en deux ans. ” Le sultan, amusé, accepte le marché. Lorsque les amis de Nasrudin lui demandent s'il n'est pas fou d'avoir fait une telle promesse, celui-ci explique : “ Le temps d'apprendre à l'âne à parler, soit l'âne, soit le sultan auront disparu ”. » Marija ne semble pas convaincue. Elle sort de la pile de journaux *Politika* et lui montre le titre du jour : « Décret sur la coopération avec La Haye ».

Depuis sa cellule, Milosevic poursuit ses activités et continue de pratiquer le clientélisme. Seuls les dirigeants méritants du SPS ont droit de visite. Il leur donne des ordres, compose les nouveaux organigrammes, définit les grandes lignes d'action, discute de la création de comités de soutien et de l'organisation de grands meetings en faveur de sa libération. Au vu et au su du gouvernement de Serbie. « Si j'avais été arrêté par des Siptars ou les Allemands, je comprendrais, mais par mes Serbes ! », dira Milosevic au cours de ses quatre-vingt-dix jours de détention à Belgrade. Et d'ajouter : « J'ai la conscience tranquille, je n'ai rien fait que je puisse regretter. Moralement, je suis vainqueur, je suppose qu'ils me gardent ici comme prisonnier politique. Nous avons résisté aux bombardements des puissances de l'OTAN, nous avons commencé à reconstruire le pays dès la fin de l'agression, ce que personne au monde n'a jamais réussi à faire. Si vous me demandez qui est responsable de l'éclatement de la Yougoslavie, je vais vous le dire. Ce sont les Allemands qui voulaient se venger de leurs défaites passées. Regardez ce que fait l'Occident, comment il traite les Hongrois, les Bulgares, les Tchèques et les autres. Ils n'ont rien obtenu. Nous non plus nous n'obtiendrons rien car tout ce qu'ils nous donneront, ils le reprendront au titre des dommages de guerre. Il nous faut nous appuyer sur la Chine qui sera en 2007 la plus grosse puissance économique au monde [...]. Mais si nous continuons comme cela, nous allons perdre notre indépendance et devenir une colonie. L'Occident provoque des crises principalement dans les pays slaves et les pays musulmans qui ont des ressources afin de les piller... Le peuple ne supportera pas plus de deux ans le pouvoir actuel. Vous allez voir, nom de Dieu, ils finiront tous, ici, à ma place [21]. »

Zoran Djindjic n'a rien résolu. Depuis sa prison, Milosevic continue de préparer patiemment son retour. Pendant ce temps, l'enquête ouverte en février piétine. Le parquet belgradois soupçonne Milosevic d'avoir détourné en dix ans quelque quatre milliards d'euros mais n'arrive pas à rassembler les preuves pour l'inculper. Ses complices se murent dans le silence et les banques internationales gardent jalousement leurs secrets. Milosevic ne pourra pas être maintenu indéfiniment en garde à vue. Au plus tard, en septembre, il devra être remis en liberté. L'ambitieux premier ministre serbe est désormais résolu à entreprendre ce dont il était déjà intimement convaincu le 5 octobre 2000 : envoyer Milosevic à La Haye. Cette fois encore, rien ou presque, ne sera laissé au hasard.

Vers La Haye

Depuis l'arrestation de Milosevic, les Occidentaux continuent de faire pression sur la Yougoslavie pour qu'elle coopère avec le TPI. Outre Milosevic inculpé de crimes contre l'humanité au Kosovo et sur le point de se voir imputer une bonne partie des crimes commis en Croatie et en Bosnie-Herzégovine, d'autres accusés en fuite vivent librement en Serbie. Dépendante de l'aide financière des États-Unis et de l'Union européenne pour remettre à flot son économie en ruine, la Yougoslavie ne peut se payer le luxe d'engager un véritable bras de fer avec la communauté internationale. En mai 2001, elle entame des négociations en vue de l'adoption d'une loi sur la coopération avec la juridiction de La Haye. Les résistances sont fortes dans le pays. Le DOS est divisé et les alliés de Milosevic, majoritaires au Parlement fédéral, opposent un veto. Mirijana Markovic rassure alors son époux : « Nos députés au Parlement fédéral savent ce qu'ils doivent faire, les Monténégrins sont catégoriques dans leur opposition, quant aux députés de l'Assemblée de Serbie, ils ne constituent qu'une masse informe [22]. » Djindjic a réussi à faire admettre à ses partenaires politiques et aux Serbes que la place de Milosevic est en prison mais Kostunica et ses alliés refusent de livrer quiconque à La Haye. Djindjic est dans l'impasse mais il est, depuis quelque temps, en possession d'informations qui pourraient bouleverser la donne. Le gouvernement serbe décide de s'en servir.

Le 28 mai, le ministre de l'Intérieur de Serbie, Dusan Mihajlovic, annonce la découverte de quatre-vingts corps présumés être ceux de victimes civiles albanaises du Kosovo dans un charnier situé dans les environs de Belgrade et affirme qu'ils proviennent d'un camion frigorifique découvert en avril 1999 dans le Danube. Il précise que d'autres charniers ont été localisés en Serbie. La nouvelle fait la « Une » de tous les journaux.

Mesurant l'impact de l'information, le gouvernement serbe est resté volontairement flou sur la date à laquelle le camion frigorifique, retrouvé le 5 avril 1999 à 18 kilomètres en aval de Tekija, effectuait, sur ordre de Milosevic, le transport des corps des victimes albanaises du Kosovo vers un lieu secret en Serbie. Quelques jours plus tard, l'hebdomadaire belgradois *Vreme* révélait néanmoins que le camion parti du Kosovo le 20 mars 1999 dans la journée a été jeté dans le Danube par son conducteur la nuit même, soit trois jours avant le début de l'opération de l'OTAN [23]. La thèse selon laquelle l'intervention occidentale aurait déclenché, en guise de représailles, les massacres commis par les forces serbes contre les civils albanais est ainsi démentie par les faits. Le capitaine de police Dragan Karleusa, en charge de l'enquête, découvrait pour sa part que Milosevic avait ordonné, à la mi-mars, avant l'intervention de l'OTAN, l'opération de dissimulation des preuves lors d'une réunion avec son ministre de l'Intérieur, Vlajko Stojiljkovic, le chef de la sécurité publique serbe, Vlastimir Djordjevic, et le chef des services secrets serbes, Rade Markovic. L'opération, baptisée « Profondeur 2 », prévoyait le transfert d'une partie des corps en Serbie mais aussi la destruction de cadavres par incinération dans des hauts-fourneaux au Kosovo même et en Serbie et l'exhumation des plus gros charniers du Kosovo afin de disperser les corps dans des fosses plus petites ou de les dissimuler dans des cimetières. Depuis, une dizaine de charniers ont été identifiés sur le territoire de la Serbie, contenant plus d'un millier de corps. Fin 2001, plus de 400 dépouilles avaient été exhumées, parmi lesquelles celles de femmes, d'enfants et de nouveau-nés.

Le pays est soudainement rattrapé par son passé le plus sombre. Pour la première fois depuis le début de la guerre, Belgrade est directement confronté aux crimes commis sur ordre de Slobodan Milosevic. Les cadavres de ses victimes refont surface aux portes de la capitale. La Serbie est sous le choc. Les Serbes prennent brusquement conscience qu'ils ne pourront pas masquer longtemps encore la réalité des crimes commis par le régime de Milosevic et qu'il vaudrait mieux identifier les responsables pour ne pas faire peser une responsabilité collective sur l'ensemble du peuple serbe.

Milosevic, rapportent les journaux, a donné l'ordre à ses troupes d'effacer les preuves de leurs crimes afin d'empêcher toute enquête du TPI et a demandé que les corps des victimes soient transportés en Serbie et ensevelis dans les bases secrètes des forces spéciales de la police. En quelques jours, Milosevic passe de simple parrain mafieux au rang de criminel de guerre de la pire espèce. Dès lors, Zoran Djindjic peut œuvrer dans les coulisses à la préparation du transfert de Milosevic à La Haye. Mais pour se couvrir, il lui faut une fois de plus monnayer au mieux cette livraison. Il tient un prétexte idéal. Le 29 juin, la communauté internationale organise une conférence des bailleurs de fonds, dont l'avenir de la Yougoslavie dépend. Et les États-Unis ont de nouveau conditionné leur participation à la coopération de Belgrade avec le TPI.

Quelques jours seulement avant la date butoir, le Parlement fédéral yougoslave, dominé par les alliés de Milosevic, refuse toujours de s'engager en faveur de la coopération avec la justice internationale. La Yougoslavie risque gros. Le DOS décide alors de contourner le Parlement par la voie d'un décret du gouvernement fédéral. Les ministres monténégrins, proches de Milosevic, ne veulent pas endosser la responsabilité d'un échec de la Conférence des donateurs et ont proposé de démissionner plutôt que de bloquer la promulgation du décret.

En l'absence des ministres monténégrins du

SNP, le gouvernement yougoslave adopte, samedi 23 juin, ce texte. Publié la nuit même au *Journal officiel*, il entre en vigueur dès le lundi 25 juin, à l'aube. La Yougoslavie a dès lors levé tous les obstacles à la remise des criminels de guerre inculpés à la juridiction internationale. Une vingtaine d'entre eux résident en Serbie. Belgrade a l'embarras du choix. Mais le décret reste lettre morte. Kostunica et son parti n'ont pas l'intention de le mettre en œuvre, ni pour Milosevic, ni pour les autres. Ils l'ont adopté pour sauver la face, pensant que ce geste satisferait une communauté internationale divisée sur la nécessité d'imposer un ultimatum à Belgrade.

Depuis sa cellule, Milosevic suit avec attention les événements mais reste serein. Même les rumeurs qui, dès le lundi 25 juin, évoquent sa livraison prochaine à La Haye ne l'atteignent pas. Son parti a saisi la Cour constitutionnelle yougoslave, composée de juges qu'il a lui-même nommés. Il ne doute donc pas un instant que le décret sera abrogé rapidement. Mardi matin, il perd son calme. Son avocat, Toma Fila, lui annonce, sans détour, que le processus de transfert est déclenché et qu'un juge d'instruction de Belgrade, Goran Cavlina, arrive pour lui lire la décision. « Ils veulent vraiment m'envoyer à La Haye, ces enculés », lance Milosevic qui espère toujours que la Cour constitutionnelle déclarera nulle et non avenue la procédure.

Zoran Djindjic a pris les devants mais doit vaincre les réticences du président Kostunica. « L'extradition de Milosevic est cruciale, aussi importante que le 5 octobre », avance le premier ministre serbe. Vojislav Kostunica rétorque que la Cour constitutionnelle invalidera probablement le décret et qu'il faudra sans doute attendre. « S'ils bloquent le processus, soit je démissionne et tu te débrouilles tout seul, soit j'envoie immédiatement Milosevic à La Haye », répond Djindjic. Kostunica tente de calmer le premier ministre serbe et l'implore d'éviter un conflit. « Alors que veux-tu que je fasse ? » insiste Djindjic. « Fais comme tu le voudras », répond Kostunica. Djindjic estime avoir reçu l'aval du président yougoslave mais préfère le tenir à l'écart des préparatifs opérationnels du transfert.

Jeudi 28 juin en milieu de journée, le décret autorisant la coopération avec le TPI et donc toute procédure de transfert est gelé sur ordre de la Cour constitutionnelle. Milosevic est soulagé : « Je m'y attendais. C'était la seule chose à faire. Maintenant, je vais demander à Cavlina de venir retirer cette merde [l'ordre de transfert] du mur de ma cellule [24]. » Il ne se doute pas un instant que la décision des juges va précipiter son départ. « Il n'y a plus une minute à perdre, on envoie sur-le-champ Milosevic à La Haye », annonce Djindjic à ses ministres. Le premier ministre serbe a convoqué d'urgence son gouvernement pour lui exposer son plan. Pendant la courte période de validité du décret fédéral, le tribunal de Belgrade a été saisi pour entamer la procédure de transfert. Depuis mardi, le dossier est donc entre les mains des instances de la République de Serbie et non plus de la Yougoslavie. La décision relève par conséquent du seul gouvernement de Serbie. À 16 h 30, quatorze des quinze membres présents du gouvernement serbe ont voté pour l'extradition de Milosevic. Seul Obren Joksimovic, ministre de la Santé et membre du parti de Kostunica, s'y est opposé [25].

Lorsque Djindjic compte les voix, Milosevic a déjà quitté la prison centrale de Belgrade. Prudent, le premier ministre a pris une longueur d'avance si Kostunica décidait de s'opposer ou si l'armée faisait obstruction. Pendant qu'il informait ses ministres de ses intentions, des représentants du ministère serbe de la Justice se rendaient dans la cellule de Slobodan Milosevic pour lui intimer l'ordre de se préparer. Milosevic, d'abord étonné, reste incrédule lorsque les officiels lui annoncent qu'il part pour La Haye. « À La Haye, c'est ridicule [...]. Vraiment vous m'emmenez à La Haye ? » Vingt minutes plus tard, Milosevic, avec une simple valise, est conduit à Batajnica, au QG des forces spéciales du MUP. C'est là, à quelques pas des fosses communes où il avait fait ensevelir les victimes de ses crimes au Kosovo, que Slobodan Milosevic attendra que l'ordre soit signé par le gouvernement de Serbie.

« Nous ne savions pas quelle serait la réaction de l'armée. Nous avons fait diversion. Nous ne voulions pas refaire les mêmes erreurs que fin mars lors de l'arrestation de Milosevic. Nous avions trois véhicules devant la prison, l'un est parti à l'aéroport de Surcin, le second à l'aéroport militaire et le troisième à l'héliport. Personne ne savait ainsi dans quelle voiture était Milosevic », raconta plus tard le premier ministre. Puis d'ajouter : « Nous savions que s'ils décidaient d'intervenir, ils se précipiteraient à l'aéroport. C'est pourquoi nous avions fait venir un petit avion du Monténégro. Tout le monde pensait que c'était pour Milosevic. Mais il a été transféré par hélicoptère. »

Quelques minutes après 16 h 30, dans son bureau de La Haye, Carla Del Ponte, le procureur du TPI, reçoit un appel de Belgrade : « Nous vous envoyons Milosevic, il nous faut un représentant du tribunal pour le prendre en charge. » Un des membres du bureau du procureur se trouve déjà dans la capitale serbe où il assiste aux exhumations en cours. Il rejoint d'urgence Batajnica. Milosevic est désormais entre les mains du tribunal. L'officier lui demande de décliner son identité, son lieu et sa date de naissance. Milosevic s'insurge, déclame que le tribunal de La Haye est un cirque politique créé pour anéantir les Serbes, qu'il devra répondre de ses crimes pour l'avoir kidnappé. La police serbe l'escorte jusqu'à l'hélicoptère. Avant de monter, le prisonnier lance : « En ce jour de Saint-Vid [Vidovdan], frères serbes, je vous salue et vous félicite pour la tâche accomplie [26]. » Il est à peine 17 h 30, lorsque l'hélicoptère sable et kaki du ministère serbe de l'Intérieur s'envole, en direction de la Bosnie.

Djindjic a convoqué pour 18 heures une conférence de presse. Mais il se fait attendre. Le premier ministre veut d'abord s'assurer que Milosevic est arrivé à Tuzla, sur la base de l'OTAN dans le nord-est de la Bosnie où la Royal Air Force britannique a affrété un avion qui le transportera jusqu'aux Pays-Bas.

À 18 h 45, il annonce enfin aux journalistes : « Milosevic a été remis aux représentants du TPI. La place de notre pays est au sein de la communauté internationale. Ce n'est ni pour nous, ni pour nos parents que nous avons pris cette décision mais pour nos enfants. Je vous prie de comprendre cette décision difficile mais juste. » Mira Markovic se précipite alors à la prison centrale où elle arrive peu après 19 heures. Elle ignore alors que son mari est déjà à cette heure à Tuzla, dans la république voisine de Bosnie-Herzégovine.

Au même moment, Vojislav Kostunica participe à une cérémonie de remise de la Légion d'honneur à l'ambassade de France. À peine le président yougoslave a-t-il félicité la cantatrice Biserka Cvejic qu'un de ses conseillers l'entraîne dans un petit salon de la résidence. Nebojsa Pavkovic, le chef de l'armée, est au téléphone. Il lui apprend qu'un hélicoptère s'est envolé avec Milosevic à son bord. Le président yougoslave demande alors s'il est encore possible d'empêcher le transfert. Et Pavkovic de répondre : « Nous pouvons lancer nos avions à sa poursuite pour l'obliger à se poser ou pour l'abattre. » Kostunica reste silencieux[27]. Cinq minutes plus tard, Kostunica redescend dans les jardins de la résidence pour prendre congé. Il est rouge de colère. Gabriel Keller, l'ambassadeur de France, apprendra quelques instants plus tard ce qui a bouleversé son invité de marque. Il est 19 h 30. Pour la seconde fois, Djindjic a mis Kostunica devant le fait accompli. Le président yougoslave dénoncera dans la soirée l'illégalité du transfert de Milosevic et les méthodes antidémocratiques de son rival, le premier ministre serbe. Autrefois unis pour évincer Milosevic, la rivalité entre les deux hommes s'est cristallisée autour du sort de Milosevic et s'est transformée en une lutte acharnée entre Zoran Djindjic, architecte du transfert secret de Milosevic à La Haye, et Vojislav Kostunica, le tombeur de Milosevic aux élections d'octobre 2000 qui aura tenté jusqu'au bout d'aider son prédécesseur à échapper à la justice internationale.

En ce jeudi 28 juin, jour de Saint-Vid, Milosevic s'est envolé pour La Haye. Deux mille personnes sont sorties dans la rue pour dénoncer la trahison du gouvernement serbe et appeler au soulèvement. Douze ans plus tôt, près de deux millions de Serbes l'avaient acclamé au Champ-des-Merles. Aujourd'hui, Milosevic doit affronter seul son passé. La Serbie ne se soulèvera pas. « Ce que nous n'avions pas fait le 6 octobre, nous l'avons fait huit mois plus tard... Nous étions atteints par la gangrène et nous n'avions pas d'autre choix que l'amputation sans anesthésie ou la septicémie. Maintenant nous pouvons commencer sans Milosevic », a expliqué Djindjic. Et d'ajouter : « Il y a exactement douze ans, jour pour jour, Slobodan a appelé le peuple à réaliser ce qu'il appelait les idéaux de la Serbie céleste. Ceci a entraîné douze années de guerre, de catastrophes, de destructions pour notre pays. Le gouvernement de la république de Serbie s'est engagé aujourd'hui à accomplir les idéaux de la Serbie terrestre. »

Peu après minuit, Milosevic atterrissait sur la base militaire hollandaise de Eindhoven, non loin de la frontière allemande, où un hélicoptère l'attendait. À 1 h 25 du matin, le vendredi 29 juin, un nuage de poussière s'élève au-dessus de la prison de Scheveningen, aux portes de La Haye. Deux appareils militaires de la marine néerlandaise viennent de se poser. Des forces spéciales en descendent pour prendre position dans la cour pendant que le troisième hélicoptère, repérable à ses larges bandes blanches qui tranchent dans la nuit sombre, se pose à son tour, laissant sortir de son flanc l'inculpé le plus recherché au monde, prisonnier d'un gilet pare-balles en forme de camisole destinée à protéger et à neutraliser les détenus. À l'intérieur du bâtiment, un représentant du greffe lui demande à nouveau de décliner son identité, nom, prénom, date et lieu de naissance, statut marital, nom de l'épouse... Slobodan Milosevic s'exécute. Puis s'autorise une seule question : « Est-ce que ma femme pourra me rendre visite ? » Une demi-heure plus tard, la porte rouge de sa cellule se referme.

Le 27 septembre puis le 2 novembre 2001, Carla Del Ponte, le procureur du TPI, signe deux nouveaux actes d'accusation contre Slobodan Milosevic pour ses responsabilités présumées dans la plupart des crimes commis par les forces serbes en Croatie en 1991, l'un concernant des crimes contre l'humanité et en Bosnie-Herzégovine entre 1992 et 1995, l'autre des crimes de génocide.

Pendant plus d'une décennie, Milosevic a puisé son pouvoir dans la faiblesse, la peur, l'incompétence et le manque de détermination de ses adversaires sur la scène intérieure comme sur la scène internationale. Le tout-puissant et sanguinaire maître de Belgrade ne fut ainsi que le reflet dénaturé de l'inertie du monde qui l'entourait. Dans l'arène du tribunal de La Haye, Milosevic entend poursuivre son combat politique : « Le procès qui m'est fait n'est qu'un complot diabolique pour transformer les victimes en coupables. Les victimes, ce sont mon pays, mon peuple et moi-même. » « Ceci est une bataille, et j'ai l'intention de la gagner », lance-t-il le 30 janvier 2002, deux semaines avant l'ouverture de son procès. Face aux faits, Milosevic n'a guère d'autres armes à offrir que le mensonge et les demi-vérités qu'il manie à merveille. Mais devant la justice, sa méthode risque cependant de s'essouffler rapidement. Milosevic a perdu toutes les batailles qu'il a livrées. C'est à La Haye qu'il devrait perdre son ultime combat. L'heure de vérité a sonné pour l'incendiaire des Balkans.

[illegible]

[illegible]

[illegible] l'équilibre des Balkans.

NOTES

PROLOGUE
LE FRAGILE ÉQUILIBRE YOUGOSLAVE

1. Ce mouvement, dont le nom provient de *ustanak* qui en croate signifie insurrection, révolte, fut fondé en 1929 par Ante Pavelic, un avocat de Zagreb.

2. Il mourut sous les balles de deux terroristes oustachis en même temps que le ministre français Louis Barthou.

3. En 1941, seuls 13,5 % des généraux n'étaient pas serbes.

4. C'est à cette date que Tito est élu président à vie.

INTRODUCTION

1. RFY.

2. TPI, La Haye, IT-99-37-I.

CHAPITRE 1er
« PERSONNE N'A LE DROIT DE FRAPPER CE PEUPLE »

1. *Nasa Borba*, Belgrade, *Olako obecana brzina* [Des changements rapides promis à la légère], p. XI, 14-15 septembre 1996. Le 11 septembre 1996, onze ans jour

pour jour après avoir prononcé ce discours, Dragisa Pavlovic, né en 1943, succombait à une crise cardiaque.

2. Slavoljub Djukic, *Izmedju Slave i Anateme* [Entre gloire et anathème], éd. Filip Visnjic, Belgrade, 1994, p. 70.

3. *Ibid.*, p. 71.

4. Dragisa Pavlovic était critiqué pour avoir toléré à Belgrade la multiplication des attaques contre « la personne et l'œuvre » de Tito, notamment celles de la revue *Student*, animée par l'organisation des étudiants communistes de l'université de Belgrade.

5. Dragisa Pavlovic, *Olako Obecana Brzina*, éd. Globus, Zagreb, 1988, p. 125.

6. Djukic, *op. cit.*, p. 91.

7. L'idée d'une réforme était survenue au lendemain du soulèvement des étudiants albanais du Kosovo de 1981, qui avait tourné en une manifestation en faveur du statut de république pour la province.

8. *Cf.* Slobodan Milosevic, *Les Années décisives*, L'Âge d'Homme, Lausanne, 1990.

9. *Politika*, 26 avril 1987.

10. Dragisa Pavlovic, *op. cit.*, p. 310.

11. Ivan Stambolic, *Put u Bespuce* [Voie sans issue], éd. Radio 92, Belgrade, 1995.

12. Liljana Habijanovic-Djurovic, *Srbija pred ogledalom* [La Serbie devant le miroir], BMG, Belgrade, 1994, p. 224.

13. *Ibid.*

14. *Ibid.*, p. 233.

15. Ivan Stambolic, *op. cit.*, p. 4.

16. Miroslav Solevic in *Borba*, Belgrade, 8, 9 et 10 février 1993.

17. Dusan Ristic in *Borba*, Belgrade, 11 février 1993.

18. Miroslav Solevic, *op. cit.*

19. Slavoljub Djukic, *Kako se dogodilo Vodja* [L'avènement du chef], éd. Filip Visnjic, Belgrade, 1992, p. 140.

20. Ivan Stambolic, *op. cit.*, p. 171.

21. Habijanovic-Djurovic, *op. cit.*, p. 235.

22. Slavoljub Djukic, *Izmedju Slave i Anateme*, *op. cit.*, p. 68.

23. Ivan Stambolic, *op. cit.*, p. 167.

24. La répression de l'armée fédérale déclenchée le 31 mars 1981 fit près d'un millier de morts parmi les manifestants albanais et fut suivie d'arrestations massives.

25. Les Albanais de souche avaient au sein de la Yougoslavie un statut de minorité nationale. Slovènes, Croates, Macédoniens, Serbes, Musulmans bosniaques et Monténégrins formaient les six peuples constitutifs de la Yougoslavie.

26. *Cf.* Michel Roux, *Les Albanais en Yougoslavie*, éd. de la Maison des Sciences de l'homme, Paris, 1992.

27. Fadil Hodxha, dirigeant communiste du Kosovo, alors membre de la Présidence fédérale yougoslave.

28. *Knizevne Novine*, Belgrade, n° 702, 15 janvier 1986.

29. Les Serbes étaient 9,9 millions sur une population totale en Yougoslavie de 23,3 millions d'habitants, faisant d'eux le peuple constitutif le plus important.

30. La plupart de ces informations et notamment celles concernant les viols relevaient de l'intoxication. En juillet 1989, l'hebdomadaire *Danas* de Zagreb livrait les statistiques : « Entre 1981 et 1988, 134 viols avaient été enregistrés au Kosovo, ce qui signifiait qu'en sept ans il y avait eu dans cette province moins de crimes sexuels qu'en une seule année en Slovénie. Dans 12 % seulement des cas l'agresseur était albanais, la victime serbe ou monténégrine. »

31. Kosta Mihailovic et Vasilje Krestic, *Memorandum SANU – odgovor na kritike*, éd. Académie serbe des sciences et des arts (SANU), Belgrade, 1995, p. 13. *Le Mémorandum de l'Académie serbe des sciences et des arts – réponses aux critiques*, L'Âge d'Homme, Lausanne, 1996, p. 16.

32. *Ibid.*, p. 91. Version française, p. 102.

33. Kosta Mihailovic, Vasilije Krestic, Mihailo Markovic, Antonije Isakovic, Pavle Ivic, Dusan Kanazir, Milos Macura, Dejan Medakovic, Miroslav Pantic, Nikola Pantic, Ljubisa Rakic, Radovan Samardzic, Miomir Vukobratovic, Ivan Maksimovic, Stojan Celic et Nikola Cobelic. *Ibid.*, p. 16.

34. De sources autorisées.

35. De sources autorisées.

36. « Ponuda beznadje », in *Vecernje Novosti*, Belgrade, 24-25 septembre 1986.

37. Mihailovic et Krestic, *op. cit.*

38. *Politika Ekspres*, 25 septembre 1986, *Vecernje Novosti*, 27 septembre 1986.

39. Ivan Stambolic, *op. cit.*, p. 120.
40. Slavoljub Djukic, *op. cit.*, p. 47.
41. Mihailovic et Krestic, *op. cit.*, p. 42 et 85. Version française, p. 47 et 95.

CHAPITRE 2
LA MONTÉE EN PUISSANCE

1. *Slobo*, liberté.
2. Slobodan Milosevic fut nommé le 8 mai 1989 président de Serbie, à l'issue de son mandat à la tête des communistes de Serbie.
3. *Budjenje naroda*.
4. Miroslav Solevic, *op. cit.*, *Borba*, Belgrade, 9 février 1993, p. 11.
5. Radmilo Bogdanovic, in *Profil*, Belgrade, n° 15, 1998, p. 15.
6. *Nin*, Belgrade, 23 octobre 1988.
7. Zdravko Tomac, *Iza Zatvorenih vrata*, éd. Organizator, Zagreb, 1992, p. 52.
8. Azem Vllasi in *Borba*, Belgrade, 8-10 février 1993.
9. Miroslav Solevic, *op. cit.*
10. Camarade, bonjour.
11. Slobodan Milosevic, *Les Années décisives*, *op. cit.*, p. 293-294.
12. *Borba*, 3 février 1993.
13. La Ligue démocratique du Kosovo (LDK) fut fondée en décembre 1989.
14. Ces amendements seront intégrés à la nouvelle Constitution serbe, promulguée le 28 septembre 1990 et qui abrogeait le statut d'autonomie.
15. La Yougoslavie était dirigée par une présidence collégiale. À tour de rôle, un représentant de chacune des huit entités fédérales assumait pour un an la présidence de l'État yougoslave, en étroite collaboration avec les autres membres du collège. Le même principe était appliqué au sommet du Parti.
16. Les Serbes représentaient près de 12 % (581 000) de la population de Croatie et près de 33 % (1 300 000) de la population de Bosnie-Herzégovine. De surcroît, ils étaient bien représentés dans l'appareil du Parti de chacune de ces

républiques. Selon le dernier recensement yougoslave, du printemps 1991, 9 866 000 Serbes vivaient en Yougoslavie. Ils représentaient 42,3 % de la population totale de la Fédération, évaluée à 23 300 000 habitants. 67,5 % (6 657 000) de la population serbe vivait en Serbie (Kosovo et Voïvodine compris), 32,5 % (3 209 000) hors de Serbie.

17. Cette concentration serbe en Croatie a une explication historique. Devant l'invasion turque des Balkans, les Serbes s'enfuirent à l'ouest et s'installèrent à la frontière entre l'Empire ottoman et l'Empire austro-hongrois, dans cette région pauvre et rocailleuse autour de Knin qui pendant des siècles devint une marche militaire *Krajina*, une zone tampon dont les Serbes étaient les gardiens appointés par Vienne.

18. Le même jour, l'Union des écrivains de Croatie recevait comme invité d'honneur Franjo Tudjman. La réunion s'acheva sur un appel à la création d'un mouvement d'opposition autour d'une plate-forme nationaliste afin d'apporter une réponse crédible aux velléités hégémoniques de Belgrade.

19. Srdjan Radulovic, *Sudbina Krajine* [Le sort de la Krajina], éd. Dan Graf, Belgrade, 1996, p. 14.

20. *Danas*, Zagreb, 19 septembre 1989, p. 6 à 13.

21. Borisav Jovic, *Poslednji dani SFRJ, izvodi iz dnevnika* [Les derniers jours de la République socialiste fédérative de Yougoslavie, extraits de journal intime], éd. Politika, 1995, Belgrade, p. 61.

22. *Ibid.*, p. 60.

23. *Ibid.*, p. 88.

24. *Ibid.*, p. 61.

25. Jacques Amalric, *Le Monde*, 12 juillet 1988.

26. Borisav Jovic, *op. cit.*, p. 61.

27. Slavoljub Djukic, *Izmedju Slave i Anateme*, *op. cit.*, p. 142.

28. Cette demande n'était pas dans ses attributions mais dans celles du chef du PC serbe, poste alors occupé par Bogdan Trifunovic.

CHAPITRE 3
LE RENONCEMENT À LA YOUGOSLAVIE

1. *Skracena Jugoslavija.*
2. Borisav Jovic, *op. cit.*, p. 131.
3. *Ibid.*, p. 130.
4. *Ibid.*, p. 131.
5. *Ibid.*, p. 13.
6. *Ibid.*, p. 13.
7. JNA, *jugoslovenska narodna Armija*, armée populaire yougoslave.
8. Lors de son IXe Congrès, en 1969, la Ligue des communistes de Yougoslavie décidait de l'entrée de l'armée yougoslave dans les instances dirigeantes du Parti. Elle devenait ainsi membre à part entière de la Présidence collégiale du Parti yougoslave, aux côtés des six républiques et des deux provinces autonomes. En 1971 et 1972, elle joua un rôle important sur la scène politique en participant à l'épuration des PC croate et serbe, en réponse au « printemps croate » et au réveil libéral en Serbie.
9. Issue de l'armée des partisans de Tito qui rassemblait des résistants de toutes les communautés ethniques de Yougoslavie, la JNA reflétait, en 1945, la composition ethnique du pays avec 22 % d'officiers croates, 5 % de slovènes et environ 50 % de serbes. Après la mort de Tito en 1980, le nombre d'officiers croates (14 % en 1981 contre 12,5 % en 1990) et slovènes (3,2 % en 1981 contre 2,3 % en 1990) diminua tandis que le nombre de Macédoniens (5,8 % en 1971 contre 7,3 % en 1990) et de Bosniaques musulmans (1,3 % en 1971 contre 5,2 % en 1990) s'accrut. À la veille de l'éclatement de la Yougoslavie, deux tiers des officiers étaient serbes ou monténégrins.
10. *Borba*, 15 février 1990.
11. *Savez Komunista-Pokret za Jugoslaviju*, SK-PJ.
12. Slobodan Milosevic, qui briguait la présidence de la Serbie où il fut élu en mai 89, repoussa l'offre.
13. Veljko Kadijevic, *Moje Vidjenje Raspad. Vojska bez Drzave* [Ma vision de l'éclatement. Une armée sans État], éd. Politika, Belgrade, 1993, p. 106.
14. Borisav Jovic, *op. cit.*, p. 119.

15. Environ 150 000 Serbes habitaient en Krajina et 200 000 en Slavonie, orientale et occidentale, dans l'est du pays. Le reste des Serbes de Croatie vivait dans les grandes villes croates. Au total, ils représentaient un peu moins de 12 % de la population de la Croatie.

16. *Hrvatska Demokratska Zajednica*, HDZ.

17. Aux élections législatives à deux tours, les 22 avril et 5 mai 1990, l'Union démocratique croate obtint 193 sièges avec un peu plus de 40 % des voix, les ex-communistes du Parti des changements démocratiques (SDP) 81 avec près de 30 % des suffrages, et les autres formations 91 sièges. Le 30 mai, la nouvelle Assemblée nommait Franjo Tudjman à la tête de l'État.

18. Contrairement aux têtes de file du « printemps croate », Franjo Tudjman n'avait pas été arrêté pendant la vague de répression de décembre 1971. Soumis à des mesures disciplinaires, il n'avait été condamné à la prison qu'en octobre 1972 pour avoir parlé à des journalistes étrangers, violant ainsi l'interdiction qui pesait sur toute personne soupçonnée d'avoir participé, de près ou de loin, au Maspok. En 1983, il avait fait à nouveau neuf mois de prison pour avoir déclaré dans une interview accordée en 1977 à la télévision suédoise que la nation croate n'était pas égale en droit aux autres nations yougoslaves. Il soulignait à cette occasion que « les relations entre Serbes et Croates étaient le problème central de la question nationale en Yougoslavie ». Les autorités lui avaient également reproché d'avoir affirmé sur RFI, le 21 mai 1980, que « la répression et les purges ne règlent pas les problèmes liés à la question nationale, au contraire elles les aggravent ». Il ajoutait que « le simple fait d'évoquer les problèmes ou les intérêts nationaux croates est immédiatement qualifié de nationalisme, séparatisme et même d'oustachisme ».

19. SDS, *Sprska demokratska stranka*. Aux élections d'avril 1990, le SDS ne remporta que 5 sièges à l'Assemblée croate. La majorité des Serbes de Croatie et principalement ceux qui habitaient dans les grandes villes votèrent pour les anciens communistes réformateurs, regroupés dans le Parti des changements démocratiques (SDP). Ainsi aux élections municipales qui se déroulaient en même temps, le parti nationaliste serbe ne remporta le pouvoir que dans trois communes à majorité serbe : Knin, Gracac

et Donji Lapac, toutes trois situées en Dalmatie septentrionale, à savoir dans la Krajina.

20. Borisav Jovic, *op. cit.*, p. 193.

21. *Ibid.*, p. 193. Il y avait 110 000 Croates en Serbie, dont la plupart vivaient en Voïvodine, contre 580 000 Serbes en Croatie. L'objectif de Dobrica Cosic sera réalisé même si l'académicien serbe n'envisageait pas, à l'époque, le maintien de la Croatie dans ses frontières.

22. Jovan Raskovic, *Luda Zemlja* [Un pays fou], Akvarijus, Belgrade, 1990, p. 316.

23. Borisav Jovic, *op. cit.*, p. 161.

24. Jovan Raskovic, *op. cit.*, p. 81 à 103.

25. Depuis 1944, sous l'égide du parti communiste de Tito, la Croatie était définie par toutes les constitutions comme « l'État national du peuple croate, l'État du peuple serbe de Croatie et l'État de toutes les nationalités qui y vivent ».

26. Sous Tito pourtant, le blason de la République socialiste de Croatie était lui aussi flanqué d'un petit damier croate.

27. *Vreme*, Belgrade, 26 août 1991, p. 20.

28. *Borba*, Belgrade, 12 avril 1991.

29. Jovan Raskovic, *op. cit.*, p. 309, 313, 318.

30. *Ekspres Politika*, Belgrade, 24 juin 1990.

31. Jovan Raskovic, *op. cit.*, p. 328.

32. Nationaliste serbe, marié à une Croate et issu d'une famille anticommuniste, Jovan Raskovic mourut d'un arrêt cardiaque en juillet 1992 à Belgrade.

33. Borisav Jovic, *op. cit.*, p. 178.

34. Milan Martic in *Vreme*, Belgrade, 26 août 1991, p. 20. Petar Gracanin in *Death of Yugoslavia*, Brian Lapping-BBC, Londres, 1995.

35. *Balvan revolucija.*

36. Borisav Jovic, *op. cit.*, p. 179.

37. *Dnevnik*, Titograd, 19 août 1998.

38. Selon les résultats « officiels », 567 127 personnes se seraient prononcées en faveur de l'autonomie, 114 contre. Ces résultats n'étaient pas crédibles au regard d'une population totale de 580 000 Serbes en Croatie et de l'absence de bureaux de vote en dehors des communes SDS.

39. Josip Boljkovac, alors ministre croate de l'Intérieur, affirma que l'élargissement d'Arkan avait été négocié à son

insu contre une somme d'un million de deutsche Mark, in *Nacional*, Zagreb, n° 159 du 2 décembre 1998.

40. Borisav Jovic, *op. cit.*, p. 262.

41. Les 15 et 19 octobre 1990, une importante quantité d'armes et d'équipement militaire destinés à la garnison de Knin « disparut mystérieusement », selon la version officielle, dans la gare de Knin.

42. B. Jovic, *op. cit.*, p. 163 et 262.

43. Le 8 avril 1990 en Slovénie, la coalition Demos, composée de chrétiens-démocrates, de l'Union des paysans, de l'Alliance démocratique, des sociaux-démocrates, libéraux-démocrates et des Verts, remporta 55 % des voix contre 17 % pour les ex-communistes. Milan Kucan, l'ancien numéro un du PC slovène rebaptisé début 1990 Parti du renouveau démocratique, remporta pour sa part la présidentielle avec 58 % des voix contre 41 % pour le candidat du Demos, Joze Pucnik. Cette victoire de Milan Kucan s'explique à la fois par son opposition résolue à Slobodan Milosevic et par ses prises de position réformistes très précoces. Le Demos, qui avait prôné pendant sa campagne électorale la transformation de la Yougoslavie en une confédération de républiques souveraines, admit très vite après son élection que cette formule ne pouvait être qu'une solution transitoire dans la voie de la Slovénie vers l'indépendance.

44. Borisav Jovic, *op. cit.*, p. 146. Près de 250 000 armes de la Défense territoriale furent saisies en Croatie à cette époque. *Vreme*, Belgrade, 26 août 1991, p. 21.

45. La Défense territoriale slovène pouvait mobiliser sur-le-champ 75 000 hommes pour une population de tout juste 2 millions d'habitants, la Défense territoriale croate comptait quant à elle 120 000 hommes pour 4,7 millions d'habitants.

46. *Teritorijalna odbrana*, TO.

47. Borisav Jovic, *op. cit.*, p. 152.

48. *Ibid.*, p. 162.

49. *Ibid.*, p. 201.

50. *Ibid.*, p. 215.

51. *Ibid.*, p. 218.

52. Borisav Jovic, *Komadanje Jugoslavije* [Le morcellement de la Yougoslavie], éd. Politika, Belgrade, 1992, p. 13.

53. *Ibid.*

54. « La Yougoslavie ne sera pas un nouveau Liban », *Danas*, Zagreb, 4 décembre 1990.

55. Une fois constituée, l'armée slovène comptait 78 000 hommes dont 33 000 regroupés dans 16 brigades de choc et 45 000 réservistes.

56. *Borba* du 2 mars 1994. Selon le témoignage du chef des services de renseignements militaires yougoslaves en Slovénie, le colonel Ivo Bizjak.

57. Borisav Jovic, *Poslednji dani...*, *op. cit.*, p. 227.

58. Aux premières élections libres en Serbie, Slobodan Milosevic fut confirmé au poste de président, son parti le SPS s'assura la majorité absolue des sièges au Parlement. Slobodan Milosevic obtint 3 285 799 voix, soit 63,34 % des suffrages exprimés, mais 46,72 % des voix des inscrits. Vuk Draskovic, leader du SPO, l'un des 32 candidats à la présidentielle, arriva en deuxième position avec 824 674 voix, soit 16,40 % des suffrages et 11,72 % des inscrits.

59. Borisav Jovic, *op. cit.*, p. 247.

60. L'existence de cette note confidentielle fut révélée à la presse le 30 janvier 1991 par le Parlement slovène.

61. « Sta je istina o naoruzavanju teroristickih formacija HDZ-a u Hrvatskoj. »

62. Selon Martin Spegelj, 55 % du film était authentique, notamment en ce qui concerne l'importation d'armes. En revanche, les passages les plus controversés relevaient du trucage puisqu'ils avaient été, selon lui, obtenus en montant les bandes sonores de ses interviews publiques dans lesquelles il parlait de la guerre civile et de la forme qu'elle pouvait prendre dans un pays comme la Yougoslavie. Martin Spegelj démentait formellement avoir appelé à l'élimination de Serbes et de membres de l'armée, in *Erasmus*, n° 9, Zagreb, 1994, p. 45.

63. Le bloc serbe vota en faveur de l'intervention, Janez Drnovsek, le représentant slovène, et Stipe Mesic, le croate, votèrent contre. Le représentant macédonien Vasil Tupurkovski était quant à lui en déplacement à l'étranger.

64. *Stit.*

65. Borisav Jovic, *Poslednji dani...*, *op. cit.*, p. 262.

66. *Politika*, Belgrade, 16 janvier 91.

67. Borisav Jovic, *op. cit.*, p. 228.

68. *Ibid.*

69. Le taux de participation était de 93,2 %.

70. Laura Silber et Allan Little, *The Death of Yugoslavia*, éd. Penguin/BBC, Londres, 1995, p. 122.

71. La Slovénie ne comptait que 2 % de Serbes.

72. Selon les sources officielles, 80 % des policiers de Pakrac étaient serbes. Dans ce contexte, les autorités croates rejetèrent la thèse du conflit interethnique.

73. Après la mort de Tito, la Fédération yougoslave instaura une présidence collégiale élue pour huit ans. En vertu du principe de rotation, chaque membre occupait pendant un an la fonction de président de la direction collégiale de l'État.

74. Borisav Jovic, *op. cit.*, p. 276 et 277.

75. *Ibid.*

76. *Ibid.*

77. *Ibid.*, p. 281.

78. L'intervention brutale de la police fit deux morts, un étudiant puis un policier.

79. Lire les Serbes.

80. *Ibid.*, p. 282.

81. Stipe Mesic, *Kako je srusena Jugoslavija* [Comment la Yougoslavie a été détruite], Mislavpress, Zagreb, 1994, p. 24.

82. Fascistes albanais alliés de Mussolini.

83. Stipe Mesic, *op. cit.*, p. 24.

84. Borisav Jovic, *op. cit.*, p. 295.

85. *Ibid.*, p. 296.

86. Bogic Bogicevic, « Rat je bio planiran » [La guerre a été planifiée], in Fadil Ademovic, *Beznadje zla*, Medjunarodni centar za mir, Sarajevo, 1997, p. 32.

87. Borisav Jovic, *op. cit.*, p. 295.

88. Bogic Bogicevic, *op. cit.*, p. 32.

89. Borisav Jovic, *op. cit.*, p. 236.

90. *Ibid.*

91. Ante Markovic in *Vreme*, Belgrade, 23 septembre 1991, p. 7.

92. Les caméras de l'armée avaient filmé en secret la réunion. Un montage de ces images, intitulé « Qui trahit la Yougoslavie » [« Ko izdaje zemlju »], diffusé à Belgrade, le 1er octobre 1991, servit à convaincre l'opinion serbe de la responsabilité directe de la Slovénie, de la Croatie et de la Bosnie-Herzégovine dans le déclenchement de la guerre.

Le quotidien belgradois *Borba* démontra la manipulation en publiant quelques jours plus tard le sténogramme intégral de la session.

93. Bogic Bogicevic, *op. cit.*, p. 32 à 36.

94. Borisav Jovic, *op. cit.*, p. 307. Le représentant du Kosovo, Riza Sapunxhia, un Albanais de souche nommé par Belgrade, fut contraint de se retirer de l'instance suprême fédérale. Il fut révoqué le 21 mars lors d'une procédure expéditive du Parlement serbe. Belgrade lui reprochait de s'être prononcé contre l'intervention de l'armée et d'avoir critiqué la politique de la direction serbe au Kosovo. Il fut remplacé à la Présidence collégiale yougoslave par Sejdo Bajramovic, un illustre inconnu. Le Monténégro en profita également pour remplacer, par Branko Kostic, Nenad Bucin, jugé trop frileux.

95. Veljko Kadijevic, *op. cit.*, p. 88.

96. Borisav Jovic, *op. cit.*, p. 306 à 310. Bogic Bogicevic, *op. cit.*, p. 37.

97. Veljko Kadijevic, *op. cit.*, p. 88.

98. *Borba*, 4 octobre 1991, supplément spécial.

99. Slavoljub Djukic, *op. cit.*, p. 187, et *Nin* du 12 avril 1991, p. 40-41, Belgrade.

100. Veljko Kadijevic, *op. cit.*, p. 114.

101. *Ibid.*, p. 127.

102. Veljko Kadijevic, témoin à charge lors du procès du général serbe Vlado Trifunovic, in *Vreme*, 24 mai 1993, p. 20.

103. Témoignage de Vlado Trifunovic, lors de son procès devant le tribunal militaire de Belgrade, mai 1993.

104. Veljko Kadijevic, *op. cit.*, p. 120, et Radakovic Ilija, « Besmislena Yu-ratovanja », in *Danas*, Belgrade, automne 97, volet n° 25.

105. Borisav Jovic, *op. cit.*, p. 262.

106. Stipe Mesic, entretien avec l'auteur, Zagreb, 22 décembre 1997.

107. Le Sporazum disparaissait dans la tourmente de la Seconde Guerre mondiale et le démantèlement de la première Yougoslavie.

108. Stipe Mesic, entretien avec l'auteur.

109. *Ibid.*

110. Dusan Bilandzic in *Nacional*, 16 octobre 1996, Zagreb, p. 40.

111. Dusan Bilandzic, *ibid.*, et Avramov Smilja, *Posthe-rojki rat Zapada protiv Jugoslavije* [La guerre post-héroïque de l'Occident contre la Yougoslavie], Idi, Veternik (Serbie), 1997, p. 140.

112. Dusan Bilandzic, *op. cit.*

113. Selon Mario Nobilo, alors conseiller de Franjo Tudjman, in *Times*, Londres, 12 juillet 1991, et *Novi List*, Rijeka, 16 août 1997, p. 2.

114. Hvoje Sarinic, *Svi moji tajni pregovori sa Slobodanom Milosevicem*, Globus, Zagreb, 1999, p. 42.

115. Stipe Mesic in *Nacional*, Zagreb, 10 mars 1999.

116. Stipe Mesic in *Nacional*, Zagreb, 16 octobre 1996, p. 40.

117. *Novi List*, Rijeka, 16 août 1997, p. 2.

CHAPITRE 4

LES PRÉMICES DE LA GUERRE

1. Borisav Jovic, *op. cit.*, p. 317.

2. Le Parti socialiste (ex-communiste) de Slobodan Milosevic détenait 194 des 250 sièges du Parlement serbe.

3. *Politika*, Belgrade, 10 février 1991.

4. *Politika Ekspres*, 4 avril 1991.

5. Témoignage de Josip Boljkovac, in *Nacional*, Zagreb, 2 décembre 1998.

6. Dans le courant de l'année 1991, le Mouvement des Tchetniks, formation non reconnue par les autorités serbes en raison de son nom, est rebaptisé et légalisé sous le nom de Parti radical serbe.

7. Le premier sommet, organisé à Split le jeudi 28 mars, intervenait trois jours après les accords de Karadjordjevo entre Slobodan Milosevic et Franjo Tudjman.

8. Mihailo Markovic, vice-président du Parti socialiste serbe au pouvoir en Serbie, remarquait : « Si l'URSS parvenait à un accord sur une nouvelle forme d'alliance – une alliance d'États souverains – il est probable que Moscou ferait pression sur la Serbie pour qu'elle accepte elle aussi une solution confédérale. » In *Vreme*, 26 août 1991, p. 6.

9. Borisav Jovic, *op. cit.*, p. 323 à 325.

10. Kadijevic, *op. cit.*, p. 128.

11. Borisav Jovic, *op. cit.*, p. 69.
12. Kadijevic, *op. cit.*, p. 13.
13. *Savez Reformskih Snaga.*
14. Avec ses 23 millions d'habitants, la Yougoslavie n'avait ni télévision ni programme d'information au niveau fédéral et ne possédait qu'un seul quotidien à vocation yougoslave, *Borba*.
15. Mladjan Dinkic, *Ekonomija destrukcije – Velika pljacka naroda* [L'économie de la destruction, le grand pillage de la nation], VIN, 1995, Belgrade, p. 66.
16. *Ibid.*, p. 67 et 68.
17. Le montant détourné par la Macédoine et la Bosnie-Herzégovine reste inconnu. *Ibid.*, p. 68 et 69.
18. Stipe Mesic, *op. cit.*, p. 31.
19. Le plan de compromis d'Alija Izetbegovic et Kiro Gligorov, connu sous le nom de « 4 + 2 », proposait d'accorder, dans le cadre yougoslave, une plus grande autonomie à la Croatie et à la Slovénie tandis que les quatre autres républiques entretiendraient des liens plus étroits. Le 12 juin à Split, Slobodan Milosevic avec l'appui de Franjo Tudjman pressa Alija Izetbegovic d'accepter le découpage de sa république en six provinces autonomes en échange du maintien de la Yougoslavie selon le plan 4 + 2. Le président bosniaque opposa une fin de non-recevoir.
20. *Vreme*, 19 mars 1993, p. 27
21. En 1994, lors du sommet de Budapest, la CSCE, Conférence sur la sécurité et la coopération en Europe, devient l'OSCE, Organisation pour la sécurité et la coopération en Europe.
22. Warren Zimmermann in *Borba*, Belgrade, 22 juin 1992, p. 15.
23. *Ibid.*
24. Borisav Jovic, *Poslednji dani...*, *op. cit.*, p. 193.
25. La République bosniaque comptait alors 4 365 000 habitants dont 43,7 % de Musulmans, 31,4 % de Serbes et 17,3 % de Croates. Le 18 novembre 1990, 71 % des électeurs accordèrent leurs suffrages aux partis constitués sur une base nationale. À l'Assemblée, le SDA recueillit 30,4 % des voix (86 sièges des 240 sièges du Parlement), le SDS 25,2 % (72 sièges) et le HDZ 15,5 % (44 sièges). Les partis à vocation pluriethnique, tels les ex-communistes, réunis dans le Parti du changement démocratique (SDP)

ou l'Union des forces réformistes du premier ministre Ante Markovic (SRSJ BiH), essuyèrent un échec cuisant en n'obtenant que 28,9 % des suffrages et un total de 33 sièges au Parlement. Les partis nationalistes remportèrent les 7 sièges de la Présidence collégiale bosniaque et formèrent une coalition gouvernementale. Le poste de président de la direction collégiale fut attribué fin décembre 1990 à Alija Izetbegovic, numéro un du SDA, ceux de premier ministre et de président du Parlement à Jure Pelivan du HDZ et Momcilo Krajisnik du SDS.

26. Borisav Jovic, *op. cit.*, p. 274.

27. *Ibid.*, p. 338.

28. *Srpska autonomna oblast*, SAO.

29. *Borba*, Belgrade, 14 mai 1991.

30. *Nin*, Belgrade, 28 juin 1991.

31. Pendant l'été, des officiers de renseignement donnèrent au premier ministre de la Fédération, Ante Markovic, les enregistrements de ces échanges téléphoniques.

32. Localité du sud-ouest de la Bosnie située sur un plateau stratégique contrôlant la Bosnie et la Croatie. La population serbe ne suivit pas les consignes du SDS et dévoila à ses voisins croates et musulmans ce qui se préparait. Ceux-ci purent organiser leur défense.

33. Momir Bulatovic était alors président du Monténégro.

34. *Vreme*, Belgrade, 30 septembre 1991. Le sténogramme de cette conversation téléphonique a été remis par Ante Markovic en septembre 1991 à un journaliste de l'hebdomadaire indépendant de Belgrade, *Vreme*.

35. *Vreme*, Belgrade, 23 septembre 1991, p. 5 à 12.

CHAPITRE 5
LE MAÎTRE DU JEU

1. La voix contre est celle du colonel Milan Aksentjevic, le représentant de l'armée yougoslave au sein du Parlement.

2. Selon plusieurs sondages effectués à l'époque par la presse slovène et croate.

3. Vasiljevic Aleksandar in *Vreme*, Belgrade, 10 janvier 1998.

4. Borisav Jovic, *op. cit.*, p. 339.
5. *Ibid.*, p. 340.
6. *Ibid.*, p. 343.
7. *Ibid.*, p. 343.
8. *Globus*, Zagreb, 25 novembre 1994, voir également *Borba*, Belgrade, 19 mai 1992.
9. *Borba*, Belgrade, 2 mars 1994.
10. Veljko Kadijevic in *Vreme*, Belgrade, 24 mai 1993, p. 21.
11. Slavoljub Djukic, *On, ona i mi* [Lui, elle et nous], Radio B92, Belgrade, 1997, p. 109.
12. Borisav Jovic, *op. cit.*, p. 344 et 345, et Vasiljevic Aleksandar in *Vreme*, Belgrade, 10 janvier 1998.
13. Borisav Jovic, *op. cit.*, p. 345.
14. Veljko Kadijevic, *op. cit.*, p. 120 à 121.
15. Borisav Jovic, *op. cit.*, p. 349.
16. Le général Blagoje Adzic dira quelques années plus tard : « James Baker nous avait donné son soutien mais nous avait fait dire par son ambassadeur que la Yougoslavie ne pourrait être maintenue de force. Pourtant elle ne pouvait être sauvegardée autrement. » In *Borba*, Belgrade, 22-23 octobre 1994.
17. Borisav Jovic, *op. cit.*, p. 349.
18. Le bloc serbe et le représentant de Macédoine votèrent pour, le Bosniaque s'abstint, Stipe Mesic s'y opposa, les Serbes ayant refusé le retrait de l'armée de Croatie. Les unités quittant la Slovénie allaient être redéployées en Croatie et en Bosnie-Herzégovine. Le retrait sera achevé le 26 octobre 1991.
19. Borisav Jovic, *op. cit.*, p. 364.
20. Rajko Danilovic, *Upotreba neprijatelja*, *op. cit.*, p. 108.
21. La campagne sur le « IVe Reich » débuta en juillet 1991 à Belgrade.
22. Martin Spegelj in *Globus*, Zagreb, 30 juin 1995, p. 58.
23. Le 19 août 1991, Belgrade salua les putschistes et souligna que les changements intervenus à Moscou renforçaient la position de la Serbie.
24. Veljko Kadijevic, *op. cit.*, p. 126 à 128.
25. *Ibid.*, p. 134.
26. *Ibid.*, p. 135.
27. De sources autorisées.

28. Borisav Jovic, *op. cit.*, p. 387 et 389.

29. *Politika*, Belgrade, 30 août 1991.

30. Le 25 septembre, une colonne de réservistes, serbes pour la plupart, fut pilonnée par l'aviation yougoslave parce qu'ils refusaient de se battre. Il y eut une centaine de morts.

31. Notamment Nenad Canak, le président de la Ligue des sociaux-démocrates de Voïvodine. Arrêté par la police le 7 novembre 1991 à son domicile, il fut remis aux autorités militaires qui lui notifièrent sa mobilisation et l'envoyèrent immédiatement sur le front de Slavonie orientale. Fervent opposant à la guerre, Ivan Djuric, président de l'Alliance des réformistes de Serbie, future Alliance civique de Serbie, fut également convoqué en septembre 1991. C'est alors qu'il quitta son pays et vint se réfugier à Paris.

32. *Politika*, 26 juillet 1991.

33. Borisav Jovic, *op. cit.*, p. 387, 403.

34. Détails du plan Carrington in Henry Wynaendts, *L'Engrenage, Chroniques yougoslaves – juillet 1991-août 1992*, Denoël, Paris, 1993, p. 123-124.

35. Borisav Jovic, *op. cit.*, p. 407 et 408.

36. Ante Markovic, le premier ministre fédéral, démissionna le 20 décembre 1991 alors que Belgrade lui demandait de consacrer 86 % du budget fédéral pour l'année 1992 à l'armée. « Le gouvernement yougoslave ne se rendra pas complice des atrocités de la guerre, des crimes et des destructions qui font horreur aux gens civilisés ici ou à l'étranger », avait-il déclaré le 17 décembre.

37. Borisav Jovic, *op. cit.*, p. 420.

38. *Ibid.*, p. 421.

39. Dobrila Gajic-Glisic, *Srpska Vojska* [L'armée serbe], Belgrade, 1992. L'auteur était le chef de cabinet du ministre de la Défense de Serbie, Tomislav Simovic, transféré à l'état-major des forces armées serbo-monténégrines, fin décembre 1991.

40. Communiqué du service d'information du ministère fédéral de la Défense du 3 janvier 1992.

41. Borisav Jovic, *op. cit.*, p. 387, 403.

42. Général Andrija Raseta in *Globus*, Zagreb, 25 novembre 1994.

43. Srdjan Radulovic, *Sudbina Krajine* [Le sort de la Krajina], Dan Graf, Belgrade, 1996, p. 38. Le colonel Mla-

dic, promu général à l'automne, assura l'intérim. En décembre 1991, Slobodan Milosevic le nommait à la tête du corps d'armée de Knin.

44. Le général Raseta, le général Zivota Panic, etc.

45. *Borba*, Belgrade, 10 janvier 1992, p. 14. Le quotidien rapporte une déclaration de l'amiral Brovet à l'envoyé spécial des Nations unies en Yougoslavie, Cyrus Vance.

46. KOS, *Kontra Obavestajna Sluzba.*

CHAPITRE 6
LES CHIENS DE GUERRE

1. *Vjesnik*, Zagreb, 2 octobre 1992. Ce témoin alors identifié par le pseudonyme d'Ivan est Zdenko Novak, le seul survivant du massacre d'Ovcara. Il témoigna en 1998 devant le Tribunal pénal international lors du procès de Slavko Dokmanovic, l'ancien maire de Vukovar. Les autres rescapés, une dizaine probablement, furent sauvés par des Serbes de Vukovar venus à Ovcara identifier les détenus avant qu'ils ne soient conduits sur le lieu de l'exécution.

2. Tribunal pénal international, « Hôpital de Vukovar », IT-95-13, 7 novembre 1995. Trois officiers de la JNA ont été inculpés : Mile Mrksic, le commandant de la première brigade de la Garde mécanisée, Veselin Sljivancanin et Miroslav Radic.

3. Quelques Serbes, des Hongrois et des Slovaques de Vukovar résistèrent dans les forces croates. L'un des commandants de la défense de Vukovar, Branko Borkovic, surnommé Mali Jastreb (le petit faucon), était un officier de réserve serbe.

4. TPI, IT-95-13-R61 du 3 avril 1996.

5. Inculpé par le TPI, Slavko Dokmanovic, arrêté à Vukovar par les forces de police internationales et incarcéré dans la prison du TPI, s'est donné la mort en juin 1998 avant que les juges ne prononcent sa peine.

6. Vukovar, commune de 84 024 habitants, peuplée de 37,4 % de Serbes, 43,7 % de Croates, 7,4 % de Yougoslaves (mixtes) et 11,6 % de diverses minorités, avait le plus fort taux de mariages mixtes (34 %) de toute la Yougoslavie.

7. Il saura se montrer prodigue envers ces officiers. Le major Sljivancanin et le colonel Mrksic, commandant de la

première brigade de la Garde mécanisée, gagnèrent des galons. Le premier rejoignit en 1995 l'école militaire de Belgrade. Le second promu général prendra en 1995 la tête de l'armée serbe de Krajina puis, sa mission accomplie, il deviendra le premier commandant du nouveau corps des forces spéciales de l'armée yougoslave (VJ). Le capitaine Radic, pour sa part, demanda à quitter l'armée en 1993.

8. Veselin Sljivancanin in *Naredjenje je stiglo sa Dedinje* [L'ordre est venu de Dedinje], Svijet, Ljubljana, 25 avril 1996, p. 25.

9. *Vreme*, Belgrade, 24 février 1992, p. 13.

10. *Vreme*, Belgrade, 2 novembre 1992, et *Vreme*, Belgrade, 30 décembre 1995, p. 27.

11. Télévision de Novi Sad, 18 novembre 1991.

12. *Op. cit.* au chapitre 3. Pour mémoire *Nin*, Belgrade, n° 2102, 12 avril 1991, p. 41.

13. Radmilo Bogdanovic, ministre de l'Intérieur de Serbie de 1988 à mars 1991, in *Duga*, Belgrade, 7-20 janvier 1995, p. 22.

14 *Ibid.*

15. Dobrila Gajic-Glisic, *Iz kabineta ministra vojnog* [Dans les coulisses du ministère de la Défense], in *Nin*, Belgrade, 1er mai 1992.

16. *Vreme*, 28 mars 1998.

17. *Vreme*, 31 août 1991, p. 16.

18. *Vreme*, 16 novembre 1992, p. 16-18.

19. *Vreme*, 19 décembre 1994, p. 31.

20. Radmilo Bogdanovic, in *Profil*, Belgrade, n° 15, 1998, p. 58.

21. *Spiegel*, 5 août 1991.

22. *Vreme*, 9 mars 1992, p. 18-19, *Vreme*, 24 février 1992, p. 13.

23. *Nin*, Belgrade, 13 décembre 1991, p. 12.

24. Dada Vujasinovic, *Specijalni dosije Arkan*, *Duga*, Belgrade, 1er février 1993, p. 16-21.

25. *Ibid.*

26. *Ibid.*

27. *Nasa Borba*, Belgrade, 24 mai 1998.

28. Hvoje Sarinic, *Svi moji tajni pregovori sa Slobodanom Milosevicem, 1993-1995* [Toutes mes négociations secrètes avec Slodovan Milosevic], Globus, Zagreb, 1999, p. 46.

29. Vojislav Seselj, *Sta da se radi?* [Que faire?], Londres, Nasa Rec, 1985.
30. *Duga*, Belgrade, 5 juillet 1991.
31. Vojislav Seselj in *Spiegel*, 6 août 1991.
32. *Srbija*, Belgrade, juin-juillet 1991, p. 61.
33. *Tanjug*, Belgrade, 22 mars 1992.
34. Interview de Vojislav Seselj, Cvijetin Milivojevic, *Spreman cekam hapsenje*, *Spona*, Belgrade, 18 décembre 1993, p. 15.
35. *Ibid.*
36. Dada Vujasinovic, *Tajni dosije Arkan*, *op. cit.*
37. *Politika*, 14 mai 1991.

CHAPITRE 7
L'ABANDON DE LA KRAJINA

1. Franjo Tudjman in *Politika*, Belgrade, 10 janvier 1992, p. 2.
2. Hrvoje Sarinic, *Svi moji tajni pregovori sa Slobodanom Milosevicem, 1993-1995* (98), Globus, Zagreb (1999) p. 320.
3. *Ibid.*, p. 37.
4. *Ibid.*, p. 44.
5. Srdjan Radulovic, *Sudbina Krajina*, *Dan Graf*, Belgrade, p. 55.
6. AFP.
7. *Ibid.*
8. Radulovic, *op. cit.*, p. 66.
9. Hrvoje Sarinic, *op. cit.*, p. 44.
10. *Ibid.*, p. 44.
11. *Ibid.*, p. 33.
12. Radulovic, *op. cit.*, p. 96.
13. Hrvoje Sarinic, *op. cit.*, p. 16 et 154.
14. Interview Milan Martic, *Nasa Borba*, Belgrade, août 1996.
15. *Nasa Borba*, 22-23 mars 1997, supplément p. XV.
16. Slavoljub Djukic, *On, ona i mi* [Lui, elle et nous], Radio B92, Belgrade, 1997, p. 198.
17. Slavoljub Djukic, *op. cit.*, p. 202.

CHAPITRE 8
L'APOTHÉOSE

1. *Bosanski Pogledi*, 8 août 1991. – Les Bosno-Croates étaient au nombre de 755 000.

2. *Feral Tribune*, Split, 13 octobre 1997, p. 5 et 6.

3. Borisav Jovic, *Poslednji dani SFRJ*, *op. cit.*, p. 420.

4. Nedeljko Sarac, *Nedjelja (Oslobodjenje)*, Sarajevo, 1er mars 1992.

5. La municipalité de Zvornik comptait 81 000 habitants, 59,4 % de Musulmans (48 000), 38 % de Serbes; la ville elle-même 14 660 habitants dont 61 % de Musulmans et 29 % de Serbes.

6. Les images des massacres de Zvornik avaient été prises pour le compte de l'agence Reuter. Elles dormirent sur les étagères de son bureau de Belgrade jusqu'en 1995. Les deux cameramen préservèrent leurs relations privilégiées avec les miliciens serbes et purent continuer de travailler là où la presse internationale était bannie. Un mois plus tard, à Brcko, Bojan Stojanovic, un photographe indépendant ex-yougoslave, prenait en image un policier serbe tenant en joue un civil, puis l'abattant d'une balle. Ses photos feront le tour du monde. Mais le reste des clichés vendus à l'agence Reuter ne seront commercialisés qu'après la fin de la guerre, en 1995. L'un d'entre eux montrait un camion frigorifique de la société Bimex au bord d'une fosse commune où une dizaines de corps de civils avaient été jetés pêle-mêle.

7. La municipalité comptait 40 500 habitants dont 51,6 % de Musulmans et 45,3 % de Serbes.

8. Inculpé par le TPI pour crime contre l'humanité, il fut tué lors de son arrestation en 1998.

9. Todor Dutina est aujourd'hui ambassadeur de Bosnie-Herzégovine auprès des Nations unies à Genève.

10. La résolution 752 intimait également à l'armée croate l'ordre de se retirer.

11. Borisav Jovic, *op. cit.*, p. 448.

12. Kadijevic, *Moje vidjenje raspada*, *op. cit.*, p. 163.

13. *Ibid.*, p. 148.

14. *Ibid.*, p. 162.

15. La Force de l'ONU en Croatie avait installé son quartier général à Sarajevo sans élargir pour autant sa mission à la Bosnie-Herzégovine. Le général canadien Lewis MacKenzie était arrivé avec une centaine d'hommes à Sarajevo le 25 mars. Depuis le 6 avril, ils assistaient impuissants au siège.

16. Radio Sarajevo, enregistrement diffusé le 28 mai 1992.

17. *Vreme*, 28 novembre 1994, p. 55.

18. *Oruzane snage Bosne i Herzegovine* – OSBiH.

19. *Hrvatsko Vijece odbrane*, HVO.

20. *Armija*.

21. Dans la première année de la guerre, l'état-major bosniaque comptait 12 % de Serbes et 18 % de Croates.

22. Les Croates, au nombre de 35 000, représentaient 6,6 % de la population de Sarajevo avant-guerre.

23. *Vreme*, 18 mai 1992, Belgrade, p. 12-13.

24. Témoignage de Stipe Mesic, in *Nasa Borba*, Belgrade, 21 au 25 mai 1997.

25. In Zdravko Tomac, *Tko je ubio Bosnu ?, Iza zatvorenih vrata*, IIe partie, Birotisak, Zagreb, 1994, p. 37.

26. Josip Boljkovac, *Nacional* n° 159, Zagreb, 2 décembre 1998.

27. Audiences du procès de Goran Jelisic, Dossier IT-95-10, Tribunal pénal international, La Haye. Inculpé de génocide le 1er décembre 1997, Jelisic avait été arrêté par les forces de l'OTAN en Bosnie-Herzégovine le 22 janvier 1998 et déféré à La Haye.

28. La municipalité de Bosanski Novi, 41 500 habitants, 40 % de Musulmans et 60,4 % de Serbes.

29. *Vreme*, Belgrade, 19 juillet 1997, p. 17.

30. Selon l'acte d'accusation dressé par le TPI contre Slobodan Kuruzovic, ancien major de la JNA et commandant du camp de Trnopolje.

31. In TPI, Jugement, Dusko Tadic alias Dule, IT-94-1-T du 7 mai 1997, p. 57 version française. À noter que le nombre élevé de personnes se déclarant yougoslaves, 12 % de la population, reflète notamment le nombre important d'enfants issus de mariages mixtes.

32. Interview de James Baker, secrétaire d'État américain pendant la présidence de George Bush, in *Associated Press*, Washington, 28 septembre 1995, à l'occasion de la sortie de ses Mémoires.

33. *Oslobodjenje*, Sarajevo, 30 juin 1992.

34. *Newsday*, New York, 2 août 1992, reproduit dans Roy Gutman, *Témoin d'un génocide*, *op. cit.*, p. 115.

35. Rapport d'août 1992, *Crimes de guerre en Bosnie-Herzégovine*, dans le chapitre intitulé « Le rôle de la communauté internationale ».

36. Résolution 770.

37. Le 13 août 1992, le Conseil de sécurité de l'ONU par la résolution 771 s'était contenté d'exiger l'accès aux camps. Le 18 décembre 1992, il exigeait par la résolution 789 la fermeture des camps dans toute la Bosnie-Herzégovine.

38. Les premiers accrochages entre le HVO et l'armée bosniaque survinrent au milieu de l'été 1992 en Bosnie centrale. La guerre croato-musulmane éclata après la prise de Prozor le 23 octobre 1992. Le 19 janvier 1993, le président Alija Izetbegovic dénonçait « la nouvelle agression » contre son pays soulignant que les Croates ne pouvaient « faire plus beau cadeau à l'agresseur serbe ».

39. *Torbari*, littéralement les porteurs de balluchons. Ce terme désigne les personnes qui s'étaient enfuies de chez elles avec un simple balluchon avant que les miliciens serbes ne brûlent leur village pendant la fulgurante campagne de nettoyage ethnique du printemps 1992 en Bosnie orientale.

40. Liljana Bulatovic, *Général Mladic*, Nova Evropa, Belgrade, 1996, p. 75-76.

41. Résolution 808, du 22 février 1993. Il autorisait les avions de l'OTAN à assurer l'interdiction de survol aérien de la Bosnie-Herzégovine votée en octobre 1992 mais constamment violée par l'aviation serbe (Résolution du 31 mars 1993).

42. Selon les estimations de Willian Perry, secrétaire américain à la Défense, il y eut en Bosnie-Herzégovine plus de 112 000 morts au cours de la première année de guerre, in *Associated Press*, 20 juin 1995.

43. Les Serbes furent invités à rejoindre la Fédération mais le « Parlement » bosno-serbe repoussa l'offre le 23 avril 1994.

44. Les avions serbes avaient décollé de la base d'Udbina, sous contrôle des Serbes de Croatie dans une zone protégée par l'ONU, mais les pilotes appartenaient à l'armée de l'air de la mini-Fédération yougoslave et dépendaient de la base aérienne de Podgorica, au Monténégro.

45. Hrvoje Sarinic, *op. cit.*, p. 41.

46. Les autorités déclarèrent, en août 1994, consacrer chaque année à l'effort de guerre le cinquième du produit intérieur de la Serbie et du Monténégro, soit quelque 30 milliards de francs, un chiffre contesté par les experts qui le considèrent comme minoré.

47. *Vreme*, Belgrade, 24 mai 1993, p. 12.

48. *Ibid.*

49. *Nin*, Belgrade, 25 novembre 1994, p. 15 et 16.

50. Sarinic, *op. cit.*, p. 187.

51. *Ibid.*, p. 201.

52. Milorad Dodik devint après les accords de Dayton premier ministre de l'entité serbe de Bosnie-Herzégovine, et recueillit le soutien de la communauté internationale. Aux élections de novembre 1990, il avait été élu sur la liste de l'Union des forces réformistes d'Ante Markovic. Après l'éclatement de la Yougoslavie, il avait rejoint le parti de Radovan Karadzic (SDS).

53. Cet assouplissement concernait le rétablissement des liaisons aériennes et maritimes ainsi que la reprise des échanges sportifs et culturels.

54. Sarinic, *op. cit.*, p. 178.

55. *Ibid.*, p. 184.

56. Diplomate de carrière, Robert Frasure avait rejoint en juillet 1994 l'équipe de Richard Holbrooke, le sous-secrétaire d'État américain chargé des questions européennes. Frasure mourut accidentellement le 19 août 1994 sur la route du mont Igman lorsque son véhicule versa dans le ravin.

57. *The Times*, 21 août 1995.

58. Le 28 février 1994, contre quatre avions serbes violant la zone d'exclusion aérienne, les 10 et 11 avril 1994 contre l'artillerie serbe pilonnant Gorazde, le 5 août 1994 après que les Serbes eurent dérobé diverses pièces dans un dépôt d'armes lourdes sous contrôle des casques bleus, autour de Sarajevo, le 21 septembre contre un char serbe violant la zone d'exclusion des armes lourdes autour de Sarajevo et le 22 septembre contre une base aérienne serbe située en Krajina.

59. *Basic Reports* n° 47, du 16 octobre 1995, Newletters on international security policy, British American Security Information Council.

60. Fin juin 1996, Radovan Karadzic fut contraint sous la pression internationale d'abandonner la présidence de la RS et de déléguer ses pouvoirs jusqu'aux élections à sa vice-présidente, Biljana Plavsic, qui sera confirmée à ce poste lors du scrutin de septembre 1996.

61. Pourtant le rapport de l'ONU rendu public après l'intervention de l'OTAN n'était pas aussi formel. Il concluait que « jamais on ne saura d'où fut tiré l'obus ».

62. Slavoljub Djukic, *On, ona i mi*, *op. cit.*, 1997.

63. Le 16 juillet 1995, le TPI avait inculpé Radovan Karadzic et Ratko Mladic de crimes de guerre et de crimes contre l'humanité pour le bombardement de Sarajevo. L'inculpation pour génocide dans le dossier de Srebrenica interviendra l'année suivante.

64. Sarinic, *op. cit.*, p. 297.

65. En l'absence de données fiables, on estime à 250 000 le nombre de morts et de disparus pendant la guerre en Bosnie-Herzégovine. Selon le HCR, en août 1995, le nombre de réfugiés et de personnes déplacées était de 4,5 millions sur l'ensemble de l'ex-Yougoslavie dont 3 millions pour la seule Bosnie-Herzégovine, une république qui avant-guerre comptait 4,4 millions d'habitants.

CHAPITRE 9
LA TOURMENTE

1. Jugement de Dusko Tadic, 7 mai 1997, IT-94-1-T, Tribunal pénal international, La Haye. Ce jugement a été révisé le 15 juillet 1999, à l'issue de la procédure d'appel. La guerre précédemment qualifiée de conflit interne était reconnue comme un conflit international ayant impliqué certains de ses voisins dont la Serbie.

2. Le 24 mai 1992, Ibrahim Rugova fut élu président de la république autoproclamée du Kosovo avec 76 des voix et la LDK obtint 96 des 125 sièges du Parlement parallèle.

3. Ministère de l'Information de la République de Serbie, *La Serbie dans le monde*, Belgrade, n° 58, septembre 1996.

4. Mladjan Dinkic, *Ekonomija Destrukcija, Velika Pljacka naroda* [L'économie de la destruction, le grand pillage du peuple], éd. Vin, Belgrade, 1995.

5. *Vreme*, Belgrade, 5 juin 1996.
6. Slavoljub Djukic, *On, ona i mi, op. cit.*, p. 166-167.
7. *Ibid.*, p. 268.
8. *Ibid.*, p. 270.
9. La Serbie orthodoxe fête Noël selon le calendrier grégorien, le 7 janvier.
10. L'attentat à la voiture piégée qui blessa très grièvement le recteur de l'université de Pristina, Radivoje Papovic, suscita de nombreuses interrogations. Le chef de l'Église orthodoxe au Kosovo, l'évêque Artemije, accusa le régime serbe d'en être le commanditaire.
11. Nebojsa Popov in *Republika*, Belgrade, n° 212-213, mai 1999, p. 16.
12. *Newsweek*, 23 décembre 1998.
13. Le SPS obtenait 86 sièges sur 250 auxquels s'ajoutaient les 19 sièges de la JUL et les 5 sièges de Nouvelle Démocratie, une petite formation, membre de la coalition « de gauche ». Le Parti radical serbe de Vojislav Seselj s'emparait de 80 sièges.
14. Selon le CESID, le Centre pour des élections libres et la démocratie de Belgrade, les résultats officiels affichaient dans certaines circonscriptions des taux de participation 17 000 % supérieurs entre la première présidentielle de septembre et la seconde, en décembre, malgré le boycott systématique de la population albanaise. Ainsi pour le seul Kosovo 300 000 personnes supplémentaires auraient voté en décembre, un chiffre supérieur au nombre de Serbes dans la province.
15. Les SAJ, Unités spéciales antiterroristes du ministère serbe de l'Intérieur, étaient depuis l'assassinat de Radovan Stojicic-Badza sous le commandement en chef de Franko Simatovic-Frenki, le numéro 2 de la police secrète serbe.
16. Borisav Jovic, *Poslednji dani..., op. cit.*, p. 194.
17. *Nacional*, Zagreb, n° 184, 26 mai 1999.
18. *Iseljavanje Arnauta*.
19. Hrvoje Sarinic, *op. cit.*, p. 45.
20. *Ibid.*, p. 318-319.
21. Liljana Habijanoic-Djurovic, *op. cit.*, p. 249.

CHAPITRE 10
LA CHUTE

1. Selon les résultats calculés par le DOS, Kostunica a recueilli 54,6 % des voix contre 35 % pour Milosevic.

2. Nebojsa Pavkovic, *Glas Javnosti*, Belgrade, 12 décembre 2000.

3. Milorad Lukovic-Ulemek devait son surnom de Légion aux deux contrats qu'il avait effectués à la Légion étrangère. Il succéda à Franko Simatovic alias Frenki dont il fut l'adjoint à la tête des Bérets rouges. En 1999, après la guerre au Kosovo, Milosevic lui remit la médaille Obilic, décernée aux combattants les plus méritants.

4. Zoran Djindjic mis en forme par Vesna Malisic, « Kako sam srusio Milosevic », *Blic News*, Belgrade, décembre 2000.

5. Zoran Djindjic, *ibid*.

6. La direction du DOS s'était procuré trente-cinq téléphones satellitaires. Vingt-cinq avaient été remis à des hommes de confiance en province de sorte qu'à Belgrade elle pouvait être informée régulièrement de l'évolution de la situation aux portes de la capitale. Selon Zoran Djindjic, ces lignes sécurisées ne pouvaient pas être interceptées par la police secrète serbe et pouvaient fonctionner en cas de coupure des lignes téléphoniques terrestres ou cellulaires.

7. Zoran Djindjic, *ibid*.

8. *Ibid*.

9. *New York Times*, 7 octobre 2000.

10. Le contenu de ces négociations ni les éventuelles contreparties n'ont encore été révélés.

11. La « révolution » du 5 octobre a fait deux morts et plusieurs blessés. Une jeune femme de Smederevo, Jadranka Jovanovic, a été écrasée par un camion dans les rues de Belgrade, un homme, Momcilo Stakic, est mort d'une crise cardiaque au milieu de la foule. Plusieurs manifestants et policiers ainsi que le rédacteur en chef de la RTS ont été roués de coups.

12. Zoran Djindjic, *ibid*.

13. Entretien avec l'auteur, Paris, 11 juin 2000.

14. L'amendement permettait au président yougoslave

d'être élu au scrutin universel direct par l'ensemble des citoyens de Serbie et du Monténégro plutôt que par les deux chambres du Parlement fédéral.

15. En dépit de l'enjeu, les autorités réformistes monténégrines appelèrent au boycott d'une élection convoquée suite à un coup de force constitutionnel qui réduisait l'autonomie du Monténégro au sein de la Fédération. Cette décision vivement critiquée par les Occidentaux était la suite logique du refus du Monténégro de reconnaître l'amendement constitutionnel adopté en violation de cette même Constitution yougoslave.

16. Les gouvernements occidentaux ont accordé une importante aide financière à l'opposition serbe pendant l'année 2000. Plusieurs dizaines de millions de dollars ont été versés par le biais d'ONG internationales aux différentes composantes du mouvement de résistance à Milosevic. L'aide américaine fut déterminante. Pour l'année 2000, le Congrès américain avait constitué une enveloppe de 31 millions de dollars contre 10 millions de dollars en 1999 au titre de l'effort à la construction démocratique en Serbie. 2,5 millions de banderoles frappées du slogan « Gotov je » [« Il est fini »], symbole de la campagne électorale de l'opposition, ont ainsi été financées par le contribuable américain.

17. Comme Slobodan Milosevic, Zoran Djindjic ou Vuk Draskovic étaient crédités dans les sondages de près de 70 % d'opinion défavorables ; Vojislav Kostunica recueillait en revanche 29 % d'opinion défavorables et 49 % d'opinion favorables auprès des électeurs de Serbie.

18. Entretien avec l'auteur, Paris, 11 juin 2000.

19. La publication, en janvier 2002, des conversations téléphoniques entre Slobodan Milosevic et sa famille, interceptées par les services de renseignements croates entre 1996 et 1998 — « Milosevicevi transkritpi », *Globus*, Zagreb, 30 janvier 2002 — a révélé non seulement la cupidité mais aussi la prodigalité de la famille Milosevic.

20. Dragisa Blanusa, *Cuvao sam Milosevica*, extraits publiés in « Milosevic u Okruznom zatvoru », *Glas Javnosti*, Belgrade, juillet 2001. Dans ce livre, Dragisa Blanusa, alors directeur de la prison centrale de Belgrade, fait le récit des quatre-vingt-dix jours de détention de Slobodan Milosevic.

21. *Ibid.*
22. *Ibid.*
23. *Vreme*, Belgrade, 31 mai 2001, 7 juin 2001, 21 juin 2001, 1er novembre 2001.
24. Dragisa Blanusa, *ibid.*
25. Quatorze voix pour : Zoran Djindjic, le premier ministre, Jozzef Kasa, vice-premier ministre, Dusan Mihajlovic, ministre de l'Intérieur, Momcilo Perisic, Zarko Korac, Nebojsa Covic, ministre de la Justice, Vladan Batic, Dragan Veselinov, Aleksandar Vlahovic, Dragoslav Sumarac, Slobodan Milosavljevic, Dragan Milovanovic, Dragan Domazet et Vojislav Milovanovic. D'autres ministres ont signé la décision pour marquer leur soutien : Bozidar Djelic, Goran Novakovic, Marija Raseta Vukosavljevic, Goran Pitic, Gordana Matkovic, Gaso Knezevic, Branislav Lecic, tous membres du gouvernment serbe, ainsi que des ministres du gouvernement fédéral yougoslave : Vojislav Andric, Zoran Zivkovic, Boris Tadic, Rasim Ljajic. Miroslav Labus, Goran Svilanovic, Momcilo Grubac et Sasa Vitosevic, qui se trouvaient à Bruxelles, ont également apposé leur signature.
26. *Nedeljni Telegraf*, édition spéciale, Belgrade, juin 2001.
27. Nebojsa Pavkovic, B92, 16 juillet 2002.

INDEX

Composé et achevé d'imprimer
par la Société Nouvelle Firmin-Didot
à Mesnil-sur-l'Estrée, le 4 octobre 2002.
Dépôt légal : octobre 2002.
Numéro d'imprimeur : 60179.

ISBN 2-07-042478-2/Imprimé en France.

12379